KUMON

解きながら
思い出す

大人の
日本の
歴史

JN100623

歴史知識を忘れてしまっていても大丈夫！

古代・中世・近世・近代・近現代の各時代を、
「重要事項」「重要人物」という2つの切り口でわかりやすく整理。
年表やまとめを見ながらくり返し書き写すだけで、重要用語や重要人物が覚えられます。
気軽に楽しくすらすら問題を解きながら、
中学歴史で学ぶ、日本と世界の歴史の流れを総ざらいできる、大人のワークブックです。

本書の特長

キーワードを書き写すだけ

まとめを見ながら
解き進めることができるので、
中学で学んだ歴史を
思い出し、キーワードを
覚え直すことができます。

「重要事項」「重要人物」の2つの切り口

5つの時代を、それぞれ
「重要事項」と「重要人物」の
2つの切り口で、
年表や図版・イラストで流れを
整理しながらわかりやすく学べます。

1回2ページ15分から

1回の学習は2ページです。
毎日、約15分の学習時間で、
気軽に楽しく学べます。
150日で、古代から近現代まで
歴史を総ざらいします。

本書の使い方

重要事項

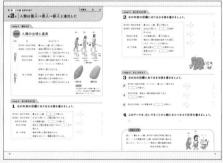

重要人物

※「重要人物」では人物をイメージしたイラストを掲載しています。

step 1 読むだけ

まとめを読んで、
歴史の流れを確認します。

step 2.3 見て写すだけ

まとめをヒントに、くり返し問題を解きながら、
重要事項・重要人物を覚えます。

step 4 チェックテスト

まとめにはない情報が含まれた
問題にもチャレンジ。

しあげ問題

各章の章末で、「しあげ問題」に取り組みます。
問題パターン別に、力だめししましょう。

できたら✓チェックシート

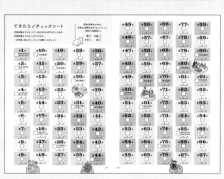

巻末のチェックシートで、第1日から第150日まで、
学習記録を残しましょう。

contents

本書の特長と使い方 1

第**1**日 年代・時代区分のルールを覚えよう！ 7

第**1**章 古代編　原始・古代までの日本 9

第**2**日　重要事項①　人類は猿人→原人→新人と進化した 10

第**3**日　重要事項②　古代文明は場所と名前を一緒に覚えよう 12

第**4**日　重要事項③　中国の国家統一と文明の広がり 14

第**5**日　重要事項④　ヨーロッパの文明と宗教の強いつながり 16

第**6**日　重要事項⑤　縄文時代と弥生時代の違いは「稲作」 18

第**7**日　重要事項⑥　クニの発展と強大な権力を物語る巨大古墳 20

第**8**日　重要事項⑦　倭国と朝鮮半島をつないだ渡来人 22

第**9**日　重要事項⑧　仏教伝来と大王を中心にする政治制度作り 24

第**10**日　重要事項⑨　唐を参考にして律令国家は造られた 26

第**11**日　重要事項⑩　法律・貨幣から見る奈良時代の人々の暮らし 28

第**12**日　重要事項⑪　仏教による国家整備と歴史書作り 30

第**13**日　重要事項⑫　藤原氏が権力を独占した摂関政治 32

第**14**日　重要事項⑬　唐風から国風への変化と貴族文化 34

第**15**日　重要事項⑭　新しい仏教と浄土信仰の広がり 36

第**16**日　重要人物①　孔子やシャカらは、○○教とひもづけて覚えよう 38

第**17**日　重要人物②　古代国家の王と、国家統一の戦略とは？ 40

第**18**日　重要人物③　日本にやってきた仏教と聖徳太子の政治 42

第**19**日　重要人物④　「大化の改新」の立役者2人を覚えよう 44

第**20**日　重要人物⑤　「壬申の乱」の対立関係をおさえよう 46

第**21**日　重要人物⑥　大陸との交流と天平文化を支えた人々 48

第**22**日　重要人物⑦　日本での仏教布教に尽くした僧 50

第**23**日　重要人物⑧　権力をにぎった貴族、藤原氏の政治 52

第**24**日　重要人物⑨　より日本的に！　国風文化とかな文字 54

第**25**日　重要人物⑩　山寺と一緒に覚える平安時代の新仏教 56

第**26**日　しあげ問題1　大事なできごとや用語は、表や図に整理してまとめよう 58

第**27**日　しあげ問題2　どこであったできごとなのか、必ず場所と結びつけて覚えよう 60

第**28**日　しあげ問題3　資料の中にあるキーワードに気をつけよう 62

第**29**日　しあげ問題4　用語→意味が答えられるようにしよう 64

第**30**日　しあげ問題5　「なぜ？」「どんな意味？」をいくつかのキーワードで説明しよう 66

まとめノート 68

第2章 中世編　武家政権の成長　69

第31日	重要事項①	武士は武力と年貢の取り立てで力をのばした	70
第32日	重要事項②	政権をめぐっての平氏と源氏の協力と対立をおさえよう	72
第33日	重要事項③	御恩・奉公が鎌倉幕府を支えた	74
第34日	重要事項④	「御成敗式目」は武士による武士のための法律	76
第35日	重要事項⑤	地頭が開発した土地は、農業や商業の発達につながった	78
第36日	重要事項⑥	貴族の伝統文化の見直しと、武士らしい力強い芸術の誕生	80
第37日	重要事項⑦	元との戦いが、御家人の反発と幕府滅亡を招いた	82
第38日	重要事項⑧	南北朝の動乱の中、尊氏が室町幕府を開く	84
第39日	重要事項⑨	管領が京都を支配し、守護大名が地方を支配した	86
第40日	重要事項⑩	東アジアなどとの交易は、輸出品・輸入品をおさえよう	88
第41日	重要事項⑪	農業や商業の発達により、民衆に座や惣などの組織が生まれた	90
第42日	重要事項⑫	応仁の乱のあと、下剋上の風潮が広がった	92
第43日	重要事項⑬	北山文化と東山文化の特色をおさえよう	94
第44日	重要人物①	台頭する武士と、強い力を示した上皇の政治	96
第45日	重要人物②	保元の乱・平治の乱の勝者と敗者をおさえよう	98
第46日	重要人物③	平氏滅亡と、源氏による鎌倉幕府の誕生	100
第47日	重要人物④	将軍の力を弱め、実権をにぎる執権	102
第48日	重要人物⑤	武士と民衆の力が作った鎌倉文化	104
第49日	重要人物⑥	鎌倉時代の新仏教を開いた人物をおさえよう	106
第50日	重要人物⑦	元の襲来と幕府との戦い	108
第51日	重要人物⑧	足利尊氏が北朝、後醍醐天皇が南朝を率いた	110
第52日	重要人物⑨	東アジアなどとの交易と争いをおさえよう	112
第53日	重要人物⑩	応仁の乱の対立関係をおさえよう	114
第54日	重要人物⑪	下剋上で力を持った戦国大名の登場	116
第55日	重要人物⑫	華やかさと素朴さを持つ室町文化	118
第56日	しあげ問題1	大事なできごとや用語は、表や図に整理してまとめよう	120
第57日	しあげ問題2	どこであったできごとなのか、必ず場所と結びつけて覚えよう	122
第58日	しあげ問題3	資料の中にあるキーワードに気をつけよう	124
第59日	しあげ問題4	用語→意味が答えられるようにしよう	126
第60日	しあげ問題5	「なぜ?」「どんな意味?」をいくつかのキーワードで説明しよう	128
まとめノート			130

contents

第**3**章 近世編　日本の統一と鎖国　131

第**61**日	重要事項①	イスラム教との接触がヨーロッパにルネサンスを生んだ	132
第**62**日	重要事項②	キリスト教布教が後押しした、大航海時代の幕開け	134
第**63**日	重要事項③	ヨーロッパ人がもたらしたものは、鉄砲とキリスト教	136
第**64**日	重要事項④	商工業を発達させ、武力で統一をはかった信長	138
第**65**日	重要事項⑤	大阪を本拠地に全国統一を成し遂げた秀吉	140
第**66**日	重要事項⑥	大名・商人の権力・富が文化を生み出した	142
第**67**日	重要事項⑦	江戸幕府の支配の仕組みをおさえよう	144
第**68**日	重要事項⑧	朱印船貿易から鎖国までの幕府の変化	146
第**69**日	重要事項⑨	江戸時代の農業・商業の発達と交通路の整備	148
第**70**日	重要事項⑩	綱吉の時代の文化をおさえよう	150
第**71**日	重要事項⑪	享保の改革と農村や工業の変化	152
第**72**日	重要事項⑫	わいろが横行した田沼の政治、きびしい統制を行った寛政の改革	154
第**73**日	重要事項⑬	学問・教育の広がりと化政文化	156
第**74**日	重要事項⑭	外国船出現と天保の改革の失敗	158
第**75**日	重要人物①	アジア貿易と布教をめざした大航海時代	160
第**76**日	重要人物②	信長が登場し、室町幕府は滅亡した	162
第**77**日	重要人物③	全国統一を成し遂げた秀吉と、戦国大名たち	164
第**78**日	重要人物④	富と戦乱の中で栄えた桃山文化	166
第**79**日	重要人物⑤	家康の勝利と、江戸時代の幕開け	168
第**80**日	重要人物⑥	幕府による弾圧と天下泰平へ	170
第**81**日	重要人物⑦	元禄文化は上方町人が担い手となった	172
第**82**日	重要人物⑧	美術・芸術・学問と花開いた元禄文化	174
第**83**日	重要人物⑨	財政難やききんに立ち向かう幕府の改革者たち	176
第**84**日	重要人物⑩	外国船出現と追いつめられる幕府	178
第**85**日	重要人物⑪	江戸の庶民が担い手となった化政文化	180
第**86**日	重要人物⑫	日本人の精神を明らかにする国学、西洋の学問文化を学ぶ蘭学	182
第**87**日	しあげ問題1	大事なできごとや用語は、表や図に整理してまとめよう	184
第**88**日	しあげ問題2	どこであったできごとなのか、必ず場所と結びつけて覚えよう	186
第**89**日	しあげ問題3	用語→意味が答えられるようにしよう	188
第**90**日	しあげ問題4	「なぜ?」「どんな意味?」をいくつかのキーワードで説明しよう	190
まとめノート			192

第**4**章 近代編　日本の開国と近代化　　193

第**91**日	重要事項①	ヨーロッパ・アメリカでの近代革命の広がり	194
第**92**日	重要事項②	イギリスの産業革命から資本主義が生まれた	196
第**93**日	重要事項③	ロシアの拡大とアメリカの発展、各国の近代化の動きをおさえよう	198
第**94**日	重要事項④	イギリスの清進出の秘策は、アヘンと綿織物だった	200
第**95**日	重要事項⑤	日本に不利な不平等条約の内容をおさえよう	202
第**96**日	重要事項⑥	尊王攘夷運動が高まり、倒幕へつながっていった	204
第**97**日	重要事項⑦	民衆の世直し一揆と幕府の滅亡	206
第**98**日	重要事項⑧	日本の近代国家への変革を明治維新という	208
第**99**日	重要事項⑨	明治政府の改革と文明開化をおさえよう	210
第**100**日	重要事項⑩	条約によって、国境・領土が確定した	212
第**101**日	重要事項⑪	国会開設を求める自由民権運動と憲法の成立	214
第**102**日	重要事項⑫	軍事力を強め植民地支配を行う、日本の帝国主義の台頭	216
第**103**日	重要事項⑬	清に進出する列強と日本　やがて日露戦争へ	218
第**104**日	重要事項⑭	日本の帝国主義化と産業革命	220
第**105**日	重要人物①	人民の政治参加をめざした啓蒙思想家たち	222
第**106**日	重要人物②	社会主義の登場とドイツ・アメリカの発展	224
第**107**日	重要人物③	欧米列強のアジア進出と日本の開国	226
第**108**日	重要人物④	倒幕運動に関わった人々	228
第**109**日	重要人物⑤	江戸幕府の滅亡に関わった人々	230
第**110**日	重要人物⑥	明治維新と文明開化を支える人々	232
第**111**日	重要人物⑦	自由民権運動の高まりと国会開設	234
第**112**日	重要人物⑧	不平等条約の改正と日清・日露戦争	236
第**113**日	重要人物⑨	戦争反対を訴えた人々と中国の革命家	238
第**114**日	重要人物⑩	お雇い外国人たちと日本の産業発展と課題	240
第**115**日	重要人物⑪	欧米文化を取り入れた日本の新しい美	242
第**116**日	重要人物⑫	話し言葉のままで文章を書く「言文一致」の文学広がる	244
第**117**日	重要人物⑬	学制が女子教育を広げ、自然科学を発展させた	246
第**118**日	しあげ問題1	重要用語は表や図で整理　できごとと場所は一緒に覚えよう	248
第**119**日	しあげ問題2	用語→意味が答えられるようにしよう	250
第**120**日	しあげ問題3	「なぜ?」「どんな意味?」をいくつかのキーワードで説明しよう	252
まとめノート			254

第5章 近現代編　二度の世界大戦から現代へ　255

第**121**日　重要事項①　「ヨーロッパの火薬庫」に火がついて起こった第一次世界大戦　256

第**122**日　重要事項②　ロシア革命と、権益拡大をめざす日本の参戦　258

第**123**日　重要事項③　戦争が終結し、平和をめざす国際連盟が設立　260

第**124**日　重要事項④　列強の力が弱まって、活発になったアジアの民族運動　262

第**125**日　重要事項⑤　民衆の意向によって政策を決める
民主主義を「デモクラシー」という　264

第**126**日　重要事項⑥　デモクラシーが生んだ社会運動と、大衆文化をおさえよう　266

第**127**日　重要事項⑦　世界恐慌がファシズムの台頭を招いた　268

第**128**日　重要事項⑧　満州事変は日本が権益を広げようとして起こった　270

第**129**日　重要事項⑨　ヨーロッパで始まった第二次世界大戦と、戦争を続ける日本　272

第**130**日　重要事項⑩　日米交渉が決裂し、太平洋戦争が始まった　274

第**131**日　重要事項⑪　非軍事化と民主化が行われた日本の戦後改革　276

第**132**日　重要事項⑫　資本主義と共産主義の対立が生んだ冷戦　278

第**133**日　重要事項⑬　日本の独立と平和を求める動き　280

第**134**日　重要事項⑭　戦後、経済大国へと成長する日本の暮らしをおさえよう　282

第**135**日　重要事項⑮　冷戦後の世界はグローバル化をめざす　284

第**136**日　重要人物①　ロシア革命と国際協調の動き　286

第**137**日　重要人物②　アジアの民族運動と指導者たち　288

第**138**日　重要人物③　大正デモクラシーと社会運動の立役者たち　290

第**139**日　重要人物④　大正の美術・文学の新しい動きをおさえよう　292

第**140**日　重要人物⑤　大正の新しい学問と音楽をおさえよう　294

第**141**日　重要人物⑥　世界恐慌と欧米諸国それぞれの政策　296

第**142**日　重要人物⑦　満州をめぐって絡み合う中国・日本　298

第**143**日　重要人物⑧　第二次世界大戦と日本の敗戦　300

第**144**日　重要人物⑨　植民地だった国の解放と日本の外交　302

第**145**日　重要人物⑩　経済成長から国交正常化までの歩み　304

第**146**日　重要人物⑪　多様化する戦後文化の作り手たち　306

第**147**日　しあげ問題1　大事なできごとや用語は、表や図に整理してまとめよう　308

第**148**日　しあげ問題2　どこであったできごとなのか、必ず場所と結びつけて覚えよう　310

第**149**日　しあげ問題3　用語→意味が答えられるようにしよう　312

第**150**日　しあげ問題4　「なぜ?」「どんな意味?」をいくつかのキーワードで説明しよう　314

まとめノート　316

付録　できたら√チェックシート　317

まとめ

1　西暦

ヨーロッパで考え出された年代の表し方。
イエス・キリストが生まれたと考えられていた年を紀元1（元）年とし、
その前を「紀元前何年」、その後を「紀元（後）何年」と表す。
紀元前を表す「B.C.」は、英語の「Before Christ」（キリスト以前）の略。
紀元後を表す「A.D.」は、ラテン語の「Anno Domini」（主［イエス・キリスト］の年に）の略。
※本書の年表の「前○年」は「紀元前○年」を表している。

2　世紀

西暦の100年を一つの単位として年代を区切る表し方。
例えば、西暦2001年から2100年までを「21世紀」と表す。

3　時代区分

原始・古代・中世・近世・近代・現代…人々の暮らしのあり方や、社会のしくみによって、
時代を大きく六つに分けるやり方。
○○時代…「縄文時代」「弥生時代」のように文明の特徴などから名づけられた時代区分、
「奈良時代」「平安時代」のように政治の中心地による時代区分、「明治時代」「大正時代」
のように元号による時代区分がある。時代の境目が明確ではなく、重なっていることもある。

4　年号・元号

明治、大正のような年号（元号）という年代の表し方。中国で始まり、日本に伝えられた。
明治以降は、天皇の一代ごとに一つの元号と定められている。

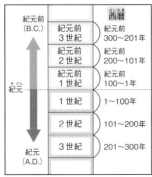

例えば、明治から令和までの元号は、
次のように西暦と対応します。
1868（明治元）〜1912（明治45）年
1912（大正元）〜1926（大正15）年
1926（昭和元）〜1989（昭和64）年
1989（平成元）〜2019（平成31）年
2019（令和元）〜

▲ 西暦と世紀

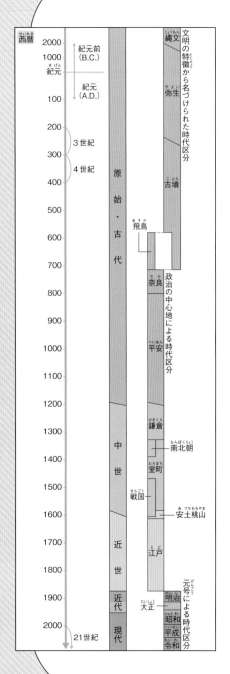

次の西暦年は、何世紀か答えましょう。

（例）
- 101年 → 2世紀
- 1185年 → 12世紀
- 紀元前202年 → 紀元前3世紀

❶ 645年
（大化の改新）　□ 〔❶　　　世紀〕

❷ 794年
（平安京に都を移す）　□ 〔❷　　　世紀〕

❸ 939年
（藤原純友の乱）　□ 〔❸　　　世紀〕

❹ 1978年
（日中平和友好条約）　□ 〔❹　　　世紀〕

❺ 紀元前221年
（秦の始皇帝が
　中国を統一）　□ 〔❺　　　世紀〕

❻ 紀元前27年
（ローマ帝国が成立）　□ 〔❻　　　世紀〕

上の練習問題の答え

❶ 7（世紀）　❷ 8（世紀）　❸ 10（世紀）
❹ 20（世紀）　❺ 紀元前3（世紀）　❻ 紀元前1（世紀）

第**1**章 古代編
原始・古代までの日本

思い出そう！

Q**1**
弥生時代に、大陸から
何が伝わった？

Q**2**
聖徳太子による
冠位十二階の制定は、
何のため？

Q**3**
奈良時代の人々が納めた、
租・調・庸とはどんな税？

答えは
68ページ

第2日｜人類は猿人→原人→新人と進化した

step 1　読むだけ

まとめ　人類の出現と道具

日本	年	おもなできごと
旧石器時代	約700〜600万年前 約260〜250万年前 約200万年前 約20万年前	最も古い人類、猿人が現れる。 地球が寒冷化する（氷河時代）。 石を打ち砕いた、打製石器が作られる。 火や言葉を使う、原人が現れる。 現在の人類の直接の祖先である新人 （ホモ・サピエンス）が現れる。 世界中に新人が広がる。
新石器時代	約1万年前	気温が上がり始め、食料が増える。 食料を煮る土器が発明される。 表面をみがいた、磨製石器が作られる。

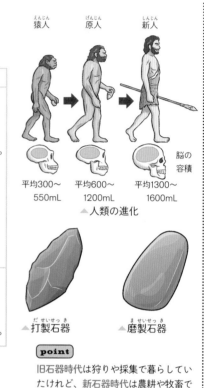

猿人　原人　新人

脳の容積

平均300〜
550mL

平均600〜
1200mL

平均1300〜
1600mL

▲ 人類の進化

▲ 打製石器　　　▲ 磨製石器

point

旧石器時代は狩りや採集で暮らしていたけれど、新石器時代は農耕や牧畜で食料を作るようになったよ。

step 2　見て写すだけ①

1　次の年表の空欄にあてはまる語を書きましょう。

約700〜600万年前	最も古い人類、　①　が現れる。
約260〜250万年前	石を打ち砕いた、打製石器が作られる。
約200万年前	火や言葉を使う、　②　が現れる。
約20万年前	現在の人類の直接の祖先である　③　が現れる。
約1万年前	食料を煮る土器が発明される。 表面をみがいた、磨製石器が作られる。

□ 〔 ① 〕

□ 〔 ② 〕

□ 〔 ③ 〕

2 次の年表の空欄にあてはまる語を書きましょう。

約700〜600万年前	最も古い人類、猿人が現れる。
約260〜250万年前	石を打ち砕いた、　①　石器が作られる。
約200万年前	火や言葉を使う、原人が現れる。
約20万年前	現在の人類の直接の祖先である新人（ホモ・サピエンス）が現れる。
約1万年前	食料を煮る　②　が発明される。 表面をみがいた、　③　石器が作られる。

☐ (①)

☐ (②)

☐ (③)

3 次の文の空欄にあてはまる語を書きましょう。

ア 約700〜600万年前、アフリカに、最も古い人類である　①　が現れた。

☐ (①)

イ 約20万年前、現在の人類の直接の祖先である　②　が現れた。

☐ (②)

ウ 約200万年前、火や言葉を使う　③　が現れた。

☐ (③)

4 上のア〜ウを、古いできごとから順にならべかえて記号を書きましょう。

☐ (　　　 → 　　　 → 　　　)

きおくメモ

猿人 → 最も古い人類。約700〜600万年前に現れる。

原人 → 火や言葉を使う人類。約200万年前に現れる。

新人（ホモ・サピエンス） → 現在の人類の直接の祖先。
　　　　　　　　　　　　　約20万年前に現れる。

第**3**日｜古代文明は場所と名前を一緒に覚えよう

step 1　読むだけ

まとめ　四大文明とその発生地

日本	年	おもなできごと
縄文時代	前3500年ごろ	チグリス川・ユーフラテス川流域でメソポタミア文明がおこる。 →太陰暦・くさび形文字
	前3100年ごろ	ナイル川流域でエジプト文明がおこる。 →太陽暦・象形文字
	前2500年ごろ	インダス川流域でインダス文明がおこる。 →モヘンジョ・ダロなどの都市遺跡
	前1600年ごろ	黄河・長江流域で中国文明がおこる。 →甲骨文字

△古代文明がおこった地域

古代エジプトでは猫は神様なのニャ！

point

四大文明は河川と文明をセットで覚えよう。

step 2　見て写すだけ①

1 次の年表の空欄にあてはまる語を書きましょう。

前3500年ごろ	チグリス川・ユーフラテス川流域で ① 文明がおこる。 →太陰暦・くさび形文字	□ ① ( )
前3100年ごろ	ナイル川流域で ② 文明がおこる。 →太陽暦・象形文字	□ ② ( )
前2500年ごろ	インダス川流域で ③ 文明がおこる。 →モヘンジョ・ダロなどの都市遺跡	□ ③ ( )
前1600年ごろ	黄河・長江流域で ④ 文明がおこる。 →甲骨文字	□ ④ ( )

2 次の年表の空欄にあてはまる語を書きましょう。

前3500年ごろ	チグリス川・[　①　]川流域で メソポタミア文明がおこる。 →太陰暦・くさび形文字	□ [① 　　　　]
前3100年ごろ	[　②　]川流域でエジプト文明がおこる。 →太陽暦・象形文字	□ [② 　　　　]
前2500年ごろ	[　③　]川流域でインダス文明がおこる。 →モヘンジョ・ダロなどの都市遺跡	□ [③ 　　　　]
前1600年ごろ	[　④　]・長江流域で中国文明がおこる。 →甲骨文字	□ [④ 　　　　]

3 次の文の空欄にあてはまる語を書きましょう。

ア インダス川流域でおこった[　①　]文明では、モヘンジョ・ダロなどの都市遺跡が残されている。

□ [① 　　　　]

イ チグリス川・[　②　]川流域でおこったメソポタミア文明では、くさび形文字が発明された。

□ [② 　　　　]

ウ 黄河・[　③　]流域でおこった中国文明では、甲骨文字が発明された。

□ [③ 　　　　]

エ ナイル川流域でおこった[　④　]文明では、象形文字が発明された。

□ [④ 　　　　]

4 上のア～エの文明を発生した順にならべかえて記号を書きましょう。

□ (　　　　→　　　　→　　　　→　　　　)

川とセットで覚えるニャ

きおくメモ

メソポタミア文明 → チグリス川・ユーフラテス川

エジプト文明 → ナイル川

インダス文明 → インダス川　　　中国文明 → 黄河・長江

13

第4日｜中国の国家統一と文明の広がり

step 1　読むだけ

まとめ　中国文明の発展

中国	年	おもなできごと
殷	前16世紀ごろ	黄河流域で殷という国がおこる。 甲骨文字が作られた。
	前11世紀ごろ	周が殷をほろぼす。
周	前8〜3世紀	多くの国が争う戦乱の時代になる。 →春秋・戦国時代
	前6世紀ごろ	中国の孔子が儒教（儒学）を説く。
	前5世紀ごろ	インドのシャカが仏教を説く。
秦	前3世紀ごろ	秦の王（始皇帝）が中国を統一する。
	前3世紀末	漢が中国を統一し、大帝国を築く。
漢		シルクロード（絹の道）を通り、 西方との交易を行う。

甲羅と骨に文字が書いてあるニャ！

▲ シルクロード（絹の道）

point

古代中国の国家は、その周辺の東アジアの国々にも大きな影響をあたえたよ。

step 2　見て写すだけ①

1 次の年表の空欄にあてはまる語を書きましょう。

前16世紀ごろ	黄河流域で　①　という国がおこる。 甲骨文字が作られた。
前11世紀ごろ	②　が殷をほろぼす。
前8〜3世紀	多くの国が争う戦乱の時代になる。 →春秋・戦国時代
前6世紀ごろ	中国の孔子が儒教（儒学）を説く。
前5世紀ごろ	インドのシャカが仏教を説く。
前3世紀ごろ	③　の王（始皇帝）が中国を統一する。
前3世紀末	④　が中国を統一し、大帝国を築く。 シルクロード（絹の道）を通り、西方との交易を行う。

☐（①　　　　）

☐（②　　　　）

☐（③　　　　）

☐（④　　　　）

2 次の年表の空欄にあてはまる語を書きましょう。

前16世紀ごろ	黄河流域で殷という国がおこる。 　□① 文字が作られた。	□ 〔 ① 〕
前8〜3世紀	多くの国が争う戦乱の時代になる。 →春秋・戦国時代	□ 〔 ② 〕
前6世紀ごろ	中国の孔子が □② を説く。	□ 〔 ③ 〕
前5世紀ごろ	インドのシャカが □③ を説く。	
前3世紀ごろ	秦の王(始皇帝)が中国を統一する。	
前3世紀末	漢が中国を統一し、大帝国を築く。 　□④ (絹の道)を通り、西方との交易を行う。	□ 〔 ④ 〕

3 次の文の空欄にあてはまる語を書きましょう。

ア 前3世紀ごろ、□① の王である始皇帝が初めて中国を統一し、万里の長城を築いた。　　□ 〔 ① 〕

イ 孔子は □② を説き、その中で、支配者は仁(思いやりの心)と礼(正しい行い)を政治の基本とすべきだとした。　　□ 〔 ② 〕

ウ 殷では □③ 文字が作られたが、のちに周によってほろぼされた。　　□ 〔 ③ 〕

エ 前3世紀末、□④ が中国を統一し、中央アジアも支配下に入れ、大帝国を築いた。　　□ 〔 ④ 〕

4 上のア〜エを、古いできごとから順にならべかえて記号を書きましょう。

□(　　→　　→　　→　　)

ワシは始皇帝だニャ!

きおくメモ

中国の古代王朝 … 殷(甲骨文字)→周→秦(始皇帝・万里の長城)→漢(シルクロード)

アジアの宗教…儒教(儒学)(孔子)・仏教(シャカ)

15

学習日　　月　　日

第5日　ヨーロッパの文明と宗教の深いつながり

step 1　読むだけ

まとめ　ヨーロッパの文明と宗教

日本	年	おもなできごと
縄文時代	前8世紀ごろ	**ギリシャ**で都市国家(ポリス)が栄える。成人男子による**民主政治(民主政)**が行われた。
	前5世紀ごろ	**ギリシャ文明**の全盛期。
弥生時代	前4世紀ごろ	アレクサンドロス大王の東方遠征で、**ヘレニズム**の文化が生まれる。
	前1世紀ごろ	ローマが地中海を統一し、**ローマ帝国**を築く。高度な**ローマ文明**が生まれる。
	紀元前後	**イエス**が**キリスト教**を説く。
古墳時代	4世紀末	キリスト教がローマ帝国の国教となる。
	7世紀初め	**ムハンマド**が**イスラム教**を説く。

▲ローマ帝国

point

キリスト教と**イスラム教**は、現在も多くの人々に信仰されているよ。

step 2　見て写すだけ①

1　次の年表の空欄にあてはまる語を書きましょう。

前8世紀ごろ	[❶] で都市国家(ポリス)が栄える。成人男子による民主政治(民主政)が行われた。
前5世紀ごろ	ギリシャ文明の全盛期。
前4世紀ごろ	アレクサンドロス大王の東方遠征で、ヘレニズムの文化が生まれる。
前1世紀ごろ	ローマが地中海を統一し、[❷] 帝国を築く。高度なローマ文明が生まれる。
紀元前後	[❸] がキリスト教を説く。
4世紀末	キリスト教がローマ帝国の国教となる。
7世紀初め	[❹] がイスラム教を説く。

□ ❶ (　　　　)

□ ❷ (　　　　)

□ ❸ (　　　　)

□ ❹ (　　　　)

2 次の年表の空欄にあてはまる語を書きましょう。

前8世紀ごろ	ギリシャで都市国家(ポリス)が栄える。
前5世紀ごろ	［①］文明の全盛期。
前4世紀ごろ	アレクサンドロス大王の東方遠征で、［②］の文化が生まれる。
前1世紀ごろ	ローマがローマ帝国を築く。高度な［③］文明が生まれる。
紀元前後	イエスが［④］教を説く。
4世紀末	キリスト教がローマ帝国の国教となる。
7世紀初め	ムハンマドが［⑤］教を説く。

☐〔① 　　　　　〕

☐〔② 　　　　　〕

☐〔③ 　　　　　〕

☐〔④ 　　　　　〕

☐〔⑤ 　　　　　〕

3 次の文の空欄にあてはまる語を書きましょう。

ア 7世紀初め、ムハンマドは唯一の神アラーを信じ、［①］教を説き、コーランを教典とした。

☐〔① 　　　　　〕

イ アテネやスパルタなどの都市国家(ポリス)が栄えた［②］では、さまざまな芸術や哲学が発達した。

☐〔② 　　　　　〕

ウ 前1世紀ごろに地中海一帯を支配した［③］帝国は、各地に水道や浴場などの施設を造ったほか、法律や暦などの実用的な文化も発展させた。

☐〔③ 　　　　　〕

エ ［④］が説いたキリスト教は、初めは迫害を受けたが、庶民を中心に信者が増え、ローマ帝国の国教になった。

☐〔④ 　　　　　〕

4 上のア～エを、古いできごとから順にならべかえて記号を書きましょう。

☐（ 　　　→　　　→　　　→　　　 ）

きおくメモ

キリスト教とイスラム教は、仏教とあわせて「三大宗教」とよばれている。

ローマ人は、ギリシャ語のアルファベットをもとにしたローマ字を広めた。

第6日 | 縄文時代と弥生時代の違いは「稲作」

---

step 1　読むだけ

まとめ　縄文時代から弥生時代への変化

日本	年	おもなできごと
縄文時代	約1万年前	日本列島がほぼ現在の姿になる。 たて穴住居に住み、狩りや漁、採集を行う。 ・縄目の文様がついた縄文土器を使用。 ・食べ物の残りかすを捨てた場所が貝塚。 ・魔よけや食物の豊かさをいのるために土偶を作る。
弥生時代	前4世紀ごろ	稲作が中国や朝鮮半島から九州に伝わり、東日本にまで広がる。 ・青銅器や鉄器などの金属器も伝わる。 ・薄手でかたい弥生土器を使用。 ・人々が定住してムラ(集落)ができる。 ・稲を貯蔵するため、高床倉庫を造る。

土偶
縄文土器
狩りや漁、採集
▲縄文時代

弥生土器
金属器
高床倉庫
稲作
▲弥生時代

point
稲作が広まり、人々が水田近くに定住したことで、各地にムラ(集落)ができていったよ。

---

step 2　見て写すだけ①

1 次の年表の空欄にあてはまる語を書きましょう。

約1万年前	① 住居に住み、狩りや漁、採集を行う。
	・縄目の文様がついた ② 土器を使用。
	・食べ物の残りかすを捨てた場所が貝塚。
	・魔よけや食物の豊かさをいのるために土偶を作る。
前4世紀ごろ	③ が中国や朝鮮半島から九州に伝わり、東日本にまで広がる。
	・青銅器や鉄器などの金属器も伝わる。
	・薄手でかたい ④ 土器を使用。
	・人々が定住してムラ(集落)ができる。
	・ ⑤ を貯蔵するため、高床倉庫を造る。

☐ ❶ [　　]
☐ ❷ [　　]
☐ ❸ [　　]
☐ ❹ [　　]
☐ ❺ [　　]

2 次の年表の空欄にあてはまる語を書きましょう。

約1万年前	たて穴住居に住み、狩りや漁、採集を行う。 ・縄目の文様がついた縄文土器を使用。 ・食べ物の残りかすを捨てた場所が ❶ 。 ・魔よけや食物の豊かさをいのるために 　❷ を作る。	☐ 〔❶〕
		☐ 〔❷〕
前4世紀ごろ	稲作が中国や朝鮮半島から九州に伝わり、東日本にまで広がる。 ・青銅器や鉄器などの ❸ も伝わる。 ・薄手でかたい弥生土器を使用。 ・人々が定住して ❹ （集落）ができる。 ・稲を貯蔵するため、❺ を造る。	☐ 〔❸〕
		☐ 〔❹〕
		☐ 〔❺〕

3 次の文の空欄にあてはまる語を書きましょう。

ア 人々は定住するようになり、協力し合って農耕を行うことで、各地に ❶ （集落）ができていった。この時代を、❷ 時代という。

☐ 〔❶〕

☐ 〔❷〕

イ 人々は、狩りや漁、採集中心の生活を行い、食料の保存や調理に、縄目の文様がついた ❸ 土器を使用した。この時代を、縄文時代という。

☐ 〔❸〕

ウ 中国や朝鮮半島から九州に、初めて ❹ が伝わり、人々は木製の鋤や鍬で土地を耕し、水田を広げていった。

☐ 〔❹〕

注目！
ちがいに
くらべて
覚えるのニャ

きおくメモ

縄文時代→縄目の文様がついた縄文土器。貝塚、土偶。
弥生時代→薄手でかたい弥生土器。金属器（青銅器、鉄器）、高床倉庫。

19

第**7**日 ｜ クニの発展と強大な権力を物語る巨大古墳

step 1　読むだけ

まとめ ムラからクニへの発展と古墳の出現

日本		年	おもなできごと
弥生時代		前1世紀	周辺のムラがまとまり**クニ(国)**となる。 倭(日本)は、100ほどのクニに分かれていた。
		57年	倭の奴国の王が、漢の皇帝から「漢委奴国王」と刻まれた金印を授かる(『後漢書』)。
		3世紀	邪馬台国の卑弥呼が、30あまりの国々を治める(『魏志』倭人伝)。 →魏に使いを送り、「親魏倭王」の称号を授かる(239年)。
古墳時代		3世紀末 〜6世紀	奈良盆地に大和政権(ヤマト王権)が成立。 支配者(豪族)の墓として各地に古墳が出現。 古墳のまわりに、はにわが置かれる。 →大仙古墳は日本最大の前方後円墳。

▲ 2世紀ごろの東アジア

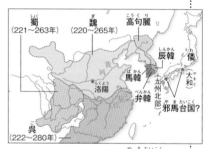

▲ 3世紀ごろの東アジアと邪馬台国

point

稲作が広がったことで貧富の差が生まれ、クニがまとまっていったよ。古墳は、権力と富の象徴だね。

step 2　見て写すだけ①

1 次の年表の空欄にあてはまる語を書きましょう。

前1世紀	周辺のムラがまとまり　①　となる。	①
57年	倭の奴国の王が、漢の皇帝から「漢委奴国王」と刻まれた　②　を授かる(『後漢書』)。	②
3世紀	③　の卑弥呼が、30あまりの国々を治める(『魏志』倭人伝)。 →魏に使いを送り、「親魏倭王」の称号を授かる。	③
3世紀末 〜6世紀	支配者(　④　)の墓として各地に古墳が出現。 古墳のまわりに、はにわが置かれる。 →大仙古墳は日本最大の　⑤　。	④ ⑤

2 次の年表の空欄にあてはまる語を書きましょう。

前1世紀	周辺のムラがまとまりクニ(国)となる。
57年	倭の ① の王が、 ② の皇帝から「漢委奴国王」と刻まれた金印を授かる(『後漢書』)。
3世紀	邪馬台国の卑弥呼が、30あまりの国々を治める(『魏志』倭人伝)。
	→ ③ に使いを送り、「親魏倭王」の称号を授かる。
3世紀末〜6世紀	支配者(豪族)の墓として各地に古墳が出現。 古墳のまわりに、 ④ が置かれる。 →大仙古墳は日本最大の前方後円墳。

□ (①)

□ (②)

□ (③)

□ (④)

3 次の文の空欄にあてはまる語を書きましょう。

ア 3世紀ごろ、 ① の女王である卑弥呼は、まじないによって30あまりの国々を治めていた。

□ (①)

イ 紀元前1世紀ごろ、周辺のムラがまとまり、倭(日本)は100あまりの ② に分かれていた。

□ (②)

ウ 3世紀末から6世紀ごろの、前方後円墳などの ③ が各地に造られた時代を、古墳時代という。

□ (③)

エ 「漢委奴国王」と刻まれた ④ を、奴国の王が漢の皇帝から授かった。

□ (④)

4 上のア〜エを、古いできごとから順にならべかえて記号を書きましょう。

□ (　　　　 → 　　　　 → 　　　　 → 　　　　)

猫の形はないのかニャ…?

きおくメモ

奴国の王→漢に使いを送る。　　邪馬台国の女王→卑弥呼。魏に使いを送る。
古墳→前方後円墳などの種類がある。支配者である豪族らの権力と富の象徴。

円墳

前方後円墳　　方墳

第8日 | 倭国と朝鮮半島をつないだ渡来人

まとめ 倭国（日本）と朝鮮半島の関係と大和政権の支配の拡大

日本	年	おもなできごと
古墳時代	4世紀ごろ	朝鮮半島で、高句麗、百済、新羅が対立。 →大和政権（ヤマト王権）も百済や伽耶（任那）諸国に協力。 渡来人が、技術や文化を倭国に伝える。 ・鉄製の農具、絹織物を作る技術。 ・高温で焼く、かたく黒っぽい土器（須恵器）。 ・漢字や儒教（儒学）、仏教（6世紀）。
	4世紀後半 〜5世紀	大和政権の支配が、九州から東北南部にまでおよぶ。
	5世紀後半	大和政権の王ワカタケルが、大王を名乗る。 →大王は、のちに天皇とよばれる。
	6世紀	伽耶諸国がほろび、百済と新羅が勢力を強める。

▲5世紀の東アジア

point

「ワカタケル大王」の文字が刻まれた剣や刀が関東や九州で出土したことから、大和政権の勢力が広がったことがわかったんだ。

1 次の年表の空欄にあてはまる語を書きましょう。

4世紀ごろ	朝鮮半島で、高句麗、百済、新羅が対立。 → ⬚ ❶ も百済や伽耶（任那）諸国に協力。 　 ⬚ ❷ が技術や文化を伝える。
4世紀後半〜 5世紀	大和政権の支配が、九州から東北南部にまでおよぶ。
5世紀後半	大和政権の王ワカタケルが、 ⬚ ❸ を名乗る。
6世紀	伽耶諸国がほろび、 ⬚ ❹ と新羅が勢力を強める。

☐ ❶ (　　　　)

☐ ❷ (　　　　)

☐ ❸ (　　　　)

☐ ❹ (　　　　)

2 次の年表の空欄にあてはまる語を書きましょう。

4世紀ごろ	朝鮮半島で、[❶]、百済、新羅が対立。	□ [❶　　　]
	渡来人が、技術や文化を伝える。	
	・鉄製の農具、絹織物を作る技術。	
	・高温で焼く、かたく黒っぽい土器（[❷]）。	□ [❷　　　]
	・[❸]や儒教（儒学）、仏教（6世紀）。	□ [❸　　　]
4世紀後半〜5世紀	大和政権の支配が、九州から東北南部にまでおよぶ。	
5世紀後半	大和政権の王[❹]が、大王を名乗る。	□ [❹　　　]

3 次の文の空欄にあてはまる語を書きましょう。

ア 4世紀ごろ、朝鮮半島では高句麗、百済、新羅の勢力争いが起こり、大和政権は[❶]や伽耶諸国に協力して戦った。　□ [❶　　　]

イ 6世紀ごろ、中国や朝鮮半島から日本に儒教（儒学）や[❷]教が伝わり、人々の信仰や文化に影響をあたえた。　□ [❷　　　]

ウ 大和政権（ヤマト王権）の王ワカタケルは、[❸]を名乗り、鉄剣や鉄刀を関東や九州の豪族にあたえた。　□ [❸　　　]

エ 中国や朝鮮半島からの移住者である[❹]は、須恵器、鉄器の製造、機織り、漢字などの多くの技術や文化を伝えた。　□ [❹　　　]

いざ！　日本へ！

きおくメモ

渡来人→中国や朝鮮半島から倭国（日本）に渡ってきた人々。

須恵器、鉄器、絹織物の製造、農業などの技術や、漢字、儒教（儒学）、仏教を伝えた。

第9日｜仏教伝来と大王を中心にする政治制度作り

step 1　読むだけ

まとめ 聖徳太子の政治改革

日本	年	おもなできごと
古墳時代	6世紀半ば	仏教が、百済から日本に伝わる。権威の象徴が、古墳から寺院にかわった。
	589年	中国で隋が南北朝を統一し、帝国を築く。
飛鳥時代	593年	聖徳太子が推古天皇の摂政となる。→大王(天皇)中心の政治制度作りを行う。
	603年	冠位十二階の制定。→家柄にとらわれず、優秀な人物を役人として採用。
	604年	十七条の憲法の制定→仏教や儒教の教えを取り入れ、役人の心構えを示す。
	607年	小野妹子らを遣隋使として隋に派遣。飛鳥文化…日本最初の仏教文化。中国、インド、西アジアなどの影響を受ける。→法隆寺(聖徳太子が建立)など。

▲遣隋使の航路

玉虫厨子

釈迦三尊像

▲法隆寺の文化財

point

聖徳太子は、日本が中国と対等な立場で外交できるように、国内の制度を整えたよ。また、隋も高句麗と対立していたので、日本との関係を重視したよ。

step 2　見て写すだけ①

1 次の年表の空欄にあてはまる語を書きましょう。

6世紀半ば	①が、百済から日本に伝わる。	□ ①
589年	中国で②が南北朝を統一し、帝国を築く。	□ ②
593年	聖徳太子が推古天皇の摂政となる。→③中心の政治制度作りを行う。	
603年	冠位十二階の制定。	□ ③
604年	④の制定。→仏教や儒教の教えを取り入れる。	□ ④
607年	小野妹子らを⑤として隋に派遣。	□ ⑤

2 次の年表の空欄にあてはまる語を書きましょう。

593年	聖徳太子が推古天皇の ❶ となる。 →大王（天皇）中心の政治制度作りを行う。	☐	❶
603年	❷ の制定→家柄にとらわれず、優秀な人物を 役人として採用。	☐	❷
604年	十七条の憲法の制定。	☐	❸
607年	❸ らを遣隋使として隋に派遣。	☐	❹
	❹ 文化…日本最初の仏教文化。 中国、インド、西アジアなどの影響を受ける。 → ❺ （聖徳太子が建立）など。	☐	❺

3 次の文の空欄にあてはまる語を書きましょう。

ア 593年、聖徳太子は推古天皇の摂政となった。仏教の教えを積極的に政治に取り入れたことで、日本最初の仏教文化である ❶ 文化が栄えた。　　☐ ❶

イ 589年、中国で ❷ が南北朝を統一し、約300年ぶりに強大な帝国を築いた。　　☐ ❷

ウ 607年、聖徳太子が ❸ らを遣隋使として派遣し、隋の進んだ制度や文化を取り入れようとした。　　☐ ❸

エ 604年、聖徳太子は仏教の教えを取り入れ、役人の心構えを示す ❹ を制定した。　　☐ ❹

きおくメモ

聖徳太子の政治改革→大王（天皇）を中心とする、仏教と隋の制度や文化を取り入れた政治制度作り。
冠位十二階、十七条の憲法、遣隋使の派遣、法隆寺の建立。

第10日 │ 唐を参考にして律令国家は造られた

---

step 1　読むだけ

まとめ 大化の改新と律令国家の成立

日本	年	おもなできごと
飛鳥時代	7世紀初め	隋がほろび、唐が中国を統一する。 →律令による統治。
	630年	遣唐使の派遣が始まる。
	645年	大化の改新が始まる。 →中大兄皇子(のちの天智天皇)と中臣鎌足らが、 蘇我氏をたおして始めた天皇中心の政治への改革。 →土地と人民を公地・公民とし、国家が支配。
	663年	朝鮮半島で、白村江の戦いが起こる。
	672年	壬申の乱が起こる。 →天智天皇のあとつぎ争い。天武天皇が勝利。
	701年	大宝律令が制定される。 →唐を参考に、律令国家のしくみを定めた。 →朝廷が全国を支配(中央集権)。

兄
兄弟
親子
弟
息子
壬申の乱

point
大化の改新によって、土地と人民を国が支配する方針が示されたよ。

---

step 2　見て写すだけ①

1 次の年表の空欄にあてはまる語を書きましょう。

7世紀初め	隋がほろび、唐が中国を統一。 →　①　による統治。
645年	②　が始まる。 →中大兄皇子(のちの天智天皇)と中臣鎌足らが始めた政治改革。
672年	③　が起こる。→天智天皇のあとつぎ争い。
701年	④　が制定される。 →唐を参考に、律令国家のしくみを定めた。 →朝廷が全国を支配(中央集権)。

☐ ①
☐ ②
☐ ③
☐ ④

2 次の年表の空欄にあてはまる語を書きましょう。

7世紀初め	隋がほろび、 ① が中国を統一。
645年	大化の改新が始まる。 → ② （のちの天智天皇）と中臣鎌足らが始めた政治改革。
672年	壬申の乱が起こる。
701年	大宝律令が制定される。 →唐を参考に、 ③ 国家のしくみを定めた。 → ④ が全国を支配（中央集権）。

□〔① 〕
□〔② 〕
□〔③ 〕
□〔④ 〕

3 次の文の空欄にあてはまる語を書きましょう。

ア 701年、律令国家のしくみを定めた ① が制定され、中央政府である朝廷が全国を支配した。

□〔① 〕

イ 天智天皇のあとつぎをめぐって ② が起こった。これに勝利した天武天皇は、強力な支配のしくみを作り上げていった。

□〔② 〕

ウ 645年、中大兄皇子と中臣鎌足らは、聖徳太子の死後、権力を独占していた蘇我氏をたおして ③ を始めた。

□〔③ 〕

エ 7世紀初め、 ④ が中国を統一した。 ④ は、刑罰と政治のきまりである律令によって国を統治した。

□〔④ 〕

4 上のア～エを、古いできごとから順にならべかえて記号を書きましょう。

□（　　　　　→　　　　　→　　　　　→　　　　　）

きおくメモ

律令国家→律（刑罰のきまり）と令（政治のきまり）による統治。
唐にならって、701年、大宝律令を制定。

唐（中国）
がお手本ニャ！

27

第11日 | 法律・貨幣(かへい)から見る奈良(なら)時代の人々の暮らし

まとめ　律令(りつりょう)国家における人々の暮らし

日本	年	おもなできごと
奈良(なら)時代	710年	奈良(なら)の平城京(へいじょうきょう)に都を移す。唐(とう)の長安(ちょうあん)にならって造る。以後を奈良時代(ならじだい)という。 ・和同開珎(わどうかいちん)などの貨幣(かへい)が使用された。 班田収授法(はんでんしゅうじゅのほう)が定められる。 →6年ごとに作られる戸籍(こせき)に基(もと)づき、6歳以上(さい)の男女に口分田(くぶんでん)という土地をあたえる。 人々は租(そ)・調(ちょう)・庸(よう)という税(ぜい)を負担(ふたん)した。 →租は稲(いね)の収穫量の約3%、調は地方の特産物、庸は労役(ろうえき)のかわりの布。
	743年	墾田永年私財法(こんでんえいねんしざいのほう)が定められる。 →開墾(かいこん)した土地の私有を認める。 →貴族や寺社の広い私有地は、やがて荘園(しょうえん)となる。

西大寺(さいだいじ)　平城宮(へいじょうきゅう)　大極殿(だいごくでん)　東大寺(とうだいじ)
唐招提寺(とうしょうだいじ)　興福寺(こうふくじ)
右(う)京(きょう)　朱雀大路(すざくおおじ)　左(さ)京(きょう)
薬師寺(やくしじ)

▲平城京(へいじょうきょう)

point
農民の間で貧富の差が広がるとともに、公地・公民の原則もくずれ始めたよ。

1 次の年表の空欄(くうらん)にあてはまる語を書きましょう。

710年	奈良(なら)の ① に都を移す。唐(とう)の長安(ちょうあん)にならって造る。以後を奈良時代(なら)という。 ② が定められる。 →6年ごとに作られる戸籍(こせき)に基(もと)づき、6歳以上の男女に口分田(くぶんでん)という土地をあたえる。 人々は ③ ・調(ちょう)・庸(よう)という税を負担(ふたん)した。
743年	④ が定められる。 →開墾(かいこん)した土地の私有を認める。

□　① (　　　)

□　② (　　　)

□　③ (　　　)

□　④ (　　　)

2 次の年表の空欄にあてはまる語を書きましょう。

710年	平城京に都を移す。唐の長安にならって造る。
	以後を　①　時代という。
	・　②　などの貨幣が使用された。
	班田収授法が定められる。
	→6年ごとに作られる戸籍に基づき、6歳以上の男女に
	③　という土地をあたえる。
	人々は租・　④　・庸という税を負担。
743年	墾田永年私財法が定められる。
	→開墾した土地の　⑤　を認める。

□ ⎰ ① ⎱
□ ⎰ ② ⎱
□ ⎰ ③ ⎱
□ ⎰ ④ ⎱
□ ⎰ ⑤ ⎱

3 次の文の空欄にあてはまる語を書きましょう。

ア 奈良時代の人々は、租・調・庸という税を負担した。このうち、租は、　①　の収穫量の約3％を納めた。

□ ⎰ ① ⎱

イ 口分田の不足から、743年、墾田永年私財法が制定され、開墾した土地の私有を認めた。貴族や寺社はさかんに私有地を広げ、これらは　②　とよばれた。

□ ⎰ ② ⎱

ウ 戸籍に登録された6歳以上の人々には、性別や身分に応じて　③　があたえられ、死ぬと国に返させた。これを、班田収授法という。

□ ⎰ ③ ⎱

エ 都が平城京に移された710年以降を奈良時代という。このころ、唐にならって　④　などの貨幣が発行され、使用された。

□ ⎰ ④ ⎱

平城京は碁盤の目みたいだニャ！

きおくメモ

平城京→710年、奈良に都を移す。
班田収授法→戸籍を基に、6歳以上の男女に口分田をあたえる。
墾田永年私財法→743年制定。開墾を奨励した。

第**12**日｜仏教による国家整備と歴史書作り

step 1　読むだけ

まとめ　奈良時代の文化

日本	文化	おもな内容
奈良時代	天平文化	**天平文化** …仏教と唐の影響を強く受けた国際的な文化。 聖武天皇の時代に最も栄えた。 **遣唐使** ・唐の文化や制度の輸入。 **建築物** ・国ごとに国分寺・国分尼寺、都に東大寺を建てる。 ・東大寺には金銅の大仏を造る。 ・東大寺の正倉院の宝物に、大陸文化の影響。 **歴史書と文学** ・『古事記』『日本書紀』→神話や伝承をまとめた歴史書 ・『風土記』→地方の自然や伝説などを集めた地理書 ・『万葉集』→万葉がなで書かれた日本最古の和歌集

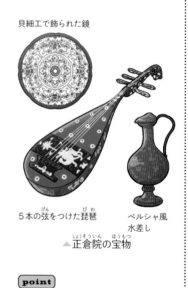

貝細工で飾られた鏡

5本の弦をつけた琵琶　　ペルシャ風水差し

▲正倉院の宝物

point

天平文化は、唐の影響を強く受けた文化だよ。

step 2　見て写すだけ①

1 次の表の空欄にあてはまる語を書きましょう。

天平文化	①　文化 …仏教と唐の影響を強く受けた国際的な文化。 聖武天皇の時代に最も栄えた。 ・国ごとに国分寺・国分尼寺、都に　②　を建てる。 ・　②　には金銅の大仏を造る。 ・『　③　』『日本書紀』→神話や伝承をまとめた歴史書 ・『風土記』→地方の自然や伝説などを集めた地理書 ・『　④　』→万葉がなで書かれた日本最古の和歌集

☐ ①（　　　）

☐ ②（　　　）

☐ ③（　　　）

☐ ④（　　　）

2 次の表の空欄にあてはまる語を書きましょう。

| 天平文化 | 天平文化
…仏教と唐の影響を強く受けた国際的な文化。
　　① 天皇の時代に最も栄えた。

・国ごとに　②　・国分尼寺、都に東大寺を建てる。
・東大寺の　③　の宝物に、大陸文化の影響。
・『古事記』『　④　』→神話や伝承をまとめた歴史書
・『　⑤　』→地方の自然や伝説などを集めた地理書
・『万葉集』→万葉がなで書かれた日本最古の和歌集 | ☐ 〔①　　　〕

☐ 〔②　　　〕

☐ 〔③　　　〕

☐ 〔④　　　〕

☐ 〔⑤　　　〕 |

3 次の文の空欄にあてはまる語を書きましょう。

ア 聖武天皇は、仏教の力によって世の中の不安をしずめようと、都に　①　を建てさせ、金銅の大仏を造った。　　☐ 〔①　　　〕

イ 国家のおこりや、古代国家の中心である天皇の由来などを説明するため、『　②　』や『日本書紀』などの歴史書が作られた。　　☐ 〔②　　　〕

ウ 奈良時代に作られた『　③　』には、天皇から庶民までのはば広い範囲の人々が作った和歌が、約4500首収められた。　　☐ 〔③　　　〕

エ 校倉造で建てられた　④　は東大寺の宝物庫で、聖武天皇の遺品などが納められていた。　　☐ 〔④　　　〕

きおくメモ

奈良時代の文化
天平文化→聖武天皇は国ごとに国分寺・国分尼寺、
　　　　　都に大仏を本尊とする東大寺を建てさせる。
書物→『古事記』『日本書紀』『風土記』『万葉集』

第13日｜藤原氏が権力を独占した摂関政治

まとめ 平安時代と貴族の政治

日本	年	おもなできごと
平安時代	794年	桓武天皇が京都の平安京に都を移す。以後を平安時代という。
	8世紀末〜9世紀	朝廷は、支配に従わない東北地方の蝦夷に対して、大軍を送って制圧。東北へ進出する。
	9世紀後半〜	藤原氏が摂関政治を行う。→天皇が幼いときは摂政、成長すると関白になり、政治の実権をにぎる。
	894年	遣唐使が停止される。
	10世紀初め	唐がほろびたのち、宋(北宋)が中国を統一。朝鮮半島では高麗がおこり、新羅をほろぼす。
	11世紀前半	藤原道長と、その子頼通のころ、摂関政治の全盛期。

▲ 都の移り変わり

point

律令政治を立て直すために京都へ都を移したあと、貴族の藤原氏が実権をにぎるよ。

---

1 次の年表の空欄にあてはまる語を書きましょう。

794年	桓武天皇が京都の ❶ に都を移す。以後を平安時代という。	☐ ❶
8世紀末〜9世紀	朝廷は、支配に従わない東北地方の蝦夷に対して、大軍を送って制圧。	☐ ❷
9世紀後半〜	藤原氏が ❷ 政治を行う。→天皇が幼いときは摂政、成長すると関白になり、政治の実権をにぎる。	☐ ❸
894年	❸ が停止される。	☐ ❹
10世紀初め	唐がほろびたのち、 ❹ が中国を統一。朝鮮半島では ❺ がおこる。	☐ ❺
11世紀前半	藤原道長と、その子頼通のころ、摂関政治の全盛期。	

2 次の年表の空欄にあてはまる語を書きましょう。

794年	桓武天皇が平安京に都を移す。 以後を　❶　時代という。
8世紀末〜 9世紀	朝廷は、東北地方の　❷　に対して、大軍を送って制圧。東北へ進出する。
9世紀後半〜	❸　氏が摂関政治を行う。 →天皇が幼いときは　❹　、成長すると関白になり、政治の実権をにぎる。
10世紀初め	唐がほろびたのち、宋が中国を統一。 朝鮮半島では高麗がおこる。
11世紀前半	❺　と、その子頼通のころ、摂関政治の全盛期。

☐ 〔 ❶ 〕
☐ 〔 ❷ 〕
☐ 〔 ❸ 〕
☐ 〔 ❹ 〕
☐ 〔 ❺ 〕

3 次の文の空欄にあてはまる語を書きましょう。

ア 平安時代に藤原氏は、娘を天皇のきさきにし、天皇が幼いときは摂政、成長すると関白となって、実権をにぎった。この政治は、　❶　と、その子頼通のころに全盛期をむかえた。

☐ 〔 ❶ 〕

イ 桓武天皇は律令政治を立て直そうと、784年に長岡京に移り、794年には　❷　に都を移した。

☐ 〔 ❷ 〕

ウ 征夷大将軍に任じられた坂上田村麻呂は、朝廷に反抗する　❸　地方の蝦夷とよばれる人々の拠点を攻めた。

☐ 〔 ❸ 〕

エ 894年、唐のおとろえにより、遣唐使の派遣を停止。唐がほろびたあと、　❹　が中国を統一した。

☐ 〔 ❹ 〕

きおくメモ

平安京→794年、桓武天皇が京都に都を移す。平安時代が始まる。

摂関政治→藤原氏が摂政と関白の地位を独占し、政治の実権をにぎる。

藤原道長・頼通のころ全盛。

ホーホケキョ！

794
なくよウグイス
平安京

第14日｜唐風から国風への変化と貴族文化

step 1　読むだけ

 まとめ　**平安時代の文化**

日本	文化	おもな内容
平安時代	国風文化	**国風文化** …日本の風土や生活感情にあった文化。 摂関政治のころに最も栄えた。 **貴族の生活** ・寝殿造→自然を庭園に取り入れた貴族の建築様式。 ・大和絵→日本の風景をえがいた独自の絵画。 **かな文字と文学** ・かな文字→漢字を簡単にした、かたかな・ひらがな。 ・物語→『源氏物語』（紫式部）・『竹取物語』 ・和歌→『古今和歌集』（紀貫之ら） ・随筆→『枕草子』（清少納言）

▲ 寝殿造

point

唐の影響が弱くなって、日本独自の文化が生まれたよ。

step 2　見て写すだけ①

1 次の表の空欄にあてはまる語を書きましょう。

国風文化	①　　文化 …日本の風土や生活感情にあった文化。 摂関政治のころに最も栄えた。 ・②　　→自然を庭園に取り入れた貴族の建築様式。 ・大和絵→日本の風景をえがいた独自の絵画。 ・③　　文字 →漢字を簡単にした、かたかな・ひらがな。 ・物語→『④　　』（紫式部） ・和歌→『古今和歌集』（紀貫之ら） ・随筆→『⑤　　』（清少納言）

□ ❶

□ ❷

□ ❸

□ ❹

□ ❺

2 次の表の空欄にあてはまる語を書きましょう。

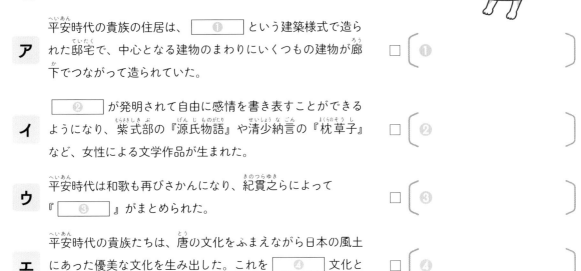

国風文化
国風文化
…日本の風土や生活感情にあった文化。
❶　　　政治のころに最も栄えた。
・寝殿造→自然を庭園に取り入れた貴族の建築様式。
・　　❷　　→日本の風景をえがいた独自の絵画。
・かな文字
→漢字を簡単にした、かたかな・ひらがな。
・物語→『源氏物語』(　　❸　　)
・和歌→『　　❹　　』(紀貫之ら)
・随筆→『枕草子』(　　❺　　)

- [ ] ❶ (　　　)
- [ ] ❷ (　　　)
- [ ] ❸ (　　　)
- [ ] ❹ (　　　)
- [ ] ❺ (　　　)

3 次の文の空欄にあてはまる語を書きましょう。

ア 平安時代の貴族の住居は、　　❶　　という建築様式で造られた邸宅で、中心となる建物のまわりにいくつもの建物が廊下でつながって造られていた。

- [ ] ❶ (　　　)

イ 　　❷　　が発明されて自由に感情を書き表すことができるようになり、紫式部の『源氏物語』や清少納言の『枕草子』など、女性による文学作品が生まれた。

- [ ] ❷ (　　　)

ウ 平安時代は和歌も再びさかんになり、紀貫之らによって『　　❸　　』がまとめられた。

- [ ] ❸ (　　　)

エ 平安時代の貴族たちは、唐の文化をふまえながら日本の風土にあった優美な文化を生み出した。これを　　❹　　文化という。

- [ ] ❹ (　　　)

きおくメモ

平安時代の文化
国風文化→かな文字の普及(『源氏物語』『枕草子』)、寝殿造。

第15日｜新しい仏教と浄土信仰の広がり

step 1　読むだけ

まとめ 平安時代の新しい仏教と浄土信仰

日本	年	おもなできごと
平安時代	9世紀初め	遣唐使とともに唐にわたった2人の僧侶が、帰国して新しい仏教を伝える。 最澄…天台宗を開く。 　　　　比叡山に延暦寺を建てる。 空海…真言宗を開く。 　　　　高野山に金剛峯寺を建てる。 山奥の寺院で修行。貴族の間に広がる。
	10世紀半ば	浄土信仰が広まる。 →念仏を唱えて阿弥陀如来にすがり、死後に極楽浄土へ生まれ変わることを願う。 →各地に阿弥陀堂が造られる。 藤原頼通は平等院鳳凰堂を建てた。

▲おもな寺院

point

新しい仏教は平安時代の初期に生まれたよ。その後の社会不安から、浄土信仰が広まっていくよ。

step 2　見て写すだけ①

1 次の年表の空欄にあてはまる語を書きましょう。

9世紀初め	2人の僧侶が新しい仏教を伝える。 最澄…　①　宗を開く。 　　　　比叡山に延暦寺を建てる。 空海…　②　宗を開く。 　　　　高野山に金剛峯寺を建てる。
10世紀半ば	③　が広まる。 →念仏を唱えて阿弥陀如来にすがり、死後に極楽浄土へ生まれ変わることを願う。 →各地に阿弥陀堂が造られる。 藤原頼通は　④　を建てた。

① ② ③ ④

2 次の年表の空欄にあてはまる語を書きましょう。

9世紀初め	2人の僧侶が新しい仏教を伝える。	☐ ❶〔　　　　〕
	❶　…天台宗を開く。	
	比叡山に延暦寺を建てる。	☐ ❷〔　　　　〕
	❷　…真言宗を開く。	
	高野山に金剛峯寺を建てる。	☐ ❸〔　　　　〕
	山奥の寺院で修行。貴族の間に広がる。	
10世紀半ば	浄土信仰が広まる。	☐ ❹〔　　　　〕
	→念仏を唱えて阿弥陀如来にすがり、死後に ❸　へ生まれ変わることを願う。	
	→各地に阿弥陀堂が造られる。	
	❹　は平等院鳳凰堂を建てた。	

3 次の文の空欄にあてはまる語を書きましょう。

ア 藤原頼通が京都の宇治に建立した　❶　は、平安時代を代表する阿弥陀堂である。　　☐ ❶〔　　　　〕

イ 10世紀半ばに社会が乱れると、念仏を唱えて阿弥陀如来に頼り、死後に極楽浄土への生まれ変わりを願う　❷　がおこった。　　☐ ❷〔　　　　〕

ウ 平安時代の初めに唐から多くの経典を持ち帰った最澄は天台宗を開き、比叡山に　❸　を建てて新しい仏教を伝えた。　　☐ ❸〔　　　　〕

エ 空海は中国で密教を学び、帰国後、真言宗を開いて　❹　に金剛峯寺を建てた。密教は、山奥での修行や学問を重視していた。　　☐ ❹〔　　　　〕

きおくメモ

新しい仏教　①最澄－天台宗－比叡山延暦寺　②空海－真言宗－高野山金剛峯寺
浄土信仰が広がる。平等院鳳凰堂は浄土信仰を象徴する建物。

第**16**日 | 孔子やシャカらは、○○教とひもづけて覚えよう

---

step 1　読むだけ

まとめ ## 古代の思想家・宗教家

孔子

シャカ

イエス

❶ 孔子（前551？〜前479）中国

　前6世紀ごろ、儒教（儒学）を説いた思想家。思いやりの
心（仁）によって国はよく治まると説く。儒教は朝鮮や日本に伝わった。

❷ シャカ（釈迦）（前563？〜前483？）ネパール

　前5世紀ごろ、仏教を説く。身分制度を批判し、人はみな平等であり、
さとりを開いて仏（ブッダ）となれば救われると説いた。

❸ イエス（前4？〜後30？）パレスチナ

　紀元前後ごろ、キリスト教を説く。ユダヤ教の指導者を批判し、神の前ではみな平等で、
神を信じるものは救われると説いた。没後、弟子たちが『新約聖書』をととのえた。

❹ ムハンマド（570？〜632）アラビア半島・メッカ

　7世紀初めごろ、イスラム教を始める。唯一神（アッラー）を信じ、正しい行いをすること
の大切さを説いた。偶像の崇拝を禁止し、『コーラン（クルアーン）』を教典とした。

point ○○教は、それぞれの特徴をおさえておこう。

---

step 2　見て写すだけ①

1 次の説明にあてはまる人物名を書きましょう。

1 7世紀初めごろ、イスラム教を始めた宗教家。唯一神（アッラー）
を信じ、正しい行いをすることの大切さを説いた。　　□ 〔❶　　　　　〕

2 前5世紀ごろ、仏教を説いた宗教家。人はみな、さとりを開いて
仏（ブッダ）となれば苦しみから救われると説いた。　　□ 〔❷　　　　　〕

3 前6世紀ごろ、儒教（儒学）を説いた思想家。思いやりの心（仁）
が大切と考えた。　　□ 〔❸　　　　　〕

4 紀元前後ごろ、キリスト教を説いた宗教家。神の前ではみな平等
であり、神を信じるものは救われると説いた。　　□ 〔❹　　　　　〕

2 次の人物の説明文の空欄にあてはまる語を書きましょう。

1 イエス…神の前では人はみな平等であり、神を信じるものは救われるとして □ ① 教を説いた。

☐ 〔 ① 〕

2 ムハンマド…唯一神(アッラー)を信じ、正しい行いをすることの大切さを説く □ ② 教を始めた。

☐ 〔 ② 〕

3 シャカ…身分制度を批判し、人はみな平等で、さとりを開いて仏(ブッダ)となればだれでも苦しみから救われるとする、 □ ③ 教を説いた。

☐ 〔 ③ 〕

4 孔子…思いやりの心(仁)によって、国はよく治まるとする □ ④ 教の教えを説いた。

☐ 〔 ④ 〕

3 次の説明にあてはまる人物名を書きましょう。

1 王子として生まれたが、苦しむ人々がいる現実になやみ、出家した。35歳でさとりを開き仏となった。

☐ 〔 ① 〕

2 乱れた政治や社会を立て直すためには、思いやりの心(仁)で行いを正すことが大切と説いた。

☐ 〔 ② 〕

3 ユダヤ教やローマ帝国からうとまれ、十字架にかけられ処刑された。その後、弟子たちが教会や『新約聖書』をととのえ、キリスト教の布教を進めた。

☐ 〔 ③ 〕

4 ユダヤ教・キリスト教の影響を受け、唯一神(アッラー)を信じ、正しい行いをすることの大切さを説いた。

☐ 〔 ④ 〕

> **きおくメモ**
>
> 儒教(儒学)は国の政治のあり方を説いた思想。
> 仏教・キリスト教・イスラム教は「三大宗教」とよばれている。

第**17**日 古代国家の王と、国家統一の戦略とは？

まとめ 古代国家の王

始皇帝

アレクサンドロス大王

卑弥呼

❶ **始皇帝**（前259～前210）中国

　前3世紀ごろ、秦の国王として初めて中国を統一する王国を造り、これまでの「王」をはるかに超える力を示すために「皇帝」を名乗った。貨幣や文字、長さや重さ、容積の基準などを統一したほか、北方の遊牧民の侵入を防ぐために**万里の長城**を築いた。

❷ **アレクサンドロス大王**（前356～前323）ギリシャ

　前4世紀ごろ、ギリシャを支配したマケドニアの国王。大軍を率いてペルシャ（イラン）を征服し、さらにインダス川にまで遠征した。この結果、ギリシャの文化が東方に広まり、オリエントの文化と結びつき、**ヘレニズム**とよばれる文化が生まれ、のちにインドや中国、日本にも影響をあたえた。

❸ **卑弥呼**（175?～247?）

　3世紀ごろ、倭（日本）で30ほどの小国を従えていた**邪馬台国**の女王。まじないによって政治を行った。中国（魏）に使いを送り、皇帝から「親魏倭王」の称号と金印を授けられた。

point 古代国家の王とそのキーワードになる用語をセットでおさえておこう。

1 次の説明にあてはまる人物名を書きましょう。

1 前4世紀ごろ、ギリシャを支配したマケドニアの国王。大軍を率いてペルシャ（イラン）を征服し、さらにインダス川にまで遠征した。

□ 〔❶　　　　　　　　　〕

2 前3世紀ごろ、秦の国王として初めて中国を統一する王国を造った。北方の遊牧民の侵入を防ぐために万里の長城を築いた。

□ 〔❷　　　　　　　　　〕

3 3世紀ごろ、倭（日本）で30ほどの小国を従えていた邪馬台国の女王。中国（魏）に使いを送り、皇帝から「親魏倭王」の称号と金印を授けられた。

□ 〔❸　　　　　　　　　〕

2 次の人物の説明文の空欄にあてはまる語を書きましょう。

1 卑弥呼…まじないによる政治を行い、 ① の女王として、倭（日本）で30ほどの小国を従えていた。

□ ①

2 アレクサンドロス大王…大軍を率いてペルシャ（イラン）を征服し、さらにインダス川にまで遠征。その結果、ギリシャの文化がオリエントの文化と結びつき、 ② とよばれる文化が生まれた。

□ ②

3 始皇帝…秦の国王として中国を初めて統一。貨幣や文字、長さや重さ、容積の基準などを統一したほか、北方の遊牧民の侵入を防ぐために ③ を築いた。

□ ③

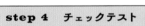

3 次の説明にあてはまる人物名を書きましょう。

1 前4世紀ごろギリシャを支配し、大軍を率いてエジプト、ペルシャ、そしてインダス川まで遠征したマケドニアの国王。この大王の遠征以降の約300年間を「ヘレニズム時代」という。

□ ①

2 邪馬台国の女王。中国（魏）の歴史書『魏志』倭人伝に、小国に分かれて争いが続いていた倭国は彼女を女王にしたところ、争いがおさまったとある。

□ ②

3 前3世紀ごろ中国を初めて統一した人物で、各地で異なっていた貨幣や文字、ものさしなどを統一したほか、役人を通じて皇帝の命令が全国に行きわたるしくみを整えた。

□ ③

きおくメモ

秦の始皇帝は古代中国の国王。中国を初めて統一し、
万里の長城を築いた人物。
卑弥呼は邪馬台国の女王で、古代の日本で30あまりの小国を従えていた。

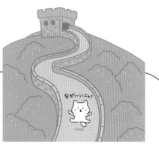

第18日｜日本にやってきた仏教と聖徳太子の政治

step 1　読むだけ

まとめ　聖徳太子と政治改革に関わる人々

❶ 蘇我馬子（？〜626）
　飛鳥時代の政治家。6世紀半ばに百済から仏教が伝わるとその導入に努め、反対する物部氏をたおして実力者になると、推古天皇を大王にした。聖徳太子と協力し、大王（天皇）を中心とする政治をめざした。

蘇我馬子

❷ 聖徳太子（厩戸皇子・厩戸王）（574〜622）
　推古天皇の摂政として、蘇我馬子と協力しながら政治改革を進める。家柄にとらわれずに有能な人物を役人に登用する冠位十二階の制度を制定。仏教や儒教の教えを反映して役人の心構えを示した十七条の憲法を定めた。

聖徳太子

❸ 推古天皇（額田部王女）（554〜628）
　大和政権（ヤマト王権）で蘇我氏や物部氏などの豪族の対立がはげしくなる中、6世紀末に即位した女性天皇。日本で最初の女帝とされ、聖徳太子は甥にあたる。

推古天皇

❹ 小野妹子（7世紀前半）
　飛鳥時代の政治・外交家。6世紀末に中国を統一した隋に対し、その進んだ制度や文化を取り入れるため、607年に遣隋使として派遣された。

小野妹子

point　聖徳太子を中心に、どんな人物がどのような役割だったのかをおさえよう。

step 2　見て写すだけ①

1 次の説明にあてはまる人物名を書きましょう。

❶ 大和政権で蘇我氏や物部氏などの豪族の対立がはげしくなる中、6世紀末に即位した女性天皇。聖徳太子はその甥にあたる。　□〔①　　〕

❷ 仏教の導入に努め、反対する物部氏をたおして実力者になった。聖徳太子と協力し、天皇を中心とする政治をめざした。　□〔②　　〕

❸ 6世紀末に中国を統一した隋に対し、その進んだ制度や文化を取り入れるため、607年に遣隋使として派遣された。　□〔③　　〕

❹ 推古天皇の摂政として、政治改革を進める。有能な人物を役人に登用する冠位十二階の制度、さらに、十七条の憲法を定めた。　□〔④　　〕

step 3　見て写すだけ②

2 次の人物の説明文の空欄にあてはまる語を書きましょう。

1　聖徳太子…推古天皇の [❶] として、蘇我馬子と協力しながら政治改革を進める。有能な人物を役人に登用する冠位十二階の制度を制定。

☐ (❶ 　　　　　　)

2　小野妹子…隋の進んだ制度や文化を取り入れるため、607年に [❷] として派遣された。

☐ (❷ 　　　　　　)

3　蘇我馬子…6世紀半ばに百済から [❸] 教が伝わると、その導入に努め、反対する物部氏をたおして実力者になった。

☐ (❸ 　　　　　　)

4　推古天皇…6世紀末に即位した最初の女性天皇。その摂政である [❹] は甥にあたる。

☐ (❹ 　　　　　　)

step 4　チェックテスト

3 次の説明にあてはまる人物名を書きましょう。

1　渡来人の豪族と強く結びつき、仏教の受け入れに反対する物部氏をほろぼし、聖徳太子とともに政治の改革を進めた。

☐ (❶ 　　　　　　)

2　推古天皇の摂政として、冠位十二階の制度を定め、十七条の憲法で役人の心構えを示した。また、現存する世界最古の木造建築である法隆寺を建てた。

☐ (❷ 　　　　　　)

3　607年、聖徳太子らにより遣隋使として派遣された人物。大和政権は、隋と対等な立場で国交を結ぼうとした。

☐ (❸ 　　　　　　)

4　日本で最初の女帝(女性の天皇)として即位し、聖徳太子を国の政治に参加させ、天皇を中心とする国家のしくみを整えようとした。

☐ (❹ 　　　　　　)

ふむふむ

きおくメモ

蘇我氏と聖徳太子は、天皇を中心とする政治をめざした。
この時代は、政治の中心が奈良盆地南部の飛鳥地方にあったので、飛鳥時代という。

第19日 「大化の改新」の立役者2人を覚えよう

まとめ 大化の改新に関連する人物

中大兄皇子

① **中大兄皇子**（のちの天智天皇）(626～671)

　聖徳太子の死後、独裁的な政治を行う蘇我氏に対する不満が高まる中、645年に中臣鎌足とともに蘇我氏をたおして政権をにぎる。土地と人民を国のものとする公地・公民などの政治改革に着手。これらの改革を大化の改新という。

中臣鎌足

② **中臣鎌足**（のちの藤原鎌足）(614～669)

　飛鳥時代の政治家で、中大兄皇子とともに大化の改新を進め、天皇を中心とする国造りを始めた。中大兄皇子がのちに天智天皇となったあとも、その腹心として活躍。日本の歴史における最大氏族「藤原氏」の始祖とされる。

蘇我蝦夷

③ **蘇我蝦夷**（?～645)

　聖徳太子とともに政治を行った蘇我馬子の子。子である蘇我入鹿とともに権力を独占したが、645年に中大兄皇子と中臣鎌足によりたおされた。

蘇我入鹿

④ **蘇我入鹿**（?～645)

　飛鳥時代の豪族で、その父である蘇我蝦夷とともに独裁的な政治を行う。645年に中大兄皇子・中臣鎌足によりたおされた。

point 大化の改新を始めた2人の人物と、その目的をおさえよう。

1 次の説明にあてはまる人物名を書きましょう。

1　中大兄皇子とともに大化の改新を進めた。中大兄皇子がのちに天智天皇となったあとも、その腹心として活躍した。

□〔① 　　　　　　〕

2　645年に中臣鎌足とともに蘇我氏をたおして政権をにぎる。土地と人民を国のものとする公地・公民などの政治改革に着手。

□〔② 　　　　　　〕

3　蘇我馬子の子。子である蘇我入鹿とともに権力を独占したが、645年に中大兄皇子と中臣鎌足によりたおされた。

□〔③ 　　　　　　〕

2 次の人物の説明文の空欄にあてはまる語を書きましょう。

1　中大兄皇子…645年に中臣鎌足とともに蘇我氏をたおして政権をにぎる。公地・公民などの政治改革に着手。これらの一連の改革を　❶　という。

　□

2　蘇我蝦夷…子である蘇我入鹿とともに権力を独占したが、645年に　❷　と中臣鎌足によりたおされた。

　□

3　蘇我入鹿…父である蘇我蝦夷とともに独裁的な政治を行う。645年に中大兄皇子・　❸　によりたおされた。

　□

4　中臣鎌足…中大兄皇子とともに　❹　を進め、天皇を中心とする国造りを始めた。

　□

3 次の説明にあてはまる人物名を書きましょう。

1　聖徳太子の死後、権力を独占していた蘇我氏を、中大兄皇子とともにたおし、大化の改新を進めた。日本の歴史における最大氏族「藤原氏」の始祖とされる。

　□ ❶〔　　　　　　〕

2　645年に中臣鎌足とともに蘇我氏をたおし、大化の改新を始めたが、その改革の実現にはこののち50年ほどかかった。

　□ ❷〔　　　　　　〕

3　蘇我馬子の子。子の蘇我入鹿とともに権力を独占したが、中大兄皇子らによってたおされた。

　□ ❸〔　　　　　　〕

4　父である蘇我蝦夷とともに独裁的な政治を行う。蘇我馬子は祖父にあたる。645年に中大兄皇子・中臣鎌足によってたおされた。

　□ ❹〔　　　　　　〕

きおくメモ

中大兄皇子と中臣鎌足は大化の改新で蘇我氏をほろぼし、天皇中心の新しい政治を始めた。
大化の改新により、それまでは豪族が支配していた土地や人民を、国が直接治めるようにした。

第20日 「壬申の乱」の対立関係をおさえよう

---

step 1　読むだけ

まとめ 壬申の乱に関連する人物

天智天皇

大友皇子

❶ 天智天皇（626〜671）
　中大兄皇子は、朝鮮で百済をほろぼした唐・新羅の侵攻にそなえて
山城を築く。大津宮（滋賀県）に都を移し、そこで即位して天智天皇となる。
初めて全国の戸籍を作るなど、改革を進めた。

❷ 大友皇子（648〜672）
　天智天皇の子。天皇の後継者として統治したが、672年に起きた
天智天皇のあとつぎをめぐる争い（壬申の乱）に敗れて自害した。

天武天皇

持統天皇

❸ 天武天皇（大海人皇子）（631？〜686）
　大海人皇子は、兄である天智天皇の死後、壬申の乱で大友皇子に勝って即位。
天武天皇となる。都を飛鳥にもどし、天皇を中心とする中央集権国家の建設を進めた。

❹ 持統天皇（645〜702）
　天武天皇の死後、その皇后が持統天皇として即位して、広大な藤原京を造った。
701年には律令国家のしくみを定めた大宝律令が作られた。

point 天智天皇（中大兄皇子）の改革と、その死後の争いを整理しよう。

---

step 2　見て写すだけ①

1 次の説明にあてはまる人物名を書きましょう。

1 唐・新羅の侵攻にそなえて山城を築く。大津宮（滋賀県）に都を移
し、即位。初めて全国の戸籍を作るなど、改革を進めた。　□ 〔① 　　　〕

2 天智天皇の死後、壬申の乱で大友皇子に勝って即位。都を飛鳥
にもどし、天皇を中心とする中央集権国家の建設を進めた。　□ 〔② 　　　〕

3 天武天皇の皇后で、天皇の死後に即位して、広大な藤原京を造っ
た人物。　□ 〔③ 　　　〕

4 天智天皇の子。天皇の後継者として統治したが、672年に起きた
壬申の乱に敗れて自害した。　□ 〔④ 　　　〕

2 次の人物の説明文の空欄にあてはまる語を書きましょう。

1　大友皇子…天智天皇の子。672年に起きた天智天皇のあとつぎを
めぐる争いである　①　に敗れて自害した。

☐

2　持統天皇…天武天皇の皇后で、天武天皇の死後に持統天皇とし
て即位。広大な　②　京を造る。

☐

3　天武天皇…兄である天智天皇の死後、　③　で大友皇子に
勝って即位。都を飛鳥にもどし、天皇を中心とする中央集権国家
の建設を進めた。

☐

4　天智天皇…大津宮(滋賀県)に都を移し、そこで即位。初めて全国
の　④　を作るなど、改革を進めた。

☐

3 次の説明にあてはまる人物名を書きましょう。

1　天智天皇の弟で、その死後に壬申の乱に勝って即位。律令の編さ
んに着手するとともに、天皇を中心に全国を支配する中央集権国
家の建設をおし進めた。

☐ ①

2　672年、天智天皇のあとつぎをめぐる争いである壬申の乱で大
海人皇子(のちの天武天皇)に敗れた。

☐ ②

3　645年に蘇我氏をたおした中大兄皇子は、大化の改新とよばれる
政治改革に着手。のちに天皇として即位し、本格的な国内改革に
取り組んだ。

☐ ③

4　天武天皇の皇后で、天皇の死後に即位。藤原京を造るなど、律
令制度を実施する準備を整えた。

☐ ④

きおくメモ

壬申の乱は、天智天皇のあとつぎをめぐる争い。

この時代は、中国の律令制度を手本に、都から全国へ支配を広げていくしくみを整備しようとした。

第21日 | 大陸との交流と天平文化を支えた人々

step 1　読むだけ

まとめ 天平文化を支えた人物

聖武天皇

阿倍仲麻呂

❶ 聖武天皇（701〜756）

　仏教を深く信仰した、奈良時代前半の天皇。都に東大寺、国ごとに国分寺と国分尼寺を造り、仏教の力で社会の安定をはかろうとした。奈良時代の文化を、聖武天皇のころの年号（天平）から天平文化という。聖武天皇の遺品などを納めた正倉院の宝物の中には、遣唐使が持ち帰った国際色豊かなものが数多く残されている。

大伴家持

❷ 阿倍仲麻呂（698〜770）

　奈良時代、唐から政治のしくみや文化を取り入れるため、遣唐使とともに派遣された。留学生として唐にわたり、そこで活躍して位の高い役人になった。

❸ 大伴家持（718?〜785）

　奈良時代に作られた『万葉集』をまとめたとされる人物。『万葉集』には天皇や貴族、柿本人麻呂や山上憶良らの歌人のほか、農民や防人が作った和歌も収められている。

point 仏教と唐の影響を強く受けた奈良時代の文化の特色を、聖武天皇を中心におさえよう。

step 2　見て写すだけ①

1 次の説明にあてはまる人物名を書きましょう。

1　奈良時代に作られた『万葉集』をまとめたとされる人物。『万葉集』には天皇や貴族、歌人のほか、農民や防人が作った和歌も収められている。

□〔 ❶ 〕

2　奈良時代、唐から政治のしくみや文化を取り入れるため、遣唐使とともに派遣された。この人物は留学生として唐にわたり、そこで活躍して位の高い役人になった。

□〔 ❷ 〕

3　都に東大寺、国ごとに国分寺と国分尼寺を造り、仏教の力で社会の安定をはかろうとした。この天皇の遺品などを納めた正倉院の宝物の中には、遣唐使が持ち帰った国際色豊かなものが数多く残されている。

□〔 ❸ 〕

2 次の人物の説明文の空欄にあてはまる語を書きましょう。

1　聖武天皇…奈良時代の文化を、聖武天皇のころの年号から
　❶　　　　文化という。聖武天皇の遺品などを納めた正倉院の
宝物の中には、遣唐使が持ち帰った国際色豊かなものが数多く残
されている。

□〔❶　　　　　〕

2　大伴家持…奈良時代に作られた『　❷　　』をまとめたとされ
る人物。この和歌集には天皇や貴族、歌人のほか、農民や防人が
作った和歌も収められている。

□〔❷　　　　　〕

3　阿倍仲麻呂…奈良時代、唐から政治のしくみや文化を取り入れる
ため、　❸　　とともに派遣された。留学生として唐にわたり、
そこで活躍して位の高い役人になった。

□〔❸　　　　　〕

3 次の説明にあてはまる人物名を書きましょう。

1　奈良時代に遣唐使とともに留学生として唐にわたる。唐で活躍し
て位の高い役人になったが、そのまま帰国できずに亡くなった。

□〔❶　　　　　〕

2　仏教の力で国を守ろうと考え、都に東大寺、国ごとに国分寺と国
分尼寺を造った。752年には、東大寺に金銅の大仏を造らせた。

□〔❷　　　　　〕

3　奈良時代末に『万葉集』を編さんした。日本語の音を漢字で表す
万葉がなが使われ、天皇や貴族だけでなく、農民や防人の歌など
約4500首が収められている。

□〔❸　　　　　〕

> **きおくメモ**
>
> 奈良時代の文化は、聖武天皇のころの年号から天平文化という。
> 当時は遣唐使がさかんに送られていたため、天平文化は仏教と唐の影響を強く受けている。

第22日｜日本での仏教布教に尽くした僧

step 1　読むだけ

まとめ　奈良時代の仏教僧

① 鑑真（688〜763）中国

　　唐の僧侶で、聖武天皇によって正式の仏教を広めるために招かれた。

日本へわたることを決意するが、たび重なる渡航の失敗により失明。

それでも強い意志を持ち続け、来日を決意してから11年目の754年に

ようやくその願いをかなえた。寺院や僧の制度を整えるとともに、

唐招提寺を建立。正しい仏教の教えを日本に広めた。

鑑真

行基

② 行基（668〜749）

　　奈良時代の僧で、民衆のあいだに仏教を広め、多くの寺院を建てた。

また、人々とともに橋や用水路、税を運ぶ人の休憩所を造るなどして、その人たちの生活を救った。

やがて朝廷も行基の行動を重んじるようになり、東大寺の大仏造りに協力させた。

point　奈良時代に仏教の布教につとめた2人の僧をおさえよう。

step 2　見て写すだけ①

1 次の説明にあてはまる人物名を書きましょう。

1　奈良時代の僧で、民衆のあいだに仏教を広め、多くの寺院を建てた。また、人々とともに橋や用水路を造るなどして、その人たちの生活を救った。やがて朝廷もその行動を重んじるようになり、東大寺の大仏造りに協力させた。

□〔 ① 　　　　　　〕

2　唐の僧侶で、聖武天皇に招かれた。たび重なる渡航の失敗により失明。それでも強い意志を持ち続け、来日を決意してから11年目の754年にようやくその願いをかなえた。寺院や僧の制度を整えるとともに、唐招提寺を建立した。

□〔 ② 　　　　　　〕

やっと日本に着いたー!!

過酷な旅だったニャ

2 次の人物の説明文の空欄にあてはまる語を書きましょう。

1

鑑真…　①　の僧侶で、正式の仏教を広めるために招かれた。たび重なる渡航の失敗により失明するが、来日を決意してから11年目にようやくその願いをかなえた。寺院や僧の制度を整えるとともに、　②　寺を建立。正しい仏教の教えを広めた。

□ 〔 ① 〕

□ 〔 ② 〕

2

行基…奈良時代の僧で、民衆のあいだに　③　を広め、多くの寺院を建てた。また、人々とともに橋や用水路を造るなどして、その人たちの生活を救った。朝廷は　④　の大仏造りに協力させた。

□ 〔 ③ 〕

□ 〔 ④ 〕

3 次の説明にあてはまる人物名を書きましょう。

1

仏教の教えに基づいて橋や用水路などを造り、民衆の信頼を得ていた奈良時代の僧侶。東大寺の大仏造りにも協力した。

□ 〔 ① 〕

2

唐の高僧で、たび重なる航海の失敗にもかかわらず来日し、唐招提寺を建立。正しい仏教の教えを日本に広めた。

□ 〔 ② 〕

大陸から
仏教の教えを
得たんだニャ！

⌒ きおくメモ ⌒

鑑真は遣唐使船に乗り、苦難の末に来日して、日本の仏教の発展に尽くした。
行基は民衆に仏教を布教したほか、東大寺の大仏造りにも大きく貢献した。

第23日 | 権力をにぎった貴族、藤原氏の政治

---

step 1　読むだけ

まとめ ## 平安京と摂関政治の中心人物

❶ 桓武天皇（737〜806）

　桓武天皇は、政治と宗教を切り離し、新しい都で政治を立て直すため、まず都を
平城京から長岡京に移し、さらに794年に平安京に移した。以後を、平安時代という。

桓武天皇

❷ 坂上田村麻呂（758〜811）

　桓武天皇に征夷大将軍に任命された。東北地方に進軍し、朝廷に反抗していた
蝦夷とよばれる人々を平定した。朝廷は、支配をさらに北へ広げた。

坂上田村麻呂

❸ 菅原道真（845〜903）

　894年に遣唐使に任命されたが、唐のおとろえなどを理由に派遣の停止を訴えた。
これが認められ、以後遣唐使は派遣されなかった。

菅原道真

❹ 藤原道長（966〜1027）

　摂関政治の全盛期を築いた人物。摂関政治とは、天皇が幼いときは摂政、
成長すると関白という天皇を補佐する役職について政治の実権をにぎること。
藤原道長と、その子頼通のころに最も栄えた。

藤原道長

point 平安京に都を移したあとの政治の変化を人物とともにおさえよう。

---

step 2　見て写すだけ①

1　次の説明にあてはまる人物名を書きましょう。

1 天皇が幼いときは摂政、成長すると関白という役職で実権をにぎ
る摂関政治は、この人物とその子頼通のころに最も栄えた。

□ 〔① 　　　　　　　〕

2 894年に遣唐使に任命されたが、唐のおとろえなどを理由に派遣
の停止を訴えた。

□ 〔② 　　　　　　　〕

3 桓武天皇に征夷大将軍に任命された。東北地方に進軍し、朝廷
に反抗していた蝦夷とよばれる人々をたおした。

□ 〔③ 　　　　　　　〕

4 政治と宗教を切り離し、新しい都で政治を立て直すため、794年
に都を平安京に移した。

□ 〔④ 　　　　　　　〕

2 次の人物の説明文の空欄にあてはまる語を書きましょう。

1 桓武天皇…奈良時代の後半、貴族の勢力争いが激化。桓武天皇は政治を立て直すため、794年に都を [①] 京に移した。

□ [①]

2 藤原道長…藤原氏は、天皇が幼いときは摂政、成長すると関白という天皇を補佐する役職について政治の実権をにぎる [②] 政治を行った。

□ [②]

3 菅原道真…894年に [③] に任命されたが、唐のおとろえなどを理由に派遣の停止を訴え、認められた。

□ [③]

4 坂上田村麻呂…桓武天皇に [④] に任命された。東北地方に進軍し、蝦夷とよばれる人々をたおした。

□ [④]

3 次の説明にあてはまる人物名を書きましょう。

1 797年に朝廷から征夷大将軍に任命され、東北地方の蝦夷を平定した。

□ [①]

2 794年に律令政治の立て直しをはかるために、平安京に都を移した。以後、鎌倉幕府ができるまでの約400年間を平安時代という。

□ [②]

3 唐のおとろえなどを理由に遣唐使の停止を進言。藤原氏により、大宰府に追いやられ、そこで亡くなるが、のちに学問の神様とよばれた。

□ [③]

4 9世紀後半から藤原氏が摂関政治を行い、朝廷での勢力を広げた。そして11世紀前半に、この人物とその子頼通のときに、摂関政治は最盛期をむかえた。

□ [④]

きおくメモ

桓武天皇は、新しい都で政治を立て直そうとして、794年に平安京に都を移した。
藤原氏は、天皇が幼いときは摂政、成長したのちは関白となる摂関政治で権力をにぎった。

第24日 | より日本的に！　国風文化とかな文字

まとめ 国風文化の代表的文学作品と作者

紫式部

清少納言

❶ 紫式部（978？〜1016？）

　平安時代に栄えた国風文化では、漢字を簡単にしたかな文字が作られ、新しい文学が発達した。紫式部は一条天皇の中宮（天皇のきさき）である彰子に仕えた女性作家・歌人で、長編小説『源氏物語』を著した。

紀貫之

❷ 清少納言（10世紀後期〜11世紀前期）

　一条天皇の中宮（天皇のきさき）である定子に仕えた、女性作家・歌人。宮廷生活で見聞きしたことや季節感・人生観を随筆『枕草子』として著した。平安時代は、感情を表現しやすいかな文字を使った女性による文学がさかんになった。

❸ 紀貫之（？〜945）

　天皇に命じられて編集された和歌集である『古今和歌集』の撰者の一人。また、国司の任期を終え、都に帰るまでを日記文学『土佐日記』として著した。これらの作品には、かな文字が使われている。

point 平安時代の文化の特徴とその代表的な人物・作品をおさえよう。

---

1 次の説明にあてはまる人物名を書きましょう。

1 天皇に命じられて編集された和歌集である『古今和歌集』の撰者の一人。また、国司の任期を終え、都に帰るまでを日記文学『土佐日記』として著した。　　□〔 ① 〕

2 一条天皇の中宮（天皇のきさき）である定子に仕えた、女性作家・歌人。宮廷生活で見聞きしたことや季節感・人生観を随筆『枕草子』として著した。　　□〔 ② 〕

3 一条天皇の中宮（天皇のきさき）である彰子に仕えた女性作家・歌人で、長編小説『源氏物語』を著した。　　□〔 ③ 〕

2 次の人物の説明文の空欄にあてはまる語を書きましょう。

1　清少納言…随筆『　①　』の作者。平安時代は、感情を表現しやすいかな文字を使った女性による文学がさかんになった。　□〔　①　〕

2　紀貫之…編集した『　②　』や、彼の著した日記文学『土佐日記』にも、漢字を簡単にしたかな文字が使われている。　□〔　②　〕

3　紫式部…平安時代は国風文化が栄え、新しい文学が発達。紫式部は女性作家・歌人で、長編小説『　③　』を著した。　□〔　③　〕

源氏物語は日本最古のラブストーリーニャ

3 次の説明にあてはまる人物名を書きましょう。

1　世界初の長編小説である『源氏物語』の作者。天皇のきさきだった藤原道長の娘に、教育係として仕えた。『源氏物語』は現在も、世界の国々で読まれている。　□〔　①　〕

2　宮廷生活での体験を記した随筆『枕草子』の作者。『枕草子』は『源氏物語』とともに、国文学で最高の傑作とされている。　□〔　②　〕

3　かな文字の普及で和歌も再びさかんになり、この人物らによって『古今和歌集』がまとめられた。日記文学である『土佐日記』の作者でもある。　□〔　③　〕

漢字からかな文字ができたんだニャ

安→あ
以→い

きおくメモ

平安時代は日本の風土や暮らしにあった国風文化が栄えた。
かな文字の普及で、紫式部の『源氏物語』や清少納言の『枕草子』などの文学作品が生まれた。

第25日｜山寺と一緒に覚える平安時代の新仏教

---

step 1　読むだけ

まとめ ## 平安時代の仏教僧

最澄

空海

❶ 最澄（767〜822）

　平安時代の初め、遣唐使とともに唐にわたった僧。多くの経典を持ち帰り、比叡山（京都府・滋賀県）に延暦寺を建てて天台宗を伝えた。天台宗は桓武天皇の援助を受けて公認される。天台宗や真言宗の特徴は、都からはなれた山の中に寺院を建設し、きびしい修行や学問を行ったことである。

❷ 空海（774〜835）

　最澄と同様に、遣唐使とともに唐にわたった僧。中国で密教を学び、帰国後は高野山（和歌山県）に金剛峯寺を建てて真言宗を伝えた。空海が長安で学んだ最新の密教は、病気やわざわいを取り除く祈とうやまじないが取り入れられ、のちに天皇や貴族に信仰された。

point 平安時代の新しい仏教は、人物と山寺・宗派をセットで覚えよう。

---

step 2　見て写すだけ①

1 次の説明にあてはまる人物名を書きましょう。

1 遣唐使とともに唐にわたった僧。中国で密教を学び、帰国後は高野山に金剛峯寺を建てて真言宗を伝えた。密教は、天皇や貴族に信仰された。

□ ［　　　　　　　］

2 平安時代の初め、遣唐使とともに唐にわたった僧。多くの経典を持ち帰り、比叡山に延暦寺を建てて天台宗を伝えた。都からはなれた山の中に寺院を建設し、きびしい修行や学問を行った。

□ ［　　　　　　　］

2 次の人物の説明文の空欄にあてはまる語を書きましょう。

1 最澄…遣唐使とともに唐にわたって仏教を学んだ僧。多くの経典を持ち帰り、比叡山(京都府・滋賀県)に ＿＿①＿＿ 寺を建てて ＿＿②＿＿ 宗を伝えた。

2 空海…最澄と同様に、平安時代の初め、遣唐使とともに唐にわたった僧。中国で密教を学び、帰国後は高野山(和歌山県)に ＿＿③＿＿ 寺を建てて ＿＿④＿＿ 宗を伝えた。

3 次の説明にあてはまる人物名を書きましょう。

1 遣唐使とともに留学生として中国に派遣され、桓武天皇の命令を受け、天台宗を中心に学ぶ。帰国後、比叡山に延暦寺を建てて天台宗を広め、きびしい修行や学問を行った。

2 中国の首都長安などで密教を学び、帰国後は高野山に金剛峯寺を建てて真言宗を伝えた。密教は、平城京の大寺院や僧侶が政治とのかかわりを持ったことを批判し、山奥での修行や学問を重視した。

きおくメモ

平安時代の仏教僧
最澄…比叡山－延暦寺－天台宗
空海…高野山－金剛峯寺－真言宗

セットだニャ！

表や図を使った問題

第26日 大事なできごとや用語は、表や図に整理してまとめよう

/100

1 次の図を見て、空欄にあてはまる語を書きなさい。

（各5点／25点）

人類の進化

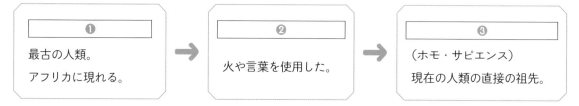

❶
最古の人類。アフリカに現れる。

→

❷
火や言葉を使用した。

→

❸
（ホモ・サピエンス）現在の人類の直接の祖先。

道具の進化

❹	石器
石を打ち砕いて作る。これを使っていた時代を旧石器時代という。	

→

❺	石器
表面をみがいて作る。これを使っていた時代を新石器時代という。	

□ ❶ ⎱　　　　□ ❷ ⎱

ヒント

石器は、言葉の意味から名前が予想できるよ。

□ ❸ ⎱　　　　□ ❹ ⎱

□ ❺ ⎱

2 奈良時代の人々の負担について、次の表にまとめました。空欄にあてはまる語を書きなさい。

（各5点／15点）

（ ❶ ）	収穫量の約3％の稲。
調	地方の（ ❷ ）。
（ ❸ ）	労役のかわりの布。
雑徭	地方での労役（年間60日以内）。
兵役	成年男子の3、4人に1人。兵士として訓練する。一部は、都を警備する衛士や九州北部を防衛する防人に任じられた。

□ ❶ ⎱

□ ❷ ⎱

□ ❸ ⎱

ヒント

6歳以上の男女は、口分田が支給されるかわりに❶の税を納めたよ。

3 次の年表を見て、空欄にあてはまる語を書きなさい。 (各5点／40点)

年	おもなできごと
593	[①] が推古天皇の摂政となる。
604	役人の心構えを示した [②] が制定される。
607	小野妹子らを [③] として隋に送る。
645	中大兄皇子らが [④] を始める。
663	白村江の戦いで、日本は唐と新羅の連合軍に敗れる。
672	壬申の乱→ [⑤] 天皇が即位。
701	[⑥] が制定される。
710	都を奈良の [⑦] へ移す。
743	開墾を進めるため、墾田永年私財法を制定する。
794	桓武天皇が、都を京都の [⑧] へ移す。

□ (①) □ (②)

ヒント

都の移り変わりは、藤原京→⑦→長岡京→⑧だよ。

□ (③) □ (④)

□ (⑤) □ (⑥)

□ (⑦) □ (⑧)

4 国風文化と平安時代の仏教をまとめた次の表を見て、空欄にあてはまる語を書きなさい。 (各5点／20点)

国風文化

作品	作者（編者）
『源氏物語』	[①]
『枕草子』	清少納言
『 [②] 』	紀貫之ら

平安時代の仏教

宗派	おもな人物	開いた寺院
天台宗	[③]	延暦寺（比叡山）
[④]	空海	金剛峯寺（高野山）

□ (①) □ (②)

□ (③) □ (④)

ヒント

国風文化の作品には、かな文字が使われたよ。

第**27**日 | 地図を使った問題
どこであったできごとなのか、必ず場所と結びつけて覚えよう

／100

1 次の地図のA〜Dの地域におこった古代文明の名前をそれぞれ書きなさい。

（各8点／32点）

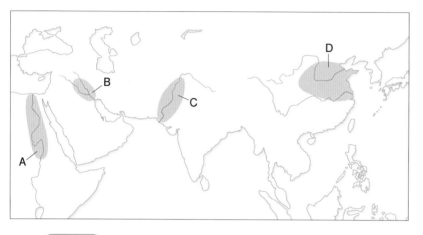

ヒント

どの文明も、大河のほとりでおこっているね。

☐ 〔A　　　　　　　　文明〕　☐ 〔B　　　　　　　　文明〕

☐ 〔C　　　　　　　　文明〕　☐ 〔D　　　　　　　　文明〕

2 次の地図のア〜エは、古代の思想と宗教がおこった地域を表しています。これらの思想・宗教を説いた人物の名前を書きなさい。

（各7点／28点）

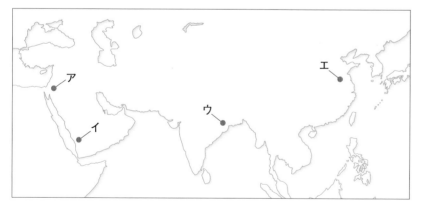

ヒント

仏教・キリスト教・イスラム教は、世界の三大宗教とよばれているよ。

☐ ア　キリスト教　　（人物）＿＿＿＿＿＿＿＿＿＿＿

☐ イ　イスラム教　　（人物）＿＿＿＿＿＿＿＿＿＿＿

☐ ウ　仏教（ぶっきょう）　　（人物）＿＿＿＿＿＿＿＿＿＿＿

☐ エ　儒教（じゅきょう）　　（人物）＿＿＿＿＿＿＿＿＿＿＿

3 大和政権について、次の地図を見てあてはまる記号を書きなさい。

(各8点／24点)

地図1

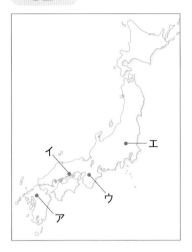

地図2　5世紀ごろの朝鮮半島

ヒント

❶奈良盆地はどこかな。
❷百済と伽耶（任那）諸国と手を結び、高句麗や新羅と戦ったとされているよ。

□ ❶　大和政権の中心地となった場所は、 地図1 中の**ア～エ**のどこですか。

〔　　　　〕

□ ❷　4世紀ごろから6世紀にかけて、大和政権が手を結んだ朝鮮半島の国は、
地図2 中の**カ～ケ**のどことどこですか。

〔　　　　〕〔　　　　〕

4 次の地図はおもな都の移り変わりを表しています。①・②にあてはまる都の名前をそれぞれ書きなさい。

(各8点／16点)

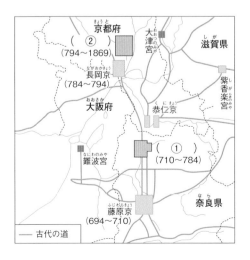

ヒント

①の都は710年、
②の都は794年に、
それぞれ移っているよ。

□〔　①　　　　〕

□〔　②　　　　〕

第**28**日　資料の一部が示される問題

資料の中にあるキーワードに気をつけよう

/100

1 中国の魏の歴史書に、倭人についての記述があります。次の文を読んで、空欄にあてはまる語を書きなさい。 (各10点／20点)

> …南に進むと ❶ に着く。ここは女王が都を置いている所である。…倭にはもともと男の王がいたが、その後国内が乱れたので一人の女子を王とした。名を ❷ といい、成人しているが夫はおらず、一人の弟が国政を補佐している。
>
> (『魏志』倭人伝・部分要約)

ヒント

❶は倭の国の名前、
❷は女王の名前だよ。

☐ ❶ [　　　　　　]

☐ ❷ [　　　　　　]

2 次の文を読んで、あとの問いに答えなさい。 (各10点／30点)

> 一に曰く、和をもって貴しとなし、さからう(争う)ことなきを宗と(第一に)せよ。
> 二に曰く、あつく三宝を敬え。三宝とは仏・法(仏教の教え)・僧なり。
> 三に曰く、詔(天皇の命令)をうけたまわりては必ずつつしめ(守りなさい)。
>
> (初めの3条の一部・部分要約)

☐ ❶　上の文は、役人の心構えを示したものの一部です。これを、何といいますか。

[　　　　　　　　　　]

☐ ❷　❶を示した人物は誰ですか。

ヒント

❷の人物は、天皇を中心とした政治をめざしたよ。

[　　　　　　　　　　]

☐ ❸　❷の人物は、何という天皇の摂政でしたか。

[　　　　　　　　　　]

3 次の和歌は、奈良時代にまとめられた歌集に収められたものです。これを読んで、あとの問いに答えなさい。 （各10点／20点）

> から衣　すそに取りつき　泣く子らを
> 　　置きてぞ来ぬや　母なしにして
>
> （すそに取りついて泣く子どもたちを置いたまま来てしまった。
> 　その子の母もいないのに、今ごろはどうしているだろうか。）

□ ❶　大伴家持がまとめたとされるこの歌集を、何といいますか。

〔　　　　　　　　　〕

□ ❷　上の歌をよんだのは、労役として九州北部の防衛についた兵士です。この兵士の労役のことを、何といいますか。

> **ヒント**
> ❶には、天皇から庶民までの広い範囲の人々が作った和歌が、4500首ほど収められているよ。

〔　　　　　　　　　〕

4 次の和歌は、平安時代に政治の実権をにぎった一族の一人がよんだ歌です。これを読んで、あとの問いに答えなさい。 （各15点／30点）

> この世をば　わが世とぞ思う
> 　　望月の　欠けたることも　無しと思えば
>
> （この世は私のための世界のように思える。まるで満月の
> 　欠けたところがないように、満ちたりた思いがするのだから。）

□ ❶　1016年に摂政となって権力の実権をにぎった、この歌をよんだ人物は誰ですか。

〔　　　　　　　　　〕

□ ❷　❶の人物とその子のときに全盛をむかえた、天皇が幼いころは摂政、成人してからは関白として権力をにぎる政治の進め方を、何といいますか。

> **ヒント**
> ❷は、2つの役職を組み合わせたよび名だよ。

〔　　　　　　政治〕

第29日

用語の意味を選ぶ問題
用語→意味が
答えられるようにしよう

/100

1 次の言葉の説明として正しいものを、下の㋐〜㋒から選んで書きなさい。

（各5点／15点）

□ ❶ 新人（ホモ・サピエンス）… [　　　　]

□ ❷ 原人……………………………… [　　　　]

□ ❸ 猿人……………………………… [　　　　]

ヒント

「ホモ・サピエンス」
は「知恵のある人」と
いう意味だよ。

㋐　今から200万年ほど前に現れた。やがて、火や言葉を使うことができるようになった。

㋑　今から700〜600万年ほど前にアフリカに現れた、最も古い人類。後ろ足で立って歩き、しだいに知
　　能が発達していった。

㋒　今から20万年ほど前にアフリカに現れた。現在の人類の直接の祖先にあたる。狩りや採集を行って移
　　動しながら暮らした。

2 次の文を読んで、縄文時代について書かれたものには「じ」、弥生時代について書かれたものには「や」を書きなさい。

（各5点／25点）

□ ❶ [　　　] …表面に縄目のような文様がついた、厚手で黒褐色の土器が作られた。

□ ❷ [　　　] …大陸から稲作や、青銅器や鉄器などの金属器が伝わった。

□ ❸ [　　　] …赤褐色をした、薄手でかための土器が作られた。

□ ❹ [　　　] …たて穴住居の近くに高床倉庫を作り、収穫した稲を蓄えた。

□ ❺ [　　　] …食べ物は、採集や狩猟をして手に入れていて、農耕や牧畜はあまり発達しなかった。

ヒント

縄文時代と弥生時代の違いは、食べ物
や住居、使っている道具に注目しよう。

3 次の空欄にあてはまる語を、下の 〔＿＿〕 から選んで書きなさい。

（各6点／30点）

□ ❶ 冠位十二階の制度は、家柄にとらわれず、才能や功績のある人物を 〔　　　　　　　〕 に取り立

てる制度。かんむりの 〔　　　　　　　〕 で、地位を区別する。

□ ❷ 十七条の憲法は、仏教を大切にすることや 〔　　　　　　　〕 の命令に従うべきことなど、役人の

心構えを示した。

□ ❸ 遣隋使は、東アジアでの立場を有利にし、〔　　　　　　　〕 の進んだ制度や文化を取り入れようと、

607年に 〔　　　　　　　〕 らを送り、その後も使者を派遣した。

〔 隋　　役人　　天皇　　小野妹子　　形　　摂政　　蘇我馬子　　唐　　色 〕

ヒント

3つとも、聖徳太子の行った
政策だったね。

4 奈良時代の人々の暮らしについて、正しいものには○、まちがっているも
のには×を書きなさい。

（各6点／30点）

□ ❶ 〔　　　〕 …律令の決まりに基づいて、人々は戸籍に登録された。

□ ❷ 〔　　　〕 …戸籍に登録された18歳以上の人々には、身分に応じて口分田があたえられた。

□ ❸ 〔　　　〕 …人々は、稲の収穫量に応じて、租という税を負担した。

□ ❹ 〔　　　〕 …21歳から60歳までの成人男子には、調・庸という税の負担がなかった。

□ ❺ 〔　　　〕 …21歳から60歳までの成人男子には、地方での労役である雑徭や九州北部を守る防
人という兵役などの義務が課せられた。

ヒント

租は田んぼでとれた稲、調・庸は
布や特産物で納めたよ。

第**30**日 | 用語の意味を説明する問題
「なぜ？」「どんな意味？」を
いくつかのキーワードで説明しよう

/100

1 シルクロードについて説明した下の文を読んで、空欄にあてはまる語を書きなさい。

（各9点／18点）

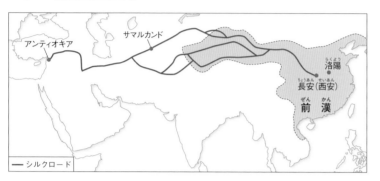

ヒント

シルクロードの「シルク」はどういう意味かな？
これを使った織物が西方に送られたよ。

紀元前3世紀末、（　❶　）が中国を統一し、中央アジアを支配下に入れた大帝国となった。

そのため、シルクロードを通って、中国から西方には（　❷　）織物などがもたらされ、西方から中国には馬やぶどう、インドでおこった仏教などが伝わった。

□ ❶〔　　　　　　　　〕　　□ ❷〔　　　　　　　　〕

2 古墳が造られた背景について、次の文を読んで、空欄にあてはまる語を書きなさい。

（各8点／24点）

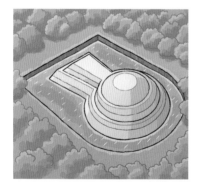

3世紀後半になると、（　❶　）を中心に、近畿地方の有力な豪族で構成された強力な勢力が生まれた。これを大和政権という。王や豪族の権力を象徴する巨大な、古墳とよばれる（　❷　）が造られた。

左の図のような形の古墳は（　❸　）といい、6世紀末ごろまでに各地でさかんに造られた。

ヒント

強大な力を持つ王（大王）が登場したのが、古墳時代だよ。

□ ❶〔　　　　　　　　〕　　□ ❷〔　　　　　　　　〕

□ ❸〔　　　　　　　　〕

3 大化の改新について、次の文を読んで、空欄にあてはまる語を書きなさい。

（各9点／18点）

7世紀の中ごろ、蘇我氏の独裁的な政治に対する不満が高まっていた。こうした中で（　❶　）は、645年に中臣鎌足らとともに蘇我蝦夷・入鹿の親子をたおし、新しい支配のしくみを作る改革を始めた。

それまで豪族が支配していた土地と人民を、（　❷　）として国家が直接支配する方針が示されたほか、権力の集中をめざした。これらの改革を、645年に初めて定められた元号「大化」にちなみ、大化の改新という。

□ ❶　　　　　　　　　　　　□ ❷

4 墾田永年私財法によって、公地・公民の原則がくずれていった過程を説明した次の文を読んで、空欄にあてはまる語を書きなさい。　（各8点／16点）

朝廷は、743（天平15）年に、新しく開墾した土地（墾田）の（　❶　）を認める墾田永年私財法を出した。

新しく開墾した土地は、子孫に伝えたり売ったりすることができるとされたため、貴族や寺院は財力を使ってさかんに私有地を広げた。

これら貴族・寺院の私有地は、やがて（　❷　）とよばれるようになり、公地・公民の原則はくずれていった。

ヒント

貴族や寺院らは、開墾した土地に「荘」という倉庫を置いて、その私有地を広げていったよ。

□ ❶　　　　　　　　　　　　□ ❷

5 平安時代に藤原氏が行っていた政治について、次の文を読んで、空欄にあてはまる語を書きなさい。　（各8点／24点）

藤原氏は、娘を（　❶　）のきさきにし、生まれた子を次の天皇にした。

天皇が幼いときは摂政に、成長すると（　❷　）という天皇を補佐する職に自らがついて、政治の実権をにぎった。このような政治を（　❸　）政治という。

ヒント

11世紀前半、藤原道長は4人の娘を天皇のきさきにして権力をにぎったよ。

□ ❶　　　　　　　　　　　　□ ❷

□ ❸

まとめノート　第1章 古代編　原始・古代までの日本

時代	おもなできごと	キーワード
旧石器時代	・人類の誕生	打製石器
縄文時代	・日本列島の形成	縄文土器 ／ 土偶 ／ 貝塚
弥生時代	・稲作が広まる ・ムラ（集落）からクニ（小国）へ ・邪馬台国の卑弥呼が中国に使いを送る	青銅器・鉄器 弥生土器 ／ 銅鐸 ／ 高床倉庫
古墳時代	・大和政権の成立 ・仏教伝来	古墳 ／ はにわ 渡来人
飛鳥時代	・蘇我氏と聖徳太子の政治 　冠位十二階の制度・十七条の憲法 ・645年 大化の改新 ・672年 壬申の乱 ・701年 大宝律令の制定 ・律令政治	遣隋使 ／ 飛鳥文化（法隆寺） 遣唐使 班田収授法 ／ 租・調・庸
奈良時代	・710年 平城京に都を移す ・743年 墾田永年私財法の制定	天平文化（東大寺・万葉集）
平安時代	・794年 平安京に都を移す ・894年 遣唐使の停止 ・藤原氏の摂関政治	国風文化（寝殿造・かな文字） 新しい仏教 ／ 浄土信仰

9ページの答え

Q1

稲作、青銅器・鉄器
前4世紀ごろ、中国や朝鮮半島から稲作が伝わった。稲作によって、人々は定住し、ムラ（集落）が生まれた。また、稲作とともに青銅器・鉄器も伝わり、青銅器は儀式などで、鉄器は農具や工具、武器として使われた。

Q2

家柄にとらわれず、才能や功績がある人物など、優秀な人物を役人として採用するため。
聖徳太子らは、大王（天皇）を中心とした政治のしくみを作ろうとした。

Q3

租：稲の収穫量の約3％を納める。
調：地方の特産物などを納める。
庸：労役のかわりに布を納める。
6歳以上の男女は口分田という土地をあたえられた。成人男子にはさまざまな税が課せられた。

第**2**章
中世編
武家政権の成長

思い出そう！

Q**1**
鎌倉時代の御恩と奉公とは、
どんな主従関係？

Q**2**
室町時代の 北山文化とは
どのような文化？

Q**3**
戦国時代の下剋上とは
どういうこと？

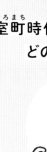

答えは
130ページ

第31日｜武士は武力と年貢の取り立てで力をのばした

まとめ　武士の成長

日本	年	おもなできごと
平安時代	10世紀初め	各地の豪族が武装し、土地をめぐり争う。 武芸に優れた者は武士とよばれる。 地方の武士は、家来を従え武士団に成長。
	10世紀半ば	平 将門(関東)・藤原純友(西日本)の反乱を、朝廷に力を貸した武士団がおさえる。
	10世紀後半	源氏と平氏が有力な武士団に成長する。 地方の武士は開発した土地を寄進し荘園とし、年貢を集めてその土地を支配。
	11世紀後半	東北地方の2度の戦乱を 源 義家がおさえる。 →源氏が関東で力を持つ。 奥州藤原氏が平泉(岩手県)を拠点に、東北地方で力を持つ。

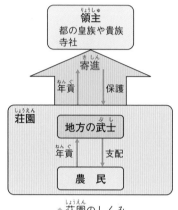

▲荘園のしくみ

point

武士は、各地で開拓を進めた有力な農民たちが、武装して争うようになって生まれたよ。

1　次の年表の空欄にあてはまる語を書きましょう。

10世紀初め	各地の豪族が武装し、土地をめぐり争う。 武芸に優れた者は武士とよばれる。 地方の武士は、家来を従え □❶ に成長。	☐ ❶ ( )
10世紀半ば	平 将門(関東)・藤原純友(西日本)の反乱を、武士団がおさえる。	☐ ❷ ( )
10世紀後半	□❷ と平氏が有力な武士団に成長。 地方の武士は土地を寄進し □❸ とし、年貢を集めてその土地を支配。	☐ ❸ ( )
11世紀後半	東北地方の2度の戦乱を 源 義家がおさえる。 →源氏が関東で力を持つ。 □❹ が東北地方で力を持つ。	☐ ❹ ( )

2 次の年表の空欄にあてはまる語を書きましょう。

10世紀初め	各地の豪族が武装し、土地をめぐり争う。	□	❶
	武芸に優れた者は ❶ とよばれる。		
	地方の ❶ は、家来を従え武士団に成長。	□	❷
10世紀半ば	平将門(関東)・藤原純友(西日本)の反乱を、武士団がおさえる。		
10世紀後半	源氏と ❷ が有力な武士団に成長。	□	❸
	地方の武士は土地を寄進し荘園とし、 ❸ を集めてその土地を支配。		
11世紀後半	❹ が関東で力を持つ。	□	❹
	奥州藤原氏が東北地方で力を持つ。		

3 次の文の空欄にあてはまる語を書きましょう。

ア 地方の武士たちは、貴族を主人にむかえ、多くの家来を従えて ❶ を作るほどに成長。10世紀半ばの平将門や藤原純友の反乱も、 ❶ がおさえた。　□　❶

イ 11世紀になると東北地方では、平泉(岩手県)を拠点に成長した ❷ がその勢力をのばした。交易で栄え、中尊寺金色堂を建てた。　□　❷

ウ 10世紀になると、地方の武士は領地を貴族や寺社に寄進し、荘園とした。そこで ❸ を農民から集めて納めるかわりに、土地の支配権を保護してもらい、力をのばした。　□　❸

エ 10世紀の後半、成長した武士団の中では、天皇の子孫でもある源氏と ❹ が有力な存在になり、武士の統率者(棟梁)となっていった。　□　❹

きおくメモ

武士の登場→源氏・平氏などの武士団が台頭。
奥州藤原氏→平泉(岩手県)を本拠地として、勢力を広げる。

第32日 政権をめぐっての平氏と源氏の協力と対立をおさえよう

step 1　読むだけ

まとめ 院政と平氏による政治

日本	年	おもなできごと
平安時代	11世紀末	白河天皇が、位をゆずり上皇になったあとも政治をする院政を行う。
	12世紀半ば	政治の実権をめぐる争いが起こる。
	1156年	保元の乱→後白河天皇に味方した平清盛と源義朝が勝利。
	1159年	平治の乱→平清盛が源義朝に勝利。
	1167年	平清盛が太政大臣になる。政治の実権をにぎり、日宋貿易を始める。
	1180年	源頼朝らが挙兵し、源平の争乱が始まる。
	1185年	頼朝が、壇ノ浦の戦いで平氏をほろぼす。

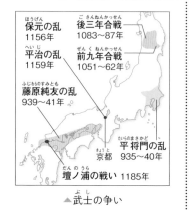

▲武士の争い

—— 南宋とのおもな交通路

▲日宋貿易の航路

point

平氏が政府内部の対立を利用して、武士として初めて政権を手に入れたよ。

step 2　見て写すだけ①

1 次の年表の空欄にあてはまる語を書きましょう。

11世紀末	白河天皇が、位をゆずり上皇になったあとも政治をする　①　を行う。	□ ① （　　　）
12世紀半ば	政治の実権をめぐる争いが起こる。	
1156年	②　の乱→後白河天皇に味方した平清盛と源義朝が勝利。	□ ② （　　　）
1159年	平治の乱→平清盛が源義朝に勝利。	□ ③ （　　　）
1167年	平清盛が　③　になる。政治の実権をにぎり、日宋貿易を始める。	
1180年	源頼朝らが挙兵し、源平の争乱が始まる。	□ ④ （　　　）
1185年	頼朝が、　④　の戦いで平氏をほろぼす。	

2 次の年表の空欄にあてはまる語を書きましょう。

11世紀末	白河天皇が、位をゆずり ❶ になったあとも政治をする院政を行う。
12世紀半ば	政治の実権をめぐる争いが起こる。
1156年	保元の乱→後白河天皇に味方した平清盛と 源 義朝が勝利。
1159年	❷ の乱→平清盛が 源 義朝に勝利。
1167年	平清盛が太政大臣になる。政治の実権をにぎり、 ❸ 貿易を始める。
1180年	源 頼朝らが挙兵し、 ❹ の争乱が始まる。
1185年	頼朝が、壇ノ浦の戦いで平氏をほろぼす。

□〔 ❶ 〕
□〔 ❷ 〕
□〔 ❸ 〕
□〔 ❹ 〕

3 次の文の空欄にあてはまる語を書きましょう。

ア 1156年、天皇と上皇との対立に武士が加わって ❶ が起きる。天皇側の平清盛と 源 義朝が勝利した。

□〔 ❶ 〕

イ 平治の乱で 源 義朝をやぶった 平清盛は、武士として初めて ❷ となり政治の実権をにぎった。

□〔 ❷ 〕

ウ 白河天皇は、天皇の位を幼少の皇子にゆずり、自分は上皇となって政治を動かす ❸ を始めた。

□〔 ❸ 〕

エ 源 頼朝が派遣した弟の義経らは、平氏を追って西へ向かい、1185年に現在の山口県で ❹ の戦いに勝利し、平氏をほろぼした。

□〔 ❹ 〕

4 上のア〜エを、古いできごとから順にならべかえて記号を書きましょう。

□（　　　　　→　　　　　→　　　　　→　　　　　）

┌─ きおくメモ ─

院政→白河上皇が藤原氏をおさえて政治を動かす。
平氏の政治→保元の乱、平治の乱に勝利した 平清盛が太政大臣になり、政権を手に入れる。

第**33**日｜御恩・奉公が鎌倉幕府を支えた

step 1　読むだけ

まとめ 鎌倉幕府の始まり

日本	年	おもなできごと
鎌倉時代	1185年 1192年	源頼朝が本格的な武士政権である鎌倉幕府を開く。以後を鎌倉時代という。 ・国ごとに守護、荘園や公領に地頭を置く。 ・征夷大将軍に任じられる。 幕府に忠誠を誓った武士を御家人という。 御恩→御家人の領地を認め、手柄に応じて新しい領地をあたえる。 奉公→御家人は京都や鎌倉の警備のほか、将軍のために命がけで戦う。 →このような主従関係のしくみを、封建制度という。

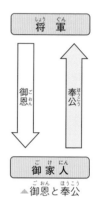

▲御恩と奉公

point

源頼朝が開いた鎌倉幕府のしくみは、御家人たちとの御恩と奉公の関係で成り立っていたよ。

step 2　見て写すだけ①

1 次の年表の空欄にあてはまる語を書きましょう。

1185年 1192年	源頼朝が ❶ 幕府を開く。 以後を鎌倉時代という。 ・国ごとに ❷ 、荘園や公領に地頭を置く。 ・源頼朝が ❸ に任じられる。 幕府に忠誠を誓った武士を ❹ という。 ❺ →御家人の領地を認め、手柄に応じて新しい領地をあたえる。 奉公→御家人は京都や鎌倉の警備のほか、将軍のために命がけで戦う。	□ ❶ □ ❷ □ ❸ □ ❹ □ ❺

2 次の年表の空欄にあてはまる語を書きましょう。

| ① | が鎌倉幕府を開く。 |
| | 以後を鎌倉時代という。 |

1185年　　・国ごとに守護、
　　　　　荘園や公領に ② を置く。

1192年　　・征夷大将軍に任じられる。

幕府に忠誠を誓った ③ を御家人という。

御恩→ ④ の領地を認め、手柄に応じて新しい領地をあたえる。

⑤ →御家人は京都や鎌倉の警備のほか、将軍のために命がけで戦う。

□ { ① }
□ { ② }
□ { ③ }
□ { ④ }
□ { ⑤ }

3 次の文の空欄にあてはまる語を書きましょう。

ア 鎌倉幕府は、国ごとに ① 、荘園や公領ごとに地頭を置き、御家人をこの役につけた。

□ { ① }

イ 源 頼朝は奥州藤原氏をほろぼし、東北地方も支配。1192年、武士の総大将として ② に任じられた。

□ { ② }

ウ 鎌倉幕府では、家来になることを誓った武士を ③ として、その領地の支配を認めたほか、その手柄に応じて新たな領地などをあたえた(御恩)。

□ { ③ }

エ 鎌倉幕府のしくみは、幕府と御家人との間での御恩と ④ の関係によって成立していた。

□ { ④ }

きおくメモ

鎌倉幕府→ 源 頼朝が開く。国ごとに守護、荘園や公領ごとに地頭を置く。
将軍と御家人は、御恩と奉公の関係で結ばれる。

第**34**日 「御成敗式目」は武士による武士のための法律

まとめ　執権政治

日本	年	おもなできごと
鎌倉時代	13世紀初め	執権政治→ 源 頼朝の死後、将軍の補佐役である執権の北条氏が、実権をにぎる。
	1221年	承久の乱が起こる。 →後鳥羽上皇が幕府をたおそうと挙兵するが、幕府の大軍に敗れる。 乱後、幕府は京都に六波羅探題を置き、朝廷を監視。
	1232年	執権の北条泰時が、御成敗式目(貞永式目)を制定。→御家人の権利・義務や武家社会のならわしをまとめた武士の法律。

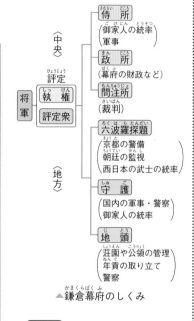

▲鎌倉幕府のしくみ

point

承久の乱によって鎌倉幕府の力が強まり、全国支配のしくみを確立させていったよ。

1 次の年表の空欄にあてはまる語を書きましょう。

13世紀初め	執権政治→ 源 頼朝の死後、将軍の補佐役である ① の北条氏が、実権をにぎる。
1221年	② の乱が起こる。 →後鳥羽上皇が幕府をたおそうと挙兵するが、幕府の大軍に敗れる。 乱後、幕府は京都に ③ を置き、朝廷を監視。
1232年	執権の北条泰時が、 ④ (貞永式目)を制定。 →御家人の権利・義務や武家社会のならわしをまとめた武士の法律。

□ ① (　)

□ ② (　)

□ ③ (　)

□ ④ (　)

2 次の年表の空欄にあてはまる語を書きましょう。

13世紀初め	執権政治→ 源 頼朝の死後、将軍の補佐役である執権の ① 氏が、実権をにぎる。
1221年	承久の乱が起こる。 → ② が幕府をたおそうと挙兵するが、幕府の大軍に敗れる。 乱後、幕府は京都に六波羅探題を置き、 ③ を監視。
1232年	執権の ④ が、御成敗式目（貞永式目）を制定。 →御家人の権利・義務などをまとめた武士の法律。

□ ⟮ ① ⟯

□ ⟮ ② ⟯

□ ⟮ ③ ⟯

□ ⟮ ④ ⟯

3 次の文の空欄にあてはまる語を書きましょう。

ア 1232年、北条泰時は、裁判の基準を示した武士の独自法である ① を定めた。

□ ⟮ ① ⟯

イ 源 頼朝の死後、頼朝の妻政子の実家である北条氏が幕府の実権をにぎり、 ② という地位について政治を行った。

□ ⟮ ② ⟯

ウ 源氏の将軍が絶えると、倒幕をはかった後鳥羽上皇は1221年、 ③ を起こしたが、幕府に敗れた。

□ ⟮ ③ ⟯

エ 幕府は、京都に ④ を設置して朝廷を監視。西日本の御家人を統制して、その支配を固めた。

□ ⟮ ④ ⟯

4 上のア〜エを、古いできごとから順にならべかえて記号を書きましょう。

□（　　　→　　　→　　　→　　　）

みんなルールを
守るのニャ！

きおくメモ

執権政治→執権の北条氏が行う。
承久の乱→幕府は後鳥羽上皇の軍をやぶり、六波羅探題を設置。
北条泰時→御成敗式目を制定。

第35日 地頭が開発した土地は、農業や商業の発達につながった

まとめ ## 鎌倉時代の社会

日本		おもな内容
鎌倉時代	武士	**地頭の支配** 有力な武士は地頭として、荘園や公領の農民を支配。 領主に納める年貢の取り立ても行う。 **武士の生活** 日ごろから武芸にはげみ、心身をきたえる。 「弓馬の道」や「武士の道」とよばれる、武士としての心構えが育つ。
	民衆	**農業と商業の発達** 同じ田畑で米と麦を交互に作る二毛作が広まり、生産が高まる。 寺社の門前や交通の要地では、定期市が開かれる。

▲年貢の取り立て

▲弓馬の道

point
鎌倉時代の武士は農村に住んで、武芸にはげんでいたよ。鎌倉時代は、農業や商業も発達したよ。

1 次の表の空欄にあてはまる語を書きましょう。

武士	有力な武士は ① として、荘園や公領の農民を支配。 領主に納める ② の取り立ても行う。 日ごろから武芸にはげみ、心身をきたえる。 「 ③ の道」や「武士の道」とよばれる、武士としての心構えが育つ。
民衆	同じ田畑で米と麦を交互に作る ④ が広まる。 寺社の門前や交通の要地では、定期市が開かれる。

□ (① 　　　　　)

□ (② 　　　　　)

□ (③ 　　　　　)

□ (④ 　　　　　)

2 次の表の空欄にあてはまる語を書きましょう。

武士	有力な武士は地頭として、 ① や公領の農民を支配。領主に納める年貢の取り立ても行う。	☐ [①]
	武士は日ごろから ② にはげみ、心身をきたえる。「弓馬の道」や「武士の道」とよばれる、武士としての心構えが育つ。	☐ [②] ☐ [③]
民衆	同じ田畑で ③ と麦を交互に作る二毛作が広まり、生産が高まる。	
	寺社の門前や交通の要地では、 ④ が開かれる。	☐ [④]

3 次の文の空欄にあてはまる語を書きましょう。

ア ① となった有力な武士は、荘園の年貢を取り立てる権限を持ったことから、土地の支配をめぐり領主との間でたびたび争いが起きた。　☐ [①]

イ 農業生産が高まるとともに、商業もさかんになり、寺社の門前や交通の便利なところでは ② が開かれた。　☐ [②]

ウ 鎌倉時代の農作業には牛や馬が利用され、米の裏作に麦を作る ③ も始まった。　☐ [③]

エ 武士がその名誉を重視して恥をきらう態度や、武芸によってきたえられた武士らしい心構えのことを、「 ④ の道」や「武士の道」という。　☐ [④]

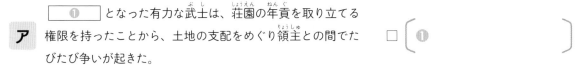

きおくメモ

鎌倉時代の社会
武士→武芸にはげみ心身をきたえる。　人々の生活→二毛作が広まる。定期市が開かれる。

いらっしゃい！とれたての魚ニャ！

定期市

第36日 貴族の伝統文化の見直しと、武士らしい力強い芸術の誕生

step 1　読むだけ

まとめ 鎌倉時代の文化

日本	文化	おもな内容
鎌倉時代	鎌倉文化	鎌倉文化 …貴族を中心とした伝統文化を基礎に、支配者となった武士の気風にあった力強い文化。 文学 ・軍記物→『平家物語』(琵琶法師により語られる) ・歌集→『新古今和歌集』 ・随筆→『徒然草』(兼好法師)、『方丈記』(鴨長明) 美術 ・建築→東大寺南大門 ・彫刻→金剛力士像(運慶ら)

▲琵琶法師

point

鎌倉時代の文化は、武士の生活に深く関わっているよ。

step 2　見て写すだけ①

1 次の表の空欄にあてはまる語を書きましょう。

鎌倉文化	①　　　　文化 …貴族を中心とした伝統文化を基礎に、支配者となった武士の気風にあった力強い文化。 ・軍記物→『　②　』 　(琵琶法師により語られる) ・歌集→『　③　』 ・随筆→『　④　』(兼好法師) 　『方丈記』(鴨長明) ・建築→東大寺南大門 ・彫刻→　⑤　(運慶ら)

☐ ❶　(　　　　)

☐ ❷　(　　　　)

☐ ❸　(　　　　)

☐ ❹　(　　　　)

☐ ❺　(　　　　)

2 次の表の空欄にあてはまる語を書きましょう。

鎌倉文化

鎌倉文化

…貴族を中心とした伝統文化を基礎に、支配者となった

　　①　　の気風にあった力強い文化。

・軍記物→『平家物語』

　　　　（　②　により語られる）

・歌集→『新古今和歌集』

・随筆→『徒然草』（　③　）

　　　　『　④　』（鴨長明）

・建築→東大寺南大門

・彫刻→金剛力士像（　⑤　ら）

☐ [①]

☐ [②]

☐ [③]

☐ [④]

☐ [⑤]

3 次の文の空欄にあてはまる語を書きましょう。

ア 運慶らの仏師によって造られ、東大寺南大門にすえられている仏像を　①　という。

☐ [①]

イ 後鳥羽上皇が藤原定家に編集させた『　②　』には、貴族や武士のほか、僧になった西行や、鴨長明などの歌が収められている。

☐ [②]

ウ 『　③　』は平氏の栄華と滅亡をえがいた軍記物で、琵琶法師によって語り伝えられた。

☐ [③]

エ 兼好法師（吉田兼好）の書いた随筆集『　④　』には、鎌倉時代の人々の素朴な生活がえがかれている。

☐ [④]

きおくメモ

鎌倉時代の文化

鎌倉文化→東大寺南大門、金剛力士像などの力強い武家文化

文学→『平家物語』『新古今和歌集』『徒然草』『方丈記』

にゃ！

うん！

第37日 | 元との戦いが、御家人の反発と幕府滅亡を招いた

step 1　読むだけ

まとめ 元の襲来と鎌倉幕府

日本	年	おもなできごと
鎌倉時代	13世紀初め	チンギス・ハンがモンゴル民族を統一し、モンゴル帝国を築く。
	13世紀後半	フビライ・ハンが中国を支配。都を大都(北京)に移す。国号を元とする。
		属国になるようにという元の要求を、執権北条時宗は拒否。
		元が日本を襲来→元寇(蒙古襲来)
	1274年	文永の役→日本は苦戦。暴風雨で元が退散。
	1281年	弘安の役→激戦の末、元が暴風雨で退散。
		恩賞が十分でなく、御家人は不満。
	1297年	幕府は御家人の借金を帳消しにする徳政令を出すが、経済は混乱。
	1333年	鎌倉幕府がほろびる。

▲ モンゴル帝国(元)の勢力

point

元寇が起きて、御家人たちが経済的に苦しくなった結果、鎌倉幕府がおとろえていったよ。

step 2　見て写すだけ①

1 次の年表の空欄にあてはまる語を書きましょう。

13世紀初め	チンギス・ハンが、　①　帝国を築く。
13世紀後半	フビライ・ハンが中国を支配。国号を　②　とする。
	元が日本を襲来→　③　(蒙古襲来)
1274年	文永の役が起こる。
1281年	④　の役が起こる。
	恩賞が十分でなく、御家人は不満。
1297年	幕府は御家人の借金を帳消しにする　⑤　を出すが、経済は混乱。
1333年	鎌倉幕府がほろびる。

☐ ❶
☐ ❷
☐ ❸
☐ ❹
☐ ❺

2 次の年表の空欄にあてはまる語を書きましょう。

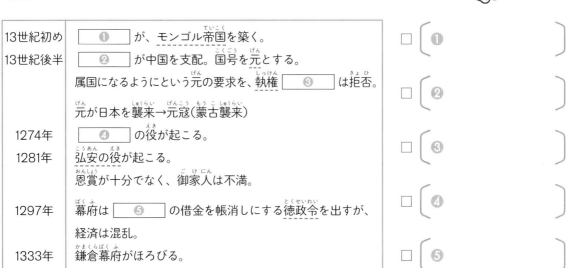

13世紀初め	①　が、モンゴル帝国を築く。
13世紀後半	②　が中国を支配。国号を元とする。
	属国になるようにという元の要求を、執権　③　は拒否。
	元が日本を襲来→元寇(蒙古襲来)
1274年	④　の役が起こる。
1281年	弘安の役が起こる。
	恩賞が十分でなく、御家人は不満。
1297年	幕府は　⑤　の借金を帳消しにする徳政令を出すが、経済は混乱。
1333年	鎌倉幕府がほろびる。

□ 〔 ① 〕
□ 〔 ② 〕
□ 〔 ③ 〕
□ 〔 ④ 〕
□ 〔 ⑤ 〕

3 次の文の空欄にあてはまる語を書きましょう。

ア 1274年の文永の役と1281年の弘安の役の、2度にわたる元軍の日本への襲来を　①　という。

□ 〔 ① 〕

イ モンゴル帝国の5代皇帝である　②　は、中国を支配。国号を元と改め、日本へ朝貢を求めてきた。

□ 〔 ② 〕

ウ 御家人の生活が苦しくなると、1297年に幕府は　③　を出し、借金などを帳消しにして、御家人を救おうとした。

□ 〔 ③ 〕

エ モンゴル民族のチンギス・ハンは、分裂していた勢力を統一し、　④　の初代皇帝になった。

□ 〔 ④ 〕

4 上のア～エを、古いできごとから順にならべかえて記号を書きましょう。

□（　　　→　　　　→　　　　→　　　）

きおくメモ

モンゴル帝国…チンギス・ハン→元…フビライ・ハン
北条時宗が元の要求を拒否→文永の役・弘安の役(元寇)→御家人の生活が困窮し、徳政令を出す。

第38日｜南北朝の動乱の中、尊氏が室町幕府を開く

step 1　読むだけ

まとめ　南北朝の動乱と室町幕府

日本	年	おもなできごと
南北朝時代	1333年	建武の新政→鎌倉幕府をたおした後醍醐天皇が、天皇中心の政治を始める。 後醍醐天皇の政治に不満を持つ武士が増える。 南北朝時代…二つの朝廷が対立。 →後醍醐天皇が奈良の吉野に南朝を置く。 →足利尊氏が京都に北朝を置く。
室町時代	1338年	尊氏は、北朝から征夷大将軍に任命され、京都に室町幕府を開く。 以後を室町時代という。
	1392年	3代将軍、足利義満のとき、南北朝が統一。

▲南朝と北朝

point

建武の新政は2年ほどで終わり、朝廷は吉野と京都の二つに分かれたよ。

step 2　見て写すだけ①

1 次の年表の空欄にあてはまる語を書きましょう。

1333年	①　の新政→鎌倉幕府をたおした後醍醐天皇が、天皇中心の政治を始める。 後醍醐天皇の政治に不満を持つ武士が増える。 ②　時代 →後醍醐天皇が奈良の吉野に南朝を置く。 →足利尊氏が京都に北朝を置く。	☐ ① [　　　]
		☐ ② [　　　]
		☐ ③ [　　　]
1338年	足利尊氏は、北朝から ③ に任命され、京都に ④ 幕府を開く。 以後を室町時代という。	☐ ④ [　　　]
1392年	3代将軍、足利義満のとき、南北朝が統一。	

2 次の年表の空欄にあてはまる語を書きましょう。

1333年	建武の新政→鎌倉幕府をたおした ① 天皇が、天皇中心の政治を開始。 後醍醐天皇の政治に不満を持つ武士が増える。 南北朝時代 →後醍醐天皇が奈良の吉野に ② を置く。 → ③ が京都に北朝を置く。
1338年	尊氏は、北朝から征夷大将軍に任命され、京都に室町幕府を開く。 以後を ④ 時代という。
1392年	3代将軍、足利義満のとき、 ⑤ が統一。

□ 〔 ① 〕

□ 〔 ② 〕

□ 〔 ③ 〕

□ 〔 ④ 〕

□ 〔 ⑤ 〕

3 次の文の空欄にあてはまる語を書きましょう。

ア 鎌倉幕府の滅亡後、 ① は建武の新政を行って、天皇中心の政治を始めた。

□ 〔 ① 〕

イ 京都で新しい天皇を立てた足利尊氏は、1338年に北朝から征夷大将軍に任じられ、 ② 幕府を開いた。

□ 〔 ② 〕

ウ 1392年、足利義満は有力な大名をおさえ、勢力がおとろえていた南朝を北朝と統一させた。こうして、内乱の続いた ③ 時代は終わった。

□ 〔 ③ 〕

エ 建武の新政は2年ほどで終わった。足利尊氏が京都に新しい天皇を立て、後醍醐天皇は吉野(奈良県)にのがれたので、二つの ④ ができた。

□ 〔 ④ 〕

4 上のア〜エを、古いできごとから順にならべかえて記号を書きましょう。

□（ 　　　　→　　　　→　　　　→　　　　 ）

> **きおくメモ**
>
> 南北朝の動乱…建武の新政が失敗し、二つの朝廷が対立(後醍醐天皇の南朝と足利尊氏の北朝)
> 1338年、足利尊氏が北朝から征夷大将軍に任じられ、室町幕府を開く。

第39日 | 管領が京都を支配し、守護大名が地方を支配した

まとめ 室町幕府のしくみ

日本		おもな内容
室町時代	中央	管領…将軍の補佐役として京都を支配。有力な守護大名が任命される。侍所・政所・問注所が置かれる。
	地方	鎌倉府…以前の幕府があった鎌倉に、地方機関として設置。足利氏の一族が関東を支配した。守護・地頭…年貢の取り立てなど。守護大名…守護が、領国の武士を家来として従える領主に成長し、地方を支配するようになっていった。

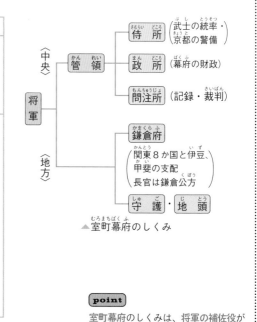

▲室町幕府のしくみ

point

室町幕府のしくみは、将軍の補佐役が執権から管領にかわったほかは、鎌倉幕府とほとんど同じだよ。

---

1 次の表の空欄にあてはまる語を書きましょう。

中央	① …将軍の補佐役として京都を支配。有力な守護大名が任命される。侍所・政所・問注所が置かれる。
地方	② …以前の幕府があった鎌倉に、地方機関として設置。足利氏の一族が関東を支配した。守護・ ③ …年貢の取り立てなど。 ④ 大名…守護が、領国の武士を家来として従える領主に成長し、地方を支配するようになっていった。

☐ ①（　　　　　　）

☐ ②（　　　　　　）

☐ ③（　　　　　　）

☐ ④（　　　　　　）

2 次の表の空欄にあてはまる語を書きましょう。

中央	管領… ① の補佐役として京都を支配。 有力な ② が任命される。 侍所・政所・問注所が置かれる。
地方	鎌倉府…以前の幕府があった ③ に、地方機関 として設置。 足利氏の一族が関東を支配した。 守護・地頭…年貢の取り立てなど。 守護大名… ④ が、領国の武士を家来として従 える領主に成長し、地方を支配するように なっていった。

☐ 〔 ① 　　　　　〕

☐ 〔 ② 　　　　　〕

☐ 〔 ③ 　　　　　〕

☐ 〔 ④ 　　　　　〕

3 次の文の空欄にあてはまる語を書きましょう。

ア 室町幕府では、政治の実権は将軍がにぎり、その将軍の補佐役として ① が置かれた。

☐ 〔 ① 　　　　　〕

イ 幕府から任命された守護は、しだいに国司の仕事を行うようになり、やがて一国を支配するようになった。このような守護を ② という。

☐ 〔 ② 　　　　　〕

ウ 京都の幕府に対して、以前の幕府があった鎌倉には ③ が置かれた。足利氏の一族がその長官となって、関東の政治を行った。

☐ 〔 ③ 　　　　　〕

エ 京都を支配する管領と、武士を統率する侍所の長官には、ともに有力な ④ が任命された。こうして室町時代は、 ④ や鎌倉府などの地方の大名や機関が力をつけた。

☐ 〔 ④ 　　　　　〕

ここはぼくのナワバリだニャ！

きおくメモ

室町幕府の将軍の補佐役→管領（鎌倉幕府の将軍の補佐役は、執権）
地方では守護大名が勢力を強める。

第40日 | 東アジアなどとの交易は、輸出品・輸入品をおさえよう

step 1　読むだけ

まとめ 日本と東アジアなどとの交流

日本	交流先	おもなできごと
室町時代	明	14世紀半ば、中国では元がおとろえ、漢民族が明を建国。日本に、海賊行為をする倭寇の取りしまりを要求。正式な貿易船を勘合で区別する勘合貿易(日明貿易)を始める。 ・銅銭、生糸、陶磁器などを明から輸入 ・刀剣や銅などを日本が輸出
	朝鮮国	14世紀末、李成桂が高麗をたおし、朝鮮国を建てる。独自の文字(ハングル)を作る。
	琉球王国	15世紀初め、尚氏が沖縄島を統一し、琉球王国を建てる。日本や明、朝鮮と中継貿易。
	アイヌ民族	13世紀、蝦夷地(北海道)では、アイヌ民族が他地域と交易。やがて和人(本州の人々)が進出し、交易を行う。

▲室町時代の海上交通と倭寇

point

14〜15世紀ごろの東アジアの動きと日本との関係をおさえよう。

step 2　見て写すだけ①

1 次の表の空欄にあてはまる語を書きましょう。

明	14世紀半ば、漢民族が ① を建国。日本に、倭寇の取りしまりを要求。正式な貿易船を勘合で区別する ② 貿易(日明貿易)を始める。	□ ① ⟨　　⟩
		□ ② ⟨　　⟩
朝鮮国	14世紀末、 ③ が建てられる。 独自の文字(ハングル)が作られる。	□ ③ ⟨　　⟩
琉球王国	15世紀初め、 ④ が建てられる。 日本や明、朝鮮と中継貿易で栄える。	□ ④ ⟨　　⟩
アイヌ民族	13世紀、蝦夷地(北海道)では、 ⑤ 民族が他地域と交易。やがて和人(本州の人々)が進出し、交易。	□ ⑤ ⟨　　⟩

2 次の表の空欄にあてはまる語を書きましょう。

明	14世紀半ば、中国で漢民族が明を建国。日本に、　①　の取りしまりを要求。正式な貿易船を勘合で区別する勘合貿易（日明貿易）を始める。	☐ ❶
		☐ ❷
朝鮮国	14世紀末、朝鮮国が建てられ、独自の文字（　②　）が作られる。	
琉球王国	15世紀初め、尚氏が琉球王国を建てる。日本や明、朝鮮と　③　貿易。	☐ ❸
		☐ ❹
アイヌ民族	13世紀、蝦夷地（北海道）では、アイヌ民族が他地域と交易。やがて　④　が進出し、交易。	

3 次の文の空欄にあてはまる語を書きましょう。

ア 日本列島の北端ではアイヌ文化ができ、13世紀には蝦夷地（北海道）の　①　の人々は、オホーツク海沿岸地域との交易を行った。　☐ ①

イ 15世紀初め、琉球では　②　氏がほかの国々を統一し、琉球王国を建てた。　☐ ②

ウ 14世紀末、朝鮮半島では高麗がほろび、李成桂によって　③　が建てられた。　☐ ③

エ 足利義満は明の求めに応じ、正式な貿易船には明からあたえられた　④　を持たせて貿易を始めた。　☐ ④

> **きおくメモ**
>
> 中国→明が建国。日本は倭寇対策として、勘合貿易（日明貿易）を行う。
> 朝鮮半島→高麗がほろび、朝鮮国がおこる。
> 琉球→尚氏が琉球王国をおこし、中継貿易を進める。

第41日 農業や商業の発達により、民衆に座や惣などの組織が生まれた

まとめ　室町時代の産業と民衆の生活

日本		おもな内容
室町時代	農業	二毛作が広がったほか、肥料の利用や牛馬による耕作で生産量が増加する。
	手工業	技術が進歩し、西陣や博多の絹織物などの特産品が各地で生産。
	商業	定期市の回数も増え、取り引きに宋銭や明銭などの銅銭が使われる。 馬借や車借…運送業 問（問丸）…港町の運送業 座…土倉（質屋）や酒屋が作った同業者の団体 町衆…京都の有力な商工業者が作った自治組織
	村の自治	惣…農村にできた自治組織。村の代表を決め、寄合を開いて独自のおきてなどを作る。 15世紀には、借金の帳消しを求める土一揆が各地で起こる。

▲明銭

▲馬借

point

農業や手工業、商業の発達にともなって、商品の流通がさかんになり、都市が発達していったよ。

1 次の表の空欄にあてはまる語を書きましょう。

農業	①　　　　が広がったほか、肥料の利用や牛馬による耕作で生産量が増加する。	□ ① （　　　）
商業	定期市の回数も増え、②　　　　や明銭が使われる。	□ ② （　　　）
	③　　　　や車借…運送業　　　問（問丸）…港町の運送業	□ ③ （　　　）
	④　　　　…土倉（質屋）や酒屋が作った同業者の団体 町衆…京都の有力な商工業者が作った自治組織	□ ④ （　　　）
村の自治	⑤　　　　…農村にできた自治組織。寄合を開いて独自のおきてなどを作る。 15世紀には、借金の帳消しを求める土一揆が各地で起こる。	□ ⑤ （　　　）

2 次の表の空欄にあてはまる語を書きましょう。

手工業	技術が進歩し、西陣や博多の ❶ などの特産品が各地で生産。	☐ ❶
商業	❷ の回数も増え、取り引きに宋銭や明銭が使われる。 馬借や車借…運送業 ❸ （問丸）…港町の運送業 座… ❹ （質屋）や酒屋が作った同業者の団体	☐ ❷ ☐ ❸ ☐ ❹
村の自治	惣…農村にできた自治組織。寄合を開いて独自のおきてなどを作る。 15世紀には、借金の帳消しを求める ❺ が各地で起こる。	☐ ❹ ☐ ❺

3 次の文の空欄にあてはまる語を書きましょう。

ア 商業が活発になると定期市の回数も増えた。市では、宋や明から輸入された ❶ や明銭などの銅銭が使われた。　☐ ❶

イ 室町時代、瀬戸内海や日本海には年貢や商品を運ぶ船が行きかい、港町では ❷ などの運送業者が活躍した。　☐ ❷

ウ 1428年、近江国の馬借を中心として、農民も加わり、幕府に徳政令を要求して ❸ を起こした。　☐ ❸

エ 土倉や酒屋、商人などは、同業者ごとに ❹ とよばれる団体を作り、武士や寺社に税を納め、営業を独占する権利を認められた。　☐ ❹

＼　一揆だニャ！　／

きおくメモ

商工業者→座を結成。土倉・酒屋が金貸し業を営む。
村の自治→惣という組織を結成。土一揆が各地で起こる。

第42日 | 応仁の乱のあと、下剋上の風潮が広がった

---

step 1　読むだけ

まとめ 応仁の乱と戦国大名

日本	年	おもなできごと
室町時代・戦国時代	1467年〜1477年	8代将軍、足利義政のあとつぎ問題をきっかけに応仁の乱が起こる。…戦国時代の始まり →多くの守護大名が争いに参加。 →地方では、一揆や武士の反乱。
	応仁の乱後	実力のある者が、上の身分の者に打ち勝つ 下剋上の風潮が広がる。 →各地に戦国大名が登場。 戦国大名による自治 ・城下町造り →城の周辺に商工業者を呼び寄せた。 ・分国法の制定 →独自の法律を定めて、武士や民衆を統制。

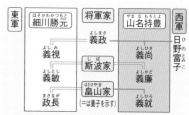

※開戦2年目に義視は山名方に、義尚・富子は細川方についた。

▲応仁の乱

いざ出陣ニャ〜

point
応仁の乱によって、下剋上の風潮が広がり、戦国大名が登場したよ。

---

step 2　見て写すだけ①

1 次の年表の空欄にあてはまる語を書きましょう。

1467年〜1477年	将軍のあとつぎ問題をきっかけに、 　❶　の乱が起こる。…戦国時代の始まり
応仁の乱後	実力のある者が、上の身分の者に打ち勝つ　❷ の風潮が広がる。 →各地に　❸　大名が登場。 戦国大名による自治 ・城下町造り →城の周辺に商工業者を呼び寄せた。 ・　❹　法の制定 →独自の法律を定めて、武士や民衆を統制。

☐ ❶

☐ ❷

☐ ❸

☐ ❹

2 次の年表の空欄にあてはまる語を書きましょう。

1467年〜 1477年	将軍のあとつぎ問題をきっかけに、 応仁の乱が起こる。…　❶　時代の始まり →多くの　❷　大名が争いに参加。 →地方では、一揆や武士の反乱。
応仁の乱後	下剋上の風潮が広がる。 →各地に戦国大名が登場。 　❸　大名による自治 ・　❹　造り →城の周辺に商工業者を呼び寄せた。 ・分国法の制定 →独自の法律を定めて、武士や民衆を統制。

☐ 〔 ❶　　　　〕

☐ 〔 ❷　　　　〕

☐ 〔 ❸　　　　〕

☐ 〔 ❹　　　　〕

3 次の文の空欄にあてはまる語を書きましょう。

ア 長い戦乱により幕府の力が衰退したことや、武士や農民による
一揆が増えたことで、　❶　の風潮が広がった。

☐ 〔 ❶　　　　〕

イ 室町幕府の8代将軍、足利義政のあとつぎ問題をきっかけに、有
力な守護大名である細川氏と山名氏を中心として　❷
が起こった。

☐ 〔 ❷　　　　〕

ウ 　❸　大名は、城の周辺に家臣や商工業者を集めて城下
町を造ったり、武田氏、朝倉氏、今川氏のように独自の法律
である　❹　を定めたりした。

☐ 〔 ❸　　　　〕

☐ 〔 ❹　　　　〕

4 上のア〜ウを、古いできごとから順にならべかえて記号を書きましょう。

☐（　　　　　→　　　　　→　　　　　）

きおくメモ

応仁の乱をきっかけに下剋上の風潮が広まり、戦国大名が登場。
戦国大名は、城下町を造り、分国法を定めて統治した。

第43日｜北山文化と東山文化の特色をおさえよう

step 1　読むだけ

まとめ ## 室町時代の文化

日本	文化	おもな内容
室町時代	北山文化	公家と武家の文化の融合(14世紀〜15世紀初め) 北山文化…3代将軍、足利義満の時代。 →金閣…足利義満が建立
	東山文化	簡素で気品のある武士の文化(15世紀前半) 東山文化…8代将軍、足利義政の時代。 →銀閣…足利義政が建立 　書院造…床の間、ふすま、たたみなど ・枯山水の石庭…石と白い砂で山や水を表現 ・水墨画…墨一色で自然を表現(雪舟)
	庶民の文化	・能…猿楽や田楽などから発展(観阿弥・世阿弥) ・狂言…能の合間に演じられる。 ・茶の湯…茶を飲む習慣が広まる。 ・連歌…和歌の上の句と下の句を別の人がよむ。 ・御伽草子…絵入りの物語→『一寸法師』など

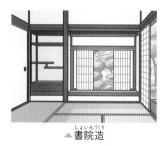
▲書院造

▲枯山水の石庭

point
室町時代の北山文化は、公家と武家の文化が混ざり合っていて、民衆の文化も生まれ始めたよ。

step 2　見て写すだけ①

1 次の表の空欄にあてはまる語を書きましょう。

北山文化	北山文化 …3代将軍、足利義満の時代。 → 　❶　 …足利義満が建立
東山文化	東山文化 …8代将軍、足利義政の時代。 → 　❷　 …足利義政が建立 ・ 　❸　 …墨一色で自然を表現(雪舟)
庶民の文化	・ 　❹　 …観阿弥・世阿弥によって大成。 ・ 　❺　 …絵入りの物語→『一寸法師』など

☐ ❶（　　　）

☐ ❷（　　　）

☐ ❸（　　　）

☐ ❹（　　　）

☐ ❺（　　　）

2 次の表の空欄にあてはまる語を書きましょう。

北山文化	公家と武家の文化の融合 北山文化 …3代将軍、　❶　の時代。 →金閣…足利義満が建立	☐ ❶ [　　　]
		☐ ❷ [　　　]
東山文化	簡素で気品のある武士の文化 東山文化 …8代将軍、足利義政の時代。 →銀閣…足利義政が建立 　❷　造…床の間、ふすま、たたみなど	☐ ❸ [　　　]
庶民の文化	・　❸　…能の合間に演じられる。 ・　❹　…茶を飲む習慣が広まる。 ・　❺　…和歌の上の句と下の句を別の人がよむ。	☐ ❹ [　　　]
		☐ ❺ [　　　]

3 次の文の空欄にあてはまる語を書きましょう。

ア 観阿弥・世阿弥の親子は、猿楽や田楽などの要素を取り入れ、　❶　を大成させた。また、　❶　の合間には　❷　も上演されるようになった。

☐ ❶ [　　　]

☐ ❷ [　　　]

イ 足利義政が京都の東山の別荘に建てた　❸　と同じ敷地にある東求堂同仁斎という部屋は、床の間やふすまのある　❹　とよばれる様式になっている。

☐ ❸ [　　　]

☐ ❹ [　　　]

ウ 足利義満が京都の北山の別荘に建てた　❺　には、貴族と武士の文化が融合した、北山文化の特色がよく表されている。

☐ ❺ [　　　]

きおくメモ

室町時代の文化

北山文化…公家と武家の文化の融合→金閣（3代将軍 足利義満）

東山文化→銀閣（8代将軍 足利義政）。床の間、ふすま、たたみなどがある書院造の部屋。

きれいだニャー

第44日 台頭する武士と、強い力を示した上皇の政治

---

step 1　読むだけ

まとめ　武士の反乱と院政の中心人物

❶ 平将門（？〜940）

　10世紀の中ごろに下総国（千葉県・茨城県の一部）を支配していた武士。朝廷の政治に不満を持った関東の武士を集めて、935年に平将門の乱を起こしたがしずめられた。武士団による大規模な反乱の始まりとなった。

❷ 藤原純友（？〜941）

　10世紀の中ごろの伊予国（愛媛県）の官僚。瀬戸内海地方の海賊と結び、朝廷に対して939年に藤原純友の乱を起こしたがしずめられた。

❸ 白河天皇（上皇）（1053〜1129）

　1086年、院政を始めた天皇（上皇）。天皇の位をゆずったあと上皇となり、藤原氏の摂関政治をおさえて政治の実権をにぎった。

❹ 鳥羽上皇（1103〜1156）

　11世紀の後半、白河天皇（上皇）の死後に院政をひきついだ上皇。

point 反乱名、天皇・上皇と、キーワードになる用語をセットでおさえておこう。

平将門

藤原純友

白河天皇（上皇）

鳥羽上皇

---

step 2　見て写すだけ①

1 次の説明にあてはまる人物名を書きましょう。

1 935年に、朝廷の政治に不満を持った関東の武士を集めて反乱を起こした、下総国の武士。　　□ ❶ 〔　　　　〕

2 1086年、院政を始めた天皇（上皇）。藤原氏の摂関政治をおさえて政治の実権をにぎった。　　□ ❷ 〔　　　　〕

3 939年に、瀬戸内海地方の海賊と結んで、反乱を起こした、伊予国の官僚。　　□ ❸ 〔　　　　〕

4 11世紀の後半、白河天皇（上皇）の死後に院政をひきついだ上皇。　　□ ❹ 〔　　　　〕

2 次の人物の説明文の空欄にあてはまる語を書きましょう。

1 藤原純友…瀬戸内海地方の海賊と結び、朝廷に対して939年に ① を起こしたがしずめられた。

☐ (① ⎞

2 平将門…朝廷の政治に不満を持った関東の武士を集めて、935年に ② を起こしたがしずめられた。

☐ (② ⎞

3 白河天皇(上皇)…1086年、 ③ を始めた天皇(上皇)。天皇の位をゆずったあと上皇となり、藤原氏の摂関政治をおさえて政治の実権をにぎった。

☐ (③ ⎞

4 鳥羽上皇…11世紀の後半、 ④ 天皇(上皇)の死後に院政をひきついだ上皇。

☐ (④ ⎞

3 次の説明にあてはまる人物名を書きましょう。

1 関東の下総国で、935年に武士団を動かして大規模な反乱を起こした武士。関東に独立した国と政府を作ろうとし、自分で天皇(新皇)になったことを宣言した。

☐ (① ⎞

2 1086年、院政を始めた天皇(上皇)。藤原氏との関係がうすい後三条天皇の子で、天皇の位を幼少の皇子にゆずったあと上皇となり、摂関政治をおさえて政治の実権をにぎった。

☐ (② ⎞

3 白河天皇(上皇)の死後、院政をひきついだ上皇。院政とは、天皇の位をゆずった上皇が政治を動かす体制のこと。

☐ (③ ⎞

4 瀬戸内海地方の海賊と結び、朝廷に対して939年に乱を起こした官僚。中央政府に対する反乱は、貴族たちに大きな衝撃をあたえた。

☐ (④ ⎞

きおくメモ

平将門は桓武天皇の子孫、桓武平氏の一族で、平氏はその後も勢力をのばしていった。
白河天皇(上皇)は最初に院政を始めた天皇で、その住まいである御所を「院」とよんだ。

学習日　　月　　日

第45日｜保元の乱・平治の乱の勝者と敗者をおさえよう

---

step 1　読むだけ

まとめ　保元の乱・平治の乱と平氏の繁栄

❶ 後白河天皇（上皇）（1127〜1192）

　源氏と平氏の合戦のころ、院政を行っていた天皇（上皇）。

天皇であった1156年に崇徳天皇（上皇）と対立し、保元の乱を起こした。

この保元の乱では、平清盛と源義朝が後白河天皇（上皇）に味方した。

後白河天皇

源義朝

❷ 源義朝（1123〜1160）

　12世紀中ごろ、相模国（神奈川県）に勢力を持っていた武士。

源頼朝の父。保元の乱では、後白河天皇（上皇）に味方して勝利をおさめた。

のちに平清盛と対立し、1159年に平治の乱を起こしたが、敗れた。

平清盛

❸ 平清盛（1118〜1181）

　保元の乱・平治の乱で勝利をおさめ、勢力をのばした武士。1167年に武士として初めて

太政大臣となり、平氏の全盛期を築いた。また、兵庫の港を整備して宋（中国）との貿易をすすめ、

大きな利益をあげた。

point　誰が何の乱に関わったのか、結果とともに整理しておさえよう。

---

step 2　見て写すだけ①

1　次の説明にあてはまる人物名を書きましょう。

1　保元の乱・平治の乱で勝利をおさめ、勢力をのばした武士。1167年に武士として初めて太政大臣となり、平氏の全盛期を築いた。また、兵庫の港を整備して宋（中国）との貿易をすすめ、大きな利益をあげた。

□

2　源氏と平氏の合戦のころ、院政を行っていた天皇（上皇）。1156年に崇徳天皇（上皇）と対立し、保元の乱を起こした。

□

3　12世紀中ごろ、相模国に勢力を持っていた武士。源頼朝の父。のちに平清盛と対立し、1159年に平治の乱を起こしたが、敗れた。

□

2 次の人物の説明文の空欄にあてはまる語を書きましょう。

① 後白河天皇(上皇)…源氏と平氏の合戦のころ、院政を行っていた天皇(上皇)。天皇であった1156年に崇徳天皇(上皇)と対立し、　①　を起こした。

□〔①　　　〕

② 源 義朝…源 頼朝の父。保元の乱では、後白河天皇(上皇)に味方して勝利をおさめた。のちに平清盛と対立し、1159年に　②　を起こしたが、敗れた。

□〔②　　　〕

③ 平清盛…保元の乱・平治の乱で勝利をおさめ、勢力をのばした武士。1167年に武士として初めて　③　となり、平氏の全盛期を築いた。

□〔③　　　〕

皇位はぼくのものニャ！

弟　後白河天皇　崇徳天皇　兄

源義朝　平清盛　　保元の乱

3 次の説明にあてはまる人物名を書きましょう。

① 鳥羽上皇の死後、その権力を受けつぎ院政を行っていた天皇。天皇家の院政の実権をめぐる争いで、源 義朝や平清盛らの武士たちの協力を得て、1156年、兄の上皇に勝利した(保元の乱)。

□〔①　　　〕

② 保元の乱・平治の乱で勝利をおさめ、勢力をのばした武士。1167年に太政大臣となり、一族を朝廷の高い役職や国司につけた。さらに、藤原氏と同様に娘を天皇のきさきとし、その子どもを天皇にたてた。

□〔②　　　〕

③ 保元の乱では後白河天皇に味方して勝利をおさめたが、のちに平清盛と対立。1159年に平治の乱で敗れ、その子 源 頼朝は伊豆に流された。

□〔③　　　〕

後白河天皇　勝ったニャ

なんでアイツの方がごほうびが多いニャ

源義朝　平清盛　　平治の乱

きおくメモ

保元の乱→後白河天皇が味方した平清盛と 源 義朝とともに勝利。
平治の乱→平 清盛が 源 義朝をやぶって勢力拡大→清盛は太政大臣となる。

第46日｜平氏滅亡と、源氏による鎌倉幕府の誕生

まとめ 鎌倉幕府の成立と執権政治の中心人物

源頼朝

源義経

❶ 源頼朝（1147〜1199）
　鎌倉幕府の初代将軍。平治の乱に敗れて伊豆（静岡県）に流されたが、北条氏の協力で兵を挙げ、平氏をほろぼした。守護と地頭を置いて全国の支配をかため、1192年に征夷大将軍に任命された。

北条政子

北条時政

❷ 源義経（1159〜1189）
　源頼朝の弟。源頼朝の命令を受けて平氏を壇ノ浦（山口県）に追いつめ、ほろぼした。その後、源頼朝と対立し討たれた。

❸ 北条政子（1157〜1225）
　北条時政の娘で、源頼朝の妻。源頼朝の死後に尼となり、のちに政治の中心となったことから「尼将軍」とよばれた。承久の乱の際、御家人たちに源頼朝の御恩を説き、団結させた。

❹ 北条時政（1138〜1215）
　北条政子の父で、鎌倉幕府の初代執権。源頼朝が兵を挙げるのを助け、執権となった。2代将軍の源頼家を暗殺して、幕府の実権をにぎった。

point 鎌倉幕府の成立と、成立後の実権の移り変わりをおさえよう。

1 次の説明にあてはまる人物名を書きましょう。

1 北条時政の娘で、源頼朝の妻。承久の乱の際、御家人たちに源頼朝の御恩を説き、団結させた。
□ 〔❶　　　　　　〕

2 源頼朝の弟。源頼朝の命令を受けて平氏を壇ノ浦に追いつめ、ほろぼした。
□ 〔❷　　　　　　〕

3 北条政子の父で、鎌倉幕府の初代執権。源頼朝を助け、執権となった。2代将軍の源頼家を暗殺し、幕府の実権をにぎった。
□ 〔❸　　　　　　〕

4 鎌倉幕府の初代将軍。北条氏の協力で兵を挙げ、平氏をほろぼした。1192年に征夷大将軍に任命された。
□ 〔❹　　　　　　〕

2 次の人物の説明文の空欄にあてはまる語を書きましょう。

① 源 頼朝…鎌倉幕府の初代将軍。守護と地頭を置いて全国の支配
をかため、1192年に ［ ① ］ に任命された。

□ 〔① 　　　　　　〕

② 北条政子…北条時政の娘で、源 頼朝の妻。［ ② ］の際、御
家人たちに 源 頼朝の御恩を説き、団結させた。

□ 〔② 　　　　　　〕

③ 源 義経…源 頼朝の弟。源 頼朝の命令を受けて平氏を
［ ③ ］(山口県)に追いつめ、ほろぼした。

□ 〔③ 　　　　　　〕

④ 北条時政…鎌倉幕府の初代 ［ ④ ］。源 頼朝が兵を挙げるの
を助け、この役職についた。

□ 〔④ 　　　　　　〕

3 次の説明にあてはまる人物名を書きましょう。

① 源 頼朝に派遣され、壇ノ浦の戦いで平氏をほろぼした。その後、
無断で朝廷から官位を受け、頼朝に追われたため、東北ににげた。

□ 〔① 　　　　　　〕

② 源 頼朝の妻で、のちに「尼将軍」とよばれた。1221年、後鳥羽
上皇が起こした承久の乱のとき、頼朝将軍の御恩を説いて御家人
たちを団結させた。

□ 〔② 　　　　　　〕

③ 1185年に守護・地頭を設置し、1192年に征夷大将軍に任命された、
鎌倉幕府を開いた人物。将軍と御家人が、御恩と奉公の主従関
係で結ばれるしくみを作った。

□ 〔③ 　　　　　　〕

④ 源 頼朝の死後、2代将軍の 源 頼家と御家人の争いが起こった。
やがて、この人物が有力な御家人をまとめて実権をにぎり、執権
政治を始めた。

□ 〔④ 　　　　　　〕

> **きおくメモ**
>
> 源 頼朝は 源 義経をとらえるという理由で全国に守護と地頭を置き、全国の支配を進めた。
> 朝廷にさからうことに不安のあった御家人たちに、北条政子は 源 頼朝の御恩を説いた。

第47日 ｜ 将軍の力を弱め、実権をにぎる執権

step 1　読むだけ

まとめ 執権政治の確立と承久の乱の中心人物

源実朝

後鳥羽上皇

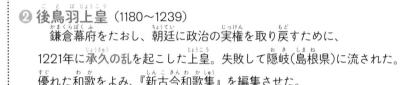

北条泰時

❶ **源実朝**（1192〜1219）
　　源 頼朝の子で、鎌倉幕府の3代将軍。北条氏の策略で、鶴岡八幡宮で暗殺され、源氏の将軍は3代でとだえた。

❷ **後鳥羽上皇**（1180〜1239）
　　鎌倉幕府をたおし、朝廷に政治の実権を取り戻すために、1221年に承久の乱を起こした上皇。失敗して隠岐（島根県）に流された。優れた和歌をよみ、『新古今和歌集』を編集させた。

❸ **北条泰時**（1183〜1242）
　　鎌倉幕府の3代執権。2代執権北条義時の子。承久の乱の後、朝廷の動きを監視するために京都に六波羅探題としてとどまる。父の死後、執権となる。1232年、裁判の基準を示す御成敗式目（貞永式目）を制定。

point 鎌倉幕府の支配が西国におよぶようになる流れを、人物とともにおさえよう。

step 2　見て写すだけ①

1 次の説明にあてはまる人物名を書きましょう。

1 鎌倉幕府をたおし、朝廷に政治の実権を取り戻すために、1221年に承久の乱を起こした上皇。失敗して隠岐に流された。優れた和歌をよみ、『新古今和歌集』を編集させた。

☐（❶　　　　　　　）

2 鎌倉幕府の3代執権。承久の乱の後、朝廷の動きを監視するために京都に六波羅探題としてとどまる。父の死後、執権となる。

☐（❷　　　　　　　）

3 源 頼朝の子で、鎌倉幕府の3代将軍。北条氏の策略で、鶴岡八幡宮で暗殺され、源氏の将軍は3代でとだえた。

☐（❸　　　　　　　）

2 次の人物の説明文の空欄にあてはまる語を書きましょう。

1 源 実朝… 源 頼朝の子で、鎌倉幕府の3代将軍。北条氏の策略で、鶴岡八幡宮で暗殺され、　①　の将軍は3代でとだえた。

2 後鳥羽上皇…鎌倉幕府をたおし、朝廷に政治の実権を取り戻すために、1221年に　②　を起こした上皇。失敗して隠岐に流された。

3 北条泰時…鎌倉幕府の3代執権。1232年、裁判の基準を示す　③　を制定した。

監視するニャ！

3 次の説明にあてはまる人物名を書きましょう。

1 鎌倉幕府の3代執権。承久の乱の後、京都に六波羅探題としてとどまる。1232年に制定した御成敗式目（貞永式目）は、その後長く武士の政治のよりどころになった。

2 源 頼朝の子で、鎌倉幕府の3代将軍。北条氏の策略で、鶴岡八幡宮で暗殺された。源氏将軍家は3代でとだえたが、幕府は藤原氏や皇族を将軍にむかえ、将軍は9代まで続いた。

3 1221年、源氏の将軍がとだえたのを見て、京都で院政を行っていたこの上皇が、朝廷に政治の実権を取り戻すために挙兵（承久の乱）。しかし、幕府の大軍に敗れ、隠岐に流された。また、鎌倉文化を代表する『新古今和歌集』を編集させた。

きおくメモ

北条泰時は執権を中心とした有力な御家人との話し合いを制度化して、執権政治の基礎を固めた。
後鳥羽上皇は鎌倉幕府の3代将軍が暗殺されると、その混乱の中で承久の乱を起こした。

第48日 武士と民衆の力が作った鎌倉文化

---

step 1　読むだけ

まとめ ## 鎌倉文化を代表する人物

❶ 運慶（？～1223）
　　鎌倉時代初期に活躍した仏像の彫刻家。快慶らとともに、東大寺南大門の金剛力士像を制作した。写実的で力強く、動きのある仏像を残した。

❷ 快慶（12世紀後半～13世紀前半）
　　鎌倉時代初期に活躍した仏像の彫刻家で、運慶と協力して、東大寺南大門の金剛力士像を制作した。

❸ 藤原定家（1162～1241）
　　鎌倉時代の歌人。後鳥羽上皇の命令を受けて、『新古今和歌集』の編集を行った。

❹ 兼好法師（吉田兼好）（1283？～1350？）
　　鎌倉時代後期から南北朝時代に活躍した歌人、随筆家。『徒然草』の作者で、見聞きしたことや感じたこと、民衆のいきいきとした姿などをえがいた。

運慶

快慶

藤原定家

兼好法師

point 鎌倉時代の文化は、武士や農民の生活と深く関わっているよ。

---

step 2　見て写すだけ①

つれづれなるままに

1 次の説明にあてはまる人物名を書きましょう。

1 鎌倉時代後期から南北朝時代に活躍した歌人、随筆家。『徒然草』の作者で、見聞きしたことや感じたこと、民衆のいきいきとした姿などをえがいた。

□ 〔 ❶ 　　　　　〕

2 鎌倉時代初期に活躍した仏像の彫刻家。快慶らとともに、東大寺南大門の金剛力士像を制作した。

□ 〔 ❷ 　　　　　〕

3 鎌倉時代の歌人。後鳥羽上皇の命令を受けて、『新古今和歌集』の編集を行った。

□ 〔 ❸ 　　　　　〕

4 鎌倉時代初期に活躍した仏像の彫刻家。運慶と協力して東大寺南大門の金剛力士像を制作した。

□ 〔 ❹ 　　　　　〕

2 次の人物の説明文の空欄にあてはまる語を書きましょう。

① 兼好法師(吉田兼好)…鎌倉時代後期から南北朝時代の歌人、随筆家。『　①　』の作者で、鎌倉時代の民衆のいきいきとした姿などをえがいた。

☐ 〔　①　〕

② 運慶…鎌倉時代初期に活躍した仏像の彫刻家。快慶らとともに、東大寺南大門の　②　を制作し、写実的で力強く、動きのある仏像を残した。

☐ 〔　②　〕

③ 藤原定家…鎌倉時代の歌人。後鳥羽上皇の命令を受けて、『　③　』の編集を行った。

☐ 〔　③　〕

④ 快慶…鎌倉時代初期に活躍した仏像の彫刻家。運慶と協力して、　④　南大門の金剛力士像を制作した。

☐ 〔　④　〕

3 次の説明にあてはまる人物名を書きましょう。

① 鎌倉時代に活躍した仏像の彫刻家。源平の争乱で平氏に焼かれた東大寺の再建に際し、快慶とともに、南大門の金剛力士像を制作した。

☐ 〔　①　〕

② 後鳥羽上皇の命令を受けて、『新古今和歌集』の編集を行った、鎌倉時代の歌人。

☐ 〔　②　〕

③ 鎌倉時代初期の仏像彫刻家。運慶と協力して、写実的で力強い東大寺南大門の金剛力士像を制作した。

☐ 〔　③　〕

④ 鎌倉時代後期から南北朝時代の歌人、随筆家。随筆集『徒然草』で、鎌倉時代の民衆のいきいきとした姿をえがいた。

☐ 〔　④　〕

きおくメモ

運慶や快慶など、おもに仏像を制作した彫刻家たちを「仏師」とよんだ。
藤原定家は、自身の和歌も収められている『小倉百人一首』の撰者と考えられている。

第49日｜鎌倉時代の新仏教を開いた人物をおさえよう

まとめ ## 鎌倉新仏教の開祖とその教え

法然　　親鸞

❶ 法然（1133～1212）　知恩院(京都市)
　浄土宗の開祖。一心に「南無阿弥陀仏」と念仏を唱えることで、だれでも極楽浄土へ生まれ変われると説いた。

❷ 親鸞（1173～1262）　本願寺(京都市)
　浄土真宗の開祖。法然の弟子で、阿弥陀如来の救いを信じて念仏を唱えるという教えを農村にまで広めた。

栄西　　道元

❸ 栄西（1141～1215）　建仁寺(京都市)
　臨済宗の開祖。座禅によって、課題を考えぬいて自分の力でさとりを開くことをめざした。

❹ 道元（1200～1253）　永平寺(福井県永平寺町)
　曹洞宗を開き、栄西と同様に、座禅によってさとりを開くことをめざした。

日蓮　　一遍

❺ 日蓮（1222～1282）　久遠寺(山梨県身延町)
　日蓮宗(法華宗)の開祖。「南無妙法蓮華経」と題目を唱えることで救われると説いた。

❻ 一遍（1239～1289）　清浄光寺(神奈川県藤沢市)
　時宗を開く。念仏の札を配って教えを広め、踊念仏を取り入れて布教した。

point 鎌倉仏教の開祖と宗派の名前、宗派の教えの内容を整理しておさえよう。

1 次の説明にあてはまる人物名を書きましょう。

①　浄土真宗の開祖。法然の弟子。阿弥陀如来の救いを信じて念仏を唱えるという教えを農村にまで広めた。

☐〔① 　　　　　〕

②　臨済宗を開き、座禅によってさとりを開くことをめざした。

☐〔② 　　　　　〕

③　日蓮宗(法華宗)を開き、「南無妙法蓮華経」と題目を唱えることで救われると説いた。

☐〔③ 　　　　　〕

④　浄土宗の開祖。「南無阿弥陀仏」と念仏を唱えることで、極楽浄土へ生まれ変われると説いた。

☐〔④ 　　　　　〕

2 次の人物の説明文の空欄にあてはまる語を書きましょう。

1 日蓮…日蓮宗（法華宗）の開祖。「南無妙法蓮華経」と　❶　を唱えることで救われると説いた。

□ 〔 ❶ 　　　　　 〕

2 一遍…時宗の開祖。念仏の札を配り、　❷　を取り入れて布教した。

□ 〔 ❷ 　　　　　 〕

3 法然…浄土宗の開祖。「南無阿弥陀仏」と　❸　を唱えることで、極楽浄土へ生まれ変われると説いた。

□ 〔 ❸ 　　　　　 〕

4 道元…　❹　の開祖。栄西と同様に、座禅によってさとりを開くことをめざした。

□ 〔 ❹ 　　　　　 〕

3 次の説明にあてはまる人物名を書きましょう。

1 法然の弟子で、浄土真宗の開祖。自分の罪を自覚した悪人こそが、救われる対象であると説いた。

□ 〔 ❶ 　　　　　 〕

2 時宗の開祖。法然の弟子に学び、踊念仏を行って、人々に念仏信仰をすすめた。

□ 〔 ❷ 　　　　　 〕

3 天台宗の教典である法華経を重視し、題目を唱えることで救われると説いた、日蓮宗（法華宗）の開祖。

□ 〔 ❸ 　　　　　 〕

4 当時中国の宋で栄えていた、座禅によりさとりを得る禅宗を日本に伝えた、曹洞宗の開祖。

□ 〔 ❹ 　　　　　 〕

5 臨済宗の開祖。座禅をして課題を考えぬき、自らの力でさとりを開くことをめざした。

□ 〔 ❺ 　　　　　 〕

6 浄土信仰を継承した浄土宗の開祖。「南無阿弥陀仏」と念仏を唱えれば、極楽浄土へ行けると説いた。

□ 〔 ❻ 　　　　　 〕

きおくメモ

法然の念仏は「南無阿弥陀仏」、日蓮の題目は「南無妙法蓮華経」。
鎌倉時代の新しい仏教は、教えがわかりやすくて実行しやすく、民衆や武士に受け入れられた。

第50日｜元の襲来と幕府との戦い

step 1　読むだけ

まとめ　モンゴルの皇帝と幕府の人物

チンギス・ハン

フビライ・ハン

北条時宗

❶ **チンギス・ハン**（1162〜1227）　モンゴル

モンゴル帝国の初代皇帝。13世紀の初めにモンゴル高原で

生活していた部族を統一し、モンゴル帝国を建国した。

帝国は、アジアから東ヨーロッパにわたって領土を広げた。

❷ **フビライ・ハン**（1215〜1294）　モンゴル・中国

モンゴル帝国の5代皇帝で、元の初代皇帝。1271年に国号を元とし、

都を大都（現在の北京）に移した。日本を従えようとして2度にわたり

軍を送った（元寇）が、失敗した。

❸ **北条時宗**（1251〜1284）

鎌倉幕府の8代執権。1274年の文永の役と1281年の弘安の役という、2度にわたる

元寇（蒙古襲来）のときの執権で、元軍をしりぞけた。しかし、元軍に立ち向かった御家人に、

恩賞として土地を十分にあたえることができなかったため、御家人の幕府への不満が高まった。

point　元寇が起こった理由と、その影響をおさえよう。

step 2　見て写すだけ①

1 次の説明にあてはまる人物名を書きましょう。

1 鎌倉幕府の8代執権。1274年の文永の役と1281年の弘安の役という、2度にわたる元寇（蒙古襲来）のときの執権で、元軍をしりぞけた。　☐〔①　　　　　〕

2 モンゴル帝国の5代皇帝で、元の初代皇帝。1271年に国号を元とし、都を大都に移した。日本を従えようとして2度も軍を送った（元寇）が、失敗した。　☐〔②　　　　　〕

3 モンゴル帝国の初代皇帝。13世紀の初めにモンゴル高原で生活していた部族を統一し、モンゴル帝国を建国した。帝国は、アジアから東ヨーロッパにわたって領土を広げた。　☐〔③　　　　　〕

2 次の人物の説明文の空欄にあてはまる語を書きましょう。

1 フビライ・ハン…モンゴル帝国の5代皇帝で、[　**①**　]の初代
皇帝。1271年に国号を変え、都を大都に移した。日本を従えよう
として2度も軍を送った(元寇)が、失敗した。

□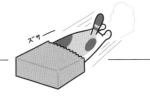

2 チンギス・ハン…[　**②**　]の初代皇帝。13世紀の初めにモン
ゴル高原で生活していた部族を統一し、この帝国を建国した。

□

3 北条時宗…鎌倉幕府の8代執権。1274年の文永の役と1281年の
弘安の役という、2度にわたる[　**③**　]のときの執権で、元軍
をしりぞけた。

□

3 次の説明にあてはまる人物名を書きましょう。

1 13世紀の初めにモンゴル高原で生活していた部族を統一し、モン
ゴル帝国を建国した、モンゴル帝国の初代皇帝。帝国は、アジア
から東ヨーロッパにまたがる広大な地域を支配したが、のちに分
裂した。

□

2 鎌倉幕府の8代執権。フビライ・ハンに武力を背景に朝貢と服属
をせまられたが、この要求をしりぞけた。このことが、のちの元
寇へと発展した。

□ [　**②**　]

3 モンゴル帝国の5代皇帝で、元の初代皇帝。日本を従えようとし
て2度にわたり元軍を送る(元寇)が、失敗した。3度目の遠征を
計画したが、彼の死により中止された。

□

きおくメモ

フビライ・ハンは、高麗の使者を送り、日本に属国となるように求めた。
北条時宗はフビライ・ハンの要求を拒否し、九州の守りをかためた。

第51日｜足利尊氏が北朝、後醍醐天皇が南朝を率いた

step 1　読むだけ

まとめ 南北朝の動乱の中心人物

後醍醐天皇

❶ **後醍醐天皇**（1288〜1339）
　　建武の新政を行った天皇。足利尊氏や新田義貞らの協力によって鎌倉幕府を
たおしたが、新政は公家を重視したため武士の不満が高まり、失敗に終わった。
その後、尊氏に追われて吉野(奈良県)にのがれ、南朝を建てた。

足利尊氏

❷ **足利尊氏**（1305〜1358）
　　室町幕府の初代将軍。鎌倉幕府では有力な御家人であった。後醍醐天皇を助けて
鎌倉幕府をたおしたが、建武の新政に不満を持ち挙兵。京都を占領して、後醍醐天皇を
吉野に追いやった。京都に北朝を建てて征夷大将軍となり、室町幕府を開いた。

楠木正成

❸ **楠木正成**（?〜1336）
　　河内(大阪府)の豪族。鎌倉幕府の倒幕で活躍し、南北朝の動乱(内乱)で南朝に
味方した。湊川(兵庫県)で足利尊氏に討たれた。

新田義貞

❹ **新田義貞**（1301〜1338）
　　上野(群馬県)の豪族(御家人)。鎌倉幕府の倒幕で活躍し、南北朝の動乱(内乱)で
南朝に味方した。越前(福井県)で足利尊氏に討たれた。

point 南北朝のおこりと室町幕府の成立の流れを理解しよう。

step 2　見て写すだけ①

1 次の説明にあてはまる人物名を書きましょう。

1 室町幕府の初代将軍。鎌倉幕府をたおしたあと、後醍醐天皇を吉
野に追いやり、征夷大将軍となって室町幕府を開いた。　　□ 〔①　　　　　　〕

2 建武の新政を行った天皇。鎌倉幕府をたおしたが、新政は失敗。
その後、足利尊氏に追われて吉野にのがれ、南朝を建てた。　　□ 〔②　　　　　　〕

3 上野の豪族。鎌倉幕府の倒幕で活躍し、その後南朝に味方した。
越前で足利尊氏に討たれた。　　□ 〔③　　　　　　〕

4 河内の豪族。南北朝の動乱(内乱)で、南朝に味方した。湊川で足
利尊氏に討たれた。　　□ 〔④　　　　　　〕

2 次の人物の説明文の空欄にあてはまる語を書きましょう。

1　後醍醐天皇…鎌倉幕府をたおし、　　❶　　を行ったが、失敗
に終わった。その後、足利尊氏に追われて吉野にのがれ、南朝を
建てた。

□〔❶　　　　　　　　　　〕

2　新田義貞…上野の豪族。鎌倉幕府の倒幕で活躍し、その後南朝
に味方した。越前で　　❷　　に討たれた。

□〔❷　　　　　　　　　　〕

3　足利尊氏…後醍醐天皇を吉野に追いやり、北朝を建てて征夷大
将軍となり、　　❸　　を開いた。

□〔❸　　　　　　　　　　〕

4　楠木正成…河内の豪族。南朝と北朝が争う　　❹　　で、南朝
に味方した。湊川で足利尊氏に討たれた。

□〔❹　　　　　　　　　　〕

3 次の説明にあてはまる人物名を書きましょう。

1　上野の豪族。政治の実権を取り戻そうと考えていた後醍醐天皇に、
足利尊氏らとともに賛同し、鎌倉を攻めた。

□〔❶　　　　　　　　　　〕

2　河内の豪族。建武の新政に参加し、南北朝の動乱では南朝側に
ついて足利尊氏と戦い、湊川で戦死した。

□〔❷　　　　　　　　　　〕

3　倒幕をはかるが、一度は失敗し隠岐に流された。しかし、足利尊
氏らの有力な御家人を味方につけ、1333年に鎌倉幕府をたおし、
建武の新政を行った。

□〔❸　　　　　　　　　　〕

4　鎌倉幕府をたおしたあと、吉野と京都に2つの朝廷ができた。
1338年に北朝の天皇から征夷大将軍に任命され、京都に室町幕
府を開いた。

□〔❹　　　　　　　　　　〕

きおくメモ

南北朝の動乱…建武の新政が失敗し、北朝と南朝の2つの朝廷ができる。
足利尊氏の建てた北朝と後醍醐天皇が建てた南朝は、1392年に統一されるまで続いた。

第**52**日｜東アジアなどとの交易と争いをおさえよう

step 1　読むだけ

まとめ **東アジアなどとの交流に関わった人物**

①足利義満（1358～1408）

　　室町幕府の3代将軍。1392年に南北朝を統一（合一）させ、室町幕府の

体制を確立した。京都の室町にある「花の御所」で政治を行った。

正式な貿易船に勘合という証明書を持たせて、明と勘合貿易（日明貿易）

を始め、幕府の全盛期を築いた。また、京都の北山に金閣を建て、

北山文化を発展させた。

足利義満

李成桂

②李成桂（1335～1408）　朝鮮

　　朝鮮国（李氏朝鮮）の初代王。倭寇の取りしまりに活躍した。1392年に

高麗をほろぼして朝鮮を建国し、漢城（現在のソウル）を都とした。

③コシャマイン（?～1457）

　　室町時代の中ごろの、**アイヌ民族**の首長。和人（本州の人々）との交易に不満を持ち、

1457年にアイヌ民族を率いて反乱を起こし、志苔館（函館市）などを襲ったが、敗れた。

コシャマイン

point 室町幕府の東アジアや周辺地域との関わりをおさえよう。

step 2　見て写すだけ①

1 次の説明にあてはまる人物名を書きましょう。

1 朝鮮国（李氏朝鮮）の初代王。倭寇の取りしまりに活躍した。1392年に高麗をほろぼして朝鮮国を建国し、漢城（現在のソウル）を都とした。　　□〔**①**　　　　　〕

2 室町幕府の3代将軍。1392年に南北朝を統一させ、室町幕府の体制を確立した。京都の室町にある「花の御所」で政治を行い、明と勘合貿易（日明貿易）を始め、幕府の全盛期を築いた。　　□〔**②**　　　　　〕

3 室町時代の中ごろの、アイヌ民族の首長。和人（本州の人々）との交易に不満を持ち、1457年にアイヌ民族を率いて反乱を起こし、志苔館などを襲ったが、敗れた。　　□〔**③**　　　　　〕

2 次の人物の説明文の空欄にあてはまる語を書きましょう。

① 足利義満…室町幕府の3代将軍。1392年に南北朝を統一させ、室町幕府の体制を確立。正式な貿易船に勘合という証明書を持たせて、明と　①　貿易を始め、幕府の全盛期を築いた。

□〔①　　　　　　〕

② コシャマイン…室町時代の中ごろの、アイヌ民族の首長。和人（本州の人々）との交易に不満を持ち、1457年に　②　を率いて反乱を起こしたが、敗れた。

□〔②　　　　　　〕

③ 李成桂…　③　の初代王。倭寇の取りしまりに活躍した。1392年に高麗をほろぼして朝鮮国を建国し、漢城（現在のソウル）を都とした。

□〔③　　　　　　〕

3 次の説明にあてはまる人物名を書きましょう。

① 1392年に高麗をほろぼして朝鮮国（李氏朝鮮）を建国し、初代の王となった。朝鮮国ではハングルという独自の文字が作られ、文化が発展した。

□〔①　　　　　　〕

② 15世紀に蝦夷地（北海道）に和人（本州の人々）が移住し、そこで生活していたアイヌ民族と交易を始めたが、その進出はアイヌの人々の暮らしを圧迫。この人物は、1457年にアイヌ民族を率いて反乱を起こした。

□〔②　　　　　　〕

③ 室町幕府の3代将軍。有力な守護大名をおさえ、1392年に南朝と北朝を統一させた。倭寇を禁じ、貿易船に勘合を持たせる勘合貿易を明との間で始め、幕府の全盛期を築いた。

□〔③　　　　　　〕

안녕하세요
（こんにちは！）

きおくメモ

足利義満は、倭寇の船と正式の貿易船を区別するために、明との貿易では勘合を用いた。
李成桂が建てた朝鮮国（李氏朝鮮）では、独自の文字であるハングルが作られた。

第53日 応仁の乱の対立関係をおさえよう

step 1　読むだけ

まとめ 応仁の乱の中心人物

足利義政

細川勝元

山名持豊

❶ 足利義政（1436〜1490）
　室町幕府の8代将軍。義政のときに、将軍のあとつぎをめぐって養子の足利義視と実子の足利義尚が対立。細川勝元と山名持豊（宗全）による守護大名の対立がからみ合い、1467年に全国が東西に分かれて争う応仁の乱が起こった。応仁の乱後は山荘に銀閣を建て、東山文化を発展させた。

❷ 細川勝元（1430〜1473）
　室町幕府の管領をつとめた守護大名。足利氏の親類にあたり、応仁の乱では東軍の大将となって山名方と争った。

❸ 山名持豊（山名宗全）（1404〜1473）
　室町幕府の有力な守護大名で、もと侍所の長官。一族で11か国の守護をつとめ、応仁の乱では西軍の大将となった。京都の西陣（現在の京都市）は、山名氏がこの地に西軍の陣をかまえたことから、西陣とよばれるようになったといわれる。

point 応仁の乱の原因とその対立関係を、整理しておさえよう。

step 2　見て写すだけ①

1 次の説明にあてはまる人物名を書きましょう。

1 室町幕府の8代将軍。養子の足利義視と実子の足利義尚の間の将軍のあとつぎ問題から、細川氏と山名氏による守護大名の対立が深まり、1467年に応仁の乱が起こった。

2 室町幕府の有力な守護大名で、もと侍所の長官。一族で11か国の守護をつとめ、応仁の乱では西軍の大将となった。

3 室町幕府の管領をつとめた守護大名。足利氏の親類にあたり、応仁の乱では東軍の大将となって山名方と争った。

2 次の人物の説明文の空欄にあてはまる語を書きましょう。

1 細川勝元…室町幕府の 　①　 をつとめた守護大名。足利氏
の親類にあたり、応仁の乱では東軍の大将となって山名方と争っ
た。

□ 〔 ①　　　　　　　 〕

2 山名持豊(山名宗全)…室町幕府の有力な 　②　 大名で、も
と侍所の長官。一族で11か国の守護をつとめ、応仁の乱では西
軍の大将となった。京都の西陣は、山名氏がこの地に陣をかまえ
たことから、西陣とよばれるようになったといわれる。

□ 〔 ②　　　　　　　 〕

3 足利義政…室町幕府の8代将軍。養子の足利義視と実子の足利
義尚の間の将軍のあとつぎ問題から、細川氏と山名氏による守護
大名の対立が深まり、1467年に 　③　 が起こった。

□ 〔 ③　　　　　　　 〕

3 次の説明にあてはまる人物名を書きましょう。

1 室町幕府の8代将軍。将軍のあとつぎをめぐる問題に、細川氏と
山名氏による守護大名の対立がからみ合い、1467年に全国が東
西に分かれて争う応仁の乱が起こった。応仁の乱後は山荘に銀閣
を建て、東山文化を発展させた。

□ 〔 ①　　　　　　　 〕

2 室町幕府の有力な守護大名で、もと侍所の長官。一族で11か国
の守護をつとめた。応仁の乱では西軍の大将となり、細川方と争っ
た。

□ 〔 ②　　　　　　　 〕

3 室町幕府の管領をつとめた守護大名。応仁の乱では、東軍の大
将となった。応仁の乱は京都を中心に全国に広がり、11年間続い
た。

□ 〔 ③　　　　　　　 〕

> **きおくメモ**
>
>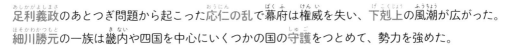
> 足利義政のあとつぎ問題から起こった応仁の乱で幕府は権威を失い、下剋上の風潮が広がった。
> 細川勝元の一族は畿内や四国を中心にいくつかの国の守護をつとめて、勢力を強めた。

第54日｜下剋上で力を持った戦国大名の登場

---

step 1　読むだけ

まとめ ## 戦国時代のおもな戦国大名

武田信玄

❶ 武田信玄 （1521〜1573）

甲斐国(山梨県)を支配した戦国大名。産業の発展に力をそそぎ、洪水の被害を防ぐために信玄堤とよばれる堤防を築いたほか、金山の開発を行った。武田氏の分国法である『甲州法度之次第』に見られる「けんか両成敗」の考え方は有名である。

北条早雲

❷ 北条早雲 （1432〜1519）

相模国(神奈川県)を支配した戦国大名。小田原を中心として関東に勢力を伸ばした。拠点の小田原城のもとに城下町を造った。

毛利元就

❸ 毛利元就 （1497〜1571）

中国地方を支配した戦国大名。3人の子どもに「1本の矢は簡単に折れるが、3本束ねた矢はなかなか折れない」と、団結の大切さを説いた。

❹ 今川義元 （1519〜1560）

駿河・遠江・三河(静岡県・愛知県)を支配した戦国大名。全国統一をめざしたが、桶狭間の戦いで織田信長に敗れた。

point 誰がどの地域を支配していたのか、特徴とともに整理しておさえよう。

今川義元

---

step 2　見て写すだけ①

1 次の説明にあてはまる人物名を書きましょう。

1 中国地方を支配した戦国大名。3人の子どもに「1本の矢は簡単に折れるが、3本束ねた矢はなかなか折れない」と、団結の大切さを説いた。　□〔 ❶ 　　　　　　 〕

2 相模国を支配した戦国大名。小田原を中心として関東に勢力を伸ばした。　□〔 ❷ 　　　　　　 〕

3 駿河・遠江・三河を支配した戦国大名。全国統一をめざしたが、桶狭間の戦いで織田信長に敗れた。　□〔 ❸ 　　　　　　 〕

4 甲斐国を支配した戦国大名。産業の発展に力をそそぎ、洪水の被害を防ぐために信玄堤とよばれる堤防を築いた。　□〔 ❹ 　　　　　　 〕

2 次の人物の説明文の空欄にあてはまる語を書きましょう。

1　武田信玄…甲斐国を支配した戦国大名。産業の発展に力を注ぎ、金山の開発も行った。武田氏の ① である『甲州法度之次第』の「けんか両成敗」の考え方は有名である。

□ 〔① 〕

2　北条早雲…相模国を支配した戦国大名。拠点の小田原城のもとに ② を造った。

□ 〔② 〕

3　毛利元就… ③ 地方を支配した戦国大名。３人の子どもに団結の大切さを説いた。

□ 〔③ 〕

4　今川義元…駿河・遠江・三河を支配した戦国大名。全国統一をめざしたが、 ④ の戦いで織田信長に敗れた。

□ 〔④ 〕

3 次の説明にあてはまる人物名を書きましょう。

1　戦国時代に小田原を拠点に相模国(神奈川県)を支配し、関東に勢力を伸ばした。

□ 〔① 〕

2　甲斐国(山梨県)を支配。天下の統一をめざし、上杉謙信、織田信長、徳川家康ら各氏と対立した。

□ 〔② 〕

3　駿河・遠江・三河(静岡県・愛知県)を支配した戦国大名。分国法に『今川仮名目録』がある。

□ 〔③ 〕

4　中国地方を支配した戦国大名。さらに、豊前(現在の福岡県・大分県の一部)や伊予(愛媛県)にも進出した。

□ 〔④ 〕

風林火山ニャ！

きおくメモ

武田信玄や毛利元就らの戦国大名は、配下の武士を集めて強力な軍隊を作った。
北条早雲は鎌倉時代の北条氏とは別の北条氏で、区別するために小田原北条氏などとよばれる。

第55日 華やかさと素朴さを持つ室町文化

step 1　読むだけ

まとめ ## 室町文化を代表する人物

① **観阿弥/世阿弥**（1333〜1384/1363？〜1443？）

　　能（能楽）を大成した人物。観阿弥は世阿弥の父。室町幕府の3代将軍、
足利義満の保護を受けて、能を芸術にまで高めた。世阿弥は能の理論書である
『風姿花伝（花伝書）』のほか、多くの能の台本を残した。

観阿弥

② **雪舟**（1420〜1506）

　　室町時代の禅僧。明（中国）にわたって水墨画を学び、帰国後に大成させた。
代表的な水墨画に『秋冬山水図』などがある。

雪舟

③ **宗祇**（1421〜1502）

　　連歌を大成した人物。戦国時代に地方をまわって連歌を広め、連歌の歌集である
『新撰菟玖波集』を編集した。

宗祇

④ **善阿弥**（15世紀中ごろ）

　　室町幕府の8代将軍、足利義政のもと、庭園造りに力をつくした河原者の1人。
子や孫らとともに、銀閣の庭園を造った。

point 室町時代に大成された文化と、大成した人物をおさえよう。

善阿弥

step 2　見て写すだけ①

1 次の説明にあてはまる人物名を書きましょう。

1 連歌を大成した人物。戦国時代に地方をまわって連歌を広め、連歌の歌集である『新撰菟玖波集』を編集した。

□ 〔①　　　　　〕

2 室町時代の禅僧。明（中国）にわたって水墨画を学び、帰国後に大成させた。代表的な水墨画に『秋冬山水図』などがある。

□ 〔②　　　　　〕

3 室町幕府の8代将軍、足利義政のもと、庭園造りに力をつくした河原者の1人。子や孫らとともに、銀閣の庭園を造った。

□ 〔③　　　　　〕

4 能（能楽）を大成した、世阿弥の父。室町幕府の3代将軍、足利義満の保護を受けて、能を芸術にまで高めた。

□ 〔④　　　　　〕

2 次の人物の説明文の空欄にあてはまる語を書きましょう。

1 観阿弥/世阿弥…　□①　を大成した人物。観阿弥は世阿弥の
父。室町幕府の３代将軍、足利義満の保護を受けて、能を芸術に
まで高めた。　　　　　　　　　　　　　　　□〔①　　　　　　〕

2 宗祇…　□②　を大成した人物。戦国時代に地方をまわって
連歌を広め、連歌の歌集である『新撰菟玖波集』を編集した。
　　　　　　　　　　　　　　　　　　　　　□〔②　　　　　　〕

3 雪舟…室町時代の禅僧。明（中国）にわたって　□③　を学び、
帰国後に大成させた。　　　　　　　　　　　□〔③　　　　　　〕

4 善阿弥…室町幕府の８代将軍、足利義政のもと、子や孫らとともに、
　□④　の庭園を造った。　　　　　　　　　□〔④　　　　　　〕

3 次の説明にあてはまる人物名を書きましょう。

1 京都で禅の修行をしながら水墨画を学び、さらに本場の明にわ
たって多くの技法を学んだ。帰国後は各地を訪ね、日本の水墨画
を大成させた。　　　　　　　　　　　　　　□〔①　　　　　　〕

2 室町幕府の３代将軍、足利義満の保護を受け、村や寺社で行わ
れていた猿楽や田楽などの芸能から生まれた能を、観阿弥ととも
に芸術にまで高めた。　　　　　　　　　　　□〔②　　　　　　〕

3 室町幕府の８代将軍、足利義政のもと、子や孫らとともに、銀閣
の庭園を造った。庭園造りにおいて「天下第一」とたたえられた。
　　　　　　　　　　　　　　　　　　　　　□〔③　　　　　　〕

4 地方の武士の間で流行した、和歌の上の句と下の句を別々によみ
つぐ連歌を大成した人物。連歌を指導する連歌師が、その普及に
つとめた。　　　　　　　　　　　　　　　　□〔④　　　　　　〕

きおくメモ

雪舟は、禅僧として修行をしながら絵を学び、水墨画を大成させた。
観阿弥/世阿弥が大成した能（能楽）は、古くからの猿楽や田楽がもとになっている。

第56日 表や図を使った問題
大事なできごとや用語は、表や図に整理してまとめよう

/100

1 鎌倉時代の将軍と御家人の関係についてまとめた次の図を見て、空欄にあてはまる語を書きなさい。 (各5点／10点)

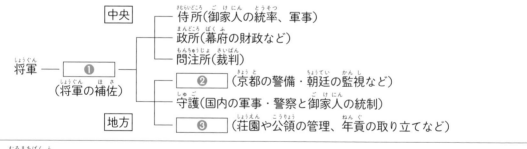

●土地の支配権を認める。

●新たに土地をあたえる。

将軍　　❶　→　御家人

❷ ←

●京都や鎌倉を警備する。

●戦時には、将軍のために命がけで戦う。

ヒント
鎌倉幕府のしくみは、この関係をもとに成り立っていた。

□ ❶ 〔　　　　　〕　　□ ❷ 〔　　　　　〕

2 鎌倉幕府と室町幕府のしくみについてまとめた次の図を見て、空欄にあてはまる語を書きなさい。 (各5点／25点)

▼鎌倉幕府のしくみ

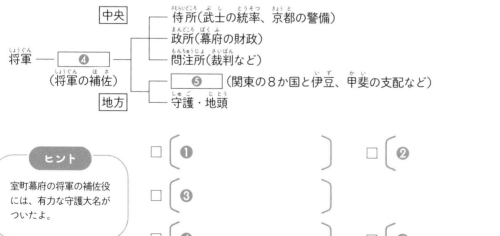

中央 ── 侍所(御家人の統率、軍事)
政所(幕府の財政など)
問注所(裁判)

将軍 ── ❶ ──（将軍の補佐）

❷ （京都の警備・朝廷の監視など）
守護(国内の軍事・警察と御家人の統制)

地方 ── ❸ （荘園や公領の管理、年貢の取り立てなど）

▼室町幕府のしくみ

中央 ── 侍所(武士の統率、京都の警備)
政所(幕府の財政)
問注所(裁判など)

将軍 ── ❹ ──（将軍の補佐）

❺ （関東の8か国と伊豆、甲斐の支配など）
守護・地頭

地方

ヒント
室町幕府の将軍の補佐役には、有力な守護大名がついたよ。

□ ❶ 〔　　　　　〕　　□ ❷ 〔　　　　　〕

□ ❸ 〔　　　　　〕

□ ❹ 〔　　　　　〕　　□ ❺ 〔　　　　　〕

③ 次の年表を見て、空欄にあてはまる語を書きなさい。

（各5点／45点）

年	おもなできごと
1192	❶ が征夷大将軍を任じられる。
1221	後鳥羽上皇が反幕府の挙兵。 ❷ が起こる。
1232	執権の北条泰時が ❸ を制定する。
1274	文永の役が起こる。 ┐ 2度の元の襲来を ❹ という。
1281	弘安の役が起こる。 ┘
1297	幕府は御家人の借金を帳消しにする ❺ を出す。
1333	後醍醐天皇が鎌倉幕府をたおし、 ❻ を始める。
	南北朝の動乱が続く。
1338	❼ が征夷大将軍を任じられ、室町幕府を開く。
1392	室町幕府の3代将軍 ❽ のとき、南北朝が統一。
1467	将軍のあとつぎ問題から、 ❾ が起こる。

☐ { ❶   }   ☐ { ❷   }   ☐ { ❸   }

☐ { ❹   }   ☐ { ❺   }   ☐ { ❻   }

☐ { ❼   }   ☐ { ❽   }   ☐ { ❾   }

④ 鎌倉文化と鎌倉時代の仏教をまとめた次の表を見て、空欄にあてはまる語を書きなさい。

（各4点／20点）

鎌倉文化

文学	作品
軍記物	『 ❶ 』
歌集	『 ❷ 』
随筆	『徒然草』 『方丈記』

鎌倉時代の仏教

開祖	宗派	特徴
法然	❸	「南無阿弥陀仏」と念仏を唱える。
❹	浄土真宗	
一遍	時宗	
❺	日蓮宗（法華宗）	「南無妙法蓮華経」と題目を唱える。
栄西	臨済宗	座禅によってさとりを開く。
道元	曹洞宗	

ヒント

軍記物の❶は、琵琶法師によって語り伝えられたよ。

☐ { ❶   }   ☐ { ❷   }

☐ { ❸   }   ☐ { ❹   }   ☐ { ❺   }

学習日　　月　　日

第**57**日

地図を使った問題

どこであったできごとなのか、必ず場所と結びつけて覚えよう

/100

1 平安時代後半の10世紀半ばから11世紀後半にかけて各地で起きた武士の反乱について、下の地図を見て、次の問いに答えなさい。　（各6点／18点）

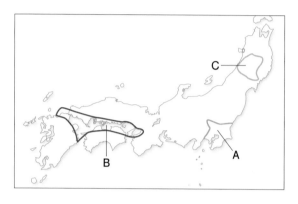

□ ❶　935年に、地図中の**A**の地域で起こった反乱を、何といいますか。

[　　　　　　　　　　]

□ ❷　939年、海賊を率いた武士が、地図中の**B**の地域で起こした反乱を、何といいますか。

[　　　　　　　　　　]

□ ❸　11世紀後半、地図中の**C**の地域で起こった2度の反乱のあと、この地方で勢力を持ったのは、何氏といいますか。

ヒント

武士の反乱をしずめたのも、別の武士団だよ。

[　　　　　　　　　　]

2 12世紀半ばの平氏の政権について、下の地図を見て、次の問いに答えなさい。　（各6点／18点）

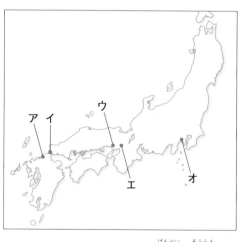

□ ❶　1159年に平治の乱で源 義朝に勝利した平 清盛は、太政大臣になって武士として初めて政権を手に入れました。平清盛が中国との貿易を始めるために整備した港は、左の地図中の**ア～オ**のどこですか。

[　　　　　　　　　　]

□ ❷　❶で、平清盛が貿易を行った中国の王朝を、何といいますか。

[　　　　　　　　　　]

□ ❸　12世紀後半に始まった源平の争乱の結果、1185年に源 頼朝が平氏をほろぼした戦いが行われた場所は、上の地図中の**ア～オ**のどこですか。

ヒント

源頼朝は、壇ノ浦の戦いで平氏をほろぼしたよ。

[　　　　　　　　　　]

3 13世紀後半の元軍の襲来について、次の問いに答えなさい。

（各8点／32点）

□ ❶ 日本に服属を求めた元の皇帝と、その要求をしりぞけた幕府の人物を、次の**ア～エ**からそれぞれ1人ずつ選びなさい。

ア　フビライ・ハン　　　イ　チンギス・ハン
ウ　北条時政　　　　　　エ　北条時宗

元の皇帝…〔　　　　　〕　　　幕府の人物…〔　　　　　〕

□ ❷ 元軍が襲来した地域は、右の地図中の**ア～オ**のどこですか。

〔　　　　　〕

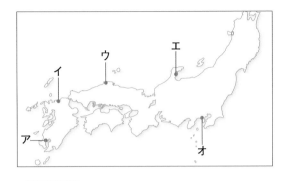

□ ❸ 元寇ののち、幕府が出した徳政令は、どのような人々を救うためのものでしたか。次の**ア～エ**から1つ選びなさい。

ア　公家　　　　　イ　農民
ウ　僧　　　　　　エ　御家人

〔　　　　　〕

ヒント

幕府は御家人たちに恩賞を十分にあたえることができなかったよ。

4 南北朝の動乱と室町幕府の成立について、次の問いに答えなさい。

（各8点／32点）

□ ❶ 鎌倉幕府をたおし、建武の新政を行った天皇は誰ですか。

〔　　　　　〕

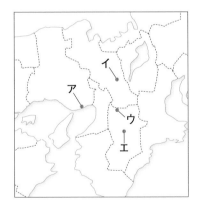

□ ❷ ❶の人物が朝廷を移した場所は、右の地図中の**ア～エ**のどこですか。

〔　　　　　〕

□ ❸ 足利尊氏が室町幕府を開いた場所は、右の地図中の**ア～エ**のどこですか。

〔　　　　　〕

□ ❹ 1392年に南北朝の動乱を終わらせた、室町幕府の3代将軍は誰ですか。

〔　　　　　〕

ヒント

❷は新たに朝廷が置かれた場所、
❸はもともと朝廷があった場所だよ。

第58日 資料の一部が示される問題
資料の中にあるキーワードに気をつけよう

/100

1 次の資料を読んで、あとの問いに答えなさい。 （各10点／20点）

― 　諸国の守護の職務は、頼朝公の時代に定められたように、京都の御所の警備と、謀反や殺人などの犯罪人の取りしまりに限る。

― 　女性が養子をとることは、律令では認められていないが、頼朝公のとき以来現在に至るまで、子どものない女性が土地を養子にゆずりあたえる事例は、武士の慣習として数えきれない。　　　（部分要約）

□ ❶　上の資料は、1232年に制定された、御家人の権利や義務、武家社会のならわしなどをまとめた武士の法律の一部です。これを、何といいますか。

〔　　　　　　　　　　　〕

□ ❷　❶を定めた人物は誰ですか。

ヒント

この法律は、公正な裁判を行うための武士独自の法で、その後の武家政治の基準になった。

〔　　　　　　　　　　　〕

2 次の文を読んで、あとの問いに答えなさい。 （各10点／20点）

祇園精舎の鐘の声、諸行無常の響きあり。
娑羅双樹の花の色、盛者必衰のことわりをあらわす。
おごれる人も久しからず、只春の夜の夢のごとし。
たけき者も遂にはほろびぬ、ひとえに風の前の塵に同じ。
　　　　　　　　　　　　　　　（冒頭の部分）

□ ❶　上の文は、鎌倉時代に、源平の争乱での武士の活躍をえがいた軍記物の冒頭の部分です。この作品を、何といいますか。

〔　　　　　　　　　　　〕

□ ❷　❶を各地で語り伝え、多くの人々に広めたのは、何とよばれる人ですか。

ヒント

琵琶を弾きながら、人々にこの作品を語り聞かせたよ。

〔　　　　　　　　　　　〕

3 次の文は、1297年に出された、御家人が売ったり質流れしたりした土地を、もとの持ち主にただで返させようとした法令の一部です。これを読んで、あとの問いに答えなさい。

(各15点／30点)

> 領地の質入れや売買は、御家人の生活が苦しくなるもとなので、今後は禁止する。
> 次に、御家人以外の武士や庶民が御家人から買った土地については、20年以上たっていても、返さなければならない。 （部分要約）

□ **❶** この法令を、何といいますか。

[　　　　　　　　　]

□ **❷** この法令が出されるきっかけとなった、1274年と1281年の2度にわたる元軍の襲来を、何といいますか。

ヒント

西日本の御家人は、この襲来のとき多くの費用を使ったのに恩賞が十分でなく、不満を持つようになったよ。

[　　　　　　　　　]

4 次の資料を読んで、あとの問いに答えなさい。

(各15点／30点)

> 朝倉氏
> ― 本拠である朝倉館のほか、国の中に城を構えてはならない。すべての有力な家臣は、一乗谷に引っ越し、村には代官を置くようにしなさい。
> 　　　　　　　　　　　（『朝倉孝景条々』より、部分要約）
> 武田氏
> ― けんかをした者は、いかなる理由による者でも処罰する。
> ― 許可を得ないで他国へおくり物や手紙を送ることは一切禁止する。
> 　　　　　　　　　　　（『甲州法度之次第』より、部分要約）

□ **❶** 上の資料は、戦国大名が出した独自の法律の一部です。このような法律を、何といいますか。

[　　　　　　　　　]

□ **❷** 戦国大名は、応仁の乱以後の下剋上の風潮の中で登場してきました。下剋上とはどのような風潮か、簡単に説明しなさい。

[　　　　　　　　　　　　　　　　　　]

ヒント

応仁の乱をきっかけに、実力で守護大名にとってかわろうとする家臣が現れてきたよ。

第59日

用語の意味を選ぶ問題

用語→意味が答えられるようにしよう

/100

1 次の空欄にあてはまる語を、下の □□□ から選んで書きなさい。

(各6点／36点)

□ ❶ 院政とは、天皇が天皇の位をゆずって〔　　　　　　　〕になったあとも、摂政や関白の力をおさえて行った政治のことである。白河天皇が始めた。

□ ❷ 保元の乱は、1156年に起きた朝廷内部での〔　　　　　　　　　〕天皇とその兄の争いで、天皇に味方した平清盛と〔　　　　　　　〕が勝利した。

□ ❸ 平治の乱は、保元の乱の3年後の1159年に起きた、後白河上皇の政権内での勢力争い。源氏と平氏が敵対して争った結果、平氏が勝利し、源 義朝の子の〔　　　　　　　〕が伊豆に流された。

□ ❹ 平治の乱で勝利した平清盛は、武士として初めて〔　　　　　　　〕大臣になり、政権を手に入れた。

その後、兵庫の港を整備して、中国の〔　　　　　　　〕と貿易を行った。

> 明　　源 義朝　　後醍醐　　上皇　　後白河　　宋　　太政　　源 頼朝　　平将門

2 承久の乱後の鎌倉幕府の政治のしくみで、地方に置かれた役職や役所の仕事の内容として正しいものを、下の⑦～⑦から選んで書きなさい。

(各5点／15点)

□ ❶ 六波羅探題‥‥‥‥‥‥‥〔　　　　　〕

□ ❷ 守護‥‥‥‥‥‥‥‥‥‥〔　　　　　〕

□ ❸ 地頭‥‥‥‥‥‥‥‥‥‥〔　　　　　〕

ヒント

承久の乱は、1221年に後鳥羽上皇が幕府をたおそうと兵を挙げたできごとだよ。

> ⑦　荘園や公領の管理のほか、年貢の取り立てや警察の業務も行った。
> ⑦　承久の乱のあとに設置され、京都の警備や朝廷の監視業務のほか、西日本の武士の統率も目的としていた。
> ⑦　国ごとに置かれ、国内の軍事や警察業務を担当し、御家人の統率をはかることもその目的であった。

③ 応仁の乱と以後の風潮について、正しいものには〇、まちがっているものには×を書きなさい。 （各6点／24点）

☐ ❶ 〔 〕 … 応仁の乱は、1467年に将軍足利義満のあとつぎをめぐって起きた争いである。

☐ ❷ 〔 〕 応仁の乱が起こると、各地で実力のある者が力をつけて上の身分の者に打ち勝つ下剋上の風潮が広がった。

☐ ❸ 〔 〕 … 各地の守護大名は成長して戦国大名となり、領国の武士をまとめて強力な軍隊を作った。

☐ ❹ 〔 〕 … 戦国時代の大名は、城の周辺に城下町を造ったほか、独自の法である御成敗式目を定めて領国を支配した。

> **ヒント**
>
> 人物の名前や、できごとの名称をもう一度確認しておこう。

④ 次の文を読んで、鎌倉時代の文化について書かれたものには「か」、室町時代の文化について書かれたものには「む」を書きなさい。 （各5点／25点）

☐ ❶ 〔 〕 … 銀閣の敷地内には、現代の和風建築の基礎となった書院造の部屋を持つ建物が造られた。

☐ ❷ 〔 〕 … 運慶らによって、東大寺南大門にすえられている金剛力士像が作られた。

☐ ❸ 〔 〕 … 平氏の栄華と滅亡をえがいた『平家物語』が、琵琶法師によって語り伝えられた。

☐ ❹ 〔 〕 … 観阿弥・世阿弥の親子が、能を大成させた。

☐ ❺ 〔 〕 … 後鳥羽上皇の命令で、『新古今和歌集』が編集された。

> **ヒント**
>
> 鎌倉文化は武士の気風に合った力強い文化、室町時代の文化は公家と武家の気風が融合した文化が特徴だよ。

第60日

用語の意味を説明する問題

「なぜ?」「どんな意味?」を いくつかのキーワードで説明しよう

/100

1 南北朝時代について説明した次の文を読んで、空欄にあてはまる語を 書きなさい。

（各5点／20点）

北朝

南朝

有力御家人の足利尊氏らの協力で鎌倉幕府をたおした後醍醐天皇は、（　❶　）の新政とよばれる天皇中心の新しい政治を行った。

しかし、武士の間に不満が高まり、この新政が2年でくずれると、足利尊氏が（　❷　）に新たに北朝の天皇を立て、後醍醐天皇は南朝である（　❸　）にのがれた。これによって、二つの（　❹　）が生まれ、戦いが続いた。この南北朝の動乱が続いた約60年間を、南北朝時代という。

ヒント

現在の京都と奈良に2つの朝廷があったよ。北にあるから北朝、南にあるから南朝だね。

☐ ❶ 〔　　　　〕　　　☐ ❷ 〔　　　　〕

☐ ❸ 〔　　　　〕　　　☐ ❹ 〔　　　　〕

2 室町時代の産業と生活について、次の文の空欄にあてはまる語を、下の ⬚⬚⬚⬚ から選んで書きなさい。

（各5点／30点）

室町時代は、農業では、鎌倉時代に始まった米と麦の（　❶　）が各地に広まり、牛馬の利用や肥料の改良などによって農業生産が高まった。農業の発達で生活が向上した農民は、村ごとに（　❷　）を作り、（　❸　）を開いて村のおきてなどを定めた。やがて農民は広い地域で団結するようになり、年貢の軽減や借金の帳消しなどを求めて（　❹　）を起こすようになった。

商業では、取り引きに宋銭や明銭が使われることが増え、物資を運ぶ（　❺　）や、問という倉庫業者が活動。土倉や酒屋などは（　❻　）とよばれる同業者団体を組織した。

土一揆　馬借　寄合　定期市　二毛作　関所　座　町衆　惣

ヒント

室町時代は農業や商業の発達にともなって、民衆の生活も発達していったよ。

☐ ❶ 〔　　　　〕　　　☐ ❷ 〔　　　　〕

☐ ❸ 〔　　　　〕　　　☐ ❹ 〔　　　　〕

☐ ❺ 〔　　　　〕　　　☐ ❻ 〔　　　　〕

③ 戦国大名が登場した背景とその支配について、次の文を読んで、空欄にあてはまる語を書きなさい。

(各5点／20点)

```
［ ］守護大名から
    戦国大名になったもの

赤字 守護大名の家臣や地方
    の有力武士などから戦
    国大名になったもの
```

15世紀半ば、室町幕府の8代将軍、足利義政のあとつぎ問題をきっかけとして、（ ❶ ）が始まった。

この11年におよぶ戦いで、将軍は権力を失い、それとともに、従来の身分ではなく、実力のある下の者が、上の者に打ち勝つ（ ❷ ）の風潮が広がった。これにより、幕府の統制からはなれ、独自に領地を支配する（ ❸ ）大名が各地に登場した。彼らは、下の**資料**のような（ ❹ ）とよばれる独自の法律を定めたりして、領国内を統制した。

資料
― 本拠である朝倉館のほか、国の中に城を構えてはならない。　（『朝倉孝景条々』より、部分要約）

ヒント

❹で、家臣や領民の行動を取りしまったんだ。

□ ❶ ［　　　　　］　　□ ❷ ［　　　　　］

□ ❸ ［　　　　　］　　□ ❹ ［　　　　　］

④ 室町時代の文化について、次の文を読んで、空欄にあてはまる語を書きなさい。

(各5点／30点)

足利義満が京都の北山に造らせた金閣は、（ ❶ ）の寝殿造と武家の禅宗の寺の様式が組み合わされてできている。この時期の文化を（ ❷ ）文化という。

足利義政が京都の東山に造らせた銀閣は、禅宗の影響を受けた質素で気品ある建物で、その施設には（ ❸ ）造の様式を取り入れたものもある。この時期の文化を（ ❹ ）文化という。

観阿弥・世阿弥の親子は（ ❺ ）を大成し、やがて、それが民衆にも広がる。また、（ ❻ ）は墨一色でえがかれた水墨画を大成。庶民の間では、『一寸法師』などの御伽草子とよばれる絵入りの物語が人気を博した。

□ ❶ ［　　　　　］　　□ ❷ ［　　　　　］　　□ ❸ ［　　　　　］

□ ❹ ［　　　　　］　　□ ❺ ［　　　　　］　　□ ❻ ［　　　　　］

まとめノート　第2章 中世編　武家政権の成長

時　代	おもなできごと	キーワード
平安時代	・地方の武士が武士団に成長	源氏 ／ 平氏
	・平将門の乱、藤原純友の乱	荘園
	・白河上皇による院政	奥州藤原氏
	・1156年 保元の乱	平清盛 ／ 源義朝
	・1159年 平治の乱	日宋貿易
	・1180年 源平の争乱が始まる	
	（1185年 壇ノ浦の戦い）	
鎌倉時代	・源頼朝が鎌倉幕府を開く	守護・地頭 ／ 征夷大将軍 ／ 封建制度
	・執権政治	北条氏 ／ 鎌倉文化
	・1221年 承久の乱	二毛作 ／ 定期市（月3回）
	・1232年 御成敗式目（貞永式目）の制定	
	・1274年 文永の役 ┐ 元寇（蒙古襲来）	御家人 ／ 徳政令
	・1281年 弘安の役 ┘	
	・1333年 鎌倉幕府の滅亡	
南北朝時代	・後醍醐天皇による建武の新政	
	・1338年 足利尊氏が室町幕府を開く	南北朝時代
室町時代	・1392年 足利義満による南北朝統一	守護大名 ／ 室町文化
	・勘合貿易（日明貿易）	倭寇
	・都市の発達、自治	手工業 ／ 定期市（月6回） ／ 座
	・土一揆	
戦国時代	・1467～77年 応仁の乱	下剋上
	・戦国大名による自治	城下町 ／ 分国法

69ページの答え

Q1

御恩：将軍は、御家人の領地を認め、手柄に応じて新しい領地をあたえる。

奉公：御家人は、京都や鎌倉の警備のほか、将軍のために命がけで戦う。将軍と御家人の主従関係のしくみを、封建制度という。

Q2

公家と武家の文化が融合した文化。代表的なのは3代将軍足利義満が建立した金閣。公家の寝殿造と武家の禅宗の寺の様式が組み合わされている。

Q3

実力のある者が、上の身分の者に打ち勝つこと。

応仁の乱で京都は荒廃し、地方でも武士や農民による一揆や反乱が増えていった。やがて、実力で守護大名にとって代わる者があらわれた。

第3章
近世編

日本の統一と鎖国

思い出そう！

Q1

室町時代・戦国時代、
ヨーロッパ人によって
伝えられた武器と宗教は何？

Q2

徳川家光が
武家諸法度に加えた、
大名の統制を強化した
制度とは？

Q3

江戸時代の寺子屋とは、
どんな場所？

答えは
192ページ

第61日 | イスラム教との接触が ヨーロッパにルネサンスを生んだ

step 1　読むだけ

まとめ ## キリスト教の世界とルネサンス

日本	年	おもなできごと
平安時代	11世紀半ば	キリスト教が、西ヨーロッパの**カトリック教会**と、東ヨーロッパの**正教会**とに分立。 →イスラム教の勢力と対立。
鎌倉時代	1096年〜	**ローマ教皇（法王）**のよびかけで、第1回**十字軍**の遠征を行う（13世紀まで数回遠征）。 →失敗。ローマ教皇の権威が弱まる。 →ヨーロッパに**イスラム**の文化が伝わる。 ・火薬、羅針盤、印刷技術の発展。
室町時代・戦国時代	14世紀〜 16世紀	**ルネサンス（文芸復興）** →イタリアから西ヨーロッパに広がる。 ・レオナルド・ダ・ビンチやミケランジェロなどの芸術家が活躍。

▲ 十字軍の遠征

point

十字軍の遠征により、ヨーロッパにイスラムの文化が伝わって、ルネサンスの風潮が生まれたよ。

step 2　見て写すだけ①

1 次の年表の空欄にあてはまる語を書きましょう。

11世紀半ば	キリスト教が、西ヨーロッパの ① 教会と、東ヨーロッパの ② 教会とに分立。 →イスラム教の勢力と対立。
1096年〜	ローマ教皇（法王）のよびかけで、第1回 ③ の遠征を行う（13世紀まで数回遠征）。 →ヨーロッパに ④ の文化が伝わる。 ・火薬、羅針盤、印刷技術の発展。
14世紀〜 16世紀	⑤ （文芸復興） →イタリアから西ヨーロッパに広がる。

☐ ①（　　　　　）

☐ ②（　　　　　）

☐ ③（　　　　　）

☐ ④（　　　　　）

☐ ⑤（　　　　　）

2 次の年表の空欄にあてはまる語を書きましょう。

11世紀半ば	キリスト教が、西ヨーロッパのカトリック教会と、東ヨーロッパの正教会とに分立。 → 　①　 教の勢力と対立。
1096年〜	②　 のよびかけで、第1回十字軍の遠征を行う（13世紀まで数回遠征）。 →失敗。ローマ教皇の権威が弱まる。 →ヨーロッパにイスラムの文化が伝わる。 ・ 　③　 、羅針盤、印刷技術の発展。
14世紀〜 16世紀	ルネサンス(文芸復興) → 　④　 から西ヨーロッパに広がる。

☐ ❶（　　　）

☐ ❷（　　　）

☐ ❸（　　　）

☐ ❹（　　　）

3 次の文の空欄にあてはまる語を書きましょう。

ア キリスト教の聖地であるエルサレムを、イスラム勢力から奪還するために、1096年に 　❶　 のよびかけで、第1回 　❷　 の遠征が行われた。

☐ ❶（　　　）

☐ ❷（　　　）

イ 東方との交流がさかんになったことで、西ヨーロッパに、忘れられていた古代ギリシャやローマの文化が持ち込まれた。こうして、それらを理想とする 　❸　 の風潮が生まれた。

☐ ❸（　　　）

ウ 11世紀、キリスト教は西ヨーロッパの 　❹　 教会の勢力が増し、その頂点に立つローマ教皇(法王)は国王をしのぐ力を持つようになった。

☐ ❹（　　　）

4 上のア〜ウを、古いできごとから順にならべかえて記号を書きましょう。

☐（　　　→　　　→　　　）

きおくメモ

・ローマ教皇(法王)のよびかけで、十字軍の遠征。

・ルネサンス(文芸復興)の風潮がヨーロッパに生まれた。 ← イスラムとの交流

第62日 | キリスト教布教が後押しした、大航海時代の幕開け

まとめ 大航海時代と宗教改革

日本	年	おもなできごと
室町時代・戦国時代	15世紀後半〜	ヨーロッパ諸国が新航路を開拓し、海外進出。→大航海時代とよばれる。
	1492年	コロンブスが西インド諸島に到達。
	1498年	バスコ・ダ・ガマがインドに到達。
	1517年〜	ローマ教皇やカトリック教会を批判して、ルターが宗教改革を開始。改革を支持する教徒はプロテスタントとよばれる。→カトリック教会も対抗して改革。イエズス会は、アジアでの布教活動を開始。フランシスコ・ザビエルらを派遣。
	1522年	マゼランの船隊が世界一周に成功。
	16世紀〜	ポルトガル →インドやマレー半島を拠点にアジア貿易を開始。スペイン →アステカ王国やインカ帝国をほろぼし、植民地にする。

▲ 大航海時代

point

ヨーロッパ諸国は、香辛料などのアジアの産物の入手とキリスト教布教のために、競って海外進出を始めたよ。

1 次の年表の空欄にあてはまる語を書きましょう。

15世紀後半〜	ヨーロッパ諸国が新航路を開拓し、海外進出。→ ❶ 時代とよばれる。	□ ❶ 〔　　　　〕
1492年	コロンブスが西インド諸島に到達。	□ ❷ 〔　　　　〕
1517年〜	ローマ教皇や ❷ 教会を批判して、ルターが宗教改革を始める。支持者を ❸ とよぶ。	□ ❸ 〔　　　　〕
1522年	❹ の船隊が世界一周に成功。	□ ❹ 〔　　　　〕
16世紀〜	❺ は、アステカ王国やインカ帝国を植民地にする。	□ ❺ 〔　　　　〕

2 次の年表の空欄にあてはまる語を書きましょう。

1492年	コロンブスが ❶ 諸島に到達。	☐ ❶
1498年	バスコ・ダ・ガマがインドに到達。	
1517年～	ローマ教皇やカトリック教会を批判して、ルターが ❷ を始める。	☐ ❷
	→カトリック教会も対抗して改革。 ❸ 会は、アジアでの布教活動を開始。	☐ ❸
1522年	マゼランの船隊が世界一周に成功。	☐ ❹
16世紀～	❹ は、インドやマレー半島を拠点にアジア貿易を開始。 スペインは、アステカ王国やインカ帝国をほろぼし、 ❺ にする。	☐ ❺

3 次の文の空欄にあてはまる語を書きましょう。

ア 十字軍の失敗後、資金不足となったカトリック教会で ❶ (法王)が免罪符を販売するなどしたため、1517年、ルターはこれらの権威を批判し、 ❷ を始めた。　☐ ❶　☐ ❷

イ ヨーロッパの国々が新航路を開拓し、競って海外進出を行った ❸ 時代、マゼランの船隊が1522年、世界一周に初めて成功した。　☐ ❸

ウ 宗教改革を支持する ❹ に対抗して、カトリック教会でも改革が行われ、その中心となった ❺ 会は海外での布教に力を入れた。　☐ ❹　☐ ❺

きおくメモ

大航海時代→ヨーロッパ人による新航路の開拓が進んだ時代
宗教改革…カトリックを批判したルターらの改革
　→キリスト教会がカトリックとプロテスタントで対立
カトリック教会は海外布教に力を入れた。

第63日 ヨーロッパ人がもたらしたものは、鉄砲とキリスト教

step 1　読むだけ

まとめ 鉄砲・キリスト教の伝来と南蛮貿易

日本	年	おもなできごと
室町時代・戦国時代	1543年	種子島(鹿児島県)に漂着したポルトガル人によって、鉄砲が日本に伝わる。
	1549年	イエズス会の宣教師フランシスコ・ザビエルによって、キリスト教が日本に伝わる。→民衆の間にも広がり、キリスト教徒(キリシタン)の数は増大。
安土桃山時代	16世紀後半	ポルトガル人やスペイン人との南蛮貿易が活発に行われる。→南蛮人とよばれた。→貿易の利益を得るために、キリシタン大名になる者もいた。

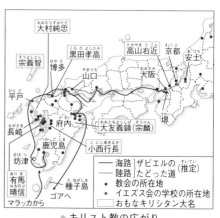

▲キリスト教の広がり

point

ヨーロッパ人によって伝えられた鉄砲とキリスト教は、日本に大きな影響をもたらしたよ。

step 2　見て写すだけ①

1 次の年表の空欄にあてはまる語を書きましょう。

1543年	種子島(鹿児島県)に漂着したポルトガル人によって、　①　が日本に伝わる。	☐ ❶ [　　　]
1549年	イエズス会の宣教師フランシスコ・ザビエルによって、　②　が日本に伝わる。→民衆の間にも広がり、　③　の数は増大。	☐ ❷ [　　　] ☐ ❸ [　　　]
16世紀後半	ポルトガル人やスペイン人との　④　貿易が活発に行われる。→南蛮人とよばれた。	☐ ❹ [　　　]

2 次の年表の空欄にあてはまる語を書きましょう。

1543年	① （鹿児島県）に漂着したポルトガル人によって、鉄砲が日本に伝わる。	□ ⟮ ① ⟯
1549年	イエズス会の宣教師 ② によって、キリスト教が日本に伝わる。	□ ⟮ ② ⟯
16世紀後半	ポルトガル人やスペイン人との南蛮貿易が活発に行われる。 　　　→ ③ とよばれた。 →貿易の利益を得るために、 ④ 大名になる者もいた。	□ ⟮ ③ ⟯ □ ⟮ ④ ⟯

3 次の文の空欄にあてはまる語を書きましょう。

ア 16世紀後半、ポルトガルやスペインと行っていた ① 貿易で、日本は、ヨーロッパの鉄砲、火薬、時計、ガラス製品や中国の生糸などを輸入して、おもに銀を輸出していた。　□ ⟮ ① ⟯

イ アジアで布教活動を行っていたイエズス会の宣教師ザビエルが、1549年、日本に ② を伝えた。　□ ⟮ ② ⟯

ウ 1543年に日本に伝わった ③ は、各地の戦国大名によって全国に普及し、戦い方に変化をもたらした。　□ ⟮ ③ ⟯

エ 貧しい人々にも手を差しのべた布教活動によって、キリスト教徒の数は増大した。また、大村氏、大友氏、有馬氏のように、 ④ 大名となった者もいた。　□ ⟮ ④ ⟯

きおくメモ

・1543年、日本に鉄砲が伝わる。
・1549年、日本にキリスト教が伝わる。　→　南蛮貿易が活発化

ニャン蛮人

第64日 | 商工業を発展させ、武力で統一をはかった信長

まとめ 織田信長の統一事業

日本	年	おもなできごと
戦国時代	1560年	桶狭間の戦いで、今川氏(駿河の大名)をやぶる。
安土桃山時代	1573年	室町幕府をほろぼす。 →15代将軍、足利義昭を京都から追放。
	1575年	長篠の戦いで、武田氏(甲斐の大名)をやぶる。 織田信長の政策 ・関所の廃止。城下町で楽市・楽座を行う。 　→商工業の活発化をはかる。 ・武力による仏教勢力の排除。 　→比叡山延暦寺の焼き打ち(1571年)など。 ・キリスト教の保護。
	1582年	本能寺の変が起こる。 →明智光秀に本能寺で攻められ自害。

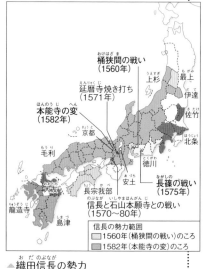

▲織田信長の勢力

point

長篠の戦いで、織田軍は大量の鉄砲を
効果的に使用して勝利したよ。

1 次の年表の空欄にあてはまる語を書きましょう。

1560年	①　　　の戦いで、今川氏(駿河の大名)をやぶる。	□ ①
1573年	②　　　幕府をほろぼす。 →将軍足利義昭を京都から追放。	□ ②
1575年	長篠の戦いで、武田氏(甲斐の大名)をやぶる。 織田信長の政策 ・③　　　で楽市・楽座を行う。 　→商工業の活発化をはかる。 ・武力による仏教勢力の排除。 ・④　　　教の保護。	□ ③ □ ④
1582年	⑤　　　の変が起こる。→明智光秀に攻められ自害。	□ ⑤

2 次の年表の空欄にあてはまる語を書きましょう。

1560年	桶狭間の戦いで、[①]氏(駿河の大名)をやぶる。	□ [①
1573年	室町幕府をほろぼす。	
1575年	[②]の戦いで、武田氏(甲斐の大名)をやぶる。	□ [②

織田信長の政策

・城下町で[③]を行う。　　　　　　　□ [③

　　→商工業の活発化をはかる。

・武力による[④]勢力の排除。　　　　□ [④

　　→比叡山延暦寺の焼き打ち(1571年)など。

・キリスト教の保護。

| 1582年 | 本能寺の変が起こる。→明智光秀に攻められ自害。 |

3 織田信長が行ったことについて、次の文の空欄にあてはまる語を書きましょう。

ア 1571年、支配に抵抗した[①]勢力に対して、比叡山延暦寺を焼き打ちにした。　　□ [①

イ [②]で、駿河の大名である今川義元をやぶって名をあげた。　　□ [②

ウ 1577年、楽市令を出して座をなくし、市場での税を免除する[③]の制度を設けることで、商工業を活発にした。　　□ [③

エ 1573年、15代将軍の足利義昭を京都から追放したことで、[④]幕府をほろぼし、政治の実権をにぎった。　　□ [④

4 上のア～エを、古いできごとから順にならべかえて記号を書きましょう。

□ (　　　→　　　　→　　　　→　　　　)

天下布武ニャ！

きおくメモ

織田信長の政策
①安土城の城下町で楽市・楽座　　②武力による仏教勢力の排除
③キリスト教の保護

第65日 大阪を本拠地に全国統一を成し遂げた秀吉

---

step 1　読むだけ

まとめ ## 豊臣秀吉の統一事業

日本	年	おもなできごと
安土桃山時代	1582年〜	織田信長の死後、豊臣秀吉が実権をにぎる。 →大阪城を築いて、本拠地とした。 →織田信長と豊臣秀吉が活躍した時代を、 安土桃山時代という。 豊臣秀吉の政策
	1582年〜	・太閤検地…収穫量を石高で表した。
	1587年	・キリスト教の宣教師の国外追放を命じる （バテレン追放令）。
	1588年	・刀狩…農民や寺社から武器を没収。 ・武士と農民の身分を区別した。→兵農分離
	1590年	豊臣秀吉が、北条氏をほろぼし全国統一。
	1592年〜	朝鮮侵略…明の征服をめざした。 →失敗。武士や民衆の負担が増え、豊臣氏の支配が弱まる。

▲信長と秀吉の築いた城
（江戸時代になって、伏見城は桃山城とよばれるようになった。）

point

信長がキリスト教宣教師を優遇したのに対して、秀吉は国外追放しようとしたよ。

---

step 2　見て写すだけ①

1 次の年表の空欄にあてはまる語を書きましょう。

織田信長と豊臣秀吉が活躍した時代を、
　①　時代という。

豊臣秀吉の政策

1582年〜　・太閤検地…収穫量を　②　で表した。

1587年　・　③　教の宣教師の国外追放を命じる。

1588年　・刀狩…農民や寺社から武器を没収。

　　　　　・武士と農民の身分を区別した。→　④

1590年　豊臣秀吉が全国統一。

1592年〜　　⑤　侵略…明の征服をめざした。

　　　　　→失敗。豊臣氏の支配が弱まる。

☐ ❶

☐ ❷

☐ ❸

☐ ❹

☐ ❺

2 次の年表の空欄にあてはまる語を書きましょう。

1582年～	織田信長の死後、豊臣秀吉が実権をにぎる。	□	❶
	→ □ ❶ を築いて、本拠地とした。		
	豊臣秀吉の政策	□	❷
1582年～	・□ ❷ …収穫量を石高で表した。		
1587年	・キリスト教の宣教師の国外追放を命じる。	□	❸
1588年	・□ ❸ …農民や寺社から武器を没収。		
	・□ ❹ と農民の身分を区別した。→兵農分離	□	❹
1590年	豊臣秀吉が全国統一。		
1592年～	朝鮮侵略…□ ❺ の征服をめざした。	□	❺
	→失敗。豊臣氏の支配が弱まる。		

3 豊臣秀吉が行ったことについて、
次の文の空欄にあてはまる語を書きましょう。

ア 1588年、一揆を防ぐため、農民や寺社から刀・弓・やり・鉄砲などの武器を取り上げる □ ❶ を行った。　□ ❶

イ 明の征服をめざして、□ ❷ に2度出兵したが、いずれも失敗に終わった。　□ ❷

ウ 1582年から、全国の田畑の面積や土地のよしあしを調べ、収穫量を石高という統一的な基準で表す □ ❸ を行った。　□ ❸

エ 1587年にバテレン追放令を出し、□ ❹ 教の宣教師の国外追放を命じたが、海外との貿易は認めていたため、徹底されなかった。　□ ❹

4 上のア～エを、古いできごとから順にならべかえて記号を書きましょう。

□（　　　　→　　　　→　　　　→　　　　）

きおくメモ

豊臣秀吉の政策
①キリスト教宣教師の国外追放　②太閤検地と刀狩→兵農分離
③朝鮮侵略

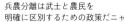
兵農分離は武士と農民を
明確に区別するための政策だニャ

第66日 大名・商人の権力・富が文化を生み出した

まとめ 戦国時代・安土桃山時代の文化

日本	文化	おもな内容
戦国時代・安土桃山時代	桃山文化	桃山文化…戦国大名や豪商の経済力を反映した、壮大で豪華な文化。 ・城→安土城や大阪城 　権威を示す天守、書院造、豪華な彫刻・ふすま・屏風←狩野永徳ら ・茶の湯→大名や大商人の間で流行。 　千利休がわび茶の作法を完成。→茶道 ・浄瑠璃→三線をもとにした三味線を使用。
	南蛮文化	南蛮文化…ヨーロッパの影響を受けた文化。 学問・技術 天文学、医学、航海術など。 ・活版印刷術により、書物が印刷されるようになる。 衣食・言語 南蛮風の服装、パン、カステラ、金平糖、カルタなど。

▲ふすま

▲屏風

▲茶の湯

▲浄瑠璃

point

戦国大名や豪商による文化が生まれる一方で、南蛮貿易をきっかけにヨーロッパの文化も日本各地に広まったよ。

1 次の表の空欄にあてはまる語を書きましょう。

桃山文化	① …戦国大名や豪商の経済力を反映した、壮大で豪華な文化。 ・城→安土城や大阪城 　権威を示す ② 、書院造など。 ・ ③ →大名や大商人の間で流行。 　千利休がわび茶の作法を完成。→茶道 ・浄瑠璃→三線をもとにした ④ を使用。	□ ①（　　） □ ②（　　） □ ③（　　） □ ④（　　）
南蛮文化	⑤ …ヨーロッパの影響を受けた文化。 ・活版印刷術→書物が印刷されるようになる。	□ ⑤（　　）

2 次の表の空欄にあてはまる語を書きましょう。

桃山文化	桃山文化… ① 大名や豪商の経済力を反映した、壮大で豪華な文化。 ・ ② →安土城や大阪城 　権威を示す天守、書院造など。 ・茶の湯→大名や大商人の間で流行。 　千利休がわび茶の作法を完成。→茶道 ・ ③ →三線をもとにした三味線を使用。	☐ ❪① ❫ ☐ ❪② ❫ ☐ ❪③ ❫
南蛮文化	南蛮文化… ④ の影響を受けた文化。南蛮貿易や宣教師によって伝わる。 ・ ⑤ 術→書物が印刷されるようになる。	☐ ❪④ ❫ ☐ ❪⑤ ❫

3 次の文の空欄にあてはまる語を書きましょう。

ア 中国の弦楽器が起源である琉球の三線をもとに ① が作られ、その演奏に合わせて物語が語られる ② や、人形あやつりと結びついた人形 ② が完成した。

☐ ❪① ❫
☐ ❪② ❫

イ 南蛮貿易や宣教師の布教活動の影響で、ヨーロッパの食べ物、服装、言葉、学問などが伝わった。 ③ が伝わり、ローマ字表記の書物も出版された。

☐ ❪③ ❫

ウ 楽市・楽座などで商業が活発化したことで、戦国大名や豪商による壮大で豪華な ④ 文化が生まれた。

☐ ❪④ ❫

エ 織田信長や豊臣秀吉は、支配者の権威を示すため、城に雄大な ⑤ を築いたりした。

☐ ❪⑤ ❫

豪華だニャー

きおくメモ

桃山文化…戦国大名や豪商による壮大で豪華な文化→城、茶の湯、浄瑠璃など
南蛮文化…ヨーロッパの影響を受けた文化→天文学や医学、活版印刷術など

第67日 江戸幕府の支配のしくみをおさえよう

まとめ 江戸幕府の成立と支配のしくみ

日本	年	おもなできごと
江戸時代	1600年	徳川家康が関ヶ原の戦いで石田三成らをやぶる。
	1603年	家康が征夷大将軍に任じられ、江戸幕府を開く。
		→以後を江戸時代という。 幕府は、藩を支配する大名を親藩・譜代・外様に分けて配置し、幕藩体制で全国支配。
	1615年	大名統制のため、武家諸法度を発布。
	1635年	徳川家光が参勤交代を制度化する。
江戸時代のさまざまな身分		武士→城下町に住み、名字・帯刀などの特権を持つ支配身分。 町人→町ごとで役人を選び自治を行う。 百姓→農業や林業・漁業などで生活。全人口の約85%をしめる。

凡例
- 幕領
- 親藩・譜代大名の領地
- 外様大名の領地

(1664年)

江戸

関ヶ原の戦い
(1600年)

▲関ヶ原の戦いとその後の大名の配置

point

徳川家康が開いた江戸幕府は、幕府と藩とで全国の土地や人々を支配したよ。

1 次の年表の空欄にあてはまる語を書きましょう。

1600年	徳川家康が　①　の戦いで石田三成らをやぶる。	☐	① （　　　　）
1603年	家康が征夷大将軍に任じられ、　②　幕府を開く。		
	→以後を江戸時代という。 幕府は、大名を親藩・譜代・外様に分けて配置し、幕藩体制で全国支配。	☐	② （　　　　）
1615年	大名統制のため、　③　を発布。	☐	③ （　　　　）
1635年	徳川家光が　④　を制度化する。		
江戸時代のさまざまな身分	⑤　→城下町に住み、名字・帯刀などの特権を持つ支配身分。	☐	④ （　　　　）
	百姓→農業や林業・漁業などで生活。全人口の約85%をしめる。	☐	⑤ （　　　　）

2 次の年表の空欄にあてはまる語を書きましょう。

1600年	① が関ヶ原の戦いで石田三成らをやぶる。	☐ (①)
1603年	① が征夷大将軍に任じられ、江戸幕府を開く。	
	→以後を ② 時代という。	☐ (②)
	幕府は、大名を親藩・譜代・外様に分けて配置し、	
	③ 体制で全国支配。	☐ (③)
1615年	大名統制のため、武家諸法度を発布。	
1635年	④ が参勤交代を制度化する。	☐ (④)
江戸時代のさまざまな身分	武士→城下町に住み、名字・帯刀などの特権を持つ支配身分。	
	⑤ →農業や林業・漁業などで生活。全人口の約85%をしめる。	☐ (⑤)

3 次の文の空欄にあてはまる語を書きましょう。

ア 1615年、江戸幕府は ① という法律を制定。大名どうしが無断で縁組をしたり、大名が幕府の許可なく城を修理したりすることなどを禁止した。

☐ (①)

イ 1600年、徳川家康は豊臣氏の支配をそのまま続けようとする石田三成らの大名を ② でやぶり、全国支配の実権をにぎった。

☐ (②)

ウ 1635年、3代将軍の徳川家光は ③ の制度を定め、大名は1年ごとに江戸と領地を行き来し、その家族は江戸の屋敷に住まわせられた。

☐ (③)

エ 1603年、朝廷から ④ に任命された徳川家康は、江戸幕府を開いた。

☐ (④)

江戸幕府のしくみ▶

将軍	大老		
	老中	大目付	(幕政の監督など)
		町奉行	(江戸の町政など)
		勘定奉行	(幕府の財政、幕領の監督)
		遠国奉行	(重要な都市の支配)
	若年寄	(老中の補佐)	
	寺社奉行	(寺社の取りしまり)	
	京都所司代	(朝廷と西日本の大名の監視)	
	大阪城代	(西日本の軍事を担当)	

きおくメモ

徳川家康→1600年の関ヶ原の戦いで勝利し、江戸幕府を開く。
幕藩体制→大名を親藩・譜代・外様に分けて配置。武家諸法度を
　　　　定め、参勤交代などで大名を統制。

第68日 朱印船貿易から鎖国までの幕府の変化

---

step 1　読むだけ

まとめ 江戸幕府の外交政策

日本	年	おもなできごと
江戸時代	17世紀初め	徳川家康が朱印船貿易を行う。 →幕府が貿易を認めた船に朱印状を発行。 →東南アジア各地に日本町ができる。 朝鮮と国交を回復し、朝鮮通信使が日本に派遣される。琉球王国（沖縄県）は薩摩藩が支配。 蝦夷地（北海道）との交易は松前藩が独占。
	1612年	幕領にキリスト教禁止令（禁教令）を出す。
	1635年	徳川家光が朱印船貿易を停止。日本人の海外渡航・帰国を禁止し、禁教を徹底する。 長崎に出島を造り、外国船の来航を制限。
	1637年～	天草四郎を大将に、島原・天草一揆が起こる。 →キリスト教徒を中心とした農民一揆。
	1639年	ポルトガル船の来航を禁止する。
	1641年	オランダ人を出島に移し、中国とオランダだけと貿易を行う。→鎖国の完成。

▲出島と島原・天草一揆

point

キリスト教の広がりをおそれた幕府は禁教→鎖国政策と進み、その支配を完成させたよ。

---

step 2　見て写すだけ①

1 次の年表の空欄にあてはまる語を書きましょう。

17世紀初め	徳川家康が ① 貿易を行う。
	→貿易を認めた船に朱印状を発行。
	→東南アジア各地に ② ができる。
1612年	幕領にキリスト教禁止令（禁教令）を出す。
1635年	徳川家光が朱印船貿易を停止。
	長崎に ③ を造り、外国船の来航を制限。
1637年～	④ 一揆が起こる。
	→キリスト教徒を中心とした農民一揆。
1641年	オランダ人を出島に移し、中国とオランダだけと貿易を行う。→ ⑤ の完成。

☐ ❶

☐ ❷

☐ ❸

☐ ❹

☐ ❺

2 次の年表の空欄にあてはまる語を書きましょう。

17世紀初め	徳川家康が朱印船貿易を行う。
	→貿易を認めた船に [❶] を発行。
	→東南アジア各地に日本町ができる。
	朝鮮と国交を回復し、[❷] が日本に派遣される。
1612年	幕領にキリスト教禁止令（[❸]）を出す。
1635年	徳川家光が朱印船貿易を停止。
	長崎に出島を造り、外国船の来航を制限。
1637年～	島原・天草一揆が起こる。
	→ [❹] を中心とした農民一揆。
1641年	オランダ人を出島に移し、[❺] とオランダだけと貿易を行う。
	→鎖国の完成。

☐ ❶（　　　　　）

☐ ❷（　　　　　）

☐ ❸（　　　　　）

☐ ❹（　　　　　）

☐ ❺（　　　　　）

3 次の文の空欄にあてはまる語を書きましょう。

ア キリスト教徒への迫害や、無理な年貢の取り立てに苦しんだ島原や天草の人々は、1637年、天草四郎を大将にして [❶] を起こした。

☐ ❶（　　　　　）

イ 1639年、幕府はポルトガル船の来航を禁止。次いでオランダ人を長崎の [❷] に移し、ここだけで貿易を許可した。

☐ ❷（　　　　　）

ウ キリシタンの急増をおそれた幕府は、1612年に幕領で、翌年には全国で [❸] の信仰を禁止した（禁教）。

☐ ❸（　　　　　）

エ 1641年、平戸のオランダ商館を出島に移し、中国とオランダだけに長崎での貿易を許可。幕府による、禁教、貿易統制、外交独占を行う [❹] 体制が完成した。

☐ ❹（　　　　　）

きおくメモ

禁教→キリスト教を禁止し、島原・天草一揆を鎮圧。

鎖国…日本人の海外渡航と帰国を禁止→ポルトガル船来航禁止→中国とオランダのみと貿易

お断りニャ

第69日 江戸時代の農業・商業の発達と交通路の整備

step 1　読むだけ

まとめ 江戸時代の産業の発達と都市の繁栄

日本		おもな内容
江戸時代	農業	農地の開墾や大規模な干拓で、新田開発が進む。備中ぐわや千歯こきなど、農具も改良される。
	鉱業	佐渡や石見で金銀山が開発。産出された金銀銅は輸出品のほか、寛永通宝などの貨幣の原料になる。
	交通	江戸を中心に五街道が整備され、街道の要所には関所や宿場が置かれる。江戸と大阪の航路では、菱垣廻船や樽廻船が運行。東北や北陸の年貢米の運送に、西廻り航路や東廻り航路が開かれる。
	都市	発展した江戸・大阪・京都は、三都とよばれる。→大阪は「天下の台所」といわれる商業の中心地で、諸藩の蔵屋敷が置かれる。商人は同業者組織（株仲間）を作り、営業を独占。

— 五街道
⋯ おもな航路
• 幕府のおもな直轄都市

西廻り航路
（日本海沿岸→関門海峡→大阪）

奥州道中
日光
日光道中
甲州道中
中山道
長崎
江戸
甲府
大阪　京都
東海道

江戸・大阪間の航路
（菱垣廻船・樽廻船）

東廻り航路
（日本海沿岸→津軽海峡→江戸）

▲江戸時代の交通

point

江戸時代の国内産業の発展には、交通網の整備も深く関わっているよ。

step 2　見て写すだけ①

1 次の表の空欄にあてはまる語を書きましょう。

農業	農地の開墾や大規模な干拓で、新田開発が進む。備中ぐわや千歯こきなど、農具も改良される。	☐ ①
鉱業	佐渡や石見で金銀山が開発。産出された金銀銅は輸出品のほか、　①　などの貨幣の原料になる。	☐ ②
交通	江戸を中心に　②　が整備され、街道の要所には関所や宿場が置かれる。江戸と大阪の航路では、　③　や樽廻船が運行。年貢米の運送に、西廻り航路や東廻り航路が開かれる。	☐ ③
		☐ ④
都市	江戸・大阪・京都は、　④　とよばれる。→大阪は「天下の台所」といわれる商業の中心地で、諸藩の　⑤　が置かれる。	☐ ⑤

2 次の表の空欄にあてはまる語を書きましょう。

農業	農地の開墾や大規模な干拓で、[　❶　] 開発が進む。 備中ぐわや千歯こきなど、農具も改良される。	□ [❶]
鉱業	佐渡や石見で金銀山が開発。産出された金銀銅は輸出品のほか、寛永通宝などの貨幣の原料になる。	□ [❷]
交通	江戸を中心に五街道が整備され、街道の要所には[　❷　]や宿場が置かれる。 江戸と大阪の航路では、菱垣廻船や樽廻船が運行。 東北や北陸の年貢米の運送に、[　❸　] 航路や東廻り航路が開かれる。	□ [❸] □ [❹]
都市	江戸・大阪・京都は、三都とよばれる。 →大阪は「[　❹　]」といわれる商業の中心地。 商人は同業者組織([　❺　])を作り、営業を独占。	□ [❺]

3 次の文の空欄にあてはまる語を書きましょう。

ア 幕府は、江戸と京都を結ぶ東海道のほか、中山道、甲州道中(街道)、日光道中(街道)、奥州道中(街道)の[　❶　]を整備した。　□ [❶]

イ 幕府は年貢の収入を増やすため、用水路の整備や沼地の干拓などを行って、多くの[　❷　]を開発した。　□ [❷]

ウ 17世紀後半、三都とよばれた江戸、大阪、京都が発展。江戸は将軍の城下町で「将軍のおひざもと」、大阪は商業の中心地で「[　❸　]」といわれた。　□ [❸]

エ 都市では、問屋や仲買などの大商人が、[　❹　]という同業者組織を作り、独占的に営業を行う特権を得た。　□ [❹]

きおくメモ

農村の動き→新田開発が進む。農具の改良などで生産性も向上する。
都市の動き→三都が繁栄し、株仲間が活躍。五街道や航路で各地が結ばれる。

第70日 綱吉（つなよし）の時代の文化をおさえよう

まとめ ## 江戸時代前半（17世紀半ば〜18世紀前半）の文化

日本	文化	おもな内容
江戸時代	元禄文化	元禄（げんろく）文化…上方（京都・大阪）の町人を中心に発展した文化。 学問・朱子学（しゅしがく）…儒学の中でも、君臣の主従関係や父子の上下関係を大切にする学問。→徳川綱吉が奨励。 ・関孝和が和算、渋川春海が暦で功績を残す。 文学・人形浄瑠璃→近松門左衛門の台本が評判。 ・歌舞伎→踊りから演劇へと変わる。 ・俳諧（俳句）→松尾芭蕉『奥の細道』など。 絵画・大和絵の伝統を生かした装飾画。 　　　→俵屋宗達や尾形光琳らによる屏風や蒔絵。 ・浮世絵→菱川師宣の役者絵や美人画など。 庶民の生活 ・年中行事が広まる。→正月、ひな祭り、端午の節句 ・一日三食が広まる。　・行灯が照明として普及。

point

商業の発展と都市の繁栄で、庶民の経済が豊かになったうえに、鎖国で日本独自の文化が発展したよ。

1 次の表の空欄（くうらん）にあてはまる語を書きましょう。

元禄文化	元禄（げんろく）文化… ① （京都・大阪）の町人を中心に発展した文化。 ・ ② 学…儒学の中でも、主従関係や上下関係を大切にする学問。→徳川綱吉が奨励。 ・ ③ →近松門左衛門の台本が評判。 ・ ④ →松尾芭蕉『奥の細道』など。 ・ ⑤ の伝統を生かした装飾画。 　　→俵屋宗達や尾形光琳らによる屏風や蒔絵。

☐ ①（　　　　　）

☐ ②（　　　　　）

☐ ③（　　　　　）

☐ ④（　　　　　）

☐ ⑤（　　　　　）

2 次の表の空欄にあてはまる語を書きましょう。

元禄文化	① …上方(京都・大阪)の町人を中心に発展した文化。
	・朱子学…儒学の中でも、主従関係や上下関係を大切にする学問。
	→ ② が奨励。
	・人形浄瑠璃→近松門左衛門の台本が評判。
	・ ③ →踊りから演劇へと変わる。
	・俳諧(俳句)→松尾芭蕉『奥の細道』など。
	・大和絵の伝統を生かした装飾画。
	・ ④ →菱川師宣の役者絵や美人画など。
	・庶民の間で、正月、ひな祭り、端午の節句などの ⑤ が広まる。

☐ ❶
☐ ❷
☐ ❸
☐ ❹
☐ ❺

3 次の文の空欄にあてはまる語を書きましょう。

ア 『奥の細道』で知られる松尾芭蕉の ① や、井原西鶴の浮世草子(小説)が庶民に親しまれた。　☐ ①

イ 5代将軍の徳川綱吉は、儒学の中でもとくに、身分秩序を重視する ② を奨励し、大名と家臣の間の関係や家長制にこの考えが取り入れられるようになった。　☐ ②

ウ 物語・三味線・あやつり人形が結びついて生まれた ③ や、坂田藤十郎や市川団十郎などの名優を出し、演劇として発展した ④ が庶民に人気であった。　☐ ③　☐ ④

エ 京都や大阪を中心とする上方の町人が担い手となった文化を、この時期の年号から ⑤ という。　☐ ⑤

きおくメモ

朱子学…身分秩序を重視する学問←徳川綱吉が奨励
元禄文化…上方の町人を中心に栄えた文化→人形浄瑠璃、歌舞伎、俳諧(俳句)、大和絵、浮世絵など

第71日 享保の改革と農村や工業の変化

step 1　読むだけ

まとめ 徳川吉宗の改革と社会の変化

日本	年	おもなできごと
江戸時代	17世紀後半〜	幕府の財政難や天災が続く。
	1716年	8代将軍の徳川吉宗が享保の改革を始める。 ・質素、倹約　・新田開発 ・上米の制…大名に米の献上を求める。 ・公事方御定書…裁判や刑の基準を設定。 ・目安箱の設置。　・洋書の輸入制限の緩和。
	18世紀〜	農村や工業の変化 ・地主と小作人の関係ができ、貧富の差が発生。 ・ききんなどで年貢の軽減を求める百姓一揆や、米の買いしめに対する打ちこわしが起こる。 ・問屋制家内工業が広まる。→問屋から原料や道具を借り、家内で生産。
	19世紀〜	・工場制手工業(マニュファクチュア)が広まる。→工場を建て、人をやとい、分業で生産。

目安箱に投書すると町人の要望や不満を将軍に直訴できるんだニャ！

point
徳川吉宗は、とくに、米の値段(米価)の調整に力を入れ、財政を立て直したよ。

step 2　見て写すだけ①

1 次の年表の空欄にあてはまる語を書きましょう。

年	
1716年	8代将軍の徳川吉宗が [①] を始める。 ・質素、倹約　　・新田開発 ・上米の制…大名に米の献上を求める。 ・[②]…裁判や刑の基準を設定。 ・[③]箱の設置。　・洋書の輸入制限の緩和。 農村や工業の変化 ・地主と [④] の関係が生まれる。
18世紀〜	・[⑤] 工業が広まる。
19世紀〜	・工場制手工業(マニュファクチュア)が広まる。

☐ ❶
☐ ❷
☐ ❸
☐ ❹
☐ ❺

2 次の年表の空欄にあてはまる語を書きましょう。

1716年	8代将軍の徳川吉宗が享保の改革を始める。 ・質素、倹約　　・新田開発 ・□ ❶ □…大名に米の献上を求める。 ・公事方御定書…裁判や刑の基準を設定。 ・目安箱の設置。　・洋書の輸入制限の緩和。 農村や工業の変化
18世紀〜	・□ ❷ □と小作人の関係が生まれる。 ・年貢の軽減を求める □ ❸ □や、米の買いしめに対する打ちこわしが発生。 ・問屋制家内工業が広まる。
19世紀〜	・□ ❹ □工業（マニュファクチュア）が広まる。

☐〔❶　　　　〕

☐〔❷　　　　〕

☐〔❸　　　　〕

☐〔❹　　　　〕

3 次の文の空欄にあてはまる語を書きましょう。

ア 18世紀ごろから、問屋が農民に織機やお金を前貸しして布を織らせ、製品を安く買い取る □ ❶ □ が広まった。

☐〔❶　　　　〕

イ 18世紀に農村で □ ❷ □、都市で打ちこわしがたびたび起こると、幕府や藩は、身分の統制を強めて体制の維持をはかった。

☐〔❷　　　　〕

ウ 徳川吉宗は新田開発を奨励し、参勤交代を軽減するかわりに米を献上させたほか、裁判や刑の基準を定めた □ ❸ □ を制定するなど、□ ❹ □ という幕政改革を行った。

☐〔❸　　　　〕

☐〔❹　　　　〕

エ 農村にも貨幣が出回ったことで、土地を買いしめて □ ❺ □ となる者や、耕作地を借りて小作料を納める小作人となる者が現れ、貧富の差が生まれた。

☐〔❺　　　　〕

きおくメモ

享保の改革…8代将軍徳川吉宗によって行われた改革。
新田開発、上米の制、公事方御定書の制定、目安箱の設置など。
└──────┴────→ 米の値段の調整に力を入れた。

第72日 わいろが横行した田沼の政治、きびしい統制を行った寛政の改革

まとめ 田沼意次と松平定信の政治

日本	年	おもなできごと
江戸時代	18世紀後半	老中の田沼意次が政治を行う。 ・商工業者への株仲間の奨励 ・長崎から銅や俵物（海産物）を輸出 ・印旛沼の干拓工事や蝦夷地の開拓 →商工業が活発化したが、わいろが横行する。
	1782年～	天明のききんが起こる。 →各地で百姓一揆や打ちこわしが起こる。
	1787年	老中の松平定信が寛政の改革を始める。 ・倹約令　　　・旗本や御家人の借金を帳消し ・都市への出稼ぎ禁止 ・商品作物の栽培制限 ・出版物の統制　・朱子学以外の学問を禁止 →きびしい統制で人々の反感を買う。
	17世紀後半～ 18世紀後半	財政難に苦しむ諸藩は、藩独自の紙幣（藩札）を発行したり、特産物の生産などを行う。

白河の清きに魚*¹ *²のすみかねて
もとの濁りの田沼*⁴恋しき*³

* ＊1　白河藩（福島県）の藩主だった松平定信の政治のこと。
* ＊2　寛政の改革で、風紀の厳しい取りしまりが行われたことを例えている。
* ＊3　田沼の政治が、わいろの横行により乱れたことを例えている。
* ＊4　田沼意次の政治のこと。

▲寛政の改革を風刺する狂歌

point

田沼意次は自由な商工業、松平定信は質素・倹約のきびしい統制で財政を立て直そうとしたよ。

1 次の年表の空欄にあてはまる語を書きましょう。

18世紀後半	老中の田沼意次が、商工業者に　①　を作ることを奨励し、商工業の活発化をはかる。→わいろが横行。	□ ①
1782年～	天明のききんが起こる。 →各地で百姓一揆や　②　が起こる。	□ ②
1787年	老中の　③　が寛政の改革を始める。 →きびしい統制で人々の反感を買う。	□ ③
17世紀後半～ 18世紀後半	財政難に苦しむ諸藩は、藩独自の紙幣（　④　）の発行などを行う。	□ ④

2 次の年表の空欄にあてはまる語を書きましょう。

18世紀後半	老中の ❶ が政治を行う。

・株仲間の奨励　　　・長崎から銅や俵物を輸出

・印旛沼の干拓工事や蝦夷地の開拓

→商工業が活発化したが、わいろが横行する。

| 1782年～ | ❷ のききんが起こる。 |

→各地で百姓一揆や打ちこわしが起こる。

| 1787年 | 老中の松平定信が ❸ を始める。 |

・倹約令　　　・商品作物の栽培制限

・出版物の統制

・ ❹ 以外の学問を禁止

→きびしい統制で人々の反感を買う。

☐ (❶)

☐ (❷)

☐ (❸)

☐ (❹)

3 次の文の空欄にあてはまる語を書きましょう。

ア 松平定信は、各地に米を蓄えさせたり、出稼ぎ農民を故郷に返したりするなどの ❶ を始めたが、学問・出版物の統制や旗本や御家人の借金を免除したことで、人々の反感を買った。

☐ (❶)

イ 老中の ❷ は、 ❸ に対し、税を取るかわりに特権をあたえて商工業の活発化をはかったが、わいろも横行した。

☐ (❷)

☐ (❸)

ウ 1782年の天明のききんをきっかけに、各地で百姓一揆や ❹ が起こり、江戸や大阪でも大規模な ❹ が起こった。

☐ (❹)

4 上のア～ウを、古いできごとから順にならべかえて記号を書きましょう。

☐ (　　　　→　　　　→　　　　)

きおくメモ

田沼の政治…老中田沼意次による政治。株仲間の奨励など。→自由な風潮で、わいろが横行。

寛政の改革…老中松平定信による改革。倹約令、朱子学以外の学問の禁止、出版物の統制など。

→きびしすぎる統制で、人々の反感を買う。

第73日 | 学問・教育の広がりと化政文化

step 1　読むだけ

まとめ 江戸時代後半（18世紀後半〜19世紀前半）の文化

日本	文化	おもな内容
江戸時代	化政文化	化政文化…江戸の庶民を中心に発展した文化。 学問 ・国学→日本古来の伝統を学ぶ。 　本居宣長が『古事記伝』を著し大成。 ・蘭学→オランダ語でヨーロッパの学問を学ぶ。 　医学…杉田玄白らが『解体新書』を翻訳し出版。 　天文学・測量術…暦や日本地図の作成。 教育 ・町人や百姓→寺子屋で読み・書き・そろばんを習う。 ・武士→諸藩が藩校を設け、学問や武道を教える。 絵画→錦絵とよばれる多色刷りの版画が流行。 ・喜多川歌麿の美人画、葛飾北斎や歌川広重の風景画。 文学→世間を風刺した川柳や狂歌が流行。

▲『解体新書』扉絵

▲寺子屋

point
武士をはじめ町人や百姓の間でも学問がさかんになり、江戸を中心に庶民による文化が発展したよ。
19世紀初めの文化・文政年間に栄えたから化政文化というよ。

step 2　見て写すだけ①

1 次の表の空欄にあてはまる語を書きましょう。

化政文化	化政文化…江戸の庶民を中心に発展した文化。 学問 ・ ① →日本古来の伝統を学ぶ。 　本居宣長が『古事記伝』を著し大成。 ・ ② →オランダ語でヨーロッパの学問を学ぶ。 教育 ・町人や百姓→ ③ で読み・書き・そろばんを習う。 ・武士→諸藩が藩校を設け、武道などを教える。 絵画→ ④ とよばれる多色刷りの版画が流行。 文学→世間を風刺した ⑤ や狂歌が流行。

□ (① 　　　　)

□ (② 　　　　)

□ (③ 　　　　)

□ (④ 　　　　)

□ (⑤ 　　　　)

2 次の表の空欄にあてはまる語を書きましょう。

化政文化	① …江戸の庶民を中心に発展した文化。
	学問
	・国学→日本古来の伝統を学ぶ。
	・蘭学→ ② 語でヨーロッパの学問を学ぶ。
	教育
	・町人や百姓→寺子屋で読み・書き・そろばんを習う。
	・武士→諸藩が ③ を設け、学問や武道を教える。
	絵画 →錦絵とよばれる多色刷りの ④ が流行。
	文学 →世間を風刺した川柳や ⑤ が流行。

☐ （① ）

☐ （② ）

☐ （③ ）

☐ （④ ）

☐ （⑤ ）

3 次の文の空欄にあてはまる語を書きましょう。

ア 18世紀ごろから、農村や町に多くの ① が開かれ、庶民が読み・書き・そろばんを学んだ。また、諸藩は ② を設けて、武士の子弟を教育した。

☐ （① ）

☐ （② ）

イ 印刷技術の発達によって、浮世絵における ③ とよばれる多色刷りの版画が流行、東洲斎写楽や喜多川歌麿らが活躍した。

☐ （③ ）

ウ 18世紀後半は古典の研究が進み、日本古来の精神に学ぼうとする ④ がおこった。一方で、西洋の学問を研究する ⑤ もさかんになり、知識や技術が向上した。

☐ （④ ）

☐ （⑤ ）

エ 文化の中心が上方から江戸に移り、19世紀初めに江戸の庶民を担い手として発展した文化を、 ⑥ という。

☐ （⑥ ）

きおくメモ

化政文化…江戸の庶民を中心に栄えた文化→錦絵、川柳、狂歌など
国学→本居宣長が『古事記伝』で大成
蘭学→『解体新書』(解剖書の翻訳)、暦、日本地図の作成

第74日　外国船出現と天保の改革の失敗

まとめ　江戸幕府の衰退と雄藩の成長

日本	年	おもなできごと
江戸時代	1825年	幕府が異国船打払令を出す。 →日本に近づく外国船を追い払う。
	1833年〜	天保のききんが起こる。
	1837年	大塩の乱が起こる。→元役人による反乱。
	1840年〜	アヘン戦争が起こる。→清がイギリスに敗れる。
	1841年	老中の水野忠邦が天保の改革を始める。 ・倹約令　　　　　・株仲間の解散 ・農民の出稼ぎ禁止　・出版物の統制 ・異国船打払令をやめる →2年で失敗に終わる。雄藩が成長する。 雄藩…軍備強化し、幕府への発言力を持つ藩。 ・薩摩藩…黒砂糖の専売。 ・肥前藩…陶磁器の専売。 ・長州藩…海運による金融業。

長州藩(長門・周防)(山口県)
肥前藩(長崎県・佐賀県)
薩摩藩(鹿児島県)
▲雄藩

point

ききんによる一揆や打ちこわしで、幕府が衰退する一方で、改革により力をつけた藩もあったよ。

1　次の年表の空欄にあてはまる語を書きましょう。

1825年	幕府が ① を出す。 →日本に近づく外国船を追い払う。
1833年〜	天保の ② が起こる。
1837年	大塩の乱が起こる。
1841年	老中の水野忠邦が ③ を始める。→2年で失敗。 ④ …幕府への発言力を持つ藩。 ・ ⑤ 藩…黒砂糖の専売。 ・肥前藩…陶磁器の専売。 ・長州藩…海運による金融業。

☐ ❶ ( )
☐ ❷ ( )
☐ ❸ ( )
☐ ❹ ( )
☐ ❺ ( )

2 次の年表の空欄にあてはまる語を書きましょう。

1833年～	天保のききんが起こる。	□	①
1837年	① の乱が起こる。→元役人による反乱。		
1840年～	② 戦争が起こる。→清がイギリスに敗れる。	□	②
1841年	老中の水野忠邦が天保の改革を始める。		
	・倹約令　　　　　・ ③ の解散。	□	③
	・農民の出稼ぎ禁止。　・出版物の統制。		
	→2年で失敗。		
	雄藩…幕府への発言力を持つ藩。	□	④
	・薩摩藩…黒砂糖の専売。		
	・ ④ 藩…陶磁器の専売。		
	・ ⑤ 藩…海運による金融業。	□	⑤

3 次の文の空欄にあてはまる語を書きましょう。

ア 天保のききんにより、各地で百姓一揆や打ちこわしが起こる中、元大阪町奉行所の役人の大塩平八郎が、1837年に ① を起こし、大商人をおそった。　□ ①

イ 日本に近づく外国船を遠ざけるため、1825年、江戸幕府は ② を出したが、蘭学者の渡辺崋山や高野長英らのように、これを批判する者もいた。　□ ②　□ ③

ウ 老中の水野忠邦が、幕府の立て直しをはかり、農民の出稼ぎ禁止や ③ の解散などを行い、 ④ を始めたが、大名や旗本の反感を買い、わずか2年で失敗した。　□ ④

4 上のア～ウを、古いできごとから順にならべかえて記号を書きましょう。

□（　　　→　　　→　　　）

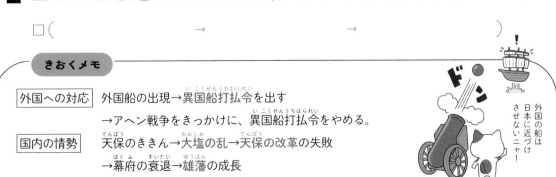

きおくメモ

外国への対応	外国船の出現→異国船打払令を出す
	→アヘン戦争をきっかけに、異国船打払令をやめる。
国内の情勢	天保のききん→大塩の乱→天保の改革の失敗
	→幕府の衰退→雄藩の成長

外国の船は日本に近づけさせないニャ！

第75日 アジア貿易と布教をめざした大航海時代

まとめ 宗教改革と大航海時代の代表人物

① **ルター**（1483〜1546）　ドイツ

　ドイツで宗教改革を始めた神学者。ローマ教皇が資金集めのために免罪符を売り出したことを批判した。信仰のよりどころはただ聖書にあると唱え、プロテスタントの始まりとなった。

ルター

② **カルバン**（1509〜1564）　フランス

　スイスやフランスで宗教改革を始めた神学者。商工業者の支持を得た。

カルバン

③ **コロンブス**（1451〜1506）　イタリア

　スペインの援助を受けた航海者。1492年に西インド諸島に到達した。

コロンブス

④ **バスコ・ダ・ガマ**（1469？〜1524）　ポルトガル

　インド航路を開いた航海者。1498年にインドのカリカットに到達した。

バスコ・ダ・ガマ

⑤ **マゼラン**（1480？〜1521）　ポルトガル

　ポルトガルの航海者。船隊が初めて世界一周を成し遂げた。

マゼラン

⑥ **フランシスコ・ザビエル**（1506〜1552）　スペイン

　スペイン出身の、イエズス会の宣教師。1549年に鹿児島に上陸し、日本にキリスト教（カトリック）を伝えた。日本の各地で布教活動を行った。

フランシスコ・ザビエル

point 近世のヨーロッパで活躍した人の活動と名前を整理して、セットでおさえておこう。

1 次の説明にあてはまる人物名を書きましょう。

1 スペインの援助を受けた航海者。1492年に西インド諸島に到達した。

□ (① 〔　　　　　　　　　〕

2 ドイツで宗教改革を始めた神学者。ローマ教皇の免罪符の販売を批判し、信仰は聖書にのみ基づくとした。

□ (② 〔　　　　　　　　　〕

3 ポルトガルの航海者。船隊が初めて世界一周を成し遂げた。

□ (③ 〔　　　　　　　　　〕

4 インド航路を開いた航海者。1498年にインドのカリカットに到達した。

□ (④ 〔　　　　　　　　　〕

2 次の人物の説明文の空欄(くうらん)にあてはまる語を書きましょう。

1 ルター…ドイツで宗教改革を始めた神学者。ローマ教皇(きょうこう)が資金集めのために免罪符(めんざいふ)を売り出したことを批判(ひはん)した。信仰(しんこう)のよりどころを聖書に置く人々は、　①　とよばれた。　□ 〔①　　　　　　〕

2 カルバン…　②　やフランスで宗教改革を始めた神学者。商工業者の支持を得た。　□ 〔②　　　　　　〕

3 バスコ・ダ・ガマ…　③　航路を開いた航海者。1498年にインドのカリカットに到達した。　□ 〔③　　　　　　〕

4 フランシスコ・ザビエル…スペイン出身の、イエズス会の宣教師(せんきょうし)。1549年に鹿児島(かごしま)に上陸し、日本に　④　教(カトリック)を伝えた。　□ 〔④　　　　　　〕

3 次の説明にあてはまる人物名を書きましょう。

1 1549年に鹿児島(かごしま)に上陸し、日本にキリスト教(カトリック)を伝えたイエズス会の宣教師(せんきょうし)。山口(やまぐち)や豊後(ぶんご)(大分(おおいた)県)、京都(きょうと)などで布教した。　□ 〔①　　　　　　〕

2 スイスやフランスで宗教改革を始めた人物。勤労(きんろう)と蓄財(ちくざい)をすすめ、商工業者の支持を得た。　□ 〔②　　　　　　〕

3 スペインの援助(えんじょ)を受け、1492年に西インド諸島に到達した航海者。アメリカ大陸発見のきっかけを作った。　□ 〔③　　　　　　〕

4 ポルトガルの航海者。航海の途中で亡くなったが、船隊は航海を続け、初めて世界一周を成し遂げた。　□ 〔④　　　　　　〕

5 ドイツで宗教改革を始めた人物。聖書のみに基(もと)づく教会をめざし、聖書をドイツ語に翻訳(ほんやく)して広めた。　□ 〔⑤　　　　　　〕

6 アフリカ南端(なんたん)の喜望峰(きぼうほう)を通り、インドのカリカットに到達してインド航路を開いた航海者。　□ 〔⑥　　　　　　〕

きおくメモ

ルターやカルバンの教えを信じる人々は「プロテスタント」とよばれた。
コロンブスはカリブ海の島に到達、バスコ・ダ・ガマはカリカットに到達、
マゼランの船隊は世界一周。

第76日｜信長が登場し、室町幕府は滅亡した

step 1　読むだけ

まとめ　室町幕府の滅亡と織田信長の全国統一

❶ 織田信長（1534〜1582）

　尾張（愛知県）の戦国大名。桶狭間の戦いで今川義元を、長篠の戦いで武田勝頼を

やぶって、全国統一をすすめた。安土城を築き、座や関所を廃止し、楽市・楽座の

政策を行うなど、自由な商工業の発展をめざした。

織田信長

❷ 今川義元（1519〜1560）

　駿河・遠江・三河（静岡県・愛知県）を支配した戦国大名。

京都に攻めこむ途中、桶狭間の戦いで織田信長に敗れた。

今川義元

❸ 足利義昭（1537〜1597）

　室町幕府の15代（最後の）将軍。織田信長の助けで将軍の地位についたが、

のちに信長と対立して京都から追放された。これにより、室町幕府はほろびた。

足利義昭

❹ 武田勝頼（1546〜1582）

　甲斐（山梨県）を支配した戦国大名。武田信玄の子。長篠の戦いで、織田信長と

徳川家康の連合軍に敗れた。

武田勝頼

point 織田信長の統一事業と室町幕府滅亡の流れをおさえよう。

step 2　見て写すだけ①

1　次の説明にあてはまる人物名を書きましょう。

1　室町幕府の15代（最後の）将軍。織田信長の助けで将軍の地位に
ついたが、のちに信長と対立して京都から追放された。これによ
り、室町幕府はほろびた。
□ 〔 ❶ 〕

2　駿河・遠江・三河（静岡県・愛知県）を支配した戦国大名。京都に
攻めこむ途中、桶狭間の戦いで織田信長に敗れた。
□ 〔 ❷ 〕

3　甲斐（山梨県）を支配した戦国大名。武田信玄の子。長篠の戦いで、
織田信長と徳川家康の連合軍に敗れた。
□ 〔 ❸ 〕

4　尾張（愛知県）の戦国大名。全国統一をすすめた。安土城を築き、
座や関所を廃止し、楽市・楽座の政策を行うなど、自由な商工業
の発展をめざした。
□ 〔 ❹ 〕

2 次の人物の説明文の空欄にあてはまる語を書きましょう。

1　武田勝頼…甲斐(山梨県)を支配した戦国大名。武田信玄の子。
　　　　①　　の戦いで、織田信長と徳川家康の連合軍に敗れた。
☐ [①]

2　足利義昭…室町幕府の15代(最後の)将軍。織田信長と対立し、
京都から追放された。これにより、　　②　　幕府はほろびた。
☐ [②]

3　織田信長…桶狭間の戦いで今川義元を、長篠の戦いで武田勝頼
をやぶって、全国統一をすすめた。安土城を築き、座や関所を廃
止し、　　③　　の政策を行い、商工業の発展をめざした。
☐ [③]

4　今川義元…駿河・遠江・三河(静岡県・愛知県)を支配した戦国大
名。京都に攻めこむ途中、　　④　　の戦いで織田信長に敗れた。
☐ [④]

3 次の説明にあてはまる人物名を書きましょう。

1　東海地方を支配した戦国大名。京都に攻めこむ途中、桶狭間の戦
いで織田信長に敗れた。
☐ [①]

2　尾張(愛知県)の戦国大名。桶狭間の戦いで今川義元を奇襲。長
篠の戦いでは鉄砲を有効に使い、武田勝頼をやぶった。座や関所
を廃止し、楽市・楽座の政策を行い、商工業を活発にした。
☐ [②]

3　武田信玄の子で、中部地方に領国を広げ、甲斐(山梨県)を支配し
た戦国大名。長篠の戦いで、織田信長と徳川家康の連合軍に敗
れた。
☐ [③]

4　室町幕府の15代(最後の)将軍。織田信長が朝廷にはたらきかけた
ことによって、将軍の地位についた。のちに信長と対立し、1573
年に京都から追放された。
☐ [④]

きおくメモ

今川義元は桶狭間の戦い、武田勝頼は長篠の戦いで、それぞれ織田信長に敗れた。
織田信長は楽市・楽座の政策で、城下町での商工業者の自由な営業をうながした。

第77日｜全国統一を成し遂げた秀吉と、戦国大名たち

まとめ　豊臣秀吉の全国統一と戦国大名

❶ 明智光秀（1528?〜1582）
　織田信長の家臣であった武将。1582年に京都の本能寺で、信長を攻めて自害に
追いこんだ本能寺の変を起こし、天下をとろうとした。しかし、豊臣秀吉に敗れた。

明智光秀

❷ 豊臣秀吉（1537〜1598）
　全国統一を成し遂げた武将。織田信長につかえた。本能寺の変ののち明智光秀を
やぶり、信長の後継者となり、1590年に全国を統一。大阪城を築いて本拠地とし、
収穫量を石高で表す太閤検地や刀狩などの政策を行った。

豊臣秀吉

❸ 浅井長政（1545〜1573）
　近江（滋賀県）の戦国大名。越前（福井県）の朝倉氏と結んで織田信長に対抗したが、
姉川の戦いで織田信長と徳川家康の連合軍に敗れた。

浅井長政

❹ 上杉謙信（1530〜1578）
　越後（新潟県）の戦国大名。北陸地方に進出しようとして、織田信長と対立したが、
のちに病死した。

上杉謙信

point 豊臣秀吉が天下を統一するまでに活躍した武将や戦国大名をおさえよう。

1 次の説明にあてはまる人物名を書きましょう。

1 近江（滋賀県）の戦国大名。朝倉氏と結んで織田信長に対抗したが、
姉川の戦いで織田信長と徳川家康の連合軍に敗れた。　　□〔 ❶ 　　　　　〕

2 全国統一を成し遂げた武将。織田信長につかえた。明智光秀をや
ぶり、信長の後継者となり、1590年に全国を統一。大阪城を築
いて本拠地とし、太閤検地や刀狩などの政策を行った。　　□〔 ❷ 　　　　　〕

3 越後（新潟県）の戦国大名。北陸地方に進出しようとして、織田信
長と対立したが、のちに病死した。　　□〔 ❸ 　　　　　〕

4 織田信長の家臣であった武将。1582年に京都の本能寺で、信長
を攻めて自害に追いこみ（本能寺の変）、天下をとろうとした。し
かし、豊臣秀吉に敗れた。　　□〔 ❹ 　　　　　〕

2 次の人物の説明文の空欄にあてはまる語を書きましょう。

1 明智光秀…織田信長の家臣であった武将。1582年に京都の本能寺で、信長を攻めて自害に追いこんだ ❶ の変を起こし、天下をとろうとした。

□ 〔 ❶ 〕

2 浅井長政…近江(滋賀県)の戦国大名。越前(福井県)の朝倉氏と結んで織田信長に対抗したが、 ❷ の戦いで織田信長と徳川家康の連合軍に敗れた。

□ 〔 ❷ 〕

3 上杉謙信…越後(新潟県)の戦国大名。北陸地方に進出しようとして、 ❸ と対立したが、のちに病死した。

□ 〔 ❸ 〕

4 豊臣秀吉…全国統一を成し遂げた武将。織田信長につかえた。本能寺の変ののち明智光秀をやぶり、信長の後継者となり、1590年に全国を統一。大阪城を築いて本拠地とし、収穫量を石高で表す ❹ や刀狩などの政策を行った。

□ 〔 ❹ 〕

3 次の説明にあてはまる人物名を書きましょう。

1 織田信長と対立し、信濃(長野県)に進出しようとして武田信玄とも対立した、越後(新潟県)の戦国大名。

□ 〔 ❶ 〕

2 近江(滋賀県)の戦国大名。織田信長の敵対勢力であった延暦寺と結んで信長に対抗したが、のちに織田信長と徳川家康の連合軍に敗れた。

□ 〔 ❷ 〕

3 織田信長につかえたのちに後継者となり、1590年に全国を統一した武将。田畑の収穫量を石高で表す太閤検地や、農民や寺社から武器を取り上げる刀狩などの政策を行った。

□ 〔 ❸ 〕

4 織田信長の家臣だったが、1582年に京都の本能寺で、信長を攻めて自害に追いこんだ本能寺の変を起こした。山崎の戦いで豊臣秀吉に敗れた。

□ 〔 ❹ 〕

敵は本能寺にあり

きおくメモ

織田信長は明智光秀に自害に追いこまれ、明智光秀は豊臣秀吉に敗れた。
豊臣秀吉は太閤検地と刀狩を行い、年貢の徴収や農民を農耕に専念させることに力を入れた。

第78日｜富と戦乱の中で栄えた桃山文化

まとめ 桃山文化を支えた人々

① 狩野永徳（1543〜1590）

　安土桃山時代の画家。織田信長や豊臣秀吉につかえ、安土城や大阪城などの
ふすまや屏風にはなやかな障壁画をえがき、のちの狩野派の祖となった。
代表作に『唐獅子図屏風』などがある。

狩野永徳

② 千利休（1522〜1591）

　堺の商人の出身で、わび茶の作法の大成者。禅宗の影響を受けて、
名誉や富ではなく精神性を重視する茶の湯の心と形式を完成させた。
織田信長や豊臣秀吉につかえたが、のちに秀吉の怒りに触れ自害を命じられた。

千利休

③ 出雲の阿国（16世紀後期〜17世紀前期）

　出雲大社の巫女とされている女性。出雲大社の修理費用を稼ぐために、
歌や踊りを見せ、入場料をとった。のちに京都でかぶき踊りを始めた。

出雲の阿国

④ 李参平（？〜1655）朝鮮

　肥前(佐賀県)の陶磁器である有田焼を始めた陶磁器の職人。
捕虜として朝鮮侵略のときに日本に連れてこられた。

李参平

point 桃山文化の代表的な人物をおぼえよう。

1 次の説明にあてはまる人物名を書きましょう。

1 堺の商人の出身で、わび茶の作法の大成者。禅宗の影響を受けて、精神性を重視する茶の湯の心と形式を完成させた。　　□ ❶〔　　　　　〕

2 出雲大社の巫女とされている女性。出雲大社の修理費用を稼ぐために、歌や踊りを見せ、入場料をとった。のちに京都でかぶき踊りを始めた。　　□ ❷〔　　　　　〕

3 安土桃山時代の画家。安土城や大阪城などのふすまや屏風にはなやかな障壁画をえがいた。代表作に『唐獅子図屏風』などがある。　　□ ❸〔　　　　　〕

4 肥前(佐賀県)の陶磁器である有田焼を始めた陶磁器の職人。捕虜として朝鮮侵略のときに日本に連れてこられた。　　□ ❹〔　　　　　〕

2 次の人物の説明文の空欄にあてはまる語を書きましょう。

1 李参平…肥前(佐賀県)の陶磁器である ① を始めた陶磁器の職人。捕虜として朝鮮侵略のときに日本に連れてこられた。

□ ①

2 千利休…堺の商人の出身で、わび茶の作法の大成者。禅宗の影響を受けて、名誉や富ではなく精神性を重視する ② の心と形式を完成させた。織田信長や豊臣秀吉につかえた。

□ ②

3 出雲の阿国…出雲大社の修理費用を稼ぐために、歌や踊りを見せ、入場料をとった。京都で ③ を始めた。

□ ③

4 狩野永徳…織田信長や豊臣秀吉につかえ、安土城や大阪城などのふすまや屏風にはなやかな ④ をえがいた。代表作に『唐獅子図屏風』などがある。

□ ④

3 次の説明にあてはまる人物名を書きましょう。

1 京都でかぶき踊りを始め、阿国歌舞伎とよばれて人気を得た、出雲大社の巫女とされている女性。

□ ①

2 安土桃山時代の画家。織田信長や豊臣秀吉につかえ、安土城や大阪城などのふすまや屏風にはなやかな障壁画をえがいた。代表作に『唐獅子図屏風』がある。

□ ②

3 捕虜として朝鮮侵略のときに日本に連れてこられた、有田焼を始めた陶磁器の職人。佐賀県有田町に、その功績をたたえる石碑がある。

□ ③

4 堺の商人の出身で、織田信長や豊臣秀吉につかえた、わび茶の作法の大成者。質素な茶室で心を落ち着けて茶を飲む、茶の湯の心と形式を完成させた。

□ ④

きおくメモ

狩野永徳の障壁画や千利休の茶の湯の発展の背景には、権力者の織田信長や豊臣秀吉の力がある。
出雲の阿国が始めたかぶき踊りは、江戸時代には現在の歌舞伎になった。

第79日｜家康の勝利と、江戸時代の幕開け

---

step 1　読むだけ

まとめ 徳川家康の全国統一と江戸幕府に関わる人物

徳川家康

❶ 徳川家康（1542～1616）

　三河（愛知県）の戦国大名で、江戸幕府の初代将軍。1600年に関ヶ原の戦いで石田三成らをやぶり、全国支配の実権をにぎった。1603年に征夷大将軍に任命されると江戸幕府を開いた。のちの大阪の陣で、豊臣氏をほろぼした。

❷ 石田三成（1560～1600）

　近江（滋賀県）出身の武将で、豊臣秀吉の家臣。秀吉の死後、徳川家康と対立したが、関ヶ原の戦いで敗れ処刑された。

石田三成

❸ 徳川家光（1604～1651）

　江戸幕府の3代将軍。参勤交代を制度として定めた。農村に田畑の売買を禁止する命令を出し、五人組を制度として定めるなど、幕藩体制の基礎を築いた。

　また、キリスト教を弾圧し、鎖国の体制を整えた。

徳川家光

❹ 山田長政（？～1630）

　駿河（静岡県）の出身。アユタヤの日本町の長となり、のちにシャムの役人となった。

point 江戸幕府のしくみが整えられていく過程に関わった人物をおさえよう。

山田長政

---

step 2　見て写すだけ①

1 次の説明にあてはまる人物名を書きましょう。

1 近江（滋賀県）出身の武将で、豊臣秀吉の家臣。秀吉の死後、徳川家康と対立したが、関ヶ原の戦いで敗れ処刑された。　□〔❶　　　　　〕

2 三河（愛知県）の戦国大名で、江戸幕府の初代将軍。1600年に関ヶ原の戦いで石田三成らをやぶり、全国支配の実権をにぎった。1603年に征夷大将軍に任命されると江戸幕府を開いた。　□〔❷　　　　　〕

3 駿河（静岡県）の出身。アユタヤの日本町の長となり、のちにシャムの役人となった。　□〔❸　　　　　〕

4 江戸幕府の3代将軍。参勤交代の制度を定めた。農村に田畑の売買を禁止する命令を出し、五人組を制度として定めるなど、幕藩体制の基礎を築いた。　□〔❹　　　　　〕

2　次の人物の説明文の空欄にあてはまる語を書きましょう。

1　徳川家光…江戸幕府の3代将軍。［　❶　］を制度として定めた。農村に田畑の売買を禁止する命令を出し、五人組を制度として定めるなど、幕藩体制の基礎を築いた。

□［❶　　　　　　　］

2　徳川家康…三河(愛知県)の戦国大名で、［　❷　］の初代将軍。1600年に関ヶ原の戦いで石田三成らをやぶり、全国支配の実権をにぎった。1603年に征夷大将軍に任命されると江戸幕府を開いた。のちの大阪の陣で、豊臣氏をほろぼした。

□［❷　　　　　　　］

3　山田長政…駿河(静岡県)の出身。アユタヤの［　❸　］の長から、のちにシャムの役人となった。

□［❸　　　　　　　］

4　石田三成…近江(滋賀県)出身の武将で、豊臣秀吉の家臣。秀吉の死後、徳川家康と対立したが、［　❹　］で敗れ処刑された。

□［❹　　　　　　　］

徳川家康VS石田三成

3　次の説明にあてはまる人物名を書きましょう。

1　参勤交代を制度として定めた、江戸幕府の3代将軍。キリスト教を弾圧し、島原・天草一揆のあと、鎖国を完成させた。

□［❶　　　　　　　］

2　豊臣秀吉の家臣で、五奉行の1人として政治を行った、近江(滋賀県)出身の武将。秀吉の死後、関ヶ原の戦いで徳川家康に敗れた。

□［❷　　　　　　　］

3　シャム(タイ)のアユタヤにあった日本町の指導者となり、外交などで活躍した。のちに国王の信頼を得て、シャムの役人となった。

□［❸　　　　　　　］

4　関ヶ原の戦いで石田三成らをやぶり、征夷大将軍に任命され江戸幕府を開いた、江戸幕府の初代将軍。子の徳川秀忠に将軍職をゆずったあとも、大御所として政治にあたった。

□［❹　　　　　　　］

きおくメモ

徳川家康は江戸幕府を開き、徳川家光は江戸幕府の支配のしくみである幕藩体制を整えた。
関ヶ原の戦いでは、徳川家康と石田三成のそれぞれに味方する戦国大名が東西に分かれて戦った。

第80日｜幕府による弾圧と天下泰平へ

step 1　読むだけ

まとめ **幕府の支配に抵抗した人々と綱吉**

天草四郎

シャクシャイン

① 天草四郎（益田時貞）（1623？〜1638）
　島原・天草一揆の大将となった少年。1637年に一揆が起こると、
神の使いであるとしてキリシタンにおされて大将となった。
原城跡に立てこもって幕府軍に抵抗したが、敗れた。

② シャクシャイン（？〜1669）
　蝦夷地(北海道)南東部のアイヌ民族の指導者。松前藩との不平等な
取り引きに不満を持ち、蝦夷地に住むアイヌの人々によびかけ、
反乱を起こした。

徳川綱吉

③ 徳川綱吉（1646〜1709）
　江戸幕府の5代将軍。儒学を重んじて湯島に聖堂を建て、朱子学を奨励するなど
文治政治を行った。財政が苦しくなると質の悪い貨幣を発行したり、極端な動物愛護の
政策である生類憐みの令を出すなど、社会を混乱させた。

point 幕府の支配に抵抗した人々をおさえて、幕政が安定したことを理解しよう。

step 2　見て写すだけ①

1 次の説明にあてはまる人物名を書きましょう。

1 島原・天草一揆の大将となった少年。1637年に一揆が起こると、
神の使いであるとしてキリシタンにおされて大将となった。原城
跡に立てこもって幕府軍に抵抗したが、敗れた。

□ [① 　　　　　]

2 江戸幕府の5代将軍。儒学を重んじて湯島に聖堂を建て、朱子学
を奨励するなど文治政治を行った。財政が苦しくなると質の悪い
貨幣を発行したり、極端な動物愛護の政策である生類憐みの令を
出すなど、社会を混乱させた。

□ [② 　　　　　]

3 蝦夷地(北海道)南東部のアイヌ民族
の指導者。松前藩との不平等な取り引
きに不満を持ち、蝦夷地に住むアイ
ヌの人々によびかけ、反乱を起こした。

松前藩

シャクシャインの戦い
（1669年）

□ [③ 　　　　　]

2 次の人物の説明文の空欄にあてはまる語を書きましょう。

1 シャクシャイン…蝦夷地(北海道)南東部のアイヌ民族の指導者。
　❶ 藩との不平等な取り引きに不満を持ち、蝦夷地に住む
アイヌの人々によびかけ、反乱を起こした。

□ [❶ 　　　　]

2 天草四郎(益田時貞)… ❷ 一揆の大将となった少年。
1637年に一揆が起こると、神の使いであるとしてキリシタンにお
されて大将となった。原城跡に立てこもって幕府軍に抵抗したが、
敗れた。

□ [❷ 　　　　]

3 徳川綱吉…江戸幕府の5代将軍。儒学を重んじて湯島に聖堂を建
て、朱子学を奨励するなど ❸ 政治を行った。財政が苦
しくなると質の悪い貨幣を発行したり、極端な動物愛護の政策で
ある生類憐みの令を出すなど、社会を混乱させた。

□ [❸ 　　　　]

犬公方と
よばれたニャ

わん

3 次の説明にあてはまる人物名を書きましょう。

1 儒学を重んじて湯島に聖堂を建て、朱子学を奨励するなど文治政
治を行った、江戸幕府の5代将軍。極端な動物愛護の政策である
生類憐みの令を出し、特に犬を過度に大切にしたため、「犬公方」
とよばれた。

□ [❶ 　　　　]

2 1637年に起こった島原・天草一揆で、キリシタンの百姓らにお
されて大将となった少年。原城跡に立てこもり幕府の約12万の大
軍に抵抗したが、敗れた。

□ [❷ 　　　　]

3 松前藩との不平等な取り引きに不満を持ち、蝦夷地(北海道)に住
むアイヌの人々によびかけて反乱を起こしたアイヌ民族の指導者。
松前藩に講和の申し入れを口実に誘い出され、殺された。

□ [❸ 　　　　]

きおくメモ

島原・天草一揆が起こったのち、幕府のキリスト教の取りしまりはいっそうきびしくなった。
徳川綱吉の文治政治に対して、武力によるそれまでの政治を武断政治という。

第81日 | 元禄文化は上方町人が担い手となった

step 1　読むだけ

まとめ 上方（京都・大阪）中心の文化を担った文学者など

❶ 井原西鶴（1642〜1693）

　大阪出身の、江戸時代中期の文学者。武士や町人の生活や欲望を、浮世草子とよばれる小説にえがいた。

❷ 近松門左衛門（1653〜1724）

　江戸時代中期の人形浄瑠璃・歌舞伎の台本作者。実際に起こった男女の事件などをもとに、義理と人情のからみあいや愛とにくしみをえがいた。

❸ 松尾芭蕉（1644〜1694）

　上野（三重県）出身の、江戸時代中期の俳人。江戸に出て本格的に俳諧（俳句）を学び、俳諧（俳句）を芸術的な文学に高めた。

　全国を歩いて旅し、紀行文である『奥の細道』を著した。

❹ 菱川師宣（1618〜1694）

　安房（千葉県）出身の、江戸時代前期の浮世絵画家。町人の風俗を美しくえがく浮世絵を大成した。

　浮世絵は版画でも販売され、錦絵のもととなった。

井原西鶴

近松門左衛門

松尾芭蕉

菱川師宣

point 元禄文化の文学や絵画の代表的な人物をおさえよう。

step 2　見て写すだけ①

1　次の説明にあてはまる人物名を書きましょう。

1 上野（三重県）出身の、江戸時代中期の俳人。江戸に出て本格的に俳諧（俳句）を学び、これを芸術的な文学に高めた。全国を歩いて旅し、紀行文である『奥の細道』を著した。

□ ❶

2 江戸時代中期の人形浄瑠璃・歌舞伎の台本作者。実際に起こった男女の事件などをもとに、義理と人情のからみあいや愛とにくしみをえがいた。

□ ❷

3 安房（千葉県）出身の、江戸時代前期の浮世絵画家。町人の風俗を美しくえがく浮世絵を大成した。

□ ❸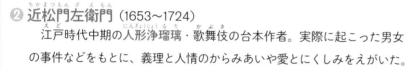

4 大阪出身の、江戸時代中期の文学者。武士や町人の生活や欲望を浮世草子とよばれる小説にえがいた。

□ ❹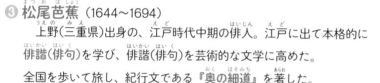

2 次の人物の説明文の空欄にあてはまる語を書きましょう。

1 井原西鶴…江戸時代中期の文学者。武士や町人の生活や欲望を、
　　　　　　　①　　　とよばれる小説にえがいた。
□ [❶　　　　　　　　]

2 菱川師宣…江戸時代前期の画家。町人の風俗を美しくえがく
　　　　　　　②　　　を大成した。のちに版画でも販売され、錦絵のもととなった。
□ [❷　　　　　　　　]

3 松尾芭蕉…江戸時代中期の俳人。江戸に出て本格的に俳諧(俳句)を学び、俳諧(俳句)を芸術的な文学に高めた。全国を歩いて旅し、紀行文である『　　③　　』を著した。
□ [❸　　　　　　　　]

4 近松門左衛門…江戸時代中期の　　④　　・歌舞伎の台本作者。実際に起こった男女の事件などをもとに、義理と人情や愛とにくしみをえがいた。
□ [❹　　　　　　　　]

古池や
蛙飛び込む
水の音

3 次の説明にあてはまる人物名を書きましょう。

1 義理と人情のからみあいをえがいて庶民の人気を集めた、江戸中期の人形浄瑠璃・歌舞伎の台本作者。代表作に『曾根崎心中』がある。
□ [❶　　　　　　　　]

2 江戸中期の文学者。町人の生活や欲望をありのままにえがき、金銭を題材にした『日本永代蔵』などの浮世草子を発表した。
□ [❷　　　　　　　　]

3 江戸前期の浮世絵画家。町人の風俗を美しくえがく浮世絵を大成した。代表作に『見返り美人図』などがある。
□ [❸　　　　　　　　]

4 俳諧(俳句)を芸術的な文学に高めた、江戸中期の俳人。全国を歩いて旅し、行く先々では熱心な句会が開かれた。代表作は『奥の細道』。
□ [❹　　　　　　　　]

> **きおくメモ**
>
> 井原西鶴は町人の生活をもとにした小説を著した。
> 近松門左衛門は人形浄瑠璃・歌舞伎の台本の作者。
> 松尾芭蕉は全国を旅する中で見聞きしたことを俳諧(俳句)にして、紀行文に残した。

第82日｜美術・芸術・学問と花開いた元禄文化

まとめ ## 元禄文化を担った芸術家・学者など

❶ 俵屋宗達（17世紀前期）
　　江戸時代初期の画家。大和絵に大胆な構図を取り入れた、
新しい装飾画を発展させた。代表作に『風神雷神図屏風』など。

❷ 尾形光琳（1658〜1716）
　　江戸時代中期の画家・工芸家。大和絵の伝統を生かしたはなやかで
優美な装飾画を完成させ、琳派のもととなった。
代表作に『八橋蒔絵螺鈿硯箱』など。

❸ 徳川光圀（1628〜1700）
　　御三家の一つである水戸藩(茨城県)の藩主。『大日本史』の編さんを命じた。

❹ 関孝和（1640？〜1708）
　　江戸時代中期の学者。日本独自の数学である和算を高度な水準に発展させた。

❺ 坂田藤十郎（1647〜1709）
　　江戸時代中期の歌舞伎役者。和事を確立させ、上方歌舞伎の中心となった。

❻ 市川団十郎（1660〜1704）
　　江戸時代中期の歌舞伎役者。荒事の名優で、江戸歌舞伎の中心となった。

point 元禄文化のさまざまな分野で活躍した人物をおさえよう。

俵屋宗達

尾形光琳

徳川光圀

関孝和

坂田藤十郎

市川団十郎

1 次の説明にあてはまる人物名を書きましょう。

1 江戸時代中期の画家・工芸家。大和絵の伝統を生かしたはなやかで優美な装飾画を完成させ、琳派のもととなった。代表作は『八橋蒔絵螺鈿硯箱』など。
□ ❶

2 江戸時代初期の画家。大和絵に大胆な構図を取り入れた、新しい装飾画を発展させた。代表作に『風神雷神図屏風』などがある。
□ ❷

3 江戸時代中期の歌舞伎役者。和事を確立させ、上方歌舞伎の中心となった。
□ ❸

4 御三家の一つである水戸藩(茨城県)の藩主。『大日本史』の編さんを命じた。
□ ❹

2 次の人物の説明文の空欄にあてはまる語を書きましょう。

1　徳川光圀…御三家の一つである水戸藩(茨城県)の藩主。
『　　①　　』の編さんを命じた。

□ 〔 ① 　　　　〕

2　関孝和…江戸時代中期の学者。日本独自の数学である
　　②　　を高度な水準に発展させた。

□ 〔 ② 　　　　〕

3　市川団十郎…江戸時代中期の歌舞伎役者。荒事の名優で、
　　③　　歌舞伎の中心となった。

□ 〔 ③ 　　　　〕

4　俵屋宗達…大和絵に大胆な構図を取り入れ、新しい装飾画を発展
させた。代表作は『　　④　　』など。

□ 〔 ④ 　　　　〕

3 次の説明にあてはまる人物名を書きましょう。

1　京都出身の江戸初期の画家。大和絵に大胆な構図を取り入れ、
『風神雷神図屏風』などで新しい装飾画を発展させた。

□ 〔 ① 　　　　〕

2　狩野派などに学び、大和絵の伝統を生かした装飾画を完成させた、
江戸中期の画家・工芸家。代表作に『燕子花図屏風』『八橋蒔絵
螺鈿硯箱』などがある。

□ 〔 ② 　　　　〕

3　御三家の一つである水戸藩(茨城県)の藩主で、全国から学者を集
め、『大日本史』の作成を命じた。中納言の中国風のよび名から
「黄門さま」とよばれた。

□ 〔 ③ 　　　　〕

4　恋愛などを演じるしなやかな身のこなしを基本とする和事を確立
させ、上方歌舞伎の中心となった。

□ 〔 ④ 　　　　〕

5　勇士や鬼などを演じる勇ましい動きを基本とする荒事を確立させ、
江戸歌舞伎の中心となった。

□ 〔 ⑤ 　　　　〕

6　日本独自の数学である和算を、当時のヨーロッパの数学にも劣ら
ない高度な水準に発展させた、江戸中期の学者。

□ 〔 ⑥ 　　　　〕

きおくメモ

俵屋宗達も尾形光琳も、これまでの大和絵の伝統をもとに新しい装飾画の画風を生み出した。
坂田藤十郎は上方歌舞伎・和事、市川団十郎は江戸歌舞伎・荒事。

第83日｜財政難やききんに立ち向かう幕府の改革者たち

step 1　読むだけ

まとめ 幕政の改革者と蝦夷地の探検家

徳川吉宗

松平定信

田沼意次

間宮林蔵

❶ 徳川吉宗（1684〜1751）

　　江戸幕府の8代将軍。享保の改革を行った。改革では、目安箱の設置、

上米の制、公事方御定書の制定、新田開発などを実施した。

また、科学技術などのヨーロッパの書物の輸入を認めた。

❷ 田沼意次（1719〜1788）

　　江戸幕府の老中。商工業者が株仲間を作ることを奨励。株仲間に特権

をあたえるかわりに営業税を取り、幕府の財政を立て直そうとした。ほかに、

長崎での貿易を活発にし、印旛沼の干拓を進めるなどの政策も行った。

❸ 松平定信（1758〜1829）

　　江戸幕府の老中。寛政の改革を行った。改革では、農村を復興させるために、

江戸に出ていた農民を故郷に返し、凶作やききんに備えて米を蓄えさせた。また、

優秀な人材を採用するために昌平坂学問所を設け、朱子学以外の学問を禁止した。

❹ 間宮林蔵（1775〜1844）

　　江戸時代後期の探検家。海峡を渡り、樺太が島であることを確認した。

▲間宮林蔵の行路

point 江戸時代中期の幕政改革に関わった人物をおさえておこう。

step 2　見て写すだけ①

1 次の説明にあてはまる人物名を書きましょう。

1 江戸幕府の老中。寛政の改革を行った。農村を復興させるために、江戸に出ていた農民を故郷に返し、凶作やききんに備えて米を蓄えさせた。また、昌平坂学問所を設けた。

□ ❶ [　　　　　]

2 江戸幕府の8代将軍。享保の改革を行った。改革では、目安箱の設置、上米の制、公事方御定書の制定、新田開発などを実施。

□ ❷ [　　　　　]

3 江戸幕府の老中。商工業者が株仲間を作ることを奨励。株仲間から営業税を取り、幕府の財政を立て直そうとした。

□ ❸ [　　　　　]

4 江戸時代後期の探検家。海峡を渡り、樺太が島であることを確認した。

□ ❹ [　　　　　]

2 次の人物の説明文の空欄にあてはまる語を書きましょう。

1 田沼意次…江戸幕府の老中。商工業者が [①] を作ることを奨励し、特権をあたえるかわりに営業税を取り、幕府の財政を立て直そうとした。ほかに、長崎での貿易を活発にし、印旛沼の干拓などを進めた。

☐ [① 　　　　　]

2 松平定信…江戸幕府の老中。[②] の改革を行った。改革では、農村を復興させるために、江戸に出ていた農民を故郷に返し、凶作やききんに備えて米を蓄えさせた。優秀な人材を採用するために昌平坂学問所を設けた。

☐ [② 　　　　　]

3 間宮林蔵…江戸時代後期の探検家。海峡を渡り、[③] が島であることを確認した。

☐ [③ 　　　　　]

4 徳川吉宗…江戸幕府の8代将軍。[④] の改革を行った。改革では、目安箱の設置、上米の制、公事方御定書の制定、新田開発などを実施した。

☐ [④ 　　　　　]

3 次の説明にあてはまる人物名を書きましょう。

1 ロシアを警戒した江戸幕府の命令で樺太を調査し、島であることを確認した、江戸後期の探検家。

☐ [① 　　　　　]

2 享保の改革を行った江戸幕府の8代将軍。目安箱の設置、上米の制、公事方御定書の制定、新田開発などを実施。米の値段の安定に努めたため「米将軍」とよばれた。

☐ [② 　　　　　]

3 寛政の改革を行った江戸幕府の老中。江戸に出ていた農民を故郷に返し、凶作やききんに備えて米を蓄えさせた。ほかに、旗本や御家人の借金を帳消しにする政策を打ち出した。

☐ [③ 　　　　　]

4 商工業者が株仲間を作ることを奨励し、幕府の財政を立て直そうとした江戸幕府の老中。しかし、わいろが横行して政治が乱れ、老中を辞めさせられた。

☐ [④ 　　　　　]

きおくメモ

徳川吉宗は米価の安定、田沼意次は商工業と貿易の発展、松平定信は農村復興に力を尽くした。
鎖国中の江戸幕府はロシア使節の通商の求めを断ったため警戒し、間宮林蔵に樺太を調査させた。

第84日｜外国船出現と追いつめられる幕府

まとめ　揺らぐ江戸幕府と幕府を批判する人々

高野長英

渡辺崋山

大塩平八郎

水野忠邦

❶ 高野長英（1804～1850）
　　江戸時代後期の蘭学者。通商を求めたアメリカの商船を砲撃したモリソン号事件での幕府の対応を批判する『戊戌夢物語』を著して開国論を唱え、幕府に蛮社の獄でとらえられた。

❷ 渡辺崋山（1793～1841）
　　江戸時代後期の蘭学者。モリソン号事件を知って、江戸幕府の異国船打払令に反対し、『慎機論』を著して鎖国政策を批判したため、幕府に蛮社の獄でとらえられた。

❸ 大塩平八郎（1793～1837）
　　江戸時代後期の陽明学者。元大阪町奉行所の役人。役人を辞めたあと私塾を開き教育にあたっていたが、天保のききんでの奉行所の対応に不満を持ち、弟子や農民を集めて大塩の乱を起こした。乱は1日でしずめられた。

❹ 水野忠邦（1794～1851）
　　江戸幕府の老中で、天保の改革を行う。改革では、株仲間の解散、風俗の取りしまり、江戸への出稼ぎの禁止などを行った。アヘン戦争で清(中国)がイギリスに敗れると、異国船打払令をやめた。

point 江戸時代後期に活躍した人物の行ったことと、その経過をおさえておこう。

1 次の説明にあてはまる人物名を書きましょう。

1 江戸幕府の老中で、天保の改革を行う。アヘン戦争で清(中国)がイギリスに敗れると、異国船打払令をやめた。　□〔❶　　　　〕

2 江戸時代後期の陽明学者。元大阪町奉行所の役人。天保のききんでの奉行所の対応に不満を持ち、大塩の乱を起こした。　□〔❷　　　　〕

3 江戸時代後期の蘭学者。モリソン号事件を知って、『慎機論』を著して鎖国政策を批判したため、幕府に蛮社の獄でとらえられた。　□〔❸　　　　〕

4 江戸時代後期の蘭学者。モリソン号事件での幕府の対応を批判する『戊戌夢物語』を著して開国論を唱え、幕府に蛮社の獄でとらえられた。　□〔❹　　　　〕

2 次の人物の説明文の空欄にあてはまる語を書きましょう。

1　水野忠邦…江戸幕府の老中。[①]の改革を行った。アヘン戦争で清(中国)がイギリスに敗れると、異国船打払令をやめた。

□〔① 　　　〕

2　高野長英…モリソン号事件での幕府の対応を批判する『戊戌夢物語』を著して開国論を唱え、幕府に[②]でとらえられた。

□〔② 　　　〕

3　大塩平八郎…江戸時代後期の陽明学者。元大阪町奉行所の役人。天保のききんでの奉行所の対応に不満を持ち、弟子や農民を集めて[③]の乱を起こした。乱は1日でしずめられた。

□〔③ 　　　〕

4　渡辺崋山…[④]事件を知って江戸幕府の異国船打払令に反対し、鎖国政策を批判したため、幕府に蛮社の獄でとらえられた。

□〔④ 　　　〕

3 次の説明にあてはまる人物名を書きましょう。

1　モリソン号事件での江戸幕府の政策を批判する『戊戌夢物語』を著した、江戸後期の蘭学者。尚歯会という西洋の事情を研究する結社の構成員らとともに、幕府に蛮社の獄でとらえられた。

□〔① 　　　〕

2　天保のききんのときには自分の蔵書を売って貧民を救済した、江戸後期の陽明学者。奉行所のききんへの対応に不満を持ち、乱を起こした。

□〔② 　　　〕

3　江戸幕府の老中。天保の改革を行い、幕府の権力の回復をめざしたが、大名らの反対にあい、2年あまりで老中を辞めさせられた。

□〔③ 　　　〕

4　江戸後期の蘭学者で、モリソン号事件を知り、江戸幕府の異国船打払令に反対。『慎機論』を著して鎖国政策を批判したため、幕府に蛮社の獄でとらえられた。

□〔④ 　　　〕

きおくメモ

高野長英と渡辺崋山は、蘭学や西洋の事情を研究していた。
徳川吉宗は享保の改革、松平定信は寛政の改革、水野忠邦は天保の改革。

や——！

第85日 江戸の庶民が担い手となった化政文化

まとめ 化政文化を担った文学者・画家たち

① 十返舎一九（1765〜1831）
　江戸時代後期の作家。代表作はこっけい本の『東海道中膝栗毛』など。

十返舎一九

② 与謝蕪村（1716〜1783）
　江戸時代中期の俳人・画家。風景を絵のように俳諧（俳句）で表現した。

与謝蕪村

③ 小林一茶（1763〜1827）
　江戸時代後期の俳人。農民の素朴な感情をよむ俳諧（俳句）を多く残した。

④ 東洲斎写楽（18世紀末ごろ）
　江戸時代後期の浮世絵画家。人気の歌舞伎の役者絵や相撲絵をえがいた。

小林一茶

⑤ 葛飾北斎（1760〜1849）
　江戸時代後期の浮世絵画家。とくに風景画にすぐれ、『富嶽三十六景』などの作品を残した。ゴッホなどヨーロッパの画家にも影響をあたえた。

東洲斎写楽

⑥ 喜多川歌麿（1753〜1806）
　江戸時代中期の浮世絵画家。とくに美人画にすぐれ、『婦女人相十品』などの作品を残した。

葛飾北斎

point 化政文化で活躍した人物とその作品の特徴を整理しておさえよう。

喜多川歌麿

1 次の説明にあてはまる人物名を書きましょう。

1　江戸時代後期の作家。代表作はこっけい本の『東海道中膝栗毛』など。
　□〔① 　　　　　〕

2　江戸時代後期の浮世絵画家。とくに風景画にすぐれ、『富嶽三十六景』などの作品を残した。
　□〔② 　　　　　〕

3　江戸時代中期の浮世絵画家。とくに美人画にすぐれ、『婦女人相十品』などの作品を残した。
　□〔③ 　　　　　〕

4　江戸時代後期の浮世絵画家。人気の歌舞伎役者の絵や相撲絵をえがいた。
　□〔④ 　　　　　〕

2 次の人物の説明文の空欄にあてはまる語を書きましょう。

1　与謝蕪村…江戸時代中期の俳人・画家。風景を絵のように
　　　　① 　で表現した。

☐ (① 　　　　　　　　)

2　十返舎一九…江戸時代後期の作家。代表作はこっけい本の
　『 　② 　』など。

☐ (② 　　　　　　　　)

3　小林一茶…江戸時代後期の俳人。農民の素朴な感情をよむ
　　　　③ 　を多く残した。

☐ (③ 　　　　　　　　)

4　葛飾北斎…江戸時代後期の浮世絵画家。とくに 　④ 　にす
　ぐれ、『富嶽三十六景』などの作品を残した。ゴッホなどヨーロッ
　パの画家にも影響をあたえた。

☐ (④ 　　　　　　　　)

3 次の説明にあてはまる人物名を書きましょう。

1　江戸時代後期の浮世絵画家。とくに風景画にすぐれ、『富嶽三十六
　景』などの作品を残した。ヨーロッパの絵画にも影響を与え、ジャ
　ポニスムとよばれた。

☐ (① 　　　　　　　　)

2　とくに美人画にすぐれ、『婦女人相十品』の「ポッピンを吹く女」
　などの作品を残した、江戸中期の浮世絵画家。

☐ (② 　　　　　　　　)

3　江戸時代中期の俳人・画家。江戸で文人画や俳諧(俳句)などを
　学び、風景を表現した。

☐ (③ 　　　　　　　　)

4　農民の素朴な感情や弱者へのやさしさにあふれた俳諧(俳句)を数
　多く残した、江戸後期の俳人。

☐ (④ 　　　　　　　　)

5　江戸時代後期の作家。とくにこっけい本にすぐれ、その代表作に
　『東海道中膝栗毛』などがある。

☐ (⑤ 　　　　　　　　)

6　江戸時代後期の浮世絵画家で、人気の歌舞伎役者の絵や相撲絵
　をえがいた。短期間で約140点もの作品を残した。

☐ (⑥ 　　　　　　　　)

きおくメモ

俳諧(俳句)で活躍したのは、風景をよんだ与謝蕪村と農民の素朴な感情をよんだ小林一茶。
浮世絵では、葛飾北斎は風景画、東洲斎写楽は役者絵、喜多川歌麿は美人画。

第86日 日本人の精神を明らかにする国学、西洋の学問文化を学ぶ蘭学

step 1　読むだけ

まとめ 国学と蘭学を担った学者たち

本居宣長

杉田玄白

伊能忠敬

平賀源内

❶ 本居宣長（1730〜1801）

　江戸時代中期の医者。国学の大成者。日本古来の考え方が『古事記』の中にあるとし、『古事記伝』を著して国学を大成した。

❷ 杉田玄白（1733〜1817）

　江戸時代中期の医者・蘭学者。前野良沢らとオランダ語の人体解剖書である『ターヘル・アナトミア』を翻訳し、『解体新書』として出版した。

❸ 伊能忠敬（1745〜1818）

　江戸時代後期の地理学者。50歳を過ぎてから江戸に出て西洋の測量術を学び、その後、全国各地の沿岸を測量して正確な日本地図を作成した。

❹ 平賀源内（1728〜1779）

　江戸時代中期の科学者。蘭学全般を学び、日本で初めて寒暖計や発電機を発明した。

point 人物とキーワードになる学問や実績をセットでおさえておこう。

step 2　見て写すだけ①

1 次の説明にあてはまる人物名を書きましょう。

1 江戸時代中期の医者・蘭学者。前野良沢らとオランダ語の人体解剖書である『ターヘル・アナトミア』を翻訳し、『解体新書』として出版した。

□ 〔❶　　　　　〕

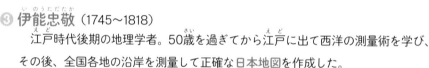

2 江戸時代中期の医者。国学の大成者。日本古来の考え方が『古事記』の中にあるとし、『古事記伝』を著して国学を大成した。

□ 〔❷　　　　　〕

3 江戸時代中期の科学者。蘭学全般を学び、日本で初めて寒暖計や発電機を発明した。

□ 〔❸　　　　　〕

4 江戸時代後期の地理学者。50歳を過ぎてから江戸に出て西洋の測量術を学び、その後、全国各地の沿岸を測量して正確な日本地図を作成した。

□ 〔❹　　　　　〕

2 次の人物の説明文の空欄にあてはまる語を書きましょう。

1　伊能忠敬…江戸時代後期の地理学者。50歳を過ぎてから江戸に出て西洋の測量術を学び、その後、全国各地の沿岸を測量して正確な ❶ を作成した。

☐ 〔 ❶ 〕

2　本居宣長…江戸時代中期の医者。国学の大成者。日本古来の考え方が『古事記』の中にあるとし、『 ❷ 』を著して国学を大成した。

☐ 〔 ❷ 〕

3　平賀源内…江戸時代中期の科学者。蘭学全般を学び、日本で初めて寒暖計や ❸ を発明した。

☐ 〔 ❸ 〕

4　杉田玄白…江戸時代中期の医者・蘭学者。前野良沢らとオランダ語の人体解剖書である『ターヘル・アナトミア』を翻訳し、『 ❹ 』として出版した。

☐ 〔 ❹ 〕

3 次の説明にあてはまる人物名を書きましょう。

1　江戸時代中期の科学者。長崎で医学・薬物学を学び、日本で初めて寒暖計や発電機などを発明した。

☐ 〔 ❶ 〕

2　江戸時代中期の国学の大成者。日本の古典を研究していた賀茂真淵の門人となった。『古事記』の注釈書である『古事記伝』を著した。

☐ 〔 ❷ 〕

3　江戸で西洋の測量術を学び、その後、全国各地の沿岸を測量した、江戸後期の地理学者。死後、『大日本沿海輿地全図』が完成。明治時代になって地図を作成するときにも、この地図に基づいて作成されるほどの正確さだった。

☐ 〔 ❸ 〕

4　人体解剖のさいにオランダ語の人体解剖書である『ターヘル・アナトミア』の正確さに驚き、前野良沢らとそれを翻訳し、『解体新書』として出版した、江戸時代中期の医者・蘭学者。

☐ 〔 ❹ 〕

きおくメモ

蘭学がさかんになるにつれ、日本古来の考え方を見直そうとする国学が現れた。
杉田玄白らによる『解体新書』の出版は、蘭学の基礎を築いた。

第87日

表や図を使った問題

大事なできごとや用語は、表や図に整理してまとめよう

／100

1 江戸幕府のしくみをまとめた次の図を見て、空欄にあてはまる語を書きなさい。

（各4点／16点）

▼江戸幕府のしくみ

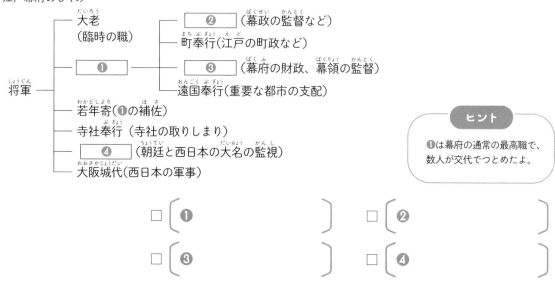

大老
（臨時の職）

　❷　（幕政の監督など）

町奉行（江戸の町政など）

❶

　❸　（幕府の財政、幕領の監督）

遠国奉行（重要な都市の支配）

将軍

若年寄（❶の補佐）

寺社奉行（寺社の取りしまり）

　❹　（朝廷と西日本の大名の監視）

大阪城代（西日本の軍事）

ヒント

❶は幕府の通常の最高職で、数人が交代でつとめたよ。

□ ❶　　　　　　□ ❷

□ ❸　　　　　　□ ❹

2 江戸時代の文化をまとめた次の表を見て、空欄にあてはまる語を下の◻◻◻から選んで書きなさい。

（各3点／24点）

		❶　文化		化政文化		
文学	俳諧(俳句)	❷	『奥の細道』	俳諧(俳句)	❺	、小林一茶
	人形浄瑠璃	❸	『曾根崎心中』	こっけい本	❻	『東海道中膝栗毛』
	浮世草子	井原西鶴		長編小説	❼	『南総里見八犬伝』
美術	装飾画	俵屋宗達、	❹	錦絵	美人画	喜多川歌麿
	浮世絵	菱川師宣			風景画	❽　、歌川広重

曲亭(滝沢)馬琴　　尾形光琳　　寛政　　葛飾北斎　　十返舎一九
伊能忠敬　　近松門左衛門　　元禄　　与謝蕪村　　松尾芭蕉

ヒント

❶は、徳川綱吉が政治を行っていたころの年号だよ。

□ ❶　　　　□ ❷　　　　□ ❸

□ ❹　　　　□ ❺　　　　□ ❻

□ ❼　　　　□ ❽

3 次の年表を見て、空欄にあてはまる語を書きなさい。　(各4点／36点)

年	おもなできごと
1543	種子島に漂着したポルトガル人によって　❶　が日本に伝わる。
1549	宣教師のザビエルによって　❷　が日本に伝わる。
1575	❸　と徳川家康の連合軍が長篠の戦いで武田氏をやぶる。
1590	❹　が北条氏をほろぼし全国統一。
1600	徳川家康が　❺　の戦いで石田三成らをやぶる。
1603	徳川家康が江戸幕府を開く。
1637	キリスト教徒を中心とした　❻　一揆が起こる。
1641	オランダ人を長崎の出島に移す。→鎖国の完成。
1716	徳川吉宗による　❼　の改革が始まる。
1787	❽　による寛政の改革が始まる。
1841	水野忠邦による　❾　の改革が始まる。

☐ ❶（　　　）　☐ ❷（　　　）　☐ ❸（　　　）

☐ ❹（　　　）　☐ ❺（　　　）　☐ ❻（　　　）

☐ ❼（　　　）　☐ ❽（　　　）　☐ ❾（　　　）

4 江戸時代の政治改革をまとめた次の表を見て、空欄にあてはまる語を書きなさい。　(各4点／24点)

人物	政治改革	おもな内容
徳川綱吉	徳川綱吉の政治	儒学の一派である（　❶　）を奨励。
徳川吉宗	享保の改革	裁判の基準となる（　❷　）を制定。（　❸　）箱を設置。
田沼意次	田沼意次の政治	商工業者が（　❹　）を作ることを奨励。
松平定信	寛政の改革	旗本や御家人の（　❺　）帳消し。農村の立て直し。
水野忠邦	天保の改革	物価上昇をおさえるため、（　❻　）の解散を命じる。

ヒント

田沼意次が奨励した❹と、天保の改革で解散を命じられた❻には、同じ語句が入るよ。

☐ ❶（　　　）　☐ ❷（　　　）

☐ ❸（　　　）　☐ ❹（　　　）

☐ ❺（　　　）　☐ ❻（　　　）

第 **88** 日

地図を使った問題

どこであったできごとなのか、必ず場所と結びつけて覚えよう

/100

1 大航海時代のヨーロッパ人の世界進出について、下の地図を見て、次の問いに答えなさい。

(各6点／30点)

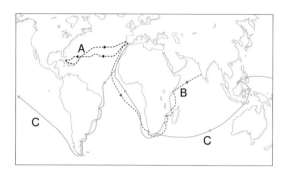

□ ❶　地図中の**A～C**の航路は、それぞれ誰が開拓した航路ですか。あてはまる人名を書きなさい。

> **ヒント**
>
> **A**の航路を開拓した人物は、大西洋を西に進めばアジアに到達すると考えたよ。

〔 A 　　　　　　〕〔 B 　　　　　　〕〔 C 　　　　　　〕船隊

□ ❷　ヨーロッパ人が**A～C**の新航路を開拓した背景について、正しい文はどれですか。次の**ア～ウ**から1つ選びなさい。

　ア　イスラム商人たちが地中海・アラビア半島経由の貿易を独占していた。
　イ　モンゴル帝国がヨーロッパに侵入してきた。
　ウ　聖書によって、ヨーロッパが世界を征服する義務があると考えた。

〔　　　　　〕

□ ❸　**A～C**の新航路の開拓と、関係のない文はどれですか。次の**ア～ウ**から1つ選びなさい。
　ア　羅針盤が改良され、陸地の見えないところも航海ができるようになった。
　イ　蒸気機関が改良され、風力に頼らなくても航海ができるようになった。
　ウ　天文学や地理学が発達し、地球球体説が信じられるようになった。

〔　　　　　〕

2 右の地図を見て、次の問いに答えなさい。

(各5点／10点)

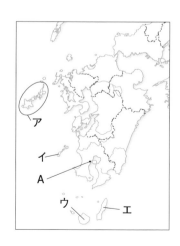

□ ❶　1543年、ポルトガル人を乗せた倭寇の船が流れ着き、日本に鉄砲が伝えられました。この船が漂着した島を、地図中の**ア～エ**から1つ選びなさい。

〔　　　　　〕

□ ❷　1549年、イエズス会の宣教師が**A**に上陸し、キリスト教の布教を始めました。この宣教師は誰ですか。

〔　　　　　〕

3 1664年ごろのおもな大名の配置を表した右の地図を見て、次の問いに答えなさい。 (各7点／28点)

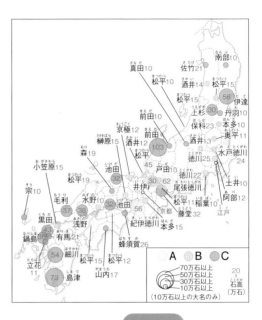

□ ❶ 江戸幕府と、大名が支配する藩による支配体制を何といいますか。

〔　　　　　　　　　　〕

□ ❷ 地図中の**A**〜**C**にあてはまる大名の種類を、次の**ア**〜**エ**からそれぞれ1つずつ選びなさい。

ア 外様大名　　**イ** 親藩
ウ 守護大名　　**エ** 譜代大名

〔A　　〕〔B　　〕〔C　　〕

ヒント

徳川一門の大名は親藩、以前からの徳川家の家臣は譜代大名、関ヶ原の戦い以降の家臣は外様大名と区別されたよ。

4 下の地図を見て、次の問いに答えなさい。 (各完答8点／32点)

(1) 次の文にあてはまる都市を、右の地図中の**ア**〜**カ**から選び、記号と都市名を書きなさい。

□ ❶ 「将軍のおひざもと」とよばれ、政治の中心地として栄えた。

〔（記号）　　〕〔（都市名）　　〕

□ ❷ 「天下の台所」とよばれ、経済の中心地として栄えた。

〔（記号）　　〕〔（都市名）　　〕

□ ❸ 鎖国後も、唯一の外国貿易港として栄えた。

〔（記号）　　〕〔（都市名）　　〕

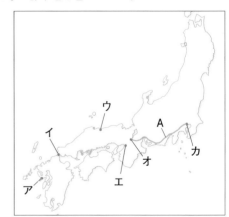

(2) 地図中の**A**について答えなさい。

□ ❹ 江戸時代に整備された五街道のうち、**A**の街道を何といいますか。

ヒント

当時の最も重要な街道とされていたよ。

〔　　　　　　　　　　〕

第89日

用語の意味を選ぶ問題

用語→意味が
答えられるようにしよう

／100

1 次の空欄にあてはまる語を、下の ▭ から選んで書きなさい。

(各5点／25点)

□ ❶ 11世紀後半、キリスト教の聖地であるエルサレムの奪還を目的に、ローマ法王のよびかけで

〔　　　　　　　　　〕が組織され、以後200年にわたり数回の遠征が行われた。

□ ❷ ルネサンス(文芸復興)は、14～16世紀にかけてヨーロッパで広がった動きで、レオナルド・ダ・ビン

チや『ダビデ』の作者である〔　　　　　　　　　　　〕などの芸術家を生み出したほか、科学技術の

発達にも影響をあたえた。

□ ❸ 15世紀後半、ヨーロッパでは大航海時代が始まった。スペインの援助を受けた〔　　　　　　　〕は、

1492年に西インド諸島に到達した。

□ ❹ 宗教改革は、ドイツの〔　　　　　　　　〕がカトリック教会の免罪符の販売を批判して始まった。改

革を支持する人々は〔　　　　　　　〕とよばれた。

> ルター　　マゼラン　　十字軍　　プロテスタント　　コロンブス　　ミケランジェロ

2 近世の日本の貿易の説明として正しいものを、下の⑦～⑨から選んで
書きなさい。

(各5点／15点)

□ ❶ 朱印船貿易…………………〔　　　　　〕

□ ❷ 鎖国下の貿易………………〔　　　　　〕

□ ❸ 南蛮貿易……………………〔　　　　　〕

> **ヒント**
> ポルトガル人やスペイン人は、南蛮人とよばれていたよ。

> ⑦　中国とオランダだけと貿易を行う。朝鮮とは国交が回復し、朝鮮通信使が派遣された。
>
> ⑦　ポルトガルやスペインの商船が九州の港に来航し、生糸や絹織物・鉄砲などをもたらし、日本からは
> 銀を持ち帰った。
>
> ⑨　日本の商船に渡航を許す朱印状をあたえ、相手国にはその船の保護を求めた。移住する日本人も増え、
> 東南アジア各地に日本町ができた。

3 江戸時代の政治改革について、正しいものには○、まちがっているものには×を書きなさい。 (各6点／24点)

□ ❶ 〔　　　〕… 1841年に水野忠邦が始めた天保の改革では、株仲間を作ることが奨励された。

□ ❷ 〔　　　〕… 1772年に老中となった田沼意次は、長崎貿易を奨励したほか、印旛沼(千葉県)の干拓も始めた。

□ ❸ 〔　　　〕… 1716年に将軍になった徳川吉宗は、享保の改革を行い、生類憐みの令を出した。

□ ❹ 〔　　　〕… 1787年に松平定信は寛政の改革を行い、倹約令を出す一方、旗本や御家人の借金を帳消しにした。

ヒント
人物の名前や、改革の名称とその特徴をもう一度確認しておこう。

4 次の文を読んで、江戸時代の元禄文化について書かれたものには「元」、化政文化について書かれたものには「化」を書きなさい。 (各6点／36点)

□ ❶ 〔　　　〕… 浮世絵の技術が進み、錦絵で、喜多川歌麿、葛飾北斎、歌川広重らの作品が大流行した。

□ ❷ 〔　　　〕… 上方の町人を中心に発展した文化であった。

ヒント
❷上方は京都・大阪のことだよ。

□ ❸ 〔　　　〕… 大和絵がさかんになり、俵屋宗達や尾形光琳らによる独自の構図と色彩で、はなやかな装飾画がえがかれた。

□ ❹ 〔　　　〕… 江戸の庶民を中心に発展した文化であった。

ヒント
❹11代将軍の徳川家斉の時期に発展したよ。

□ ❺ 〔　　　〕… 幕府を批判したり、世相を皮肉ったりする川柳や狂歌が流行した。

□ ❻ 〔　　　〕… 正月の雑煮や七草、節分の豆まき、ひな祭り、こいのぼり、盆踊りなどの年中行事が庶民に広まった。

第**90**日

用語の意味を説明する問題
「なぜ？」「どんな意味？」を いくつかのキーワードで説明しよう

/100

1 日本にキリスト教が伝わった背景について、次の文を読んで、空欄にあてはまる語を書きなさい。

（各4点／20点）

（　❶　）の遠征による東方との交流で、羅針盤の改良や航海術が進歩したヨーロッパでは、（　❷　）時代が始まった。その一方で、キリスト教会では、ルターやカルバンらがローマ教皇の権威を否定し、（　❸　）を行った。これらの（　❹　）に対抗して、カトリック教会がアジアへの布教活動に目を向けたことが、（　❺　）が日本にキリスト教を伝えるきっかけとなった。

☐ 〔❶　　　　　〕　☐ 〔❷　　　　　〕　☐ 〔❸　　　　　〕

☐ 〔❹　　　　　〕　☐ 〔❺　　　　　〕

2 近世の日本の身分制社会について、次の文の空欄にあてはまる語を、下の　　　　から選んで書きなさい。

（各5点／35点）

全国を統一した（　❶　）は、（　❷　）を行い、百姓が武器を持つことを禁止した。また、（　❸　）を行い、田畑の広さ、石高、耕作者などを記した。これらの政策によって（　❹　）が進み、身分社会の土台が作られた。

江戸時代に入り、さらに身分の統制は強まり、名字・帯刀などの特権を持つ（　❺　）、商工業に従事する（　❻　）、下の**資料**のようなお触書によって生活を規制された（　❼　）、それ以外の身分に区別された。とくに、えた・ひにんの人々はきびしく規制され、差別された。

資料

一、朝は早く起きて草をかり、昼は田畑の耕作をし、晩には縄をない、俵を編み、…

一、雑穀を食べ、米を多く食いつぶさぬようにせよ。

（一部要約・抜粋）

| 百姓　　町人　　刀狩　　太閤検地　　兵農分離 |
| 徳川家康　　豊臣秀吉　　織田信長　　武士 |

ヒント

資料のようなお触書によって生活を規制された人々は、全人口の80％以上をしめたよ。

☐ 〔❶　　　　　〕　☐ 〔❷　　　　　〕

☐ 〔❸　　　　　〕　☐ 〔❹　　　　　〕

☐ 〔❺　　　　　〕　☐ 〔❻　　　　　〕　☐ 〔❼　　　　　〕

❸ 鎖国について、次の文を読んで、空欄にあてはまる語を書きなさい。

（各5点／25点）

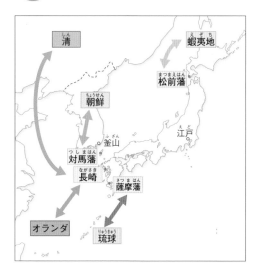

江戸幕府を開いた（　❶　）は、当初、朱印船貿易を奨励していたが、（　❷　）（キリスト教徒）の急増を危険視するようになった。これにより、イギリス、スペイン、（　❸　）の順に来航が禁じられ、貿易の窓口を4つにしぼった。このように、幕府が（　❹　）を統制し、出入国を制限する体制を鎖国という。

また、外国船がひんぱんに現れるようになると、幕府は1825年に（　❺　）を出して、外国船を追い払う方針を示した。

☐ ❶ 〔　　　　　〕　☐ ❷ 〔　　　　　〕　☐ ❸ 〔　　　　　〕

☐ ❹ 〔　　　　　〕　☐ ❺ 〔　　　　　〕

❹ 江戸時代の庶民の生活について、次の文を読んで、空欄にあてはまる語を書きなさい。

（各5点／20点）

江戸時代、用水路の整備や干潟・沼地の干拓による（　❶　）や、農具の改良などで米の生産量が増えた。また、ひな祭り、盆踊りなどの（　❷　）が各地で定着し、一日三食の習慣も普及した。18世紀ごろから、庶民の子どもは（　❸　）で読み・書き・そろばんを習った。

しかし、下の**資料**のように、ききんが発生して年貢が納められなくなると、農村では百姓一揆が、都市では米を買いしめた商人に対して（　❹　）が起こるなど、幕府への不満がしだいに高まっていった。

資料

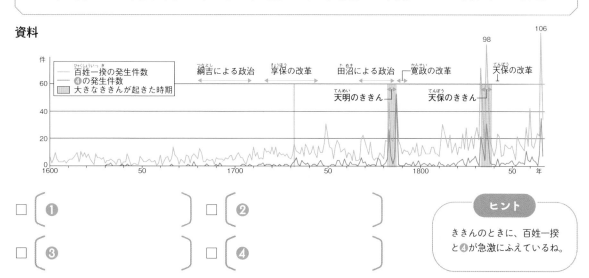

☐ ❶ 〔　　　　　〕　☐ ❷ 〔　　　　　〕

☐ ❸ 〔　　　　　〕　☐ ❹ 〔　　　　　〕

ヒント

ききんのときに、百姓一揆と❹が急激にふえているね。

まとめノート　第3章 近世編　日本の統一と鎖国

時代	おもなできごと	キーワード
室町時代・戦国時代	・1543年 鉄砲が日本に伝わる	
	・1549年 キリスト教が日本に伝わる	フランシスコ・ザビエル
	・織田信長の統一事業	楽市・楽座 ／ 南蛮貿易
	・1573年 室町幕府がほろびる	
安土桃山時代	・1590年 豊臣秀吉が全国統一	太閤検地 ／ 刀狩 ／ 桃山文化
	・文禄の役・慶長の役(朝鮮侵略)	兵農分離
	・1600年 関ヶ原の戦い	
江戸時代	・徳川家康が江戸幕府を開く	朱印船貿易
	・幕藩体制の確立	武家諸法度 ／ 参勤交代
	・キリスト教の禁止	出島 ／ 鎖国
	・徳川綱吉による政治	元禄文化 ／ 朱子学
	・農業・商業の発達と交通路の整備	五街道 ／ 西廻り航路
	・1716年 徳川吉宗による享保の改革	上米の制 ／ 公事方御定書 ／ 目安箱
	・手工業から問屋制家内工業へ	
	・田沼意次の政治	株仲間
	・1782年～ 天明のききん	百姓一揆・打ちこわし
	・1787年 松平定信による寛政の改革	倹約令
		国学 ／ 蘭学 ／ 化政文化
	・1825年 異国船打払令	
	・1833年～ 天保のききん	工場制手工業(マニュファクチュア)
	・1837年 大塩の乱	
	・1841年 水野忠邦による天保の改革	株仲間の解散
	・幕府の衰退	雄藩

131ページの答え

Q1
鉄砲とキリスト教
種子島に漂着したポルトガル人によって鉄砲が、イエズス会の宣教師フランシスコ・ザビエルによってキリスト教が、日本に伝えられた。

Q2
参勤交代
江戸幕府が大名を統制するために行った主な政策として、家康が整えた幕藩体制・武家諸法度が挙げられる。家光は、武家諸法度に参勤交代の制度を加えた。

Q3
町人や百姓など庶民の子どもが通って、読み・書き・そろばんを学んだ。江戸時代後半、社会の安定とともに、庶民も学問を学ぶようになった。

第**4**章
近代編
日本の開国と近代化

思い出そう！

Q1

江戸時代の末期に、
日米和親条約で開いた
2港はどことどこ？

Q2

明治時代の文明開化とは、
何のこと？

Q3

日清戦争後の三国干渉で、
日本に遼東半島の返還を
せまった3国とは？

答えは
254ページ

学習日　　　月　　　日

第**91**日 | ヨーロッパ・アメリカでの近代革命の広がり

まとめ ヨーロッパ・アメリカの近代革命

日本	年	おもなできごと
江戸時代	17～18世紀	ヨーロッパでは**国王**が政治権力をにぎり、議会を開かずに国を治める**絶対王政**が行われる。
	1642～1649年	**ピューリタン革命**(イギリス)→ピューリタン(清教徒)を中心とする議会側が、**クロムウェル**の指導で国王の軍をやぶり共和政を実現。
	1688年	**名誉革命**(イギリス)→専制的な王政の復活後、議会側が国王を追放。1689年に**権利章典**(権利の章典)を採択し、議会政治が確立。
	1775年	**独立戦争**(アメリカ)→北アメリカのイギリス植民地の人々が、本国からの課税に反対して独立戦争を開始。1776年に**独立宣言**。
	1789年	**フランス革命**(フランス)→身分別議会への不満から市民が武器を取って立ち上がる。**人権宣言**を発表し、共和政を樹立。

◉権利章典
「国王は議会の承認なしに、法律を制定したり、停止したりできない」など

◉独立宣言
「すべての人々は、生まれながらに平等である」など

◉人権宣言
「人は生まれながらにして自由・平等」「思想と言論の自由」など

▲章典・宣言のおもな主張

point
欧米の市民革命は、起きた順番と採択された文書をおさえよう。

1 次の年表の空欄にあてはまる語を書きましょう。

17～18世紀	ヨーロッパでは国王が政治権力をにぎって国を治める ① が行われる。	☐ ① （ ）
1642～1649年	② 革命(イギリス)→ピューリタンを中心とする議会側が、クロムウェルの指導で国王の軍をやぶる。	☐ ② （ ）
1688年	③ 革命(イギリス)→議会が国王を追放。1689年に権利章典を採択し、議会政治が確立。	☐ ③ （ ）
1775年	④ 戦争(アメリカ)→北アメリカの植民地の人々が、本国からの課税に反対。1776年に独立宣言。	☐ ④ （ ）
1789年	⑤ 革命(フランス)→市民が武器を取って立ち上がる。人権宣言を発表し、共和政を樹立。	☐ ⑤ （ ）

2 次の年表の空欄にあてはまる語を書きましょう。

17～18世紀	ヨーロッパでは [❶] が政治権力をにぎって国を治める絶対王政が行われる。	☐ [❶ 　　　　]
1642～1649年	ピューリタン革命(イギリス)→ピューリタンを中心とする議会側が、[❷] の指導で国王の軍をやぶり、共和政を実現。	☐ [❷ 　　　　]
1688年	名誉革命(イギリス)→議会が国王を追放。1689年に [❸] を採択し、議会政治が確立。	☐ [❸ 　　　　]
1775年	独立戦争(アメリカ)→北アメリカの植民地の人々が、本国からの課税に反対。1776年に [❹]。	☐ [❹ 　　　　]
1789年	フランス革命(フランス)→市民が武器を取って立ち上がる。[❺] を発表し、共和政を樹立。	☐ [❺ 　　　　]

3 次の文の空欄にあてはまる語を書きましょう。

ア フランス革命は、1789年に市民がバスチーユ牢獄を襲撃したことがきっかけで起こった。その結果、自由・平等などをうたった [❶] が出された。

☐ [❶ 　　　　]

イ 北アメリカにあったイギリスの植民地では、重い税金が課せられていた。こうした政策に不満を持った人々は [❷] を始め、その翌年に [❸] を発表した。

☐ [❷ 　　　　]

☐ [❸ 　　　　]

ウ 1688年、イギリスの議会は専制的な国王を追放して新国王をむかえた。その翌年、議会の国王への優位を明らかにした、[❹] を発表した。

☐ [❹ 　　　　]

4 上のア～ウを、古いできごとから順にならべかえて記号を書きましょう。

☐ (　　　　 → 　　　　 → 　　　　)

> **きおくメモ**
>
> イギリスでピューリタン革命・名誉革命が起こり、議会政治が確立。
> アメリカの独立戦争で独立宣言、フランスのフランス革命で人権宣言が出される。

第92日 イギリスの産業革命から資本主義が生まれた

 まとめ 産業革命と19世紀のヨーロッパ

日本	年	おもなできごと
江戸時代	18世紀後半	産業革命 が起こる。 →イギリスで、蒸気機関を使った紡績機や機織機が開発される。蒸気機関を製鉄や造船、鉄道にも利用した。
	19世紀	工業製品の輸出が増え、イギリスは「世界の工場」とよばれる。 資本家が労働者を雇って、利益を目的に生産活動をする資本主義が成立。 労働者の労働条件や生活環境が悪化。労働者は労働組合を結成し、さらに資本主義を批判する社会主義の考えも生まれる。

▲蒸気機関車

▲紡績工場

point

産業革命によって社会のしくみが大きく変化するとともに、資本主義が広まっていったよ。

1 次の年表の空欄にあてはまる語を書きましょう。

18世紀後半	① 革命が起こる。 →イギリスで、蒸気機関を使った紡績機や機織機が開発。蒸気機関を製鉄や造船、鉄道にも利用した。
19世紀	工業製品の輸出が増え、イギリスは「世界の工場」とよばれる。 資本家が労働者を雇って、利益を目的に生産活動をする ② 主義が成立。 労働者は労働組合を結成し、さらに ② 主義を批判する ③ 主義の考えも生まれる。

□ (①)

□ (②)

□ (③)

2 次の年表の空欄にあてはまる語を書きましょう。

18世紀後半	産業革命が起こる。
	→イギリスで、[❶]機関を使った紡績機や機織
	機が開発される。[❶]機関を製鉄や造船、鉄道
	にも利用した。
19世紀	工業製品の輸出が増え、イギリスは「[❷]」とよ
	ばれる。
	[❸]が労働者を雇って、利益を目的に生産活動を
	する資本主義が成立。
	労働者は[❹]を結成し、さらに資本主義を批判
	する社会主義の考えも生まれる。

☐ 〔 ❶　　　　　　　　〕

☐ 〔 ❷　　　　　　　　〕

☐ 〔 ❸　　　　　　　　〕

☐ 〔 ❹　　　　　　　　〕

3 次の文の空欄にあてはまる語を書きましょう。

ア 産業革命の結果、資本家が経営者となり労働者を雇い、利益
の拡大を目的に、自由に生産や取引をする[❶]のしく
みが社会に広がった。

☐ 〔 ❶　　　　　　　　〕

イ 資本主義を批判して、労働者を中心とした平等な社会をめざ
す[❷]の考え方も生まれ、その提唱者であるマルクス
などの思想が世界中に影響をあたえた。

☐ 〔 ❷　　　　　　　　〕

ウ 18世紀後半、イギリスでは蒸気機関の改良や工場制機械工業
の出現で生産が増大し、経済と社会のしくみが大きく変化した。
これを[❸]という。

☐ 〔 ❸　　　　　　　　〕

きおくメモ

産業革命→蒸気機関を動力とする、綿織物の大量生産がイギリスで始まる。
資本主義…資本家が労働者を雇って、利益を目的に生産するしくみ。
→労働運動が始まり、社会主義の考えが生まれる。

第93日 ロシアの拡大とアメリカの発展、各国の近代化の動きをおさえよう

step 1　読むだけ

まとめ ロシアの拡大とアメリカの発展

日本	年	地域	おもなできごと
江戸時代〜明治時代	18世紀半ば〜19世紀	ロシア	皇帝による専制政治のもと、南下政策をとり、黒海や地中海沿岸、中央アジア、中国東北部へと進出する。
	19世紀	アメリカ	多くの移民を受け入れて農業・工業が発展。奴隷制度を批判する北部と、自由貿易と奴隷制の維持を唱える南部が対立。
	1861年		南北戦争が起こる(〜1865年)。
	1863年		リンカン大統領が奴隷解放宣言を出す。戦争は北部の勝利に終わる。
	19世紀	ヨーロッパ	イタリア・ドイツなどで、イギリスやフランスを手本に改革を進める近代化の動き。
	19世紀後半		欧米諸国は他国より経済力・軍事力などに勝り、列強とよばれる。

▲ ロシアの南下政策

▲ 南北戦争の北部と南部の対立

point

18〜19世紀にかけてロシアとアメリカはどちらも急速に領土を拡大し、太平洋沿岸にまで達したよ。

step 2　見て写すだけ①

1 次の年表の空欄にあてはまる語を書きましょう。

18世紀半ば〜19世紀	ロシア	① 政策をとり、黒海や地中海沿岸、中央アジア、中国東北部へ進出。	□ ① 〔　　　　　〕
19世紀	アメリカ	奴隷制度を批判する北部と、自由貿易と奴隷制の維持を唱える南部が対立。	□ ② 〔　　　　　〕
1861年		② 戦争が起こる(〜1865年)。	
1863年		リンカン大統領が奴隷解放宣言。戦争は北部の勝利。	□ ③ 〔　　　　　〕
19世紀	ヨーロッパ	イタリア・ドイツなどで、③ 化の動き。	
19世紀後半		欧米諸国は他国より経済力・軍事力などに勝り、④ とよばれる。	□ ④ 〔　　　　　〕

2 次の年表の空欄にあてはまる語を書きましょう。

18世紀半ば～19世紀	ロシア	南下政策をとり、黒海や 　①　 沿岸、中央アジア、中国東北部へ進出。
19世紀	アメリカ	奴隷制度を批判する北部と、自由貿易と奴隷制の維持を唱える南部が対立。
1861年		南北戦争が起こる（～1865年）。
1863年		リンカン大統領が 　②　 宣言を出す。戦争は北部の勝利に終わる。
19世紀	ヨーロッパ	イタリア、ドイツなどで近代化の動き。
19世紀後半		③　 諸国は他国より経済力・軍事力などに勝り、列強とよばれる。

□〔　①　〕
□〔　②　〕
□〔　③　〕

3 次の文の空欄にあてはまる語を書きましょう。

ア 19世紀後半以降、イギリスやフランス、アメリカ、ロシアなどの欧米諸国は 　①　 とよばれ、市場を求めて積極的に海外に進出した。

□〔　①　〕

イ 国民が議会を通じて国家を運営する政治の動きと、工業が発達して資本主義社会が発生する動きを合わせて、 　②　 という。

□〔　②　〕

ウ アメリカでは、農業と工業の発達を背景に、自由貿易や奴隷制度をめぐり、1861年に 　③　 が起きた。戦いは奴隷解放を進める北部が勝利した。

□〔　③　〕

エ 17～18世紀に東西に領土を拡大したロシアは、19世紀以降、積極的な 　④　 をとり、地中海沿岸や中国へも進出した。

□〔　④　〕

きおくメモ

ロシア→積極的に南下政策を進め、ヨーロッパやアジアへ進出をはかる。

アメリカ→19世紀に大きく発展するが、国内の対立から1861年に南北戦争が起こる。

第94日 | イギリスの清進出の秘策は、アヘンと綿織物だった

まとめ イギリスのアジア侵略

日本	年	おもなできごと
江戸時代	19世紀前半	イギリスが、インドに綿織物を輸出し、インド産アヘンを清(中国)に売り、清から茶などを買う三角貿易を行う。
	1840年	清がアヘンの輸入を禁止すると、イギリスはアヘン戦争を起こす。
	1842年	降伏した清は、南京条約を結び、不利な条件で開国させられる。
	1851年	清で、戦乱や重税に苦しむ人々が、洪秀全を中心に太平天国の乱を起こす。
	1857年	インドではイギリスへの不満が高まる。インド人兵士の上官への反乱が各地に広がり、インド大反乱が起こる。 →イギリスが鎮圧し、イギリス政府がインド全土を直接支配。

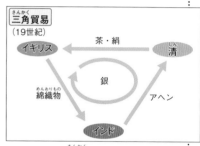

▲イギリスの三角貿易

point
産業革命に成功したイギリスは、製品を売りさばく市場を求めて植民地を作っていったよ。

1 次の年表の空欄にあてはまる語を書きましょう。

19世紀前半	イギリスが、インド産アヘンを清(中国)に売り、清から茶などを買う ❶ 貿易を行う。	□ ❶
1840年	清がアヘンの輸入を禁止すると、イギリスは ❷ 戦争を起こす。	□ ❷
1842年	降伏した清は、 ❸ 条約を結び、不利な条件で開国させられる。	□ ❸
1851年	清で、戦乱や重税に苦しむ人々が、洪秀全を中心に ❹ の乱を起こす。	□ ❹
1857年	インド人兵士の上官への反乱が各地に広がり、 ❺ が起こる。	□ ❺

2 次の年表の空欄にあてはまる語を書きましょう。

19世紀前半	①　　　が、インド産アヘンを清（中国）に売り、清から茶などを買う三角貿易を行う。	□ (①)
1840年	清が ② の輸入を禁止すると、イギリスはアヘン戦争を起こす。	□ (②)
1842年	降伏した ③ は、南京条約を結び、不利な条件で開国させられる。	□ (③)
1851年	清で、重税に苦しむ人々が、 ④ を中心に太平天国の乱を起こす。	□ (④)
1857年	⑤ 兵士の上官への反乱が各地に広がり、インド大反乱が起こる。	□ (⑤)

3 次の文の空欄にあてはまる語を書きましょう。

ア アヘン戦争の賠償金を支払うため、清は国民に重税を課したので、それに抵抗する人々が洪秀全を中心に、漢民族の国を造ろうと訴えて1851年に ① を起こした。　□ (①)

イ 清がアヘンの密輸をきびしく取りしまったことから、1840年にイギリスは ② を起こし、その講和条約として清に不平等な ③ が結ばれた。　□ (②)　□ (③)

ウ イギリスは清との貿易赤字を解消するため、インドで作らせたアヘンを密輸し、その代金で清から茶を購入する ④ を行った。　□ (④)

エ 1857年、東インド会社に雇われていたインド人兵士が反乱を起こすと、各地に広がる ⑤ となった。　□ (⑤)

4 上のア～エを、古いできごとから順にならべかえて記号を書きましょう。

□ (　　　→　　　→　　　→　　　)

きおくメモ

中国…イギリスがインドから清へアヘンを密輸（三角貿易）→アヘン戦争
インド…イギリスがインド大反乱をしずめ、インドを直接支配下に置く。

第95日｜日本に不利な不平等条約の内容をおさえよう

---

step 1　読むだけ

まとめ　開国と不平等条約

日本	年	おもなできごと
江戸時代	1853年	ペリーが日本の開国を求めて浦賀に来航。
	1854年	幕府がアメリカと日米和親条約を結ぶ。 →下田（静岡県）・函館（北海道）の2港を開港。 →鎖国体制がくずれ、開国へ。
	1858年	大老の井伊直弼が日米修好通商条約を結ぶ。 →函館・神奈川（横浜）・長崎・新潟・兵庫（神戸）の5港を開港へ。 ・領事裁判権（治外法権）を認める。 　…日本で罪を犯したアメリカ人を日本の法律で裁くことができない。 ・関税自主権がない。 　…輸出入品にかける関税を日本が決められない。 ▶日本にとって不利な、不平等条約。

● 日米和親条約で開いた港
■ 日米修好通商条約で開いた港
青字は開かれた年月日

函館
1854年3月31日

新潟
1869年1月1日

長崎
1858年6月2日

神奈川（横浜）
1858年6月2日

浦賀

下田
1854年3月31日

兵庫（神戸）
1868年1月1日

▲開港地

point

ペリー来航後に、日本がアメリカと結んだ不平等な条約の内容と、開港した場所をおさえよう。

---

step 2　見て写すだけ①

1　次の年表の空欄にあてはまる語を書きましょう。

1853年	ペリーが日本の ①　 を求めて浦賀に来航。
1854年	幕府がアメリカと ②　 条約を結ぶ。 →下田・函館の2港を開港。→開国へ。
1858年	大老の井伊直弼が ③　 条約を結ぶ。 →函館・神奈川・長崎などの5港を開港へ。 ・ ④　 を認める。 　…日本で罪を犯したアメリカ人を日本の法律で裁くことができない。 ・ ⑤　 がない。 　…輸出入品にかける関税を日本が決められない。

☐ ①
☐ ②
☐ ③
☐ ④
☐ ⑤

2 次の年表の空欄にあてはまる語を書きましょう。

1853年	ペリーが日本の開国を求めて浦賀に来航。
1854年	幕府が ❶ と日米和親条約を結ぶ。
	→ ❷ （静岡県）・函館（北海道）の2港を開港。
	→開国へ。
1858年	大老の ❸ が日米修好通商条約を結ぶ。

→函館・ ❹ （横浜）・長崎・新潟・兵庫（神戸）
の5港を開港へ。
・アメリカに領事裁判権（治外法権）を認める。
・日本に関税自主権がない。

□ { ❶ }

□ { ❷ }

□ { ❸ }

□ { ❹ }

3 次の文の空欄にあてはまる語を書きましょう。

ア 大老の井伊直弼が ❶ を結び、神奈川など5港が開港
された。しかし、その条約の内容は、日本に ❷ がなく、
相手国に ❸ を認めるという不平等な条約であった。

イ アメリカの捕鯨船が水や食料などを補給する中継地として日
本を利用したいため、「黒船」とよばれる軍艦を率いてペリー
が1853年に来航し、日本に ❹ を要求した。

ウ 1854年に幕府は、下田と函館の開港と、食料などの給与と漂
流民の保護を受け入れる内容の ❺ を、アメリカと結
んだ。

□ { ❶ }

□ { ❷ }

□ { ❸ }

□ { ❹ }

□ { ❺ }

4 上のア〜ウを、古いできごとから順にならべかえて記号を書きましょう。

□（　　　　　→　　　　　→　　　　　）

きおくメモ

日米和親条約…函館・下田の2港を開く→開国
日米修好通商条約…函館・神奈川・長崎・新潟・兵庫の5港を開く。
　　→関税自主権がなく、領事裁判権をアメリカに認める。← 不平等条約

第96日 尊王攘夷運動が高まり、倒幕へつながっていった

step 1　読むだけ

まとめ　尊王攘夷の考えと倒幕運動

日本	年	おもなできごと
江戸時代	開国後	幕府の外交姿勢に対する不満から、尊王攘夷運動が広がる。 →天皇を尊ぶ尊王論と、外国人を打ち払う攘夷論の考えが結びついた。
	1858年～	安政の大獄が始まる。…井伊直弼が幕府に反対する人々を処罰。
	1860年	桜田門外の変が起こる。…安政の大獄に反発した水戸藩の元藩士たちにより、井伊直弼が桜田門外で暗殺される。
	1863年～	薩摩藩と長州藩は外国と戦うが失敗。 ・薩摩藩…幕府側から倒幕へと変化。 ・長州藩…攘夷から開国へと変化。 ▶外国に対抗できる国家にするため倒幕へ。
	1866年	薩摩藩と長州藩が薩長同盟を結ぶ。

▲外国との戦いと各藩

外国船砲撃(1863年)
四国艦隊の砲台占領(1864年)
下関　長州
肥前　　土佐
鹿児島
薩摩　　薩英戦争(1863年)

point
開国後の幕府への不満や外国の圧倒的な強さから、幕府をたおそうという動きが高まったよ。

step 2　見て写すだけ①

1　次の年表の空欄にあてはまる語を書きましょう。

開国後	尊王攘夷運動が広がる。→天皇を尊ぶ ① 論と、外国人を打ち払う ② 論の考えが結びついた。
1858年～	安政の大獄が始まる。…井伊直弼が幕府に反対する人々を処罰。
1860年	③ が起こる。…水戸藩の元藩士たちによって、井伊直弼が暗殺される。
1863年～	薩摩藩と長州藩は倒幕へと変化。
1866年	薩摩藩と長州藩が ④ 同盟を結ぶ。

□ ①
□ ②
□ ③
□ ④

2 次の年表の空欄にあてはまる語を書きましょう。

開国後	幕府の外交姿勢に対する不満から、 ① 運動が広がる。	□ [①]
1858年～	② が始まる。…井伊直弼が幕府に反対する人々を処罰。	□ [②]
1860年	桜田門外の変が起こる。… ③ 藩の元藩士たちによって、井伊直弼が暗殺される。	□ [③]
1863年～	薩摩藩と長州藩は倒幕へと変化。	
1866年	薩摩藩と ④ 藩が薩長同盟を結ぶ。	□ [④]

一時休戦ニャ！

3 次の文の空欄にあてはまる語を書きましょう。

ア 1860年、大老の井伊直弼が江戸城の門外で水戸藩の元藩士たちによって暗殺されるという ① が起こった。　□ [①]

イ 開国前後、幕府に不満を持つ人々の間で、天皇を尊び、外国を排除しようという ② 運動が広がった。　□ [②]

ウ もともと、尊王攘夷の考えをとっていた ③ と、幕府側の立場だった薩摩藩が、坂本龍馬らの仲立ちで1866年に ④ を結んだ。　□ [③]　□ [④]

エ 大老の井伊直弼が、吉田松陰など幕府に反対する者を次々と処罰・処刑した ⑤ が起こった。　□ [⑤]

4 上のア～エを、古いできごとから順にならべかえて記号を書きましょう。

□（　　　→　　　→　　　→　　　）

きおくメモ

開国後の日本
開国反対の尊王攘夷派が幕府を批判→安政の大獄→桜田門外の変→薩長同盟により倒幕へ

第**97**日 | 民衆の世直し一揆と幕府の滅亡

まとめ 世直し一揆と江戸幕府の滅亡

日本	年	おもなできごと
江戸時代	1858年～	外国との貿易などで、米や生活用品が値上がり。 →民衆の不満が高まる。
	1866年～	「世直し」を求め、一揆が各地で起こる。
	1867年～	「ええじゃないか」と言って人々が熱狂。 →幕府の権威が低下。
	1867年	大政奉還…徳川慶喜が政権を朝廷に返上し、江戸幕府がほろびる。 王政復古の大号令が出される。…西郷隆盛(薩摩藩)や岩倉具視(公家)によって、天皇を中心とする新政府の設立が宣言される。
	1868年	戊辰戦争が起こる。 →1869年、新政府軍が旧幕府軍をやぶる。

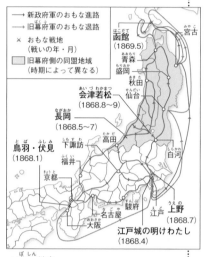

→ 新政府軍のおもな進路
→ 旧幕府軍のおもな退路
× おもな戦地（戦いの年・月）
▨ 旧幕府側の同盟地域（時期によって異なる）

函館(1869.5)
宮古
青森
盛岡
秋田
仙台
会津若松(1868.8～9)
長岡(1868.5～7)
高田
下諏訪
白河
鳥羽・伏見(1868.1)
福井
京都
駿府
名古屋
大阪
江戸 上野(1868.7)
江戸城の明けわたし(1868.4)

▲ 戊辰戦争

point
開国後の政治や経済の混乱によって、江戸幕府がほろび、新政府が誕生することになったよ。

1 次の年表の空欄にあてはまる語を書きましょう。

1858年～	外国との貿易などで、商品が値上がり。 →民衆の不満が高まる。	☐ 〔❶　　　〕
1866年～	「 ❶ 」を求め、一揆が各地で起こる。	
1867年～	「ええじゃないか」と言って人々が熱狂。	☐ 〔❷　　　〕
1867年	大政奉還…徳川慶喜が政権を ❷ に返上し、江戸幕府がほろびる。	
	❸ が出される。…天皇中心の新政府設立を宣言。	☐ 〔❸　　　〕
1868年	❹ 戦争が起こる。	
	→1869年、新政府軍が旧幕府軍をやぶる。	☐ 〔❹　　　〕

2 次の年表の空欄にあてはまる語を書きましょう。

1858年～	外国との貿易などで、商品が値上がり。	□ 〔❶　　　　〕
	→民衆の不満が高まる。	
1866年～	「世直し」を求め、一揆が各地で起こる。	□ 〔❷　　　　〕
1867年～	「　❶　」と言って人々が熱狂。	
1867年	❷　…徳川慶喜が政権を朝廷に返上し、	□ 〔❸　　　　〕
	❸　幕府がほろびる。	
	王政復古の大号令が出される。…　❹　中心の新	
	政府設立を宣言。	□ 〔❹　　　　〕
1868年	戊辰戦争が起こる。	
	→1869年、新政府軍が旧幕府軍をやぶる。	

3 次の文の空欄にあてはまる語を書きましょう。

ア　公家の岩倉具視らは、徳川慶喜の勢力を政治の中心から追い出すため、天皇を中心とする政治に戻すという　❶　を出した。　□ 〔❶　　　〕

イ　1867年、15代将軍の徳川慶喜が天皇に政権を返上したことを　❷　という。　□ 〔❷　　　〕

ウ　1868年、旧幕府軍と新政府の戦いである　❸　が、鳥羽・伏見（京都府）から始まった。　□ 〔❸　　　〕

エ　開国後、政治や経済が不安定になり、各地で「　❹　」を求める一揆や、伊勢神宮のお札が降ってきたといううわさをきっかけに「　❺　」と言って熱狂するさわぎが流行した。　□ 〔❹　　　〕　□ 〔❺　　　〕

4 上のア～エを、古いできごとから順にならべかえて記号を書きましょう。

□（　　→　　→　　→　　）

きおくメモ

徳川慶喜の大政奉還により、江戸幕府が滅亡。→王政復古の大号令が出される。
→旧幕府側の反発で、戊辰戦争が起こる。→新政府軍の勝利

第98日｜日本の近代国家への変革を明治維新という

step 1　読むだけ

まとめ　新政府の成立

日本	年	おもなできごと
明治時代	1868年～	**明治維新**…新政府の成立による、政治、経済、社会の大きな変化。
	1868年	五箇条の御誓文が出される。…政治の基本方針を示す。
	1869年	版籍奉還…土地(版)と人民(籍)を、藩主が天皇に返上。
	1871年	廃藩置県…藩を廃止して府県を置く。 →倒幕の中心であった薩摩・長州・土佐・肥前藩の出身者が、重要な役職を独占。 →のちに、藩閥政府とよばれる。 解放令が出される。 …えた・ひにんの身分を廃止。 四民平等…身分制度の廃止。 →皇族以外の士農工商の身分の人々を平等に扱う。

一、広ク会議ヲ興シ、万機公論ニ決スベシ。A

一、上下心ヲ一ニシテ、盛ニ経綸ヲ行フベシ。B

一、官武一途庶民ニ至ル迄各其志ヲ遂ケ、人心ヲシテ倦マサラシメン事ヲ要ス。C

一、旧来ノ陋習ヲ破リ、天地ノ公道ニ基クベシ。D

一、智識ヲ世界ニ求メ、大ニ皇基ヲ振起スベシ。E

Ⓐ政治上の大切なこと
Ⓑ国家を治め、整えること
Ⓒ古くからの悪い習慣 (ここでは攘夷など)
Ⓓ世界共通の道理
Ⓔ国家の基礎

▲五箇条の御誓文

point

新政府が進めた改革は、天皇中心の政治体制と欧米諸国を手本にしたもので、世の中が大きく変わったよ。

step 2　見て写すだけ①

1 次の年表の空欄にあてはまる語を書きましょう。

1868年～	① …新政府の成立による、政治、経済、社会の大きな変化。	□ (①
1868年	五箇条の御誓文が出される。…政治の基本方針を示す。	□ (②
1869年	② …土地(版)と人民(籍)を、藩主が天皇に返上。	□ (③
1871年	③ …藩を廃止して府県を置く。	
	④ が出される。…えた・ひにんの身分を廃止。	□ (④

2 次の年表の空欄にあてはまる語を書きましょう。

1868年	┌─①─┐ が出される。…政治の基本方針を示す。
1869年	版籍奉還… ┌─②─┐（版）と ┌─③─┐（籍）を、藩主が天皇に返上。
1871年	廃藩置県…藩を廃止して府県を置く。 →薩摩・長州・土佐・肥前藩の出身者が、政治の実権をにぎる。 →のちに、┌─④─┐ 政府とよばれる。 解放令が出される。…えた・ひにんの身分を廃止。 ┌─⑤─┐…身分制度を廃止。 →皇族以外の士農工商の身分の人々を平等に扱う。

□〔① 　　　　　　　〕

□〔② 　　　　　　　〕

□〔③ 　　　　　　　〕

□〔④ 　　　　　　　〕

□〔⑤ 　　　　　　　〕

日本の夜明けニャ！

3 次の文の空欄にあてはまる語を書きましょう。

ア 新政府は、強い権限を持つ中央政権を確立するため、1871年に藩を廃止して府県を置く ┌─①─┐ を行った。

□〔① 　　　　　　　〕

イ 中央政府が地方を直接治める中央集権国家を造るため、新政府は藩に対して、土地と人民を天皇に返させる ┌─②─┐ を行った。

□〔② 　　　　　　　〕

ウ 1868年、新政府は天皇が神々に誓う形で ┌─③─┐ を出し、新政府の方針を国民に示した。

□〔③ 　　　　　　　〕

4 上のア〜ウを、古いできごとから順にならべかえて記号を書きましょう。

□（ 　　　　→　　　　→　　　　 ）

きおくメモ

明治維新

五箇条の御誓文で政治の基本方針を示す。→版籍奉還と廃藩置県で中央集権国家をめざす。

→身分制度を廃止し、解放令を出す。

第99日 明治政府の改革と文明開化をおさえよう

step 1　読むだけ

まとめ 富国強兵と文明開化

日本	年	おもなできごと	
明治時代	1870年頃～	富国強兵…欧米に対抗するため、経済を発展させ、国力をつけて軍隊を強化。	富国強兵の政策
	1870年頃～	殖産興業…政府による近代産業育成。→官営模範工場（富岡製糸場など）創設。	
	1872年	学制…満6歳以上のすべての男女が小学校教育を受ける。	
	1873年	徴兵令…満20歳以上の男子に兵役の義務を課す。	
		地租改正…土地の所有者が地価（土地の値段）の3％を現金で納める。	
	1868年～	文明開化…欧米の文化や生活様式の導入による近代化が進んだ風潮。	
	1872年	太陽暦の導入。…1日24時間、1週7日。	
	1870年代	新しい学問や思想　福沢諭吉…『学問のすゝめ』　中江兆民…ルソーの思想の紹介。	

文明開化

point

文明開化によって、街ではれんが造りの洋風の建物・ガス灯・洋服で歩く人々が見られたよ。

step 2　見て写すだけ①

1 次の年表の空欄にあてはまる語を書きましょう。

1870年頃～	富国強兵…経済を発展させ、国力をつけ軍隊を強化。	
1870年頃～	❶　…政府による近代産業育成。→官営模範工場（富岡製糸場など）創設。	☐ ❶
1872年	❷　…満6歳以上のすべての男女が、小学校教育を受ける。	☐ ❷
1873年	❸　…満20歳以上の男子に兵役の義務。	☐ ❸
	❹　…土地の所有者が、地価の3％を現金で納める。	☐ ❹

2 次の年表の空欄にあてはまる語を書きましょう。

1870年頃〜	① …経済を発展させ、国力をつけ軍隊を強化。
1870年頃〜	殖産興業…政府による近代産業育成。 → ② 工場（富岡製糸場など）創設。
1872年	学制…満6歳以上のすべての男女が、小学校教育を受ける。
1873年	徴兵令…満20歳以上の男子に兵役の義務。 地租改正…土地の所有者が、 ③ （土地の値段）の3％を現金で納める。
1868年〜	④ …欧米の文化や生活様式の導入による近代化が進んだ風潮。
1872年	⑤ の導入。…1日24時間、1週7日。

☐ 〔 ① 　　　　　　　 〕

☐ 〔 ② 　　　　　　　 〕

☐ 〔 ③ 　　　　　　　 〕

☐ 〔 ④ 　　　　　　　 〕

☐ 〔 ⑤ 　　　　　　　 〕

3 次の文の空欄にあてはまる語を書きましょう。

ア 新政府は、教育によって国民の知識を向上させるため、満6歳以上の男女に教育を受けさせることを義務づける ① を発布した。

☐ 〔 ① 　　　　　　　 〕

イ 安定した収入を得るため、新政府は ② （土地の値段）を定め、地券を持つ土地所有者を納税対象者とした。納税方法もこれまでの米から現金にかえた。この改革を ③ という。

☐ 〔 ② 　　　　　　　 〕

☐ 〔 ③ 　　　　　　　 〕

ウ 「富国強兵」の国家をめざす新政府は、西洋式の軍隊を作る必要があると考え、満20歳以上の男子を対象とした ④ を出した。

☐ 〔 ④ 　　　　　　　 〕

> **きおくメモ**
>
> 富国強兵…新政府がかかげた政策理念。
> ・学制　・徴兵令　・地租改正　・殖産興業
> 文明開化…近代的な欧米文化の導入による社会変化→欧米の「自由」「権利」思想も紹介された。

第100日｜条約によって、国境・領土が確定した

step 1　読むだけ

まとめ 日本の外交政策

日本	年	おもなできごと
明治時代	1871年	岩倉使節団を欧米に派遣。 →条約改正は失敗。欧米を視察。 清と日清修好条規を結ぶ。 →日本と清とが対等な条約。
	1873年	朝鮮に武力で開国をせまる主張の、征韓論を唱えた西郷隆盛と板垣退助が政府を去る。
	1875年	ロシアと樺太・千島交換条約を結ぶ。 →樺太をロシア領、千島列島を日本領。
	1876年	朝鮮と日朝修好条規を結ぶ。 →江華島事件を口実に、力で朝鮮を開国。 →日本のみが領事裁判権を有するなど、 朝鮮に不利な条約。
	1879年	琉球藩を廃止して、沖縄県を設置(琉球処分)。

▲日本の国境

point

日本が清と結んだのは対等な条約で、朝鮮と結んだ条約は朝鮮にとって不利な内容だったよ。

step 2　見て写すだけ①

1 次の年表の空欄にあてはまる語を書きましょう。

1871年	①　　　を欧米に派遣。 →条約改正は失敗。欧米を視察。 清と日清修好条規を結ぶ。
1873年	②　　　論を唱えた西郷隆盛と板垣退助が政府を去る。
1875年	ロシアと　③　　　条約を結ぶ。 →樺太をロシア領、千島列島を日本領。
1876年	朝鮮と　④　　　条規を結ぶ。 →江華島事件を口実に、朝鮮を開国。 →朝鮮に不利な条約。

☐〔 ① 〕

☐〔 ② 〕

☐〔 ③ 〕

☐〔 ④ 〕

2 次の年表の空欄にあてはまる語を書きましょう。

1871年	岩倉使節団を欧米に派遣。
	清と ❶ 条規を結ぶ。
	→日本と清とが対等な条約。
1875年	ロシアと樺太・千島交換条約を結ぶ。
	→樺太を ❷ 領、千島列島を ❸ 領。
1876年	朝鮮と日朝修好条規を結ぶ。
	→ ❹ 事件を口実に、朝鮮を開国。
1879年	琉球藩を廃止して、沖縄県を設置（ ❺ ）。

□ ❶
□ ❷
□ ❸
□ ❹
□ ❺

3 次の文の空欄にあてはまる語を書きましょう。

ア 近代国家をめざした新政府は国境を明確にするため、1875年、ロシアと ❶ を結び、北方の国境を定めた。

□ ❶

イ 岩倉具視率いる ❷ が、幕末に結んだ不平等条約の改正を目的に欧米に派遣された。その年、新政府は清と対等な ❸ を結び、正式に国交を開いた。

□ ❷

□ ❸

ウ 1879年、清と対立しながらも、新政府は琉球藩を廃止して沖縄県を設置した。これを、 ❹ という。

□ ❹

エ 朝鮮が江華島に接近した日本の軍艦を砲撃した江華島事件をきっかけに、1876年、日本は朝鮮に不利な内容の ❺ を結び、朝鮮を開国させた。

□ ❺

4 上のア～エを、古いできごとから順にならべかえて記号を書きましょう。

□（　　　→　　　→　　　→　　　）

きおくメモ

・樺太・千島交換条約→樺太はロシア領、千島列島は日本領とした。
・琉球王国は、琉球藩から沖縄県となって、日本に編成（琉球処分）。

第101日 | 国会開設を求める自由民権運動と憲法の成立

step 1　読むだけ

まとめ　自由民権運動から国会開設まで

日本	年	おもなできごと
明治時代	1874年～	板垣退助らが民撰議院設立の建白書を政府に提出。→自由民権運動の始まり。
	1877年	西南戦争が起こる。政府によって鎮圧。…西郷隆盛を中心とする士族が起こした反乱。
	1881～	国会開設に向けて政党が結成される。
	1882年	・自由党の結成（党首：板垣退助）。・立憲改進党の結成（党首：大隈重信）。
	1885年	内閣制度ができる。…初代内閣総理大臣（首相）は伊藤博文。
	1889年	大日本帝国憲法が発布される。…国家元首は天皇であると規定。
	1890年	教育勅語が出される。…「忠君愛国」の道徳。教育の柱とされる。第1回帝国議会が開かれる。→国会の開設。

▲ 士族の反乱

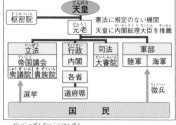

▲ 大日本帝国憲法のもとでの国のしくみ

point

国会開設までの流れをおさえよう。自由民権運動と重なって、特権を奪われた士族の反乱が起こったよ。

step 2　見て写すだけ①

1　次の年表の空欄にあてはまる語を書きましょう。

1874年～	民撰議院設立の建白書が政府に提出される。→ ［ ❶ ］ 運動の始まり。
1881～	国会開設に向けて政党が結成される。
1882年	・ ［ ❷ ］ 党の結成（党首：板垣退助）。・ ［ ❸ ］ 党の結成（党首：大隈重信）。
1885年	［ ❹ ］ 制度ができる。…初代内閣総理大臣は伊藤博文。
1889年	［ ❺ ］ 憲法が発布される。…国家元首は天皇であると規定。

☐ ❶
☐ ❷
☐ ❸
☐ ❹
☐ ❺

2 次の年表の空欄にあてはまる語を書きましょう。

1874年〜	◯◯◯◯ の建白書が政府に提出される。 →自由民権運動の始まり。	☐ (❶)
1877年	◯◯ 戦争が起こる。 …西郷隆盛を中心とする士族の反乱。	☐ (❷)
1885年	内閣制度ができる。	☐ (❸)
1889年	大日本帝国憲法が発布される。 …国家元首は ❸ であると規定。	
1890年	◯◯ が出される。 …「忠君愛国」の道徳。教育の柱とされる。	☐ (❹)
	第1回 ❺ が開かれる。→国会の開設。	☐ (❺)

3 次の文の空欄にあてはまる語を書きましょう。

ア 1885年、憲法制定に向けて ❶ 制度ができ、初代内閣総理大臣として伊藤博文が就任した。

☐ (❶)

イ 1874年、 ❷ が政府に提出されたことで、国民が政治参加できる国会開設を求めて、 ❸ が広まった。

☐ (❷)

ウ 1889年、天皇が国民にあたえる形で ❹ が発布され、帝国議会の召集、衆議院の解散なども明記された。

☐ (❸)

エ 1890年、第1回 ❺ が開かれた。衆議院議員の選挙権を有するのは、直接国税を15円以上納めた満25歳以上の男子のみであった。

☐ (❹)

☐ (❺)

きおくメモ

国会が開設されるまで
自由民権運動が広がる→自由党・立憲改進党が結成
→内閣制度の創設→大日本帝国憲法の発布→帝国議会の開設

第102日｜軍事力を強め植民地支配を行う、日本の帝国主義の台頭

step 1　読むだけ

まとめ 日本の帝国主義と日清戦争

日本	年	おもなできごと
明治時代	19世紀～	帝国主義…列強による植民地支配。
		→資源や市場を求めて海外に進出。
	1894年	朝鮮で甲午農民戦争が起こる。
		…外国の排除をめざす反乱。
		日英通商航海条約で、領事裁判権の撤廃に成功。
		（関税自主権の回復は1911年）
		条約改正の流れ
		幕末に結んだ不平等条約の改正が日本の課題。
		→領事裁判権の撤廃・関税自主権の回復
		→欧米諸国と対等になるように欧化政策。
		日清戦争へと拡大。…日本と清の朝鮮をめぐる
		争い。日本の勝利。
	1895年	下関条約を結び、日清戦争が終結。

▲日清戦争

point
朝鮮で起こった甲午農民戦争をきっかけに日清戦争が始まったよ。日本は、この戦争で多額の賠償金と遼東半島などを得たよ。

step 2　見て写すだけ①

1 次の年表の空欄にあてはまる語を書きましょう。

19世紀～	① 主義…列強による植民地支配。
	→資源や市場を求めて海外に進出。
1894年	日英通商航海条約で、② の撤廃に成功。
	（関税自主権の回復は1911年）
	③ の流れ
	幕末に結んだ不平等条約の改正が日本の課題。
	→領事裁判権の撤廃・関税自主権の回復
	→欧米諸国と対等になるように ④ 政策
	（鹿鳴館での舞踏会など）。

☐（①　　　）

☐（②　　　）

☐（③　　　）

☐（④　　　）

2 次の年表の空欄にあてはまる語を書きましょう。

19世紀〜	帝国主義… ❶ による植民地支配。	☐ (❶　　　　)
	→資源や市場を求めて海外に進出。	
1894年	朝鮮で ❷ 戦争が起こる。	☐ (❷　　　　)
	…外国の排除をめざす反乱。	
	❸ 戦争へと拡大。	☐ (❸　　　　)
	…日本と清の朝鮮をめぐる争い。	
	日本の勝利。	
1895年	❹ 条約を結び、日清戦争が終結。	☐ (❹　　　　)

3 次の文の空欄にあてはまる語を書きましょう。

ア 1894年に朝鮮で起こった ❶ での反乱をしずめるため、清と日本は軍隊を送ったが衝突し、 ❷ に突入した。　　☐ (❶　　　　)

イ 日本が勝利する形で日清戦争の講和条約である ❸ が、1895年に結ばれた。その結果、日本は清から多額の賠償金や遼東半島・台湾などを得て、朝鮮の独立も認めさせた。　　☐ (❷　　　　) ☐ (❸　　　　)

ウ 日清戦争の直前、陸奥宗光外相（外務大臣）は、日英通商航海条約を結び、 ❹ の撤廃に成功した。　　☐ (❹　　　　)

きおくメモ

不平等条約の改正 …幕末に外国と結んだ条約の改正をめざす。
　　　　　　　　→領事裁判権の撤廃・関税自主権の回復。
　　　　　　　　　（1894年）　　　（1911年）
日清戦争…日本の勝利 ──講和──▶ 下関条約

お魚も平等にするニャ！

第103日 | 清に進出する列強と日本　やがて日露戦争へ

まとめ ## 日露戦争までの流れ

日本	年	おもなできごと
明治時代	1895年	下関条約を結ぶ。→遼東半島などを獲得。 三国干渉…ロシアとドイツ・フランスが、日本に清へ遼東半島を返還するよう勧告。
	1900年	清で義和団事件が起こる。 →外国勢力を追い払おうとしたが、日本を中心とした列強が鎮圧。ロシアが満州に出兵。
	1902年	日本とイギリスは日英同盟を結び、ロシアに対抗。
	1904年	日露戦争が起こる。…日本とロシアの満州をめぐる争い。日本が勝利。
	1905年	ポーツマス条約を結び、日露戦争が終結。 …ロシアから賠償金は得られなかった。
		日清・日露戦争での勝利 →日本の帝国主義の動きが強まる。

▲ 下関条約のおもな内容

▲ 日露戦争と列強の関係

point

日露戦争で日本は、賠償金を得られず、不満を持った国民が日比谷焼き打ち事件などの暴動を起こしたよ。

1 次の年表の空欄にあてはまる語を書きましょう。

1895年	① …ロシアとドイツ・フランスが、日本に清へ遼東半島を返還するよう勧告。	□ (①)
1900年	清で ② 事件が起こる。 →外国勢力を追い払おうとしたが、日本を中心とした列強が鎮圧。ロシアが満州に出兵。	□ (②)
1902年	日本とイギリスは日英同盟を結び、ロシアに対抗。	□ (③)
1904年	③ 戦争が起こる。…日本とロシアの満州をめぐる争い。日本が勝利。	
1905年	④ 条約を結び、日露戦争が終結。	□ (④)

2 次の年表の空欄にあてはまる語を書きましょう。

1895年	三国干渉…　①　とドイツ・フランスが、日本に清へ遼東半島を返還するよう勧告。	□ (①)
1900年	②　で義和団事件が起こる。 →外国勢力を追い払おうとしたが、日本を中心とした列強が鎮圧。ロシアが満州に出兵。	□ (②)
1902年	日本とイギリスは　③　同盟を結び、ロシアに対抗。	□ (③)
1904年	日露戦争が起こる。…　④　が勝利。	□ (④)
1905年	ポーツマス条約を結び、日露戦争が終結。	

3 次の文の空欄にあてはまる語を書きましょう。

ア 義和団事件で満州に出兵していたロシアが事件後もとどまっていたことから、1902年に日本とイギリスは、　①　を結びロシアに対抗した。　□ (①)

イ 1900年、列強の清への進出に反発して、清では「扶清滅洋」を唱えて外国勢力を追い払おうとする　②　が起こった。　□ (②)

ウ 日本とロシアがともに戦争継続が難しくなる中で、日本海海戦で日本の海軍が勝利したことをきっかけに、　③　が結ばれた。　□ (③)

エ 日本国内ではロシアとの開戦を主張する者が多く、1904年に　④　が始まった。　□ (④)

4 上のア〜エを、古いできごとから順にならべかえて記号を書きましょう。

□ (　　　　→　　　　→　　　　→　　　　)

きおくメモ

三国干渉や義和団事件で日本とロシアは対立。
↓
日露戦争…日本の勝利 —講和→ ポーツマス条約 ←賠償金を得られず、国内で暴動が起こる。

第104日｜日本の帝国主義化と産業革命

まとめ 日清・日露戦争後の韓国・中国

日本	年	おもなできごと
明治時代	1901年	官営の八幡製鉄所の操業開始。 日本の産業革命 紡績・製糸業などの軽工業と、鉄鋼業などの重工業が発展。 →資本家(実業家)が財閥へと成長。
	1905年	日本は韓国を保護国とし、韓国統監府を設置。
	1906年	南満州鉄道株式会社(満鉄)の設立。 →鉄道を中心に、炭鉱開発や製鉄所の設立を進めた。
	1907年	韓国国内で義兵運動←日本軍が鎮圧。
	1910年	韓国併合…韓国を日本の植民地とした。
	1912年	辛亥革命(1911年)により中華民国が成立。 →三民主義を唱える孫文が清をたおす。

▲ポーツマス条約で得た利権

point

日本が満州で鉄道を中心に利権を独占していくと、満州に進出しようとするアメリカと対立するようになったよ。

1 次の年表の空欄にあてはまる語を書きましょう。

1901年	官営の八幡製鉄所の操業開始。
1905年	日本は韓国を　❶　とし、韓国統監府を設置。
1906年	南満州鉄道株式会社(満鉄)の設立。
1907年	韓国国内で義兵運動←日本軍が鎮圧。
1910年	❷　…韓国を日本の植民地とした。
1912年	❸　革命により中華民国が成立。
	→三民主義を唱える孫文が　❹　をたおす。

☐ ❶

☐ ❷

☐ ❸

☐ ❹

2 次の年表の空欄にあてはまる語を書きましょう。

1901年	官営の ❶ 製鉄所の操業開始。	□ (❶)
	日本の産業革命 紡績・製糸業と、鉄鋼業が発展。 →資本家(実業家)が ❷ へと成長。	□ (❷)
1906年	❸ 株式会社(満鉄)の設立。 →鉄道を中心に、炭鉱開発や製鉄所の設立を進めた。	□ (❸)
1910年	韓国併合…韓国を日本の植民地化。	□ (❹)
1912年	辛亥革命により ❹ が成立。 → ❺ 主義を唱える孫文が清をたおす。	□ (❺)

3 次の文の空欄にあてはまる語を書きましょう。

ア ❶ によって日本の植民地となった韓国は、「朝鮮」とよばれるようになり、強い権限を持つ朝鮮総督府が設置され、日本の支配下に置かれた。

イ 1911年、民族の独立・政治的な民主化・民衆の生活の安定をめざす ❷ を唱える孫文が、 ❸ を起こし、1912年、アジア初の共和国である ❹ を建国した。

ウ 日本は、ポーツマス条約で得た鉄道の利権をもとに、1906年に満州に ❺ を設立。次第に、炭鉱なども経営するようになり、満州の中心的な企業となった。

□ (❶)
□ (❷)
□ (❸)
□ (❹)
□ (❺)

4 上のア～ウを、古いできごとから順にならべかえて記号を書きましょう。

□ (　　　　　　→　　　　　　→　　　　　　)

きおくメモ

満州	南満州鉄道株式会社の設立により、日本は利権を拡大。
韓国	韓国併合により、日本の支配下に置かれる。
中国	三民主義を唱える孫文が清をたおし(辛亥革命)、中華民国を建国。

第105日｜人民の政治参加をめざした啓蒙思想家たち

まとめ **啓蒙思想家と市民革命**

クロムウェル

ロック

❶ **クロムウェル**（1599〜1658）イギリス

　イギリスの政治家。議会を無視して専制政治を行った国王に反対し、議会側の中心となってピューリタン（清教徒）革命を指導して勝利した。

モンテスキュー

ルソー

❷ **ロック**（1632〜1704）イギリス

　イギリスの思想家。社会契約説と抵抗権を唱え、革命運動に影響をあたえた。

❸ **モンテスキュー**（1689〜1755）フランス

　フランスの思想家。『法の精神』を著し、国家の権力を立法・行政・司法の三つに分けて互いの権力を監視しあう三権分立の考え方を唱えた。

ナポレオン

❹ **ルソー**（1712〜1778）フランス

　フランスの思想家。社会契約説と人民主権を主張し、とくにフランス革命に大きな影響をあたえた。

❺ **ナポレオン**（1769〜1821）フランス

　フランスの政治家・皇帝。外国との戦争で軍人として活躍し、1799年に政権をにぎり、1804年にフランスの皇帝となった。

point それぞれの人物と思想の内容、関連する革命などを整理しよう。

1 次の説明にあてはまる人物名を書きましょう。

1 イギリスの思想家。社会契約説と抵抗権を唱え、革命運動に影響をあたえた。　□〔①　　　〕

2 イギリスの政治家。専制政治を行った国王に反対し、議会側の中心となってピューリタン（清教徒）革命を指導して勝利した。　□〔②　　　〕

3 フランスの政治家・皇帝。外国との戦争で軍人として活躍し、1799年に政権をにぎり、1804年にフランスの皇帝となった。　□〔③　　　〕

4 フランスの思想家。国家の権力を立法・行政・司法の三つに分けて互いの権力を監視しあう三権分立の考え方を唱えた。　□〔④　　　〕

2 次の人物の説明文の空欄（くうらん）にあてはまる語を書きましょう。

1　ルソー…フランスの思想家。社会契約（けいやく）説と　❶　を主張し、とくにフランス革命に大きな影響（えいきょう）をあたえた。

☐〔❶　　　〕

2　クロムウェル…イギリスの政治家。議会を無視して専制政治（せんせい）を行った国王に反対し、議会側の中心となって　❷　革命を指導した。

☐〔❷　　　〕

3　ロック…イギリスの思想家。　❸　説と抵抗権（ていこうけん）を唱え、革命運動に影響（えいきょう）をあたえた。

☐〔❸　　　〕

4　モンテスキュー…フランスの思想家。国家の権力を立法（りっぽう）・行政（ぎょうせい）・司法（しほう）の三つに分けて互（たが）いの権力を監視（かんし）しあう　❹　の考え方を唱えた。

☐〔❹　　　〕

3 次の説明にあてはまる人物名を書きましょう。

1　『法（ほう）の精神（せいしん）』を著（あらわ）したフランスの思想家。イギリスの議会政治を模範（もはん）として、著書の中で三権分立（さんけんぶんりつ）の考え方を主張した。

☐〔❶　　　〕

2　国王の専制政治（せんせい）に反対し、ピューリタン(清教徒（せいきょうと）)革命を指導して勝利し、国王を処刑（しょけい）、共和制を樹立した。

☐〔❷　　　〕

3　軍人としても活躍（かつやく）したフランスの政治家・皇帝（こうてい）で、ヨーロッパ諸国のほとんどを支配した。しかし、各地の抵抗（ていこう）にあい、1815年に皇帝（こうてい）を退位させられた。

☐〔❸　　　〕

4　イギリスの思想家。政府は個人との契約（けいやく）のもとに作られるべきであると主張する、社会契約（けいやく）説を唱えた。

☐〔❹　　　〕

5　フランス革命に影響（えいきょう）をあたえたフランスの思想家。著書『社会契約論（けいやくろん）』で人民主権を唱えた。

☐〔❺　　　〕

（きおくメモ）

社会契約（けいやく）説の**ロック**、三権分立のモンテスキュー、人民主権の**ルソー**。ピューリタン(清教徒（せいきょうと）)革命の**クロムウェル**、フランス革命の**ナポレオン**。

不可能はないニャ！

第106日 社会主義の登場とドイツ・アメリカの発展

まとめ 社会主義思想家とドイツ・アメリカの政治家

① **ワシントン**（1732～1799）アメリカ

アメリカ合衆国の初代大統領。独立戦争で総司令官として

イギリス本国に勝利し、独立後、選挙によって大統領に選ばれた。

② **マルクス**（1818～1883）ドイツ

ドイツの経済学者。ドイツの社会主義者であるエンゲルスとともに

『共産党宣言』を発表し、労働者が団結して社会主義の社会を

実現させることを訴えた。

③ **ビスマルク**（1815～1898）ドイツ

ドイツの政治家。プロイセンの首相として鉄血政策とよばれる

富国強兵策をおし進め、オーストリアやフランスをやぶってドイツを統一した。

④ **リンカン**（1809～1865）アメリカ

アメリカ合衆国の第16代大統領。南北戦争では奴隷解放宣言を発表して北部を勝利に導いたが、

まもなく暗殺された。

ワシントン

マルクス

ビスマルク

リンカン

point 各国の発展の基礎を築いたできごとを、人物とともに整理しよう。

1 次の説明にあてはまる人物名を書きましょう。

1 ドイツの経済学者。ドイツの社会主義者であるエンゲルスとともに『共産党宣言』を発表し、労働者が団結して社会主義の社会を実現させることを訴えた。

□ ❲　　❳

2 アメリカ合衆国の第16代大統領。南北戦争では奴隷解放宣言を発表して北部を勝利に導いたが、まもなく暗殺された。

□ ❲②　　❳

3 ドイツの政治家。プロイセンの首相として鉄血政策とよばれる富国強兵策をおし進め、オーストリアやフランスをやぶってドイツを統一した。

□ ❲③　　❳

4 アメリカ合衆国の初代大統領。独立戦争で総司令官としてイギリス本国に勝利し、独立後、選挙によって大統領に選ばれた。

□ ❲④　　❳

2　次の人物の説明文の空欄にあてはまる語を書きましょう。

1　ワシントン…アメリカ合衆国の初代大統領。　①　戦争で総司令官としてイギリス本国に勝利し、独立後、選挙によって大統領に選ばれた。

□ 〔　①　　　　　　　〕

2　マルクス…ドイツの経済学者。ドイツの社会主義者であるエンゲルスとともに『共産党宣言』を発表し、労働者が団結して　②　主義の社会を実現させることを訴えた。

□ 〔　②　　　　　　　〕

3　ビスマルク…ドイツの政治家。プロイセンの首相として　③　政策とよばれる富国強兵策をおし進め、オーストリアやフランスをやぶってドイツを統一した。

□ 〔　③　　　　　　　〕

4　リンカン…アメリカ合衆国の第16代大統領。　④　戦争では奴隷解放宣言を発表して北部を勝利に導いたが、まもなく暗殺された。

□ 〔　④　　　　　　　〕

3　次の説明にあてはまる人物名を書きましょう。

1　プロイセン(プロシア)の首相。「ドイツ問題の解決は、鉄(兵器)と血(兵士)にある」と演説し、鉄血政策とよばれる富国強兵策を進めた。

□ 〔　①　　　　　　　〕

2　ドイツの社会主義者であるエンゲルスとともに『共産党宣言』を発表し、『資本論』を著すとともに、社会主義の社会を実現させることを訴えた。

□ 〔　②　　　　　　　〕

3　アメリカ合衆国の初代大統領。独立戦争で総司令官としてイギリス本国に勝利し、独立後、合衆国憲法の制定にともない、大統領に選出された。

□ 〔　③　　　　　　　〕

4　アメリカ合衆国の第16代大統領。「人民の、人民による、人民のための政治」と言って民主主義の精神を主張した、南北戦争中の演説が有名。

□ 〔　④　　　　　　　〕

きおくメモ

アメリカ合衆国の、独立戦争では**ワシントン**が、南北戦争では**リンカン**が活躍した。
ドイツではこのころ、社会主義を唱える**マルクス**、鉄血政策の**ビスマルク**が活躍した。

第107日｜欧米列強のアジア進出と日本の開国

step 1　読むだけ

まとめ　日本の開国のころの重要人物

❶ **洪秀全**（1814〜1864）中国
　　太平天国の乱の指導者。満州族の清をたおし、漢民族の国家を
造るために1851年に兵を挙げ、南京を首都として太平天国を建国した。

❷ **ペリー**（1794〜1858）アメリカ
　　アメリカの東インド艦隊司令長官。1853年に日本の開国を求めて
浦賀(神奈川県)に来航した。1854年に再び来航し、日米和親条約を
結んで日本を開国させた。

❸ **井伊直弼**（1815〜1860）
　　彦根藩(滋賀県)の藩主。1858年に江戸幕府の大老となり、
朝廷の許可を得ないまま、日米修好通商条約を結んだ。

❹ **吉田松陰**（1830〜1859）
　　長州藩(山口県)の藩士。幕府の対外政策を批判したため、安政の大獄で処刑された。

❺ **徳川家茂**（1846〜1866）
　　江戸幕府の14代将軍。公武合体策のため、天皇の妹である和宮と結婚した。

point 江戸幕府末期の人物と、そのころのできごとを確認しよう。

洪秀全

ペリー

井伊直弼

吉田松陰

徳川家茂

step 2　見て写すだけ①

1 次の説明にあてはまる人物名を書きましょう。

1　アメリカの東インド艦隊司令長官。1853年に日本の開国を求めて
浦賀(神奈川県)に来航。翌年再び来航し、日米和親条約を結ん
で日本を開国させた。　□〔❶　　　　〕

2　太平天国の乱の指導者。清をたおし、漢民族の国家を造るために
1851年に兵を挙げ、南京を首都として太平天国を建国した。　□〔❷　　　　〕

3　長州藩(山口県)の藩士。幕府の対外政策を批判したため、安政の
大獄で処刑された。　□〔❸　　　　〕

4　江戸幕府の14代将軍。公武合体策のため、天皇の妹である和宮
と結婚した。　□〔❹　　　　〕

2 次の人物の説明文の空欄にあてはまる語を書きましょう。

1　洪秀全…　☐①☐　の指導者。満州族の清をたおし、漢民族の
国家を造るために1851年に兵を挙げ、南京を首都として太平天国
を建国した。

☐〔 ① 〕

2　ペリー…アメリカの東インド艦隊司令長官。1853年に浦賀(神奈
川県)に来航した。1854年に再び来航し、　☐②☐　条約を結ん
で日本を開国させた。

☐〔 ② 〕

3　井伊直弼…彦根藩(滋賀県)の藩主。1858年に江戸幕府の大老と
なり、朝廷の許可を得ないまま、　☐③☐　条約を結んだ。

☐〔 ③ 〕

4　吉田松陰…長州藩(山口県)の藩士。幕府を批判したため、
☐④☐　で処刑された。

☐〔 ④ 〕

3 次の説明にあてはまる人物名を書きましょう。

1　江戸幕府の大老となり、朝廷の許可を得ないまま、日米修好通商
条約を結ぶ。1860年に桜田門外の変で暗殺された。

☐〔 ① 〕

2　太平天国の乱の指導者。キリスト教徒で、平和で平等な国家を造
ることを理想とし、1851年に兵をあげ、南京を首都として太平天
国を建国した。

☐〔 ② 〕

3　アメリカの東インド艦隊司令長官。1853年に日本の開国を求めて
浦賀に来航した。翌年再び来航し、日米和親条約を結んだ。

☐〔 ③ 〕

4　長州藩(山口県)の藩士。松下村塾を叔父から受け継いだ。門下生
に高杉晋作、伊藤博文などがいる。幕府の対外政策を批判したた
め、安政の大獄で処刑された。

☐〔 ④ 〕

5　江戸幕府の14代将軍。幕府の権威を取り戻そうとする公武合体
策のため、孝明天皇の妹である和宮と結婚した。

☐〔 ⑤ 〕

> **きおくメモ**
>
> 欧米列強のアジア進出の一環として、**ペリー**は日本に来航して、開国を求めた。
> **井伊直弼**は、幕府の対外政策に反対する**吉田松陰**らを処罰した(安政の大獄)。

開国するニャ！

第108日｜倒幕運動に関わった人々

---

step 1　読むだけ

まとめ ## 倒幕運動と明治新政府で活躍した人物

① **木戸孝允**（1833〜1877）
　　長州藩（山口県）の藩士で、明治初期の政治家。薩長同盟を進めて
幕府をたおした。明治新政府では廃藩置県などの政策を進めた。

② **高杉晋作**（1839〜1867）
　　長州藩（山口県）の藩士。奇兵隊を組織し、幕府の長州出兵に対抗して
勝利した。

③ **西郷隆盛**（1827〜1877）
　　薩摩藩（鹿児島県）の藩士。薩長同盟を結んで幕府をたおし、戊辰戦争
で江戸城の無血開城に成功した。1877年に西南戦争を指導したが敗れた。

④ **大久保利通**（1830〜1878）
　　薩摩藩（鹿児島県）の藩士で、明治初期の政治家。欧米の視察後は
征韓論に反対する立場をとり、実権をにぎった。

⑤ **坂本龍馬**（1835〜1867）
　　土佐藩（高知県）出身の武士。薩長同盟を仲介し、大政奉還を実現させたが、
1867年に京都で暗殺された。

木戸孝允

高杉晋作

西郷隆盛

大久保利通

坂本龍馬

point 薩摩藩、長州藩を中心とした、倒幕運動に関わった人物を整理しよう。

---

step 2　見て写すだけ①

1 次の説明にあてはまる人物名を書きましょう。

1 薩摩藩（鹿児島県）の藩士。薩長同盟を結んで幕府をたおし、無血
開城に成功した。1877年に西南戦争を指導したが敗れた。

☐〔①　　　　　〕

2 長州藩（山口県）の藩士で、明治初期の政治家。薩長同盟を進めて
幕府をたおし、明治新政府で廃藩置県などの政策を進めた。

☐〔②　　　　　〕

3 長州藩（山口県）の藩士。奇兵隊を組織し、幕府の長州出兵に対抗
して勝利した。

☐〔③　　　　　〕

4 土佐藩（高知県）出身の武士。薩長同盟を仲介し、大政奉還を実
現させたが、1867年に京都で暗殺された。

☐〔④　　　　　〕

2 次の人物の説明文の空欄にあてはまる語を書きましょう。

1 木戸孝允…長州藩（山口県）の藩士で、明治初期の政治家。薩長同盟を進めて幕府をたおした。明治新政府では [❶] などの政策を進めた。

□ 〔❶　　　　　　　〕

2 西郷隆盛…薩摩藩（鹿児島県）の藩士。薩長同盟を結んで幕府をたおし、戊辰戦争で江戸城の無血開城に成功。1877年に [❷] 戦争を指導したが敗れた。

□ 〔❷　　　　　　　〕

3 大久保利通…薩摩藩（鹿児島県）の藩士で、明治初期の政治家。欧米の視察後は [❸] 論に反対する立場をとり、実権をにぎった。

□ 〔❸　　　　　　　〕

4 坂本龍馬…土佐藩（高知県）出身の武士。[❹] 同盟を仲介し、大政奉還を実現させたが、1867年に京都で暗殺された。

□ 〔❹　　　　　　　〕

3 次の説明にあてはまる人物名を書きましょう。

1 若いころは桂小五郎と名乗る。薩長同盟を結んで幕府をたおし、明治新政府で廃藩置県などを進めた。

□ 〔❶　　　　　　　〕

2 薩長同盟を結び、幕府をたおした。岩倉使節団の欧米訪問中も国内にとどまり、諸改革を進めた。

□ 〔❷　　　　　　　〕

3 明治新政府で欧米の視察後は、征韓論に反対する立場をとり、地租改正や殖産興業政策を進めた。

□ 〔❸　　　　　　　〕

4 土佐藩（高知県）出身の武士で、浪士集団の海援隊を結成し、倒幕運動に活躍した。薩長同盟を仲介したが、京都で暗殺された。

□ 〔❹　　　　　　　〕

5 尊王攘夷運動で活躍したが、攘夷は不可能だとさとり、奇兵隊を組織して幕府の2回目の長州出兵に対抗して勝利した。

□ 〔❺　　　　　　　〕

きおくメモ

幕末に倒幕運動で活躍したのは、西郷隆盛、高杉晋作、坂本龍馬。
明治新政府で活躍したのは、木戸孝允、大久保利通。

第109日 | 江戸幕府の滅亡に関わった人々

step 1　読むだけ

まとめ ## 江戸幕府の最後の将軍と幕末の政治家たち

❶ **徳川慶喜**（1837～1913）
　　江戸幕府の15代将軍で、最後の将軍。1867年、土佐藩のすすめで
大政奉還を行い、政権を朝廷に返した。これにより、江戸幕府は滅亡した。

❷ **岩倉具視**（1825～1883）
　　公家出身で、明治初期の政治家。王政復古の大号令を実現させた。
明治政府では、使節団の全権大使として欧米を視察し、以後、国内の
近代化につとめた。

❸ **勝 海舟**（1823～1899）
　　江戸時代末期から明治時代初期の政治家。戊辰戦争での西郷隆盛との
話し合いによって、江戸城の明け渡しを実現した。

❹ **後藤象二郎**（1838～1897）
　　土佐藩(高知県)の藩士。坂本龍馬の考えに共感し、その要点を土佐藩に伝えた。
このことが、大政奉還の実現につながった。

徳川慶喜

岩倉具視

勝 海舟

後藤象二郎

point 江戸幕府の滅亡までの流れと、それに関わった人物をまとめよう。

step 2　見て写すだけ①

1 次の説明にあてはまる人物名を書きましょう。

1　公家出身で、明治初期の政治家。王政復古の大号令を実現させた。
明治政府では、使節団の全権大使として欧米を視察し、以後、国
内の近代化につとめた。　　□ ❶〔　　　　　〕

2　江戸幕府の15代将軍で、最後の将軍。1867年、土佐藩のすすめ
で大政奉還を行い、政権を朝廷に返した。これにより、江戸幕府
は滅亡した。　　□ ❷〔　　　　　〕

3　土佐藩(高知県)の藩士。坂本龍馬の考えに共感し、その要点を土
佐藩に伝えた。このことが、大政奉還の実現につながった。　　□ ❸〔　　　　　〕

4　江戸時代末期から明治時代初期の政治家。戊辰戦争での西郷隆
盛との話し合いによって、江戸城の明け渡しを実現した。　　□ ❹〔　　　　　〕

2 次の人物の説明文の空欄にあてはまる語を書きましょう。

1　勝 海舟…江戸時代末期から明治時代初期の政治家。　①　
戦争での西郷隆盛との話し合いによって、江戸城の明け渡しを実
現した。

□ ［ ① 　　　　　　　　　　　］

2　徳川慶喜…江戸幕府の15代将軍で、最後の将軍。土佐藩のすす
めで大政奉還を行った。これにより、　②　幕府は滅亡した。

□ ［ ② 　　　　　　　　　　　］

3　後藤象二郎…土佐藩(高知県)の藩士。坂本龍馬の考えに共感し、
その要点を土佐藩に伝えた。このことが、　③　の実現につ
ながった。

□ ［ ③ 　　　　　　　　　　　］

4　岩倉具視…公家出身で、明治初期の政治家。　④　の大号
令を実現させた。明治政府では、使節団の全権大使として欧米を
視察し、以後、国内の近代化につとめた。

□ ［ ④ 　　　　　　　　　　　］

3 次の説明にあてはまる人物名を書きましょう。

1　土佐藩(高知県)の藩士。坂本龍馬の考えに共感し、その要点を土
佐藩に伝え、大政奉還を実現させた。明治新政府では征韓論を
唱え、敗れた。

□ ［ ① 　　　　　　　　　　　］

2　江戸幕府の最後の将軍。フランスの援助を受け、幕政の建て直し
につとめたが、1867年、大政奉還を行って政権を朝廷に返上。
江戸幕府は滅亡した。

□ ［ ② 　　　　　　　　　　　］

3　公家出身の明治初期の政治家。王政復古の大号令を実現させ、
天皇中心の政治をめざした。岩倉使節団の全権大使として欧米視
察後、国内の近代化につとめた。

□ ［ ③ 　　　　　　　　　　　］

4　江戸時代末期から明治時代初期の政治家。西郷隆盛との会談に
よって、江戸城の明け渡しを実現した。明治新政府では海軍卿(の
ちの海軍大臣)をつとめた。

□ ［ ④ 　　　　　　　　　　　］

きおくメモ

大政奉還の実現を橋渡ししたのは後藤象二郎、実際に行ったのは徳川慶喜。
戊辰戦争で江戸城の明け渡しについて会談したのは、旧幕府軍の勝 海舟と、新政府軍の西郷隆盛。

第110日｜明治維新と文明開化を支える人々

まとめ **明治維新と新しい思想、制度を作った人物**

① **明治天皇**（1852～1912）
　　1867年に即位した天皇で、年号を「明治」とした。五箇条の御誓文を
発布し、東京（江戸）に遷都。明治政府では近代化をおしすすめ、
大日本帝国憲法の制定や教育勅語の発布などを行った。

明治天皇

福沢諭吉

② **福沢諭吉**（1834～1901）
　　中津藩（大分県）出身で、幕末から明治時代の思想家・教育家。
1868年に慶応義塾を開き、欧米の学問や思想の普及につとめた。
著書の『学問のすゝめ』では、人間の平等主義をわかりやすい表現で説いた。

伊藤博文

③ **伊藤博文**（1841～1909）
　　明治時代の政治家で、初代内閣総理大臣。内閣制度を作り、大日本帝国憲法の制定につとめた。
4度にわたり内閣総理大臣をつとめたほか、初代韓国統監となった。

point 明治維新のときの、思想、制度などの変化に関わった人物を整理しよう。

1 次の説明にあてはまる人物名を書きましょう。

1　中津藩（大分県）出身で、幕末から明治時代の思想家・教育家。
1868年に慶応義塾を開き、欧米の学問や思想の普及につとめた。
著書の『学問のすゝめ』では、人間の平等主義をわかりやすい表
現で説いた。

□〔① 　〕

2　1867年に即位した天皇で、年号を「明治」とした。五箇条の御
誓文を発布し、東京（江戸）に遷都。明治政府では近代化をおしす
すめ、大日本帝国憲法の制定や教育勅語の発布などを行った。

□〔② 　〕

3　明治時代の政治家で、初代内閣総理大臣。内閣制度を作り、大日
本帝国憲法の制定につとめた。4度にわたり内閣総理大臣をつと
めたほか、初代韓国統監となった。

□〔③ 　〕

2 次の人物の説明文の空欄にあてはまる語を書きましょう。

1　福沢諭吉…中津藩(大分県)出身で、幕末から明治時代の思想家・教育家。1868年に慶応義塾を開き、欧米の学問や思想の普及につとめた。著書に『　①　』がある。

☐〔①〕

2　伊藤博文…明治時代の政治家で、初代内閣総理大臣。　②　を作り、大日本帝国憲法の制定につとめた。4度にわたり内閣総理大臣をつとめたほか、初代韓国統監となった。

☐〔②〕

3　明治天皇…1867年に即位した天皇で、年号を「明治」とした。　③　を発布し、東京(江戸)に遷都。明治政府では近代化をおしすすめ、大日本帝国憲法の制定や教育勅語の発布などを行った。

☐〔③〕

3 次の説明にあてはまる人物名を書きましょう。

1　年号を「明治」とし、1867年に即位した天皇。五箇条の御誓文を発布し、東京(江戸)に遷都した。明治政府では近代化を進め、大日本帝国憲法の制定などを行った。

☐〔①〕

2　幕末から明治時代の思想家・教育家で、幕府の使節とともに欧米を視察。1868年に慶応義塾を開き、欧米の学問や思想の普及につとめた。

☐〔②〕

3　初代の内閣総理大臣。内閣制度を作り、大日本帝国憲法の制定につとめた。4度にわたり内閣総理大臣をつとめたほか、初代韓国統監となったが、1909年に満州のハルビンで暗殺された。

☐〔③〕

昔のお札の肖像画にもなってるニャ

壱万円　福銀行

きおくメモ

明治天皇は、明治政府が作られ天皇中心の新しい政治が始まったことの象徴でもあった。
伊藤博文は内閣制度や大日本帝国憲法などの新しい制度、福沢諭吉は新しい思想に関わる。

第111日　自由民権運動の高まりと国会開設

まとめ ## 自由民権運動と国会の開設を進めた人々

板垣退助

植木枝盛

中江兆民

大隈重信

❶ **板垣退助**（1837〜1919）
　　明治時代の政治家で、土佐藩（高知県）の藩士。明治政府で要職についたが、征韓論を訴えて敗れ、辞職した。その後、政府に民撰議院設立の建白書を提出し、自由民権運動の中心人物となった。1881年には自由党を結成した。

❷ **植木枝盛**（1857〜1892）
　　明治時代の、自由民権運動の指導者。国会の開設が決まると、『東洋大日本国国憲按』とよばれる憲法の草案を発表した。

❸ **中江兆民**（1847〜1901）
　　明治時代の思想家。フランスから帰国後、フランス流の民権論を発表して藩閥政治を批判した。ルソーの著書の一部を翻訳して出版し、自由民権運動に大きな影響をあたえた。

❹ **大隈重信**（1838〜1922）
　　明治・大正時代の政治家で、国会の早期開設を主張した。立憲改進党を結成して、藩閥政治に反対した。1898年には憲政党を中心とする日本初の政党内閣を組織した。

point 自由民権運動の高まりと国会開設の流れ、各政党の成立を確認しよう。

1 次の説明にあてはまる人物名を書きましょう。

1. 明治時代の、自由民権運動の指導者。国会の開設が決まると、『東洋大日本国国憲按』とよばれる憲法の草案を発表した。　□〔①　　　　　〕

2. 明治時代の思想家。フランス流の民権論を発表して藩閥政治を批判した。ルソーの著書の一部を翻訳して出版し、自由民権運動に大きな影響をあたえた。　□〔②　　　　　〕

3. 明治時代の政治家で、土佐藩（高知県）の藩士。明治政府で要職についた。辞職した後、政府に民撰議院設立の建白書を提出し、自由民権運動の中心人物となった。　□〔③　　　　　〕

4. 明治・大正時代の政治家。立憲改進党を結成して、藩閥政治に反対した。1898年には日本初の政党内閣を組織した。　□〔④　　　　　〕

2 次の人物の説明文の空欄にあてはまる語を書きましょう。

1　板垣退助…明治時代の政治家で、土佐藩(高知県)の藩士。征韓論を訴えて敗れ、辞職した。政府に ［　①　］ を提出し、自由民権運動の中心人物となった。

☐（①　　　　　　　）

2　植木枝盛…明治時代の ［　②　］ 運動の指導者。国会の開設が決まると、『東洋大日本国国憲按』とよばれる憲法の草案を発表した。

☐（②　　　　　　　）

3　中江兆民…明治時代の思想家。フランス流の民権論を発表して藩閥政治を批判した。 ［　③　］ の著書の一部を翻訳して出版し、自由民権運動に大きな影響をあたえた。

☐（③　　　　　　　）

4　大隈重信…明治・大正時代の政治家で、国会の早期開設を主張した。 ［　④　］ 党を結成して、藩閥政治に反対した。1898年には憲政党を中心とする日本初の政党内閣を組織した。

☐（④　　　　　　　）

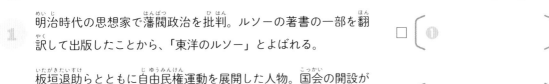

3 次の説明にあてはまる人物名を書きましょう。

1　明治時代の思想家で藩閥政治を批判。ルソーの著書の一部を翻訳して出版したことから、「東洋のルソー」とよばれる。

☐（①　　　　　　　）

2　板垣退助らとともに自由民権運動を展開した人物。国会の開設が決まると、『東洋大日本国国憲按』とよばれる憲法の草案を発表した。

☐（②　　　　　　　）

3　明治・大正時代の政治家。立憲改進党を結成して、藩閥政治に反対した。東京専門学校(現早稲田大学)の創立者。

☐（③　　　　　　　）

4　土佐藩(高知県)の藩士。明治政府に民撰議院設立の建白書を提出した。立志社を土台に、1881年に自由党を結成し、自由民権運動の中心人物となった。

☐（④　　　　　　　）

きおくメモ

板垣退助は、自由民権運動を展開して国会の開設を求めた。
中江兆民は、フランスで学んだ人民主権の考え方を広め、自由民権運動に影響をあたえた。

第112日｜不平等条約の改正と日清・日露戦争

step 1　読むだけ

まとめ ## 外交や戦争で活躍した人物

陸奥宗光

小村寿太郎

❶ **陸奥宗光**（1844～1897）

　　明治時代の政治家。外務大臣となり、1894年、日清戦争の直前に
イギリスと日英通商航海条約を結び、領事裁判権（治外法権）の撤廃に
成功した。

❷ **小村寿太郎**（1855～1911）

　　明治時代の政治家。外務大臣として、1902年にイギリスと日英同盟を、
日露戦争後の1905年には日本の全権としてポーツマス条約を結ぶ。その後、
1911年には関税自主権の完全な回復に成功した。

東郷平八郎

❸ **東郷平八郎**（1847～1934）

　　明治・大正時代の軍人。日清戦争と日露戦争で活躍した。日露戦争では日本の海軍を指揮し、
日本海海戦でロシアのバルチック艦隊をやぶって勝利した。

point 不平等条約の改正に関わった人物と、日清・日露戦争で活躍した軍人を確認しよう。

step 2　見て写すだけ①

1 次の説明にあてはまる人物名を書きましょう。

1
明治時代の政治家。外務大臣として、1902年にイギリスと日英
同盟を、日露戦争後の1905年には日本の全権としてポーツマス
条約を結ぶ。その後、1911年には関税自主権の完全な回復に成功
した。

2
明治時代の政治家。外務大臣となり、1894年、日清戦争の直前
にイギリスと日英通商航海条約を結び、領事裁判権（治外法権）の
撤廃に成功した。

3
明治・大正時代の軍人。日清戦争と日露戦争で活躍した。日露戦
争では日本の海軍を指揮し、日本海海戦でロシアのバルチック艦
隊をやぶって勝利した。

2 次の人物の説明文の空欄にあてはまる語を書きましょう。

1　東郷平八郎…日清戦争と日露戦争で活躍した軍人。日露戦争では
日本の海軍を指揮し、□❶□でロシアのバルチック艦隊をや
ぶって勝利した。

□〔❶　　　　　〕

2　小村寿太郎…明治時代の政治家。外務大臣として、1902年にイ
ギリスと日英同盟を結ぶ。その後、1911年には□❷□の完全
な回復に成功した。

□〔❷　　　　　〕

3　陸奥宗光…明治時代の政治家。外務大臣となり、1894年、日清
戦争の直前にイギリスと日英通商航海条約を結び、□❸□
の撤廃に成功した。

□〔❸　　　　　〕

3 次の説明にあてはまる人物名を書きましょう。

1　日清戦争と日露戦争で活躍した、明治・大正時代の軍人。日露戦
争では日本海軍の司令官となり、日本海海戦でロシアのバルチッ
ク艦隊をやぶって勝利した。

□〔❶　　　　　〕

2　外務大臣となって、1902年にイギリスと日英同盟を結んだ人物。
日露戦争後、1905年には日本の全権としてポーツマス条約を結ぶ。
その後、1910年には韓国併合をおしすすめ、1911年には関税自主
権の完全な回復に成功した。

□〔❷　　　　　〕

3　外務大臣となって、日清戦争の直前の1894年にイギリスと日英
通商航海条約を結び、領事裁判権（治外法権）の撤廃を実現。また、
1895年の下関条約を結ぶ際の全権としても活躍した。

□〔❸　　　　　〕

きおくメモ

領事裁判権（治外法権）の撤廃は陸奥宗光、関税自主権の回復は小村寿太郎。
きびしい戦況の中、東郷平八郎はロシアのバルチック艦隊に勝利した。

出撃ニャー！

第113日｜戦争反対を訴えた人々と中国の革命家

step 1　読むだけ

まとめ

非戦論を唱えた人物と激動の中国を変えた人物

❶ 内村鑑三（1861〜1930）

　明治・大正時代のキリスト教思想家。札幌農学校で学び、クラークの影響を受けて

キリスト教徒になる。日露戦争では開戦に反対し、非戦論を唱えた。

内村鑑三

❷ 幸徳秋水（1871〜1911）

　明治時代の社会主義者。日本における社会主義思想の先がけとなった人物で、

1901年に社会民主党を結成。日露戦争のころに「平民新聞」を発行し、戦争に反対した。

天皇の暗殺を企てたとされた1910年の大逆事件で死刑となった。

幸徳秋水

❸ 与謝野晶子（1878〜1942）

　明治〜昭和時代の歌人。日露戦争のときに旅順に出征した弟によせた詩

「君死にたまふことなかれ」を発表し、非戦論を唱えた。歌集に『みだれ髪』など。

与謝野晶子

❹ 孫文（1866〜1925）中国
　スンウェン

　三民主義を主張して中華民国を建国させた政治家。辛亥革命後の1912年に、

中華民国臨時政府の臨時大総統となる。1919年に中国国民党を結成した。

孫文

point　戦争が激化する中、非戦論を唱えた人物と、中国の移り変わりを理解しよう。

step 2　見て写すだけ①

1 次の説明にあてはまる人物名を書きましょう。

1　三民主義を主張して中華民国を建国させた政治家。辛亥革命後の
1912年に、中華民国臨時政府の臨時大総統となる。

□（❶　　　　　）

2　明治〜昭和時代の歌人。日露戦争のときに出征した弟によせた詩
「君死にたまふことなかれ」を発表し、非戦論を唱えた。歌集に
『みだれ髪』など。

□（❷　　　　　）

3　明治・大正時代のキリスト教思想家。日露戦争では、キリスト教
徒の立場から開戦に反対し、非戦論を唱えた。

□（❸　　　　　）

4　明治時代の社会主義者。「平民新聞」を発行し、日露戦争に反対。
1910年の大逆事件で死刑となった。

□（❹　　　　　）

2 次の人物の説明文の空欄にあてはまる語を書きましょう。

1 幸徳秋水…明治時代の社会主義者で、日露戦争のころに「平民新聞」を発行し、戦争に反対した。1910年の 　①　 事件で死刑となった。

□ ❨①　　　　　　❩

2 内村鑑三…明治・大正時代のキリスト教思想家。札幌農学校で学び、クラークの影響を受けてキリスト教徒になる。 　②　 戦争では開戦に反対し、非戦論を唱えた。

□ ❨②　　　　　　❩

3 孫文…三民主義を主張して中華民国を建国させた政治家。 　③　 革命後の1912年に、中華民国臨時政府の臨時大総統となる。1919年に中国国民党を結成した。

□ ❨③　　　　　　❩

4 与謝野晶子…明治～昭和時代の歌人。日露戦争で出征した弟によせた詩「君死にたまふことなかれ」を発表し、非戦論を唱えた。歌集に『 　④　 』など。

□ ❨④　　　　　　❩

3 次の説明にあてはまる人物名を書きましょう。

1 札幌農学校で学び、クラークの影響を受けてキリスト教徒になる。「日露戦争だけではなく戦争そのものに絶対反対する」と、非戦論を唱えた。

□ ❨①　　　　　　❩

2 日本の社会主義思想の先がけとなった人物。日露戦争のころに「平民新聞」を発行し、戦争に反対した。1910年の大逆事件で死刑となった。

□ ❨②　　　　　　❩

3 歌集『みだれ髪』で有名な歌人。日露戦争のときに出征した弟によせた詩「君死にたまふことなかれ」を発表し、非戦論を唱えた。

□ ❨③　　　　　　❩

4 三民主義を主張して、辛亥革命で清をたおした。1912年に中華民国臨時政府の臨時大総統となり、アジア最初の共和国となる中華民国の建国を宣言した。

□ ❨④　　　　　　❩

きおくメモ

日露戦争のころに非戦論を唱えたのは、内村鑑三、与謝野晶子、幸徳秋水。
孫文は、一時東京に亡命し、清をたおす動きが本格化した辛亥革命のころに帰国した。

第114日｜お雇い外国人たちと日本の産業発展と課題

step 1　読むだけ

まとめ ## 日本の近代化を支えた人々

❶ クラーク（1826〜1886）アメリカ

　アメリカの教育者。1876年に日本に招かれ、北海道の札幌農学校の教頭に就任した。キリスト教の精神に基づく教育を行った。

❷ フェノロサ（1853〜1908）アメリカ

　アメリカの日本美術研究家、哲学者。1878年に日本に招かれ、東京大学で哲学などを教えた。岡倉天心らと日本美術の復興につとめ、東京美術学校の設立に力をつくした。

❸ 渋沢栄一（1840〜1931）

　明治〜昭和時代の実業家。大蔵省を退職後、その人脈を生かして富岡製糸場や第一国立銀行など多くの企業の設立をあとおしし、日本の資本主義の発達に貢献した。

❹ 田中正造（1841〜1913）

　栃木県出身の、明治時代の政治家。1890年に衆議院議員となる。足尾鉱毒事件の解決のために天皇に直訴するなど、生涯、事件の解決に取り組んだ。

point 文化や政治・経済の分野で、日本の近代化を支えた人物を確認しよう。

クラーク

フェノロサ

渋沢栄一

田中正造

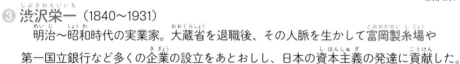

step 2　見て写すだけ①

1 次の説明にあてはまる人物名を書きましょう。

1 明治〜昭和時代の実業家。大蔵省を退職後、人脈を生かして富岡製糸場や第一国立銀行など多くの企業の設立に関わり、日本の資本主義の発達に貢献した。　□〔❶　　　　　〕

2 アメリカの教育者。日本に招かれ、北海道の札幌農学校の教頭に就任した。キリスト教の精神に基づく教育を行った。　□〔❷　　　　　〕

3 アメリカの日本美術研究家、哲学者。1878年に日本に招かれ、東京大学で哲学などを教えた。岡倉天心らと日本美術の復興につとめ、東京美術学校の設立に力をつくした。　□〔❸　　　　　〕

4 明治時代の政治家。栃木県出身。1890年に衆議院議員となる。足尾鉱毒事件の解決のために天皇に直訴するなど、生涯、事件の解決に取り組んだ。　□〔❹　　　　　〕

2 次の人物の説明文の空欄にあてはまる語を書きましょう。

1　クラーク…アメリカの教育者。1876年に日本に招かれ、北海道の □① 学校の教頭に就任した。キリスト教の精神に基づく教育を行った。

□〔① 　　　　　〕

2　田中正造…明治時代の政治家。1890年に衆議院議員となる。□② 事件の解決のために天皇に直訴するなど、生涯、事件の解決に取り組んだ。

□〔② 　　　　　〕

3　渋沢栄一…大蔵省を退職後、その人脈を生かして □③ 場や第一国立銀行など多くの企業の設立に関わり、日本の資本主義の発達に貢献した。

□〔③ 　　　　　〕

4　フェノロサ…1878年に日本に招かれ、東京大学で哲学などを教えた。岡倉天心らと日本美術の復興につとめ、□④ 学校の設立に力をつくした。

□〔④ 　　　　　〕

3 次の説明にあてはまる人物名を書きましょう。

1　栃木県出身の政治家。日本の公害問題の原点ともいわれ、農業や漁業に深刻な被害を出した足尾鉱毒事件の解決に、生涯をかけて取り組んだ。

□〔① 　　　　　〕

2　1876年に日本に招かれ、北海道の札幌農学校の教頭に就任。附属農場ではアメリカ式の農法が試みられ、北海道の農業に大きな影響をあたえた。

□〔② 　　　　　〕

3　1878年に日本に招かれた、お雇い外国人の1人。岡倉天心らとともに日本の伝統美術の保存と復興につとめ、世界にその価値を示した。

□〔③ 　　　　　〕

4　日本の近代化を経済面から支えた第一人者で、日本の資本主義の父とよばれる。富岡製糸場をはじめ、500以上の会社設立に関わり、経済界の指導者として活躍。現在の一万円札の肖像画の人物。

□〔④ 　　　　　〕

ボーイズビーニャンビシャス！

きおくメモ

日本の近代化を進めたのは渋沢栄一、近代化の影響による公害問題に取り組んだのは田中正造。
日本の農業の発展に貢献した外国人はクラーク、美術の発展に貢献した外国人はフェノロサ。

第115日｜欧米文化を取り入れた日本の新しい美

まとめ ## 欧米文化を取り入れた日本の芸術家たち

岡倉天心

横山大観

① **岡倉天心**（1862〜1913）

　明治時代の美術評論家。フェノロサとともにヨーロッパに渡った。
帰国後は東京美術学校や日本美術院の設立に力をつくし、校長となり
日本画の復興につとめた。

② **横山大観**（1868〜1958）

　明治〜昭和時代の日本画家。日本美術院の設立に力をつくし、欧米の美術の
手法を取り入れた近代的な日本画の発展につとめた。代表作は『無我』など。

黒田清輝

高村光雲

③ **黒田清輝**（1866〜1924）

　明治・大正時代の洋画家。印象派の画風を紹介した。代表作は『湖畔』など。

④ **高村光雲**（1852〜1934）

　明治〜昭和時代の彫刻家。西洋の写実的な技法を用いた。代表作は『老猿』など。

荻原守衛

滝廉太郎

⑤ **荻原守衛**（1879〜1910）

　明治時代の彫刻家。ロダンに学び、近代彫刻を制作した。代表作は『女』など。

⑥ **滝廉太郎**（1879〜1903）

　明治時代の作曲家。日本で洋楽の道を開いた。代表作は『花』『荒城の月』など。

point 近代の日本文化に関する人物と、その代表作品を確認しよう。

1 次の説明にあてはまる人物名を書きましょう。

1 明治時代の作曲家。日本で洋楽の道を開いた。代表作は『花』『荒城の月』など。
□ 〔 ① 　　　　　　 〕

2 明治〜昭和時代の彫刻家。西洋の写実的な技法を用いた。代表作は『老猿』など。
□ 〔 ② 　　　　　　 〕

3 明治・大正時代の洋画家。印象派の画風を紹介した。代表作は『湖畔』など。
□ 〔 ③ 　　　　　　 〕

4 明治〜昭和時代の日本画家。日本美術院の設立に力をつくし、欧米の手法を取り入れた近代的な日本画の発展につとめた。
□ 〔 ④ 　　　　　　 〕

2 次の人物の説明文の空欄にあてはまる語を書きましょう。

1　荻原守衛…明治時代の彫刻家。｜　①　｜に学び、近代彫刻を
制作した。代表作は『女』など。

☐（①　　　）

2　岡倉天心…明治時代の美術評論家。｜　②　｜学校の設立に力
をつくし、校長となり日本画の復興につとめた。

☐（②　　　）

3　滝廉太郎…明治時代の作曲家。日本で｜　③　｜の道を開いた。
代表作は『花』『荒城の月』など。

☐（③　　　）

4　横山大観…明治～昭和時代の日本画家。｜　④　｜院の設立に
力をつくし、欧米の手法を取り入れた近代的な日本画の発展につ
とめた。代表作は『無我』など。

☐（④　　　）

3 次の説明にあてはまる人物名を書きましょう。

1　『老猿』などの作品で、西洋の写実的な技法を用いた、明治～昭
和時代の彫刻家。

☐（①　　　）

2　『花』『荒城の月』などを作曲して日本人の心をとらえた、日本で
洋楽の道を開いた作曲家。

☐（②　　　）

3　フランスで絵画を学び、『湖畔』などの明るい光に満ちた作品を
えがいた洋画家。

☐（③　　　）

4　明治時代の美術評論家。東京美術学校を設立して校長となり、伝
統美術の復興につとめた。

☐（④　　　）

5　欧米の美術の手法を取り入れ、日本画の発展につとめた画家。
『無我』などの作品は、海外でも高い評価を受けた。

☐（⑤　　　）

6　ロダンに学び、近代彫刻を制作した明治時代の彫刻家。代表作は
『女』など。

☐（⑥　　　）

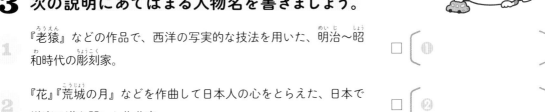

きおくメモ

東京美術学校には岡倉天心、日本美術院には横山大観と岡倉天心が設立に関わった。
彫刻は高村光雲と荻原守衛、洋画は黒田清輝、洋楽は滝廉太郎がそれぞれ有名。

第116日｜話し言葉のままで文章を書く「言文一致」の文学が広がる

---

step 1　読むだけ

まとめ　近代文学を発展させた作家たち

① 二葉亭四迷（1864～1909）
　明治時代の小説家。話し言葉（口語）のままで文章を書く言文一致体を
用いて、小説『浮雲』を発表した。

② 森鷗外（1862～1922）
　明治・大正時代の小説家。西洋文学を紹介した。代表作は『舞姫』など。

③ 夏目漱石（1867～1916）
　明治・大正時代の小説家。人間の心理をするどくとらえてえがき、
独自の作風を生み出した。小説『吾輩は猫である』で有名になった。

④ 樋口一葉（1872～1896）
　明治時代の女性の小説家。近代の都市で暮らす女性の姿をえがいた。
代表作は『にごりえ』『たけくらべ』など。

⑤ 石川啄木（1886～1912）
　明治時代のロマン主義の歌人。歌集に『一握の砂』などがある。

⑥ 島崎藤村（1872～1943）
　明治～昭和時代の小説家。自然主義文学の先がけとなる『破戒』の作者。

二葉亭四迷

森鷗外

夏目漱石

樋口一葉

石川啄木

島崎藤村

point 明治以降の近代文学の作品名と作者名を確認しよう。

---

step 2　見て写すだけ①

1 次の説明にあてはまる人物名を書きましょう。

1　明治時代のロマン主義の歌人。歌集に『一握の砂』などがある。
　□（①　　　　　　　）

2　明治・大正時代の小説家。人間の心理をするどくとらえてえがき、
独自の作風を生み出した。小説『吾輩は猫である』の作者。
　□（②　　　　　　　）

3　明治時代の女性の小説家。近代の都市で暮らす女性の姿をえが
いた。代表作は『にごりえ』『たけくらべ』など。
　□（③　　　　　　　）

4　明治・大正時代の小説家。西洋文学を紹介した。代表作は『舞
姫』など。
　□（④　　　　　　　）

2 次の人物の説明文の空欄にあてはまる語を書きましょう。

1 島崎藤村…明治～昭和時代の小説家。 ①　　　 文学の先がけ
となる『破戒』の作者。　　　□ 〔 ① 〕

2 二葉亭四迷…明治時代の小説家。話し言葉（口語）のままで文章を
書く ② 体を用いて、小説『浮雲』を発表した。　　　□ 〔 ② 〕

3 夏目漱石…明治・大正時代の小説家。人間の心理をするどくとら
えてえがき、独自の作風を生み出した。小説『 ③ 』で有
名になった。　　　□ 〔 ③ 〕

4 石川啄木…明治時代の ④ 主義の歌人。歌集に『一握の
砂』などがある。　　　□ 〔 ④ 〕

3 次の説明にあてはまる人物名を書きましょう。

1 明治時代の女性の歌人、小説家。代表作は『大つごもり』『にご
りえ』『たけくらべ』など。　　　□ 〔 ① 〕

2 明治時代のロマン主義の歌人。時代の状況や生活のきびしさを短
歌で表現した。代表作は『一握の砂』。　　　□ 〔 ② 〕

3 文語ではなく、話し言葉（口語）で文章を表現する言文一致を主張
し、『浮雲』を発表した小説家。　　　□ 〔 ③ 〕

4 西洋文学を日本に紹介した小説家。欧米の文化に向き合う知識人
の視点から、『舞姫』などを発表した。　　　□ 〔 ④ 〕

5 自然主義文学の先がけとなる『破戒』の作者である、明治～昭和
時代の小説家。　　　□ 〔 ⑤ 〕

6 日本の近代文学に大きな足跡を残した明治・大正時代の小説家。
『吾輩は猫である』『坊っちゃん』の作者である。　　　□ 〔 ⑥ 〕

きおくメモ

樋口一葉は女性の小説家で、近代の都市に生きる女性の姿を書き上げた。
夏目漱石や森鷗外は、欧米の文化と向き合う知識人の立場から小説を発表。

吾輩も猫である

第117日｜学制が女子教育を広げ、自然科学を発展させた

step 1　読むだけ

まとめ 女子教育と自然科学を発達させた学者たち

① 津田梅子（1864〜1929）

　東京出身の教育者。7歳のときに岩倉使節団とともにアメリカに渡った、日本で最初の女子留学生。帰国後、女子教育のために女子英学塾（のちの津田塾大学）を設立。

津田梅子

② 北里柴三郎（1852〜1931）

　明治〜昭和時代の細菌学者。ドイツに留学し、破傷風菌を研究した。帰国後はペスト菌を発見し、血清療法を研究した。研究所を作り、さまざまな感染症の研究を行った。

北里柴三郎

③ 野口英世（1876〜1928）

　明治・大正時代の細菌学者。さまざまな病気の研究で業績を残した。アフリカで黄熱病の研究中、みずからも黄熱病に感染し、ガーナで死亡した。

野口英世

④ 長岡半太郎（1865〜1950）

　明治〜昭和時代の物理学者。ドイツに留学後、東京大学の教授となった。原子構造の研究で業績を残し、日本の物理学研究の基礎を築いた。

長岡半太郎

point 近代の教育と自然科学の分野で、業績を残した人物をまとめよう。

step 2　見て写すだけ①

1 次の説明にあてはまる人物名を書きましょう。

1　明治〜昭和時代の細菌学者。ドイツに留学し、破傷風菌を研究した。帰国後はペスト菌を発見し、血清療法を研究したほか、感染症の研究所を設立した。

□ 〔①　　　　　〕

2　明治〜昭和時代の物理学者。原子構造の研究で業績を残し、日本の物理学研究の基礎を築いた。

□ 〔②　　　　　〕

3　東京出身の教育者。7歳のときに岩倉使節団とアメリカに渡った、日本で最初の女子留学生。帰国後は女子教育のために、女子英学塾を設立した。

□ 〔③　　　　　〕

4　明治・大正時代の細菌学者。さまざまな病気の研究で業績を残した。アフリカで黄熱病の研究中に感染し、ガーナで死亡した。

□ 〔④　　　　　〕

2 次の人物の説明文の空欄にあてはまる語を書きましょう。

1 津田梅子…東京出身の教育者。7歳のときに岩倉使節団とアメリカに渡った、日本で最初の女子留学生。帰国後は女子教育のために、1900年に ① 塾を設立。

□ [① 　　　　　　　]

2 北里柴三郎…明治～昭和時代の細菌学者。ドイツに留学し、② 菌を研究した。帰国後はペスト菌を発見し、血清療法を研究したほか、感染症の研究所を設立。

□ [② 　　　　　　　]

3 野口英世…明治・大正時代の細菌学者。さまざまな病気の研究で業績を残した。アフリカで ③ 病の研究中、みずからも感染し、ガーナで死亡した。

□ [③ 　　　　　　　]

4 長岡半太郎…明治～昭和時代の物理学者。ドイツに留学後、東京大学の教授となった。④ 構造の研究で業績を残し、日本の物理学研究の基礎を築いた。

□ [④ 　　　　　　　]

3 次の説明にあてはまる人物名を書きましょう。

1 ドイツに留学し、破傷風菌を研究した細菌学者。帰国後はペスト菌を発見し、血清療法を研究した。感染症の研究所を設立し、野口英世や志賀潔らを輩出した。現在の千円札の肖像画の人物。

□ [① 　　　　　　　]

2 狂犬病や小児まひなどの研究で多くの功績を残した、明治・大正時代の細菌学者。黄熱病の病原体の研究で注目された。

□ [② 　　　　　　　]

3 原子構造の研究で世界的に知られる明治～昭和時代の物理学者。日本の物理学研究の基礎を築いた。

□ [③ 　　　　　　　]

4 日本で最初の女子留学生で、7歳のときに岩倉使節団とともにアメリカに渡る。帰国後、女子教育のために、現在の津田塾大学である女子英学塾を設立した。現在の五千円札の肖像画の人物。

□ [④ 　　　　　　　]

> **きおくメモ**
>
> 北里柴三郎は破傷風菌、野口英世は黄熱病を研究した。
> 津田梅子が設立した女子英学塾では、英語と英文学を中心とした女子教育が行われた。

第118日

表や図・地図を使った問題
重要用語は表や図で整理
できごとと場所は一緒に覚えよう

学習日　　月　　日

／100

1 19世紀初めのイギリスの三角貿易を示した右の図を見て、次の問いに答えなさい。

（各5点／35点）

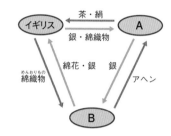

□ ❶　図中のＡ、Ｂにあてはまる国名を書きなさい。

Ａ 〔　　　　　　　〕 Ｂ 〔　　　　　　　〕

□ ❷　三角貿易の背景には、18世紀後半にイギリスから始まった、機械による大量生産への変化がありました。この変化を何といいますか。

〔　　　　　　　〕

□ ❸　19世紀半ばに、イギリスとＡの国との間で始まった戦争を何といいますか。

〔　　　　　　　〕

□ ❹　❸の戦争で結ばれた講和条約を何といいますか。

〔　　　　　　　〕

□ ❺　❸の戦争が起こった当時の日本のようすとして正しいものを、次の**ア～ウ**から1つ選びなさい。

　　ア 徳川吉宗による享保の改革が行われた。
　　イ 松平定信による寛政の改革が行われた。
　　ウ 水野忠邦による天保の改革が行われた。

ヒント

❸の戦争は、1840年に起こったよ。

〔　　　　　　　〕

□ ❻　❸の戦争のあと、Ｂの国でもイギリスの支配への不満から反乱が起きました。この反乱を何といいますか。

〔　　　　　　　〕

2 ペリーの来航の関係地を示した右の地図を見て、次の問いに答えなさい。

（各5点／15点）

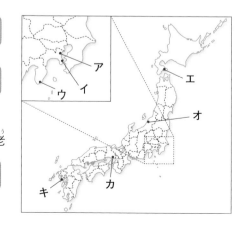

□ ❶　1853年にペリーが来航した場所を、地図中の**ア～キ**から1つ選びなさい。

〔　　　　　　　〕

□ ❷　日米和親条約と日米修好通商条約の、両方の開港地となった場所を、地図中の**ア～キ**から1つ選びなさい。

〔　　　　　　　〕

□ ❸　日米修好通商条約を、朝廷の許可なく結んだ幕府の大老は誰ですか。

〔　　　　　　　〕

3 次の年表を見て、空欄にあてはまる語を、下の◯◯◯から選んで書きなさい。 （各5点／30点）

年	おもなできごと
1867	15代将軍の徳川慶喜が政権を朝廷に返上する（ **①** ）。
1868	新政府軍と旧幕府軍の戦いである **②** が始まる（〜69年）。
	新政府は、明治天皇が神に誓うという形で **③** を出す。
1869	藩主に土地と人民を天皇に返上させる（版籍奉還）。
1873	政府が徴兵令を出す。地租改正を実施。
1874	板垣退助らが民撰議院設立の建白書を政府に提出する。
1885	内閣制度を創設する。初代内閣総理大臣は伊藤博文。
1889	**④** が発布される。
1894	甲午農民戦争をきっかけに **⑤** が始まる。
1895	下関条約を結ぶ。ロシア・ドイツ・フランスによる三国干渉。
1904	満州や韓国をめぐる対立から **⑥** が始まる。

日清戦争　　五箇条の御誓文　　戊辰戦争　　大日本帝国憲法　　大政奉還　　日露戦争

☐（ **①** 　　　　　　）　☐（ **②** 　　　　　　）　☐（ **③** 　　　　　　）

☐（ **④** 　　　　　　）　☐（ **⑤** 　　　　　　）　☐（ **⑥** 　　　　　　）

4 明治時代の文化をまとめた次の表を見て、空欄にあてはまる語を、下の◯◯◯から選んで書きなさい。 （各4点／20点）

	人物	おもな作品		人物	おもな業績
美術	**①**	洋画『湖畔』	自然科学	**④**	破傷風の血清療法
	横山大観	日本画『無我』		志賀潔	赤痢菌の発見
文学	**②**	『舞姫』		**⑤**	黄熱病の研究
	③	『吾輩は猫である』		長岡半太郎	原子構造の研究

北里柴三郎　　夏目漱石　　黒田清輝　　森鷗外　　石川啄木　　野口英世

ヒント
欧米の文化を取り入れて、学問・技術が急速に発達したよ。

☐（ **①** 　　　　　　）　☐（ **②** 　　　　　　）

☐（ **③** 　　　　　　）　☐（ **④** 　　　　　　）　☐（ **⑤** 　　　　　　）

用語の意味を選ぶ問題

第119日
用語→意味が答えられるようにしよう

/100

1 次の空欄にあてはまる語を、下の [____] から選んで書きなさい。

（各5点／20点）

□ ❶ 1789年、フランスで人権宣言が発表された。王政を廃止するなど革命がはげしくなると、国内の政治

は混乱した。1804年に [　　　　　　　] が皇帝になり、ヨーロッパの大部分を征服した。

□ ❷ 1861年、アメリカで自由貿易と奴隷制度をめぐって南北戦争が起こった。当時の大統領の

[　　　　　　　] が奴隷解放宣言を出し、戦争は北部の勝利で終わった。

□ ❸ 1840年、清とイギリスの間で、三角貿易によるアヘンの密輸をめぐりアヘン戦争が始まった。その講

和条約として1842年に [　　　　　　　] が結ばれ、イギリスは上海など五つの港を開港させ、香

港を手に入れたうえ賠償金を支払わせた。

□ ❹ 1857年、イギリスの支配に不満を持つ人々が立ち上がり [　　　　　　　] を起こしたが、イギリ

スはこれをおさえ、インドを直接支配下に置いた。

┌───┐
│ インド大反乱　　ワシントン　　ビスマルク　　リンカン　　ナポレオン　　南京条約 │
└───┘

2 次の文を読んで、日米和親条約について書かれたものには「ア」、日米修好通商条約について書かれたものには「イ」を書きなさい。　（各6点／30点）

□ ❶ [　　] …関税自主権がなく、領事裁判権を認めた不平等条約だった。

> **ヒント**
> 領事裁判権は、1894年にようやく撤廃されるよ。

□ ❷ [　　] …下田と函館の2港を開いた。

□ ❸ [　　] …幕府の大老井伊直弼が、朝廷の許可なくハリスと結んだ。

□ ❹ [　　] …函館・神奈川（横浜）・長崎・新潟・兵庫（神戸）の5港を開き、外国人居留地での自由貿易を認めた。

> **ヒント**
> ペリーはこの前年に初めて浦賀に来たよ。

□ ❺ [　　] …1854年にペリーと結んだ。

3 明治維新の改革の説明として正しいものを、下の ［＿＿＿＿］ の⑦〜⑤から
選んで書きなさい。　　　　　　　　　　　　　　　　　　　（各5点／20点）

□ ❶ 版籍奉還……………… 〔　　　　　〕

ヒント

「版」は土地、「籍」は人民
のことだよ。

□ ❷ 廃藩置県……………… 〔　　　　　〕

□ ❸ 四民平等……………… 〔　　　　　〕

ヒント

武士（士）、百姓（農）、
町人（工商）の身分を
一つにすることから、
「四民平等」といわれたよ。

□ ❹ 地租改正……………… 〔　　　　　〕

⑦　土地の地価を定め、その所有者に地価の3％を現金で納めさせた。
⑦　藩を廃止して府県を置き、府知事や県令（県知事）を派遣して治めさせた。
⑦　藩主に、土地と人民を政府に返上させた。
⑤　平民も名字を名乗り、華族・士族・平民間の結婚を認め、職業の選択や移動の自由の制限も廃止した。

4 明治初期の外交と日清・日露戦争について、正しいものには○、まちがっ
ているものには×を書きなさい。　　　　　　　　　　　　　（各5点／30点）

□ ❶ 〔　　　〕…1871年に日清修好条規を結び、清（中国）と正式に国交を結んだ。

□ ❷ 〔　　　〕武力で朝鮮を開国させようという征韓論が高まる中、1875年の生麦事件をきっかけに、
…日朝修好条規を結んだ。

□ ❸ 〔　　　〕1875年にロシアと樺太・千島交換条約を結び、樺太を日本領、千島列島全島をロシ
…ア領と定めた。

□ ❹ 〔　　　〕…1894年に朝鮮で起きた甲午農民戦争をきっかけに、日清戦争が始まった。

□ ❺ 〔　　　〕下関条約で得た遼東半島の清への返還を求めた、ロシア・ドイツ・イギリスによる三
…国干渉を、日本は受け入れた。

□ ❻ 〔　　　〕1904年に日露戦争が起こり、翌年、アメリカの仲介で
…ポーツマス条約が結ばれた。

ヒント

日本は1902年に日英同盟
を結ぶよ。

学習日　　月　　日

第120日

用語の意味を説明する問題
「なぜ？」「どんな意味？」を いくつかのキーワードで説明しよう

／100

1 18世紀後半以降のイギリスについて、次の文を読んで、空欄にあてはまる語を書きなさい。

（各6点／30点）

18世紀の後半から、イギリスでは（　❶　）機関の実用化から工場制機械工業が発達し、（　❷　）革命が始まった。工場での綿織物の生産力が増え、さらに、製鉄業、機械工業などの重工業も発達するようになり、イギリスは19世紀には「世界の（　❸　）」とよばれた。

こうして、資本家が労働者を雇って利益を求めて生産を行う（　❹　）主義のしくみができあがっていった。その一方で、都市問題や労働問題が起こるようになり、労働者は自らの権利を守るため労働組合を結成したほか、（　❹　）主義を批判する（　❺　）主義の考えも生まれた。

☐ 〔 ❶　　　　　〕　　☐ 〔 ❷　　　　　〕　　☐ 〔 ❸　　　　　〕

☐ 〔 ❹　　　　　〕　　☐ 〔 ❺　　　　　〕

ヒント

イギリスで始まったこの動きは、19世紀には世界中に広がったよ。

2 明治初期の日本の国境と外交について、次の文を読んで、空欄にあてはまる語を書きなさい。

（各6点／18点）

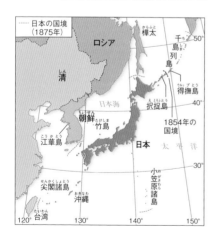

日本の国境（1875年）

明治政府は、清や朝鮮との間に新たな外交関係を作り出し、国境の確定にも乗り出した。

清とは、1871年に相互の対等な地位を認めた（　❶　）条規を結んだ。朝鮮には、武力で開国をせまる征韓論が高まったが、これをめぐり政府が分裂。その後、1875年の江華島事件を口実に、翌年（　❷　）条規を結んで朝鮮を開国させた。

ロシアとは、1875年に（　❸　）条約を結び、ロシアに樺太の領有を認める一方、千島列島を日本領にすることで国境を確定。また、1876年には小笠原諸島の日本の領有が確定した。

ヒント

近代的な国際関係にならうため、国境線を定めて領土を確定することは重要な課題だったよ。

☐ 〔 ❶　　　　　〕　　☐ 〔 ❷　　　　　〕

☐ 〔 ❸　　　　　〕

3 自由民権運動について、次の文を読んで、空欄にあてはまる語を書きなさい。

(各6点／24点)

Ⅰ　政府を去った板垣退助らが、早期の国会開設や人民代表の政治参加を求めて、1874年に（　❶　）の建白書を政府に提出する。

Ⅱ　1877年、政府に不満を持つ鹿児島の士族らが西郷隆盛を中心に（　❷　）戦争を起こすが、政府軍に敗れる。以後は、言論による政府批判が中心となり、自由民権運動が広がる。

Ⅲ　1880年、各地の自由民権運動の代表が大阪に集まり、国会期成同盟を結成。翌年、政府は国会開設の勅諭を出し、1890年までに国会を開設することを約束する。

Ⅳ　これを受けて、1881年に板垣退助が（　❸　）党を、1882年には大隈重信が（　❹　）党を結成する。

□〔❶　　　　　　　〕　　□〔❷　　　　　　　〕

□〔❸　　　　　　　〕　　□〔❹　　　　　　　〕

ヒント

自由民権運動は、国民が政治に参加する権利を求めた運動だよ。

4 日清戦争後の東アジアの動きについて、次の文を読んで、空欄にあてはまる語を書きなさい。

(各7点／28点)

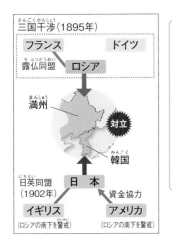

三国干渉（1895年）
フランス　　ドイツ
露仏同盟　ロシア
満州　　対立　　韓国
日英同盟（1902年）
イギリス　　アメリカ
（ロシアの南下を警戒）　（ロシアの南下を警戒）
資金協力
日　本

清が日本に敗れると、欧米列強は中国での勢力をさらに広げた。中国では1900年に、民衆が北京の外国公使館を取り囲む（　❶　）が起こる。連合軍がこれを鎮圧するが、ロシアは満州に軍をとどめた。日本はロシアとの対立を深め、ついに1904年、（　❷　）が起こった。日本はロシアと対等以上に戦い、翌年には（　❸　）のセオドア・ローズベルト大統領の仲介で、（　❹　）を結ぶ。この条約で日本は賠償金を得られなかったため、国内では不満を持った民衆により暴動が起こった。

□〔❶　　　　　　　〕　　□〔❷　　　　　　　〕

□〔❸　　　　　　　〕　　□〔❹　　　　　　　〕

ヒント

列強の利害関係は、複雑にからみあっていたんだね。

まとめノート　第4章 近代編　日本の開国と近代化

時 代	おもなできごと	キーワード
江戸時代	・17～18世紀　ヨーロッパ・アメリカの近代革命	名誉革命（イギリス）⇒権利（の）章典
		独立戦争（アメリカ）⇒独立宣言
		フランス革命⇒人権宣言
	・18世紀後半　イギリスの産業革命	資本主義
	・1853年　ペリーが開国を求めて来航	
	・1854年　日米和親条約	開国 ／ 下田・函館
	・1858年　日米修好通商条約	函館・神奈川（横浜）・長崎・新潟・兵庫（神戸）
	・不平等条約を結ぶ	領事裁判権（治外法権）／ 関税自主権
	・尊王攘夷運動が高まる	
	・1867年　大政奉還（江戸幕府がほろびる）	
明治時代	・明治維新	五箇条の御誓文 ／ 版籍奉還 ／ 廃藩置県
		解放令 ／ 四民平等
	・富国強兵	学制 ／ 徴兵令 ／ 殖産興業 ／ 地租改正
	・文明開化	太陽暦
	・自由民権運動の始まり	
	・1877年　西南戦争	
	・1885年　内閣制度ができる	
	・1889年　大日本帝国憲法発布	教育勅語 ／ 帝国議会
	・1894年　朝鮮で甲午農民戦争	
	・1894年　日清戦争	下関条約 ／ 三国干渉
	・1900年　清で義和団事件	
	・日本の産業革命	八幡製鉄所 ／ 財閥
	・1902年　日英同盟	
	・1904年　日露戦争	ポーツマス条約
	・1910年　韓国併合	

193ページの答え

Q1

下田（静岡県）・函館（北海道）
幕府がアメリカと結んだ日米和親条約によって2港を開港し、鎖国体制がくずれた。

Q2

近代的な欧米の文化や生活様式の導入による社会変化。
れんが造りの欧米風の建物やガス灯・馬車などが登場し、洋服を着たり牛肉を食べたりする習慣が広がる。暦も欧米と同じ太陽暦が採用された。

Q3

ロシア・フランス・ドイツ
日本の大陸での影響力拡大を警戒して、ロシアはドイツ・フランスと結び、日本が下関条約で得た遼東半島を清に返還するようせまった。

第5章
近現代編
二度の世界大戦から現代へ

思い出そう！

Q1

第一次世界大戦が
それまでの戦争と異なって
いたのはどんなところ？

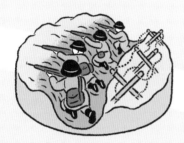

Q2

1938年に制定された
国家総動員法によって、
政府は何が
できるようになった？

Q3

第二次世界大戦後の
アメリカとソ連、
両陣営の対立を何という？

答えは
316ページ

学習日　　月　　日

第121日 「ヨーロッパの火薬庫」に火がついて起こった第一次世界大戦

step 1　読むだけ

まとめ　第一次世界大戦の始まり

日本	年	おもなできごと
明治時代	1882年	ドイツ・オーストリア・イタリアが三国同盟を結ぶ。
	1907年	イギリス・フランス・ロシアが三国協商を結ぶ。 →ヨーロッパの列強諸国は、二大陣営が対立。 →バルカン半島は民族の独立運動がさかんになり、「ヨーロッパの火薬庫」とよばれる。
大正時代	1914年	第一次世界大戦が始まる。 →セルビア人青年がオーストリア皇太子夫妻を暗殺したサラエボ事件がきっかけ。 →日本は日英同盟により連合国側で参戦。 →戦争は、各国が国民や経済などを総動員する総力戦による戦い。
	1917年	アメリカ・中国が新たに連合国側で参戦。

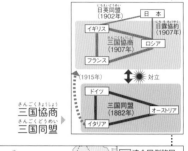

三国協商
三国同盟

▲ 第一次世界大戦中のヨーロッパ

point

第一次世界大戦前の列強は、二つの勢力に分かれて対立していたことをおさえよう。

step 2　見て写すだけ①

1 次の年表の空欄にあてはまる語を書きましょう。

1882年	ドイツ・オーストリア・イタリアが ❶ を結ぶ。	☐ ❶
1907年	イギリス・フランス・ロシアが ❷ を結ぶ。	
	→列強諸国は、この二大陣営が対立。	☐ ❷
	→バルカン半島は「ヨーロッパの ❸ 」とよばれる。	☐ ❸
1914年	❹ が始まる。	
	→サラエボ事件がきっかけ。	
	→戦争は、各国が国民や経済などを総動員する ❺ による戦い。	☐ ❹
1917年	アメリカ・中国が新たに連合国側で参戦。	☐ ❺

2 次の年表の空欄にあてはまる語を書きましょう。

1882年	①　　　・オーストリア・イタリアが三国同盟を結ぶ。	□ [①]
1907年	②　　　・フランス・ロシアが三国協商を結ぶ。 →　③　半島は「ヨーロッパの火薬庫」とよばれる。	□ [②]
1914年	第一次世界大戦が始まる。 →セルビア人青年が　④　皇太子夫妻を暗殺したサラエボ事件がきっかけ。 →日本は日英同盟により　⑤　側で参戦。 →戦争は総力戦による戦い。	□ [③] □ [④]
1917年	アメリカ・中国が新たに連合国側で参戦。	□ [⑤]

3 次の文の空欄にあてはまる語を書きましょう。

ア　サラエボ事件後、オーストリアがセルビアに宣戦布告。各国も参戦し、オーストリア・ドイツを中心とする同盟国と、イギリス・フランス・ロシアを中心とする連合国に分かれて　①　が始まった。

□ [①]

イ　19世紀末、強国として台頭したドイツは、オーストリアと同盟関係にあった。さらにイタリアも加わり、1882年に　②　が結ばれた。

□ [②]

ウ　イギリスは、ロシアが日露戦争に敗れると、協商を結び関係を改善。さらにフランスとも協商を結び、1907年に　③　が成立した。

□ [③]

4 上のア〜ウを、古いできごとから順にならべかえて記号を書きましょう。

□（　　　　　→　　　　　→　　　　　）

きおくメモ

第一次世界大戦

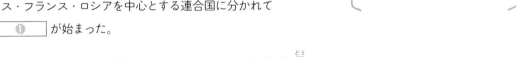
・ヨーロッパでは三国同盟と三国協商が対立。1914年、サラエボ事件をきっかけに開戦。

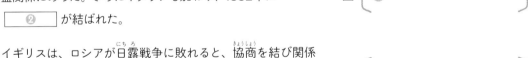
・戦争は各国が総力をあげて戦う総力戦となる。日本は日英同盟を理由に連合国側で参戦。

学習日　　月　　日

第122日 | ロシア革命と、権益拡大をめざす日本の参戦

step 1　読むだけ

まとめ ロシア革命と日本の参戦

日本	年		おもなできごと
大正時代（〜昭和時代）	1917年	ロシア	ロシア革命が起こり、皇帝が退位。レーニンの指導のもと、初の社会主義政府を樹立。
	1918年		革命政府がドイツと単独で講和。
	1922年		国名をソビエト社会主義共和国連邦（ソ連）とする。
	1928年		五か年計画を開始し、重工業の増強と農業の集団化を進める。
	1914年	日本	日英同盟を理由に第一次世界大戦に参戦。
	1915年		中国に二十一か条の要求を出す。
	1918年		ロシア革命が起こると、ほかの連合国と共に軍隊をシベリアへ送る（シベリア出兵）。
	大戦中		日本は軍需品の注文が相次ぎ、かつてない好景気（大戦景気）をむかえる。

→ シベリア出兵のときの日本軍の動き

ドイツ領南洋群島 1914年　日本が占領

▲ 第一次世界大戦での日本の動き

point
ロシア革命によって史上初の社会主義政府が誕生。連合国側は、その干渉戦争を起こしたよ。

step 2　見て写すだけ①

1 次の年表の空欄にあてはまる語を書きましょう。

1917年	ロシア	①　革命が起こり、レーニンの指導のもと、初の社会主義政府を樹立。	□ ① （　　　）
1922年		国名を　②　社会主義共和国連邦（ソ連）とする。	□ ② （　　　）
1928年		③　計画を開始し、重工業の増強と農業の集団化を進める。	□ ③ （　　　）
1914年	日本	日英同盟を理由に第一次世界大戦に参戦。	□ ④ （　　　）
1915年		中国に　④　の要求を出す。	
1918年		ロシア革命が起こると、ほかの連合国と共に軍隊を送る（シベリア出兵）。	
大戦中		日本は軍需品の注文が相次ぎ、かつてない好景気（　⑤　景気）をむかえる。	□ ⑤ （　　　）

2 次の年表の空欄にあてはまる語を書きましょう。

1917年	ロ シ ア	ロシア革命が起こり、レーニンの指導のもと、初の □ ❶ □ 政府を樹立。	□ 〔❶ 〕
1922年		国名をソビエト社会主義共和国連邦（□ ❷ □）とする。	□ 〔❷ 〕
1928年		五か年計画を開始する。	□ 〔❸ 〕
1914年	日 本	□ ❸ □ 同盟を理由に第一次世界大戦に参戦。	
1915年		□ ❹ □ に二十一か条の要求を出す。	□ 〔❹ 〕
1918年		ロシア革命が起こると、ほかの連合国と共に軍隊を送る（□ ❺ □出兵）。	
大戦中		日本は、かつてない好景気（大戦景気）をむかえる。	□ 〔❺ 〕

3 次の文の空欄にあてはまる語を書きましょう。

ア 日本は第一次世界大戦が始まると、1914年に □ ❶ □ を理由にドイツに宣戦布告し、ドイツが支配していた中国の山東半島などを占領した。　□ 〔❶ 〕

イ 1917年、ロシアではソビエトという各地の労働者や兵士による代表会議が、レーニンの指導のもとに社会主義政府を樹立した。この動きを □ ❷ □ という。　□ 〔❷ 〕

ウ アメリカ・日本などは、ロシアの革命政府の外交方針に反対。ロシアへの干渉戦争を起こし、□ ❸ □ を行った。　□ 〔❸ 〕

エ 1915年、日本は中国政府に □ ❹ □ を出し、軍事力を背景にその大部分を認めさせた。　□ 〔❹ 〕

4 上のア〜エを、古いできごとから順にならべかえて記号を書きましょう。

□（　　　　　→　　　　　→　　　　　→　　　　　）

> **きおくメモ**
>
> ロシア革命→1917年、レーニンを指導者に社会主義革命が起こる。
> 　　　　　→日本などがシベリア出兵。

第123日｜戦争が終結し、平和をめざす国際連盟が設立

まとめ　第一次世界大戦の終わり

日本	年	おもなできごと
大正時代	1918年	第一次世界大戦が終わる。
	1919年	パリ講和会議開催。
		→ベルサイユ条約が結ばれる。ドイツがすべての植民地と領土の一部を失い、多額の賠償金を支払う。
		→民族自決が提唱され、東ヨーロッパで多くの小国が独立。
		→ウィルソン大統領の提案で、平和を守る国際機構として国際連盟の設立(1920年)が決定。ドイツでワイマール憲法が制定。
		…男女普通選挙や国民主権のほか、労働者の団結権を認める、当時の最も民主的な憲法。
	1921年〜22年	アメリカのよびかけで、ワシントン会議開催。
		…国際協調と軍備縮小が目的。

▲第一次世界大戦後のヨーロッパ

----- ドイツとオーストリアの旧国境
―― 大戦後の新国境
　　 新しく成立したヨーロッパ諸国

point

第一次世界大戦を経て、世界は国際協調の時代になっていったよ。

1　次の年表の空欄にあてはまる語を書きましょう。

1918年	第一次世界大戦が終わる。
1919年	パリ講和会議開催。
	→　❶　条約が結ばれる。ドイツがすべての植民地と領土の一部を失い、多額の賠償金を支払う。
	→　❷　が提唱され、東ヨーロッパで多くの小国が独立。
	→　❸　連盟の設立が決定。
	ドイツで　❹　憲法が制定。
	…当時の最も民主的な憲法。
1921年〜22年	❺　会議開催。…国際協調と軍備縮小が目的。

☐ 〔　❶　〕
☐ 〔　❷　〕
☐ 〔　❸　〕
☐ 〔　❹　〕
☐ 〔　❺　〕

2 次の年表の空欄にあてはまる語を書きましょう。

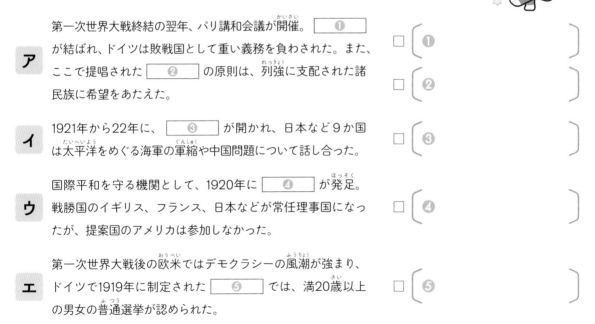

1918年	第一次世界大戦が終わる。		□	❶	
1919年	❶ 会議開催。				
	→ベルサイユ条約が結ばれる。				
	→民族自決が提唱され、東ヨーロッパで多くの小国が独立。		□	❷	
	→ ❷ 大統領の提案で、国際連盟の設立が決定。				
	❸ でワイマール憲法が制定。		□	❸	
	…当時の最も民主的な憲法。				
1921年～22年	アメリカのよびかけで、ワシントン会議開催。		□	❹	
	… ❹ と軍備縮小が目的。				

3 次の文の空欄にあてはまる語を書きましょう。

ア 第一次世界大戦終結の翌年、パリ講和会議が開催。 ❶ が結ばれ、ドイツは敗戦国として重い義務を負わされた。また、ここで提唱された ❷ の原則は、列強に支配された諸民族に希望をあたえた。

□ ❶

□ ❷

イ 1921年から22年に、 ❸ が開かれ、日本など９か国は太平洋をめぐる海軍の軍縮や中国問題について話し合った。

□ ❸

ウ 国際平和を守る機関として、1920年に ❹ が発足。戦勝国のイギリス、フランス、日本などが常任理事国になったが、提案国のアメリカは参加しなかった。

□ ❹

エ 第一次世界大戦後の欧米ではデモクラシーの風潮が強まり、ドイツで1919年に制定された ❺ では、満20歳以上の男女の普通選挙が認められた。

□ ❺

きおくメモ

パリ講和会議→1919年、戦争に勝利した連合国とドイツとの間でベルサイユ条約が結ばれる。

国際協調→ウィルソン大統領の提唱で、1920年に国際連盟が発足。

1921年から22年にワシントン会議が開かれる。

第124日 列強の力が弱まって、活発になったアジアの民族運動

---

step 1　読むだけ

まとめ アジアの民族運動

日本	年	おもなできごと
大正時代	1915年	日本が中国に二十一か条の要求を出す。 →山東省の権益や、満州の権益の期限延長などを認めさせる。 →大戦後、中国は山東省の権益返還を求めるが、パリ講和会議で要求が拒絶される。
	1919年	日本の植民地になっていた朝鮮では、民族自決の考えに影響を受け、3月1日に独立宣言を行う（三・一独立運動）。 5月4日、中国の北京で学生を中心とした抗議行動（五・四運動）。
	1919年 （大戦後）〜	イギリスの植民地であったインドでは、ガンディーが非暴力・不服従をかかげて、自治を求める抵抗運動が高まる。

▲山東省と南満州鉄道

point

パリ講和会議で提唱された民族自決の考えが、アジアの国々にも大きな影響をあたえたよ。

---

step 2　見て写すだけ①

1 次の年表の空欄にあてはまる語を書きましょう。

1915年	日本が中国に ❶ の要求を出す。 →山東省や満州の権益などを認めさせる。 →大戦後、中国は山東省の権益返還を求めるが、パリ講和会議で要求が拒絶。	☐〔 ❶ 　〕
1919年	朝鮮では、3月1日に独立宣言を行う（ ❷ 独立運動）。 5月4日、中国の北京で学生を中心とした抗議行動（ ❸ 運動）。	☐〔 ❷ 　〕 ☐〔 ❸ 　〕
1919年〜	インドでは、 ❹ の指導で、自治を求める抵抗運動が高まる。	☐〔 ❹ 　〕

2 次の年表の空欄にあてはまる語を書きましょう。

1915年	日本が中国に二十一か条の要求を出す。 → ❶ 省の権益や、満州の権益の期限延長などを認めさせる。 →大戦後、中国は ❶ 省の権益返還を求めるが、パリ講和会議で要求が拒絶される。
1919年	朝鮮では、 ❷ の考えに影響を受け、三・一独立運動が起こる。 5月4日、中国の ❸ で学生を中心とした抗議行動(五・四運動)。
1919年～	インドでは、ガンディーの指導で、自治を求める ❹ 運動が高まる。

☐ ❶ ［　　　　　］

☐ ❷ ［　　　　　］

☐ ❸ ［　　　　　］

☐ ❹ ［　　　　　］

3 次の文の空欄にあてはまる語を書きましょう。

ア 1919年、朝鮮で日本からの独立を求めて大規模な集会やデモが起こり、各地に広がった。これを ❶ という。

☐ ❶ ［　　　　　］

イ 第一次世界大戦後のインドでは、 ❷ が人種差別に反対し、非暴力・不服従をかかげて、イギリスに対する抵抗運動を進めた。

☐ ❷ ［　　　　　］

ウ パリ講和会議で中国の ❸ の旧ドイツ権益が日本に引きつがれることが決まると、これに抗議する活動が北京で展開され、やがて全国的に広がった。これを ❹ という。

☐ ❸ ［　　　　　］

☐ ❹ ［　　　　　］

きおくメモ

朝鮮…日本からの独立を求める三・一独立運動

中国…日本の侵略に反対する五・四運動

インド…ガンディーが非暴力・不服従の抵抗運動

第125日 民衆の意向によって政策を決める民主主義を「デモクラシー」という

まとめ ## 大正デモクラシーと政党内閣の成立

日本	年	おもなできごと
大正時代	1912年（大正元年）～	大正デモクラシー…大正時代に動きが高まった民主主義（デモクラシー）の風潮。
	1912年	護憲運動…藩閥を批判し、政党による議会政治を求める運動が高まる。
	1913年	藩閥の桂太郎内閣が総辞職。
	1916年	吉野作造が民本主義を唱え、国民の意思に基づいて政治を行うことを主張。
	1918年	買いしめから米価が上がり、米の安売りを求める米騒動が起こる。 →藩閥の寺内正毅内閣が退陣。 立憲政友会の原敬が、大部分の閣僚を党員がしめる、初めての本格的な政党内閣を組織。

猫内閣

point
政党政治が発展した大正時代は、民主主義（デモクラシー）が強く唱えられた時期だったよ。

1 次の年表の空欄にあてはまる語を書きましょう。

1912年～	大正デモクラシー…大正時代に動きが高まった民主主義（　❶　）の風潮。
1912年	❷　運動…藩閥を批判し、政党による議会政治を求める運動が高まる。翌年、桂太郎内閣が総辞職。
1916年	吉野作造が　❸　主義を唱え、国民の意思に基づいて政治を行うことを主張。
1918年	買いしめから米価が上がり、米の安売りを求める　❹　が起こる。 立憲政友会の原敬が、大部分の閣僚を党員がしめる、本格的な　❺　内閣を組織。

□ ❶
□ ❷
□ ❸
□ ❹
□ ❺

2 次の年表の空欄にあてはまる語を書きましょう。

1912年〜	大正デモクラシー…大正時代に動きが高まった ① 主義（デモクラシー）の風潮。	□ (①)
1912年	護憲運動…藩閥を批判し、政党による ② 政治を求める運動が高まる。	□ (②)
1913年	藩閥の桂太郎内閣が総辞職。	
1916年	③ が民本主義を唱える。	□ (③)
1918年	米の安売りを求める米騒動が起こる。立憲政友会の ④ が、大部分の閣僚を党員がしめる、初めての本格的な政党内閣を組織。	□ (④)

3 次の文の空欄にあてはまる語を書きましょう。

ア 政治学者の吉野作造は ① を唱え、選挙で多数をしめた政党が内閣を組織する政党内閣制の実現を説いた。

□ (①)

イ 1912年、桂内閣が成立すると、藩閥への批判や政党による議会政治を求める ② が、尾崎行雄や犬養毅らを中心に展開された。

□ (②)

ウ シベリア出兵を見こした買いしめから米価が急上昇し、米の安売りを求める ③ が富山県から全国に広がった。これにより内閣がたおれると、立憲政友会の原敬が首相となり、ほとんどの閣僚を党員がしめる本格的な ④ が組織された。

□ (③)

□ (④)

4 上のア〜ウを、古いできごとから順にならべかえて記号を書きましょう。

□ (　　　　　→　　　　　→　　　　　)

きおくメモ

大正デモクラシー…民主主義（デモクラシー）の動きが高まる。
政党政治…護憲運動→吉野作造の民本主義→原敬の政党内閣が成立

第126日｜デモクラシーが生んだ社会運動と、大衆文化をおさえよう

まとめ　広がる社会運動と大正時代の文化

日本	年	おもなできごと
大正時代	1920年	女性差別の解消を求めて、新婦人協会が設立。
		大戦中の経済の発展で労働者が増加し、ストライキなどの労働争議がひんぱんに起こる。
	1921年	労働組合の全国組織、日本労働総同盟が作られる。
	1922年	農村でも小作料の減額などを求める小作争議が急増し、日本農民組合が結成される。
		部落差別の撤廃を求め、全国水平社が結成。
	1925年	満25歳以上のすべての男子に選挙権をあたえる普通選挙法が成立。同時に、社会主義を取りしまる治安維持法を制定。
		ラジオ放送が始まり、全国に普及。

大衆文化の発展

・大衆小説や映画、野球などのスポーツも娯楽として定着。
・欧米の様式を取り入れた「文化住宅」が流行。

▲ラジオ放送

▲大正時代の文化住宅

point
第一次世界大戦後、女性運動や労働運動、農民運動などの社会運動が活発になったよ。

1 次の年表の空欄にあてはまる語を書きましょう。

1920年	女性差別の解消を求めて、新婦人協会が設立。
	労働者が増加し、　①　争議が起こる。
1922年	農村でも　②　争議が急増し、日本農民組合が結成される。
	部落差別の撤廃を求め、全国水平社が結成される。
1925年	満25歳以上のすべての男子に選挙権をあたえる　③　法が成立。同時に、　④　法を制定。
	⑤　放送が始まり、全国に普及。

☐ ①（　　　　）
☐ ②（　　　　）
☐ ③（　　　　）
☐ ④（　　　　）
☐ ⑤（　　　　）

2 次の年表の空欄にあてはまる語を書きましょう。

1920年	女性差別解消を求め、新婦人協会設立。 労働者が増加し、労働争議が頻発。	☐ ❶ ( )
1921年	❶ の全国組織、日本労働総同盟が作られる。	
1922年	農村でも小作争議が急増し、❷ 組合が結成される。	☐ ❷ ( )
	部落差別撤廃を求め、❸ 社が結成される。	
1925年	普通選挙法が成立。同時に、社会主義を取りしまる治安維持法を制定。 ラジオ放送が始まり、全国に普及。	☐ ❸ ( )
大衆文化	欧米の様式を取り入れた「❹ 住宅」が流行。	☐ ❹ ( )

3 次の文の空欄にあてはまる語を書きましょう。

ア 1924年、加藤高明内閣は政党内閣を組織。翌年、❶ を成立させ、納税額に関わらず満25歳以上の男子全員に選挙権をあたえた。　☐ ❶ ( )

イ 社会運動が広がりを見せる中、農村でも小作料の引き下げや耕作の権利を地主に求める ❷ がしきりに起こった。　☐ ❷ ( )

ウ 大正時代は大衆文化が発展。1925年に ❸ が開始されると、歌謡曲や野球中継などが、茶の間の人気を集めた。　☐ ❸ ( )

エ 1925年には社会主義を取りしまるため ❹ が制定。やがて、社会運動全般の取りしまりに用いられるようになっていった。　☐ ❹ ( )

きおくメモ

社会運動…労働争議や小作争議が多発。差別からの解放を求める運動も起こる。

普通選挙法…1925年、満25歳以上の男子に選挙権を認める。一方で、治安維持法を制定。

文化の大衆化…新聞や雑誌が発行部数を増やし、ラジオ放送が始まる。

第127日 世界恐慌がファシズムの台頭を招いた

step 1　読むだけ

まとめ 世界恐慌と欧米の情勢・日本の恐慌

日本	年	おもなできごと
大正時代	1919年～	ファシズム →民主主義を否定する独裁政治。
	1922年	イタリアでファシスト党のムッソリーニが首相就任。
	1929年	ニューヨークで株価が大暴落し、銀行や会社が倒産。影響は各国に広がり、世界恐慌となる。
昭和時代		→アメリカは、ローズベルト大統領がニューディール政策。公共事業と労働組合の保護。
		→イギリスとフランスは、植民地との貿易を拡大し、輸入品に高い関税をかけるブロック経済。
	1933年	ドイツでナチスのヒトラーが政権をにぎる。
大正時代	1924年～	日本の政権は、憲政会と立憲政友会が交互に担当。→「憲政の常道」
	1927年	関東大震災(1923年)の影響で不景気が続き、多くの銀行が休業・倒産する金融恐慌が起こる。
昭和時代	1930年	世界恐慌の影響を受けた昭和恐慌が起こる。

反ファシズム勢力
資源・植民地を持つ国
- アメリカ ニューディール政策
- イギリス ブロック経済
- フランス ブロック経済

- ソ連 五か年計画

✴ 対立

ファシズム勢力
資源・植民地を持たない国
- ドイツ ナチス政権成立 →東ヨーロッパ侵略
- イタリア ファシスト党政権成立 →エチオピア侵略
- 日本 満州国建国宣言 →中国侵略

▲各国の恐慌への対策

point

アメリカで始まった世界恐慌は、第一次世界大戦後の国際協調に大きな変化をもたらしたよ。

step 2　見て写すだけ①

1 次の年表の空欄にあてはまる語を書きましょう。

1919年～	ヨーロッパ・アメリカ	① →民主主義を否定する独裁政治。	□ ①
1922年		イタリアでファシスト党のムッソリーニが首相就任。	
1929年		ニューヨークで株価が大暴落。影響は各国に広がり、② 恐慌となる。	□ ②
		→アメリカは、ローズベルト大統領が ③ 政策。	□ ③
		→イギリスとフランスは、④ 経済。	□ ④
1933年		ドイツでナチスのヒトラーが政権をにぎる。	
1927年	日本	多くの銀行が休業・倒産する金融恐慌。	
1930年		世界恐慌の影響を受けた ⑤ 恐慌が起こる。	□ ⑤

2 次の年表の空欄にあてはまる語を書きましょう。

1919年～	ヨーロッパ・アメリカ	ファシズム→民主主義を否定する独裁政治。	□	❶
1922年		イタリアで ❶ 党のムッソリーニが首相に就任。		
1929年		❷ で株価が大暴落。影響は各国に広がり、世界恐慌となる。	□	❷
		→アメリカは、 ❸ 大統領がニューディール政策。	□	❸
		→イギリスとフランスは、ブロック経済。		
1933年		ドイツで ❹ のヒトラーが政権をにぎる。	□	❹
1924年～	日本	日本の政権は、憲政会と立憲政友会が交互に担当。	□	❺
		→「 ❺ の常道」		
1930年		世界恐慌の影響を受けた昭和恐慌が起こる。		

3 次の文の空欄にあてはまる語を書きましょう。

ア ドイツでは ❶ （国民社会主義ドイツ労働者党）を率いるヒトラーがベルサイユ条約の破棄を訴えて支持を集め、1933年に第一党の座をしめると、一党独裁の政治を始めた。　□ ❶

イ 第一次世界大戦後の日本は、関東大震災による打撃もあって不景気が続き、1930年に入ると ❷ という深刻な不況が発生し、失業者が増大した。　□ ❷

　□ ❸

ウ 1929年にニューヨークの証券取引所で株価が大暴落し、❸ とよばれる不況に突入。イギリスやフランスはこれに対し、本国と植民地の関係を密接にする ❹ を、アメリカは政府による経済介入を強めた ❺ を実施。　□ ❹

　□ ❺

4 上のア～ウを、古いできごとから順にならべかえて記号を書きましょう。

□（ 　　　→　　　 →　　　 ）

> **きおくメモ**
>
> 世界恐慌…1929年、アメリカの株価暴落をきっかけに世界的な不況が広がる。
> ・アメリカ→ローズベルト大統領が**ニューディール政策**
> ・イギリス・フランス→**ブロック経済**　・ドイツ・イタリア→**ファシズム**が台頭

第128日 満州事変は日本が権益を広げようとして起こった

step 1　読むだけ

まとめ 満州事変と日中戦争

日本	年	おもなできごと
昭和時代	1927年	中国の国民党の蔣介石が、国民政府を南京につくる。
	1928年	関東軍（中国の日本軍）が、満州の指導者を爆殺。
	1931年	関東軍が、中国東北部の南満州鉄道を爆破。これを中国軍の行動として出兵し、満州全土を占領する（満州事変）。
	1932年	清の最後の皇帝であった溥儀を元首とする満州国を、関東軍が建国させる。 五・一五事件…海軍将校が犬養毅首相を暗殺。
	1933年	国際連盟が満州からの日本の撤退を勧告すると、日本は国際連盟を脱退。
	1936年	二・二六事件…陸軍将校らが大臣らを殺傷して、東京中心部を占拠。
	1937年	北京郊外の盧溝橋付近で日本軍と中国軍が衝突し、日中戦争が始まる。中国では国民党と共産党が、日本と戦うため抗日民族統一戦線で協力。

凡例：
→ 日本軍の進路
□ 日本領（相借地を含む）

満州国
新京（現在の長春）
奉天（現在の瀋陽）
朝鮮
盧溝橋（ルーコウチアオ）
北京（ペキン）
盧溝橋事件 1937年（日中戦争の口火）
青島（チンタオ）
南京（ナンキン）
徐州（シュイチョウ）
上海（シャンハイ）
重慶（チョンチン）
漢口（かんこう）
広州（コワンチョウ）
台湾（たいわん）
日本

▲ 日中戦争の広がり

point

日本の中国侵略である満州事変と日本国内の軍国主義の高まりを結びつけておさえよう。

step 2　見て写すだけ①

1 次の年表の空欄にあてはまる語を書きましょう。

1928年	関東軍が、満州の指導者を爆殺。	□ ❶
1931年	関東軍が、南満州鉄道を爆破。これを中国軍の行動として出兵し、満州全土を占領（ ❶ ）。	□ ❷
1932年	溥儀を元首とする ❷ を建国させる。	
	❸ 事件…海軍将校らが犬養毅首相を暗殺。	□ ❸
1936年	❹ 事件…陸軍将校らが大臣らを殺傷して、東京中心部を占拠。	□ ❹
1937年	盧溝橋付近で日本軍と中国軍が衝突し、 ❺ 戦争が始まる。	□ ❺

2 次の年表の空欄にあてはまる語を書きましょう。

1928年	関東軍が、満州の指導者を爆殺。	☐ 〔 ① 〕
1931年	関東軍が、[①]鉄道を爆破。これを中国軍の行動として出兵し、満州全土を占領（満州事変）。	☐ 〔 ② 〕
1932年	[②]を元首とする満州国を建国させる。	
	五・一五事件…海軍将校らが[③]首相を暗殺。	☐ 〔 ③ 〕
1933年	日本は国際連盟を脱退。	
1936年	二・二六事件…陸軍将校らが大臣らを殺傷して、[④]中心部を占拠。	☐ 〔 ④ 〕
1937年	日中戦争が始まる。中国では国民党と共産党が、[⑤]戦線で協力。	☐ 〔 ⑤ 〕

3 次の文の空欄にあてはまる語を書きましょう。

ア 1937年7月、北京郊外で日本軍と中国軍が衝突する盧溝橋事件をきっかけに、日本と中国は[①]に突入し、戦線が拡大していった。　　☐ 〔 ① 〕

イ 1931年9月、関東軍が奉天郊外の柳条湖の線路を爆破し、中国軍による爆破と発表。満州各地に軍を進めた。これを[②]という。　　☐ 〔 ② 〕

ウ 1932年3月、関東軍は満州の主要都市を占領し、清朝最後の皇帝であった溥儀を元首とする[③]を建国した。　　☐ 〔 ③ 〕

エ 中国との話し合いによる解決をさぐっていた犬養毅首相は海軍将校らによって暗殺され、政党内閣が終わった。この事件を[④]という。　　☐ 〔 ④ 〕

4 上のア〜エを、古いできごとから順にならべかえて記号を書きましょう。

☐（　　　→　　　→　　　→　　　）

きおくメモ

満州事変…1931年に関東軍が満州全土を占領。1933年に国際連盟を脱退。

軍国主義の台頭→1932年に五・一五事件（犬養毅首相暗殺）。1936年に二・二六事件。

日中戦争…1937年に始まる。国民党と共産党が抗日民族統一戦線を結成して抵抗。

第129日｜ヨーロッパで始まった
第二次世界大戦と、戦争を続ける日本

---

step 1　読むだけ

まとめ 強まる日本の戦時体制

日本	年	おもなできごと
昭和時代	1938年	国家総動員法が定められる。 …政府が国民や物資を強制的に動員。
	1939年	第二次世界大戦が始まる。 →ドイツがポーランドに侵攻したことがきっかけ。イギリスとフランスがドイツに宣戦布告。 →ドイツに対して各地で抵抗運動(レジスタンス)が広がる。
	1940年	日本・ドイツ・イタリアが日独伊三国同盟を結ぶ。 政党は解散し、大政翼賛会に合流。
	1930年代～	物資・文化・思想の統制。 植民地(朝鮮)などでの皇民化政策。 …日本語の使用、創氏改名などが進められる。

▲ドイツの侵略

point
日中戦争の長期化が国民統制を強めた。ヨーロッパではドイツの侵攻から、第二次世界大戦が起こるよ。

---

step 2　見て写すだけ①

1 次の年表の空欄にあてはまる語を書きましょう。

1938年	① 法が定められる。 …政府が国民や物資を強制的に動員。
1939年	第二次世界大戦が始まる。 →ドイツがポーランドに侵攻したことがきっかけ。
1940年	日本・ドイツ・イタリアが日独伊三国同盟を結ぶ。 政党は解散し、 ② に合流。
1930年代～	植民地(朝鮮)などでの ③ 政策。 …日本語の使用、創氏改名などが進められる。

☐（① 　　　　）

☐（② 　　　　）

☐（③ 　　　　）

2 次の年表の空欄にあてはまる語を書きましょう。

1938年	国家総動員法が定められる。
1939年	❶　　　　が始まる。
	→ドイツがポーランドに侵攻したことがきっかけ。
	→ドイツに対して各地で抵抗運動（　❷　）が広がる。
1940年	日本・ドイツ・イタリアが　❸　同盟を結ぶ。
	政党は解散し、大政翼賛会に合流。
1930年代～	植民地での皇民化政策。

□ 〔❶　　　　　　〕

□ 〔❷　　　　　　〕

□ 〔❸　　　　　　〕

3 次の文の空欄にあてはまる語を書きましょう。

ア 1940年、日本政府はドイツ・イタリアと　❶　を結んだ。この三国は枢軸国とよばれた。同年、軍部への抵抗をやめた日本の政党は、　❷　という機関に合流した。

イ ドイツがポーランドに侵攻したことで、ポーランドと同盟を結んでいたイギリスとフランスがドイツに宣戦布告し、　❸　が始まった。

ウ 1938年、長引く日中戦争中、近衛文麿内閣は国民や物資を優先して戦争にまわそうと、　❹　を定めた。

□ 〔❶　　　　　　〕

□ 〔❷　　　　　　〕

□ 〔❸　　　　　　〕

□ 〔❹　　　　　　〕

4 上のア～ウを、古いできごとから順にならべかえて記号を書きましょう。

□（　　　　　　　→　　　　　　　→　　　　　　　）

> **きおくメモ**
>
> 日本の軍事統制　1938年、国家総動員法が制定…国民や物資の統制
>
> 世界の動き　ドイツのポーランド侵攻→イギリス・フランスがドイツに宣戦布告
>
> 　　　→1939年、第二次世界大戦開始
>
> 　　　→1940年、日本・ドイツ・イタリアの日独伊三国同盟

第130日｜日米交渉が決裂し、太平洋戦争が始まった

step 1　読むだけ

まとめ　太平洋戦争と戦時下の暮らし

日本	年	おもなできごと
昭和時代	1941年4月	日本とソ連が日ソ中立条約を結ぶ。
		→アメリカ・イギリス・中国・オランダが「ABCD包囲陣」で石油資源の輸出禁止。
	1941年12月	太平洋戦争が始まる。
		→日本軍が、アメリカの軍事基地があるハワイの真珠湾を攻撃したことがきっかけ。
	1942年6月　戦時下の人々	ミッドウェー海戦の敗北で戦局が悪化。 ・勤労動員…中学生や女性が軍需工場で働く。 ・学徒出陣…徴兵を猶予されていた大学生も軍隊に招集。 ・学童疎開…小学生が農村に集団で疎開。
	1945年3月	東京大空襲…東京が空襲を受ける。 沖縄戦…沖縄にアメリカ軍が上陸。
	1945年7月	日本に無条件降伏をうながすポツダム宣言が出される。
	1945年8月	広島・長崎に原子爆弾が投下。→15日、日本がポツダム宣言の受け入れを発表。太平洋戦争の終結。

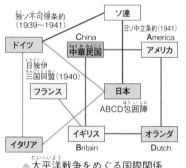

▲太平洋戦争をめぐる国際関係

point

太平洋戦争の開戦は、人々の生活にも大きな影響をあたえたよ。戦争終結までの流れをおさえよう。

step 2　見て写すだけ①

1　次の年表の空欄にあてはまる語を書きましょう。

1941年4月	日本とソ連が ① 条約を結ぶ。	□ (①)
1941年12月	② 戦争が始まる。	
	→日本軍のハワイの真珠湾攻撃がきっかけ。	□ (②)
1942年6月	ミッドウェー海戦の敗北で戦局が悪化。	
1945年7月	無条件降伏をうながす ③ 宣言が出される。	□ (③)
1945年8月	広島・長崎に ④ が投下。→15日、日本が	
	③ 宣言の受け入れを発表。	□ (④)

2 次の年表の空欄にあてはまる語を書きましょう。

1941年12月	太平洋戦争が始まる。	
1942年6月	ミッドウェー海戦の敗北で戦局が悪化。	
戦時下の人々	・　❶　…中学生や女性が軍需工場で働く。	
	・　❷　…徴兵を猶予されていた大学生も軍隊に招集。	
	・　❸　…小学生が農村に集団で疎開。	
1945年3月	❹　…東京が空襲を受ける。	
	❺　…沖縄にアメリカ軍が上陸。	
1945年8月	広島・長崎に原子爆弾が投下。→15日、ポツダム宣言の受け入れを発表。太平洋戦争の終結。	

□ 〔 ❶ 〕
□ 〔 ❷ 〕
□ 〔 ❸ 〕
□ 〔 ❹ 〕
□ 〔 ❺ 〕

3 次の文の空欄にあてはまる語を書きましょう。

ア 1945年8月、アメリカ軍によって、6日は広島、9日には長崎に　❶　が投下され、多くの人々が犠牲になった。

□ 〔 ❶ 〕

イ 日本が　❷　を受け入れて降伏することを決め、1945年8月15日に、昭和天皇がラジオ放送で国民に知らせた。

□ 〔 ❷ 〕

ウ 1941年12月8日に日本軍がアメリカの海軍基地があるハワイの　❸　を奇襲攻撃するとともに、マレー半島に上陸を開始して、太平洋戦争が始まった。

□ 〔 ❸ 〕

エ 1941年、日本はソ連と　❹　を結んだ。北方の安全を確保したうえで、石油などを求めて東南アジアを侵略した。

□ 〔 ❹ 〕

きおくメモ

太平洋戦争は、日本軍の真珠湾攻撃をきっかけに開始→戦局は悪化
→広島と長崎に原子爆弾投下→1945年8月15日、ポツダム宣言の受け入れを発表、終戦。

第131日｜非軍事化と民主化が行われた日本の戦後改革

step 1　読むだけ

まとめ 日本の戦後改革

日本	おもな改革
昭和時代	日本は、マッカーサーを最高司令官とする連合国軍総司令部（GHQ）のもと、戦後改革が行われる。 戦後の処理 ・沖縄、奄美群島・小笠原諸島がアメリカ軍の直接統治下に置かれる。 ・北方領土がソ連に不法に占拠される。 ・戦争の責任者を極東国際軍事裁判（東京裁判）にかける。 民主化政策 ・選挙法の改正…満20歳以上の男女に選挙権をあたえる。 ・労働基準法…労働条件の最低基準を規定。 ・財閥解体…経済を支配してきた財閥を解体。 ・農地改革…地主・小作制の廃止。 ・日本国憲法の制定…国民主権・平和主義・基本的人権の尊重の三つの基本原理。 ・教育基本法の制定（男女共学、9年間の義務教育）。 ・地方自治法の制定　　　　・民法の改正

	日本国憲法
公布	1946（昭和21）年11月3日
施行	1947年5月3日
形式	国民が定める民定憲法
主権	国民主権
天皇	日本国・国民統合の象徴
内閣	国会に責任を負う行政機関
国会	国権の最高機関、唯一の立法機関　衆議院と参議院（どちらも国民が選挙）
人権	基本的人権の尊重
軍隊	平和主義（戦争放棄）
地方自治	規定あり（首長と議員は住民が選挙）

▲日本国憲法
（1946年11月3日公布、1947年5月3日施行）

point

終戦後、GHQの統治下におかれた日本では、民主主義を根づかせるためにさまざまな改革が行われたよ。

step 2　見て写すだけ①

1 次の表の空欄にあてはまる語を書きましょう。

① （GHQ）のもと、戦後改革が行われる。	□ ①

戦後の処理
・沖縄、奄美群島・小笠原諸島がアメリカ軍の直接統治下に置かれる。

・ ② がソ連に不法に占拠される。	□ ②
・戦争の責任者を ③ 裁判（東京裁判）にかける。	□ ③

民主化政策

④ の制定…国民主権・平和主義・基本的人権の尊重	□ ④

2 次の表の空欄にあてはまる語を書きましょう。

> ｜　❶　｜を最高司令官とする連合国軍総司令部（ＧＨＱ）のもと、戦後改革。
>
> **戦後の処理**
> ・戦争の責任者を極東国際軍事裁判（東京裁判）にかける。
>
> **民主化政策**
> ・選挙法の改正…満20歳以上の男女に選挙権をあたえる。
> ・｜　❷　｜法…労働条件の最低基準を規定。
> ・｜　❸　｜解体…経済を支配してきた財閥を解体。
> ・｜　❹　｜改革…地主・小作制の廃止。
> ・日本国憲法の制定。
> ・｜　❺　｜法の制定…男女共学、9年間の義務教育。
> ・地方自治法の制定　　　　　　・民法の改正

☐（❶　　　　　）

☐（❷　　　　　）

☐（❸　　　　　）

☐（❹　　　　　）

☐（❺　　　　　）

---

3 次の文の空欄にあてはまる語を書きましょう。

ア 1946年に戦争犯罪者を裁く｜　❶　｜（東京裁判）が始まり、戦争中に重要な地位にあった人々を公職から排除した。

☐（❶　　　　　）

イ 農村では、地主が持つ小作地を政府が強制的に買い上げて小作人に売りわたす｜　❷　｜を行ったことで、多くの自作農が生まれた。

☐（❷　　　　　）

ウ 1946年に公布された日本国憲法は、｜　❸　｜、平和主義、基本的人権の尊重を三つの基本原理としている。

☐（❸　　　　　）

エ 1945年に日本が戦争に降伏すると、マッカーサーを最高司令官とする｜　❹　｜は、戦前の軍国主義を排除し、日本の民主化を進めた。

☐（❹　　　　　）

きおくメモ

政治の民主化…日本国憲法の制定、選挙法の改正、労働者の権利を認める（労働基準法）。

経済の民主化…財閥解体、農地改革。

第132日｜資本主義と共産主義の対立が生んだ冷戦

まとめ ## 国際連合と植民地の独立

日本	年	おもなできごと
昭和時代	1945年	連合国による**国際連合(国連)**の結成。 …世界の平和と安全を維持する機関。
	1945年～	**冷たい戦争(冷戦)**…共産主義(ソ連)の東側と、資本主義(アメリカ)の西側の対立。→ドイツは東西分裂(1949年)。
	1949年	毛沢東を主席とする**中華人民共和国(中国)**が成立。→蔣介石が率いる国民政府は台湾へ。
	1950年	**朝鮮戦争**が起こる。…アメリカが占領した「南」と、ソ連が占領した「北」の対立。 →日本に**特需景気**をもたらす。
	1955年	**アジア・アフリカ会議**が開催。…西側・東側のどちらにも属さない中立の立場で、平和共存を訴える。 →多くの国が独立。 →先進国と発展途上国の経済格差(南北問題)が生じる。
	1965～75年	**ベトナム戦争**が起こる。→戦後、南北が統一。

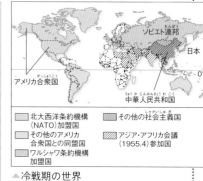

▲ 冷戦期の世界

北大西洋条約機構(NATO)加盟国	その他の社会主義国
その他のアメリカ合衆国との同盟国	アジア・アフリカ会議(1955.4)参加国
ワルシャワ条約機構加盟国	

point

ソ連とアメリカの実際の戦争にならない対立は「冷たい戦争」とよばれ、世界各地で代理戦争を引き起こしたよ。

1 次の年表の空欄にあてはまる語を書きましょう。

1945年	連合国による ❶ の結成。 …世界の平和と安全を維持する機関。	□ ❶
1945年～	❷ 戦争(冷戦)…共産主義(ソ連)の東側と、資本主義(アメリカ)の西側の対立。	□ ❷
1949年	毛沢東を主席とする ❸ (中国)が成立。→国民政府は台湾へ。	□ ❸
1950年	❹ 戦争が起こる。…アメリカが占領した「南」と、ソ連が占領した「北」の対立。	□ ❹

2 次の年表の空欄にあてはまる語を書きましょう。

1945年	連合国による国際連合(国連)の結成。
1945年～	冷たい戦争(冷戦)
1950年	朝鮮戦争が起こる。
	→日本に [❶] 景気をもたらす。
1955年	[❷] 会議が開催。…西側・東側のどちらにも属さない中立の立場で、平和共存を訴える。
	→先進国と発展途上国の経済格差([❸] 問題)が生じる。
1965～75年	[❹] 戦争が起こる。→戦後、南北が統一。

☐ (❶)

☐ (❷)

☐ (❸)

☐ (❹)

冷戦中…

3 次の文の空欄にあてはまる語を書きましょう。

ア 1955年、インドネシアのバンドンで [❶] が開かれ、植民地支配への反対や、冷戦のもとでの平和共存の路線が確認された。

☐ (❶)

イ 1950年、韓国と北朝鮮との間で [❷] が起こった。この戦争により、大量の軍需物資が日本で調達され、日本の経済は [❸] とよばれる好景気となった。

☐ (❷)

☐ (❸)

ウ 1945年、大戦後の世界平和のための機関である [❹] が創設。アメリカ・ソ連・イギリス・フランス・中国が、安全保障理事会の常任理事国となった。

☐ (❹)

4 上のア～ウを、古いできごとから順にならべかえて記号を書きましょう。

☐ (　　　　　→　　　　　→　　　　　)

きおくメモ

国際連合の発足…連合国によって戦争を防ぐための新たな機関が設立された。

冷たい戦争（冷戦）…共産主義のソ連と資本主義のアメリカとの対立。→世界中に影響。

第133日｜日本の独立と平和を求める動き

まとめ 日本の国際社会への復帰

日本	年	おもなできごと
昭和時代	1951年	吉田茂内閣は、アメリカなどを中心に48か国とサンフランシスコ平和条約を結ぶ。 →日本の独立が回復。 アメリカと日米安全保障条約を結ぶ。 →日本国内に軍事基地を置くことを承諾。
	1956年	日ソ共同宣言に調印。→ソ連と国交を回復。
	1960年	日米安全保障条約の改定をめぐり、自民党と社会党が対立。→安保闘争が起こる。
	1965年	日韓基本条約を結ぶ。→韓国と国交を正常化。
	1972年	沖縄が日本に返還される。 →非核三原則の確認。…核兵器を持たず、作らず、持ち込ませず。 日中共同声明により、中国と国交を正常化。
	1978年	日中平和友好条約を結ぶ。

非核三原則

point
1956年の日ソ共同宣言でソ連の支持を得て、日本の国際連合への加盟が認められたよ。

---

1 次の年表の空欄にあてはまる語を書きましょう。

1951年	吉田茂内閣は、アメリカなどを中心に48か国と　❶　条約を結ぶ。→日本の独立が回復。 アメリカと　❷　条約を結ぶ。 →日本国内に軍事基地を置くことを承諾。
1956年	❸　宣言に調印。→ソ連と国交を回復。
1960年	日米安全保障条約の改定をめぐり、自民党と社会党が対立。→　❹　が起こる。
1972年	沖縄が日本に返還される。 →非核三原則の確認。

☐ ❶ (　　　　　)

☐ ❷ (　　　　　)

☐ ❸ (　　　　　)

☐ ❹ (　　　　　)

2 次の年表の空欄にあてはまる語を書きましょう。

1951年	サンフランシスコ平和条約を結ぶ。 アメリカと日米安全保障条約を結ぶ。 →日本国内に軍事基地を置くことを承諾。	□〔❶ 〕
1965年	❶　条約を結ぶ。→韓国と国交を正常化。	□〔❷ 〕
1972年	❷　が日本に返還される。 →　❸　の確認。…核兵器を持たず、作らず、持ち込ませず。 日中共同声明により、中国と国交を正常化。	□〔❸ 〕
1978年	❹　条約を結ぶ。	□〔❹ 〕

3 次の文の空欄にあてはまる語を書きましょう。

ア 1965年、日本は ❶ を結び、韓国と国交を正常化した。　□〔❶ 〕

イ 1956年、鳩山一郎内閣が ❷ に調印。これにより日本とソ連の国交が回復し、日本は国際連合に加盟した。　□〔❷ 〕

ウ 日中共同声明への調印ののち、1978年に ❸ を結んだことで、日本と中国との関係はさらに深まった。　□〔❸ 〕

エ 吉田茂内閣は、アメリカを中心とする48か国との間で ❹ を結んだ。同時に、アメリカとの間で ❺ を結び、アメリカ軍が引き続き日本に軍事基地を置くことを承認した。　□〔❹ 〕　□〔❺ 〕

4 上のア〜エを、古いできごとから順にならべかえて記号を書きましょう。

□（　　→　　→　　→　　）

約束ニャ！

きおくメモ

日本がサンフランシスコ平和条約以降に外国と結んだおもな条約

| アメリカ→日米安全保障条約 | ソ連→日ソ共同宣言 |
| 韓国→日韓基本条約 | 中国→日中平和友好条約 |

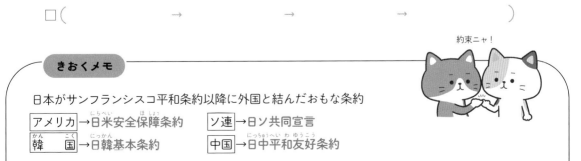

第134日 | 戦後、経済大国へと成長する 日本の暮らしをおさえよう

step 1　読むだけ

まとめ 日本の経済成長

日本	年	おもなできごと
昭和時代	1953年	テレビ放送が開始。 文化の大衆化が進む。 →新聞、テレビなどのマスメディアが発達。
	1955〜 1973年 1960年〜	日本の高度経済成長期。 …経済の急成長による生活水準の向上。 池田勇人内閣による「所得倍増」政策。 ・重化学工業など産業の発展。 ・大気汚染や水質汚濁などの公害問題が深刻化。
	1964年	東京オリンピック・パラリンピックが開催される。
	1967年	公害対策基本法の制定。
	1971年	環境庁の設置。
	1973年	中東で戦争(第四次中東戦争)が起こる。 →石油の価格が上昇。 →石油危機(オイル・ショック)が起こり、高度経済成長が終わる。

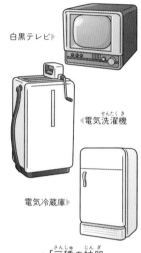

◀白黒テレビ▶

◀電気洗濯機

電気冷蔵庫▶

▲「三種の神器」

(1955〜1965年ごろ人気を集めた、家庭電化製品。)

point

朝鮮戦争での特需景気やアメリカによる改革で、戦後10年にして日本経済は戦前の水準に戻っていたよ。

step 2　見て写すだけ①

1 次の年表の空欄にあてはまる語を書きましょう。

1955〜 1973年	日本の ❶ 期。 …経済の急成長による生活水準の向上。	☐ ❶ 〔　　〕
1960年〜	池田勇人内閣の「所得倍増」政策。	
	・重化学工業など産業の発展。 ・大気汚染や水質汚濁などの ❷ 問題が深刻化。	☐ ❷ 〔　　〕
1967年	公害対策基本法の制定。	
1971年	❸ 庁の設置。	☐ ❸ 〔　　〕

2 次の年表の空欄にあてはまる語を書きましょう。

1953年	① 放送が開始。	□ (①)
	文化の大衆化が進む。	
	→新聞、テレビなどの ② が発達。	□ (②)
1955～1973年	日本の高度経済成長期。	
	…経済の急成長による生活水準の向上。	
1964年	③ が開催される。	□ (③)
1973年	中東で戦争が起こる。	
	→石油の価格が上昇。	
	→ ④ が起こり、高度経済成長が終わる。	□ (④)

3 次の文の空欄にあてはまる語を書きましょう。

ア 1950年代半ばから1970年代初めまでの間、日本経済は年平均で10％程度の成長を続けた。これを ① といい、1968年には日本の国民総生産が、資本主義国の中でアメリカに次ぐ第2位になった。

□ (①)

イ 工業がさかんになったことから、工場から出る廃液や排気ガスによる深刻な ② 問題が各地で次々と起こった。

□ (②)

ウ 1973年に中東で起こった第四次中東戦争をきっかけに、原油価格が高騰して ③ が起こり、先進工業国の経済は大きな打撃を受けた。

□ (③)

エ 1953年に放送が始まった ④ は、1959年の皇太子の結婚パレードをきっかけに一般家庭に普及した。

□ (④)

きおくメモ

高度経済成長 …1955～73年にかけて日本経済が急成長。
→工業廃水や排気ガスによる公害問題が発生。
→文化の大衆化が進み、テレビなどのマスメディアが発達。

第135日 | 冷戦後の世界はグローバル化をめざす

step 1　読むだけ

まとめ ## 冷戦の終結とその後の世界

日本	年	おもなできごと
昭和時代	1975年〜	主要国首脳会議(サミット)が開催される。
	1985年	ソ連でゴルバチョフ政権が成立。
	1989年	東欧諸国の民主化が始まる。
		ベルリンの壁が取りこわされる。
		アジア太平洋経済協力会議(APEC)が発足。
		マルタ会談で米ソの首脳が冷戦の終結を宣言。
平成時代	1990年	東西ドイツが統一される。
	1991年	湾岸戦争が起こる。…多国籍軍がイラクを攻撃。
		バブル経済が崩壊する。…地価・株価が暴落。
		ソ連が解体する。…各共和国が独立する。
	1992年	国連の平和維持活動(PKO)に、初めて自衛隊の部隊を派遣する。…カンボジアに派遣。
	1993年	ECが発展し、ヨーロッパ連合(EU)が発足。
	2001年	アメリカで同時多発テロが起こる。
	2003年	アメリカがイラクに軍隊を送る(イラク戦争)。

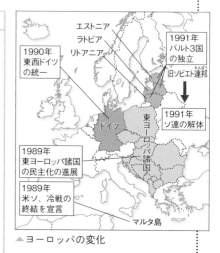

▲ヨーロッパの変化

point

冷戦終結後、国際協調の動きと合わせて地域紛争が多発したよ。

step 2　見て写すだけ①

1 次の年表の空欄にあてはまる語を書きましょう。

1975年〜	主要国首脳会議(サミット)が開催。
1989年	ベルリンの壁が取りこわされる。
	マルタ会談で ❶ の終結宣言。
1990年	東西ドイツが統一される。
1991年	❷ 戦争が起こる。…多国籍軍がイラクを攻撃。
	❸ が解体する。…各共和国が独立する。
1992年	国連の平和維持活動(❹)に、自衛隊を派遣する。
1993年	ヨーロッパ連合(❺)が発足。
2003年	イラク戦争が起こる。

☐ ❶

☐ ❷

☐ ❸

☐ ❹

☐ ❺

2 次の年表の空欄にあてはまる語を書きましょう。

1975年～	主要国首脳会議(①)が開催。
1989年	② の壁が取りこわされる。
	アジア太平洋経済協力会議(③)が発足。
	マルタ会談で米ソの首脳が冷戦の終結を宣言。
1990年	④ が統一される。
1991年	⑤ 経済が崩壊する。…地価・株価が暴落。
1993年	ヨーロッパ連合(EU)が発足。
2001年	アメリカで同時多発テロが起こる。
2003年	イラク戦争が起こる。

☐ ❶（　　　　）
☐ ❷（　　　　）
☐ ❸（　　　　）
☐ ❹（　　　　）
☐ ❺（　　　　）

3 次の文の空欄にあてはまる語を書きましょう。

ア 2001年9月11日の同時多発テロを理由に、アメリカはアフガニスタンを攻撃。その後、2003年には ① が起きた。

☐ ❶（　　　　）

イ 冷戦の象徴であるベルリンの壁が崩壊すると、その翌月のマルタ会談で米ソ首脳は ② を宣言した。

☐ ❷（　　　　）

ウ 1980年代後半に日本の地価や株価がその実態以上に上がり続けたが、1991年に ③ は崩壊し、以後、長い不況の時代が続いた。

☐ ❸（　　　　）

エ 1993年に結成された ④ （EU）は、共通通貨のユーロを導入するなどで地域統合を進めている。

☐ ❹（　　　　）

きおくメモ

冷戦の終結…ベルリンの壁崩壊→米ソ首脳のマルタ会談→東西ドイツの統一→ソ連解体

ヨーロッパの統合…1993年、ヨーロッパ連合（EU）発足。

第136日 | ロシア革命と国際協調の動き

step 1　読むだけ

まとめ　第一次世界大戦前後の国際社会に関わる人々

❶ **ニコライ2世**（1868～1918）ロシア
　　ロシア革命によって退位した、**ロシア帝国最後の皇帝**。シベリア鉄道の敷設や、三国干渉、朝鮮への勢力拡大などによって極東へ進出し、日露戦争を引き起こした。

ニコライ2世

❷ **レーニン**（1870～1924）ロシア（ソ連）
　　第一次世界大戦中に起こった**ロシア革命**の指導者。帝国主義を批判し、マルクスの主張を発展させ、労働者と農民の独裁を唱えた。労働者や兵士による代表会議（ソビエト）中心の社会主義国家を世界で初めて誕生させた。

レーニン

❸ **ウィルソン**（1856～1924）アメリカ
　　第一次世界大戦のころのアメリカ合衆国大統領。1918年に、それぞれの民族が、自らのことを自らで決める権利があるとする**民族自決**や、国際機関の設立などを唱える「**十四か条の平和原則**」を発表した。この提唱に基づき、1920年に**国際連盟**が設立された。

ウィルソン

❹ **新渡戸稲造**（1862～1933）
　　岩手県出身の思想家・教育者。**国際連盟の事務局次長**として、国際的に活躍。英語で著した『**武士道**』で、日本の精神文化を世界に紹介した。

新渡戸稲造

point 第一次世界大戦のころに活躍した人物とその功績などをおさえよう。

step 2　見て写すだけ①

1 次の説明にあてはまる人物名を書きましょう。

1 第一次世界大戦中に、国際機関の設立などを唱えたアメリカ合衆国大統領。この提唱に基づいて、国際連盟が設立された。　□〔❶　　　　　〕

2 1920年に設立された国際連盟で、事務局次長として国際的に活躍。著書の『武士道』で、日本の精神文化を世界に紹介した。　□〔❷　　　　　〕

3 ロシア革命によって退位した、ロシア帝国最後の皇帝。　□〔❸　　　　　〕

4 ロシア革命の指導者で、労働者や兵士によるソビエトを中心とする社会主義国家を、世界で初めて誕生させた。　□〔❹　　　　　〕

2 次の人物の説明文の空欄にあてはまる語を書きましょう。

1　レーニン…第一次世界大戦中に起こった [　❶　] 革命の指導者。帝国主義を批判し、労働者と農民の独裁を唱えた。

□ [❶　　　　　　　]

2　ニコライ2世…ロシア革命によって退位した、[　❷　] 帝国の最後の皇帝。

□ [❷　　　　　　　]

3　新渡戸稲造…第一次世界大戦後、[　❸　] の事務局次長として、国際的に活躍した。

□ [❸　　　　　　　]

4　ウィルソン…1918年に、それぞれの民族が、自らのことを自らで決める権利があるとする [　❹　] や国際機関の設立などを唱える「十四か条の平和原則」を発表した。

□ [❹　　　　　　　]

3 次の説明にあてはまる人物名を書きましょう。

1　第一次世界大戦中に「十四か条の平和原則」を発表したアメリカの大統領。ドイツの潜水艦による攻撃を受けると、第一次世界大戦参戦を議会に要求した。

□ [❶　　　　　　　]

2　1920年に設立された国際連盟において、事務局次長として活躍した日本の思想家・教育者。1984(昭和59)年から発行の五千円札の肖像画に選ばれた。

□ [❷　　　　　　　]

3　世界初の社会主義国家を建てたロシア革命の指導者。アメリカや日本などとの干渉戦争に勝利し、反革命勢力も鎮圧してソビエト社会主義共和国連邦を建てた。

□ [❸　　　　　　　]

4　ロシア帝国最後の皇帝。極東への進出をはかったが、日露戦争に敗北すると、バルカン半島侵略を進めた。

□ [❹　　　　　　　]

きおくメモ

ニコライ2世を皇帝とするロシア帝国がたおれると、レーニンが世界初の社会主義国家を建てた。ウィルソン大統領の提唱によって設立された国際連盟で、新渡戸稲造が事務局次長に就任した。

第137日 アジアの民族運動と指導者たち

まとめ 第一次世界大戦後の国際社会に関わる人々

孫文

❶ **孫文**（1866〜1925）中国

民族の独立（民族）、政治的民主化（民権）、民衆生活の安定（民生）を柱とする三民主義を唱え、辛亥革命を指導。1912年に中華民国が成立すると、臨時大総統についた。

袁世凱

❷ **袁世凱**（1859〜1916）中国

孫文から中華民国の臨時大総統をゆずられたあと、1913年に正式に大総統に就任。日本が二十一か条の要求を出すと、その大部分を認める一方、権力の拡大をめざして皇帝となることを宣言したが、国民の反発で撤回した。

蔣介石

❸ **蔣介石**（1887〜1975）中国

日本留学後、孫文の革命運動に加わり、中国国民党の軍事指導者となった。日中戦争が始まると、抗日民族統一戦線を結成して日本に抗戦。第二次世界大戦後、共産党との内戦に敗れて1949年に台湾に逃れた。

ガンディー

❹ **ガンディー**（1869〜1948）インド

インド独立運動の指導者で、「マハトマ」（偉大な魂）といわれる。第一次世界大戦後、植民地支配を強めるイギリスの政策に対して、非暴力・不服従の抵抗運動をおし進めた。

point 中国やインドでどのような民族運動が起こったかをおさえよう。

1 次の説明にあてはまる人物名を書きましょう。

1 1913年に中華民国の大総統に就任。第一次世界大戦中に日本が二十一か条の要求を出すと、その大部分を認めた。 □ ❶ 〔　　　　　〕

2 インド独立運動の指導者。第一次世界大戦後、植民地支配を強めるイギリスに対し、非暴力・不服従の抵抗運動をおし進めた。 □ ❷ 〔　　　　　〕

3 日本留学後、孫文の革命運動に加わり、中国国民党の軍事指導者となった。日中戦争が始まると、抗日民族統一戦線を結成して日本に抗戦した。 □ ❸ 〔　　　　　〕

4 辛亥革命を指導した人物。民族の独立（民族）、政治的民主化（民権）、民衆生活の安定（民生）を柱とする三民主義を唱えた。 □ ❹ 〔　　　　　〕

2 次の人物の説明文の空欄にあてはまる語を書きましょう。

1　蔣介石…国民政府の指導者で、日中戦争が始まると、中国共産党
と　[　❶　]　を結成して日本に抗戦した。　□〔❶　　　　〕

2　ガンディー…第一次世界大戦後、植民地支配を強めるイギリスに
対し、[　❷　]・不服従の抵抗運動を進めた。　□〔❷　　　　〕

3　孫文…民族の独立、政治的民主化、民衆生活の安定を柱とする
[　❸　]主義を唱え、辛亥革命を指導した。　□〔❸　　　　〕

4　袁世凱…孫文から中華民国の臨時大総統をゆずられたあと、1913
年に大総統に就任。第一次世界大戦中に日本が[　❹　]を出
すと、その大部分を認めた。　□〔❹　　　　〕

3 次の説明にあてはまる人物名を書きましょう。

1　インド独立運動の指導者で、第一次世界大戦後、インドの伝統的
な綿製品の使用をよびかけるとともに、人種差別に反対し、イギ
リスへの抵抗運動を進めた。　□〔❶　　　　〕

2　1905年に東京で、辛亥革命の中心となる中国同盟会を結成する
とともに、三民主義を唱え、革命の思想的なよりどころとした。　□〔❷　　　　〕

3　孫文から中華民国の臨時大総統をゆずられたあと、1913年に正
式に大総統に就任した。独裁政治を行ったため、孫文らと対立し
た。　□〔❸　　　　〕

4　日中戦争が始まると、抗日民族統一戦線を結成して日本に抗戦。
戦後、中華民国憲法を制定して総統に選出されたが、共産党との
内戦に敗れて台湾に逃れた。　□〔❹　　　　〕

きおくメモ

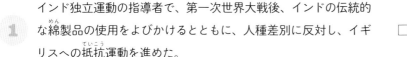

孫文らの辛亥革命で成立した中華民国では、蔣介石のときに全国が統一され、国民政府が成立した。
植民地支配を受けるインドで、ガンディーがイギリスへの非暴力・不服従の抵抗運動を進めた。

第138日｜大正デモクラシーと社会運動の立役者たち

step 1　読むだけ

まとめ ## 大正時代の政治家や社会運動家たち

原敬

吉野作造

美濃部達吉

平塚らいてう

❶ 原敬（1856〜1921）

　米騒動の責任を取って寺内内閣が退陣すると首相となり、陸軍・海軍・外務以外の大臣に立憲政友会党員を登用して、本格的な政党内閣を組織した。

❷ 吉野作造（1878〜1933）

　1916年、雑誌に論文を発表し、民本主義という訳語を使ってデモクラシーの本質を説いた。この考えは、大正デモクラシーを支える中心的な思想となった。

❸ 美濃部達吉（1873〜1948）

　ドイツに留学して広く外国の憲法を研究した。「天皇は国家の機関として憲法に従って統治すべきである」という天皇機関説を唱えた。

❹ 平塚らいてう（1886〜1971）

　青鞜社を結成して雑誌「青鞜」を出版し、女性の地位を高める運動を起こした。第一次世界大戦後の1920年には、新婦人協会を設立し、婦人参政権運動も進めた。

市川房枝

❺ 市川房枝（1893〜1981）

　大正・昭和時代の女性運動家。平塚らいてうらと新婦人協会を結成して、婦人参政権運動にのりだした。第二次世界大戦後、1953年から5期にわたって参議院議員に当選した。

point 大正デモクラシーのころに活躍した人物の主張や功績をおさえよう。

step 2　見て写すだけ①

1　次の説明にあてはまる人物名を書きましょう。

1　ドイツに留学して広く外国の憲法を研究した法学者。天皇機関説を唱えた。　□〔　❶　　　　　　　〕

2　青鞜社を結成して雑誌「青鞜」を出版し、女性の地位を高める運動を起こした。第一次世界大戦後の1920年には、新婦人協会を設立し、婦人参政権運動も進めた。　□〔　❷　　　　　　　〕

3　寺内内閣が退陣後、首相となり、本格的な政党内閣を組織した。　□〔　❸　　　　　　　〕

4　民本主義という訳語を使ってデモクラシーの本質を説いた。この考えは、大正デモクラシーを支える中心的な思想となった。　□〔　❹　　　　　　　〕

2 次の人物の説明文の空欄にあてはまる語を書きましょう。

1　美濃部達吉…「天皇は国家の機関として憲法に従って統治すべきである」という　①　説を唱えた。

☐〔①　　　　　　　　　〕

2　市川房枝…1920年、平塚らいてうらと　②　を結成して、婦人参政権運動を進めた。

☐〔②　　　　　　　　　〕

3　吉野作造…1916年、雑誌に論文を発表し、　③　主義という訳語を使ってデモクラシーの本質を説いた。

☐〔③　　　　　　　　　〕

4　原敬…1918年、陸軍・海軍・外務以外の大臣に立憲政友会党員を登用して、本格的な　④　内閣を組織した。

☐〔④　　　　　　　　　〕

3 次の説明にあてはまる人物名を書きましょう。

1　「天皇は国家の機関として憲法に従って統治すべきである」という天皇機関説を唱えると、軍部や右翼から批判され、貴族院議員の職も追われた。

☐〔①　　　　　　　　　〕

2　1918年、陸軍・海軍・外務以外の大臣に立憲政友会党員を登用して、本格的な政党内閣を組織し、「平民宰相」として国民の期待を集めた。

☐〔②　　　　　　　　　〕

3　1916年、政治の目的を民衆の福利に求め、政策は民衆の意向によるべきだと主張する民本主義を説いた。

☐〔③　　　　　　　　　〕

4　1920年、平塚らいてうらと新婦人協会を結成して、婦人参政権運動を進めた。翌年、渡米して婦人問題の研究に励んだ。帰国後は国際労働機関（ILO）東京支局に勤めた。

☐〔④　　　　　　　　　〕

5　市川房枝らとともに新婦人協会を設立し、女性の政治活動の自由、女子高等教育の拡充、男女共学などを求める運動を行った。

☐〔⑤　　　　　　　　　〕

きおくメモ

吉野作造は民本主義を、美濃部達吉は天皇機関説を唱え、原敬は本格的な政党内閣を組織した。
平塚らいてうや市川房枝らは、新婦人協会を結成して女性解放運動を進めた。

第139日｜大正の美術・文学の新しい動きをおさえよう

step 1　読むだけ

> **まとめ** ## 大正時代の日本の文化の担い手たち
>
>
> 竹久夢二
>
> 芥川龍之介
>
> ❶ **竹久夢二**（1884〜1934）
>
> 　絵を志して雑誌、新聞にさし絵や詩を寄稿した画家・詩人。大きな瞳に
> かなしみをたたえた女性画は、「夢二式美人」とよばれ、女学生の支持を得た。
>
> ❷ **芥川龍之介**（1892〜1927）
>
> 　『鼻』が夏目漱石に賞賛され、作家の地位を築いた。
> 代表作に、『羅生門』や『地獄変』、『蜘蛛の糸』などがある。
>
> 小林多喜二
>
> ❸ **小林多喜二**（1903〜1933）
>
> 　大正末期〜昭和初期のプロレタリア文学を代表する小説家で、労働者の立場
> からその生活や心情をえがこうとする文学に共感し、『蟹工船』などを書いた。
>
> 志賀直哉
>
> ❹ **志賀直哉**（1883〜1971）
>
> 　武者小路実篤らと雑誌『白樺』を創刊し、清新で個性的な短編を発表した。
> 白樺派の中心作家として活躍し、『暗夜行路』『小僧の神様』などの作品を残した。
>
> 谷崎潤一郎
>
> ❺ **谷崎潤一郎**（1886〜1965）
>
> 　『刺青』などの作品が永井荷風に認められ、美に最高の価値をおく作風で、独自の世界を築いた。
> 代表作には『細雪』『痴人の愛』など。
>
> **point** 大正時代のころ活躍した画家・作家の特徴や代表的な作品をおさえよう。

step 2　見て写すだけ①

1　次の説明にあてはまる人物名を書きましょう。

1 大正末期〜昭和初期のプロレタリア文学を代表する小説家で、
『蟹工船』などを書いた。　□〔❶　　　　　〕

2 美に最高の価値をおく作風で、独自の世界を築いた。代表作には
長編の『細雪』などがある。　□〔❷　　　　　〕

3 白樺派の中心作家として活躍し、清新で個性的な短編を発表。代
表作に『暗夜行路』など。　□〔❸　　　　　〕

4 『鼻』が夏目漱石に賞賛され、作家の地位を築いた。代表作は、
『羅生門』や『地獄変』、『蜘蛛の糸』など。　□〔❹　　　　　〕

2 次の人物の説明文の空欄にあてはまる語を書きましょう。

1　志賀直哉…　[　❶　]派の中心作家として活躍し、『暗夜行路』
『小僧の神様』などの作品を書いた。　　　　　　　　□ [　❶　]

2　竹久夢二…大きな瞳にかなしみをたたえた女性画は、
「　[　❷　]　式美人」とよばれ、女学生の支持を得た。　□ [　❷　]

3　芥川龍之介…『鼻』が　[　❸　]　に賞賛され、作家の地位を築いた。
代表作に『羅生門』など。　　　　　　　　　　　　　□ [　❸　]

4　小林多喜二…大正末期～昭和初期の　[　❹　]　文学を代表する
小説家で、『蟹工船』などを書いた。　　　　　　　　□ [　❹　]

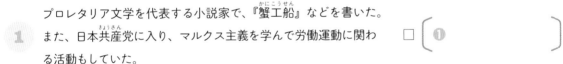

3 次の説明にあてはまる人物名を書きましょう。

1　プロレタリア文学を代表する小説家で、『蟹工船』などを書いた。
また、日本共産党に入り、マルクス主義を学んで労働運動に関わ
る活動もしていた。　　　　　　　　　　　　　　　□ [　❶　]

2　大正ロマンを象徴する女性風俗画をえがいた人物。『宵待草』の
作詩者としても知られている。　　　　　　　　　　□ [　❷　]

3　美に最高の価値をおく作風で、独自の世界を築き、『細雪』『痴人
の愛』などの作品を残した。また、『源氏物語』を現代語に訳した。　□ [　❸　]

4　白樺派の中心作家として活躍。「小説の神様」とあがめられ、文
学を志す人々に大きな影響をあたえた。　　　　　　□ [　❹　]

5　『羅生門』など古典文学から題材をとった短編小説や、『蜘蛛の糸』
など子ども向けの短編小説を書いた。　　　　　　　□ [　❺　]

きおくメモ

大正デモクラシーの風潮にのって雑誌や新聞が人々に読まれる中、竹久夢二が美人画をえがいた。
文学でも新たな傾向が生まれ、芥川龍之介や小林多喜二、谷崎潤一郎らの作品が読まれた。

第140日｜大正の新しい学問と音楽をおさえよう

step 1　読むだけ

まとめ 大正時代の学者と音楽家

西田幾多郎

柳宗悦

① **西田幾多郎**（1870〜1945）
明治時代〜昭和時代前期に活躍した哲学者。1911年に『善の研究』を著し、日本に古くから伝わる仏教と儒教に近代的な西洋の哲学を統合して新しい体系を打ち立てた。

② **柳宗悦**（1889〜1961）
朝鮮や日本の工芸品など、人々に使われてきた道具に美しさを見い出し、民芸運動を進めた。「民芸」という言葉を創ったことでも知られている。

柳田国男

③ **柳田国男**（1875〜1962）
地方の名もない民衆が伝える昔話や伝説、生活のありさまを調べ、民俗学を提唱した。おもな著書に『遠野物語』『先祖の話』などがある。

山田耕筰

④ **山田耕筰**（1886〜1965）
日本最初の管弦楽団である東京フィルハーモニーを作り、指揮や作曲で活躍。『赤とんぼ』『からたちの花』などの童謡や歌曲に多くの名曲を残す。

point 大正時代を中心に活躍した学者や音楽家の功績や著書、作品をおさえよう。

step 2　見て写すだけ①

1　次の説明にあてはまる人物名を書きましょう。

1　地方の名もない民衆が伝える昔話や伝説、生活のありさまを調べ、民俗学を提唱した。おもな著書に『遠野物語』『先祖の話』などがある。　□〔①　　　　〕

2　1911年に『善の研究』を著し、日本に古くから伝わる仏教と儒教に近代的な西洋の哲学を統合して新しい体系を打ち立てた。　□〔②　　　　〕

3　日本最初の管弦楽団である東京フィルハーモニーを作り、指揮や作曲で活躍。『赤とんぼ』などの童謡や歌曲に多くの名曲を残す。　□〔③　　　　〕

4　朝鮮や日本の工芸品など、人々に使われてきた道具に美しさを見い出し、民芸運動を進めた。　□〔④　　　　〕

2 次の人物の説明文の空欄にあてはまる語を書きましょう。

1 柳宗悦…人々に使われてきた朝鮮や日本の道具に美しさを見い出し、　①　運動を進めた。

□〔 ① 〕

2 西田幾多郎…1911年に『　②　』を著し、日本に古くから伝わる仏教と儒教に近代的な西洋の哲学を統合して新しい体系を打ち立てた。

□〔 ② 〕

3 山田耕筰…日本最初の管弦楽団である東京フィルハーモニーを作り、指揮や作曲で活躍。『赤とんぼ』などの　③　や歌曲に多くの名作を残した。

□〔 ③ 〕

4 柳田国男…地方の名もない民衆が伝える昔話や伝説、生活のありさまを調べ、　④　学を提唱した。

□〔 ④ 〕

3 次の説明にあてはまる人物名を書きましょう。

1 指揮や作曲で活躍し、日本最初の管弦楽団である東京フィルハーモニーを作る。『赤とんぼ』『からたちの花』『この道』など、多くの名曲を残した。

□〔 ① 〕

2 地方の名もない民衆が伝える昔話や伝説、生活のありさまを調べ、民俗学を提唱。1951年に文化勲章を受章した。

□〔 ② 〕

3 1911年に『善の研究』を著し、日本に古くから伝わる仏教と儒教に近代的な西洋の哲学を統合して「西田哲学」とよばれる独自の哲学体系を打ち立てた。

□〔 ③ 〕

4 朝鮮や日本の工芸品など、人々に使われてきた道具に美しさを見い出し、民芸運動を進めてきた。東京駒場に日本民藝館を造り、初代館長を務めた。

□〔 ④ 〕

きおくメモ

西田幾多郎は哲学、柳宗悦は民芸運動、柳田国男は民俗学の分野で大きな功績を残した。
山田耕筰は日本で最初の管弦楽団を作るとともに、童謡などに多くの名曲を残した。

ちらっ

第141日 世界恐慌と欧米諸国それぞれの政策

step 1　読むだけ

まとめ 世界恐慌以後の主要国の代表者たち

ローズベルト

スターリン

ムッソリーニ

ヒトラー

① **ローズベルト**（1882〜1945）アメリカ

世界恐慌のときのアメリカ合衆国大統領。積極的な公共事業と生産調整で失業者を救済し、労働組合を保護する**ニューディール**（新規まき直し）政策を実施した。

② **スターリン**（1879〜1953）ソ連

レーニンの死後、ソ連の指導権を確立した。1928年から五か年計画を実施するが、多数の反対派や農民、少数民族を弾圧し、独裁政治を行った。

③ **ムッソリーニ**（1883〜1945）イタリア

イタリアで**ファシスト党**を率い、独裁政治を行った。**エチオピア**を侵略して併合するとともに、**国際連盟**を脱退し、第二次世界大戦に参戦した。

④ **ヒトラー**（1889〜1945）ドイツ

ナチスを率いて首相になると、反民主主義・反自由主義をかかげ、政党を解散させ、全体主義国家を作った。第二次世界大戦中には多くのユダヤ人を殺害した。

point 世界恐慌以後の各国で、どんな人物がどんなことを行ったかをおさえよう。

step 2　見て写すだけ①

1 次の説明にあてはまる人物名を書きましょう。

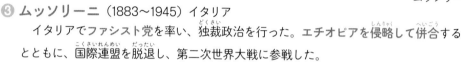

① レーニンの死後、ソ連の指導権を確立。1928年から五か年計画を実施するが、多数の反対派などを弾圧し、独裁政治を行った。 □〔① 　　　〕

② ナチスを率いて首相になると、反民主主義・反自由主義をかかげ、全体主義国家を作った。第二次世界大戦中には多くのユダヤ人を殺害した。 □〔② 　　　〕

③ 世界恐慌のときのアメリカ合衆国大統領。ニューディール（新規まき直し）政策を実施した。 □〔③ 　　　〕

④ イタリアでファシスト党を率い、独裁政治を行った。エチオピアを侵略して併合するとともに、国際連盟を脱退し、第二次世界大戦に参戦した。 □〔④ 　　　〕

2 次の人物の説明文の空欄にあてはまる語を書きましょう。

1　ヒトラー…　①　を率いて首相になると、反民主主義・反自
由主義をかかげ、全体主義国家を作った。　□〔①　　　　　〕

2　ローズベルト…世界恐慌のとき、積極的な公共事業と生産調整で
失業者を救済するなどの、　②　（新規まき直し）政策を実施
した。　□〔②　　　　　〕

3　スターリン…レーニンの死後、ソ連の指導権を確立。1928年か
ら　③　を実施するが、多数の反対派や農民、少数民族を
弾圧し、独裁政治を行った。　□〔③　　　　　〕

4　ムッソリーニ…イタリアで　④　党を率い、独裁政治を行い、
エチオピアを侵略して併合した。　□〔④　　　　　〕

3 次の説明にあてはまる人物名を書きましょう。

1　イタリアでファシスト党を率い、言論や集会の自由を制限して独
裁政治を行った。エチオピアを侵略して併合するなどして、第二
次世界大戦に参戦した。　□〔①　　　　　〕

2　ナチスを率いて首相になると、全体主義国家を作った。第二次世
界大戦中には、アウシュビッツ収容所などで多くのユダヤ人を殺
害した。　□〔②　　　　　〕

3　1928年から五か年計画を実施するが、独裁政治を行った。第二
次世界大戦では最高司令官としてソ連を勝利に導いた。　□〔③　　　　　〕

4　世界恐慌の対策として、ダム建設などの公共事業をおこすととも
に生産を調整して失業者を救済し、ニューディール（新規まき直
し）政策を実施した。　□〔④　　　　　〕

きおくメモ

世界恐慌に対して、**ローズベルト**は**ニューディール**政策を実施して景気の回復をはかった。
ムッソリーニと**ヒトラー**は、**全体主義**をかかげ、侵略を進めて第二次世界大戦を引き起こした。

第142日｜満州をめぐって絡み合う中国・日本

step 1　読むだけ

まとめ　戦時下の東アジアの皇帝や政治家たち

溥儀

毛沢東

犬養毅

近衛文麿

❶ 溥儀（1906〜1967）中国

　辛亥革命により退位した清の最後の皇帝。1932年に、日本が建てた満州国の元首となった。日本の侵略を助けた罪を問われて戦争犯罪人とされたが、1959年に許された。

❷ 毛沢東（1893〜1976）中国
マオ ツォトン

　1921年に中国共産党の創立に参加し、中国共産党の指導権を確立すると、蔣介石が率いる国民党との内戦をくり広げた。1949年に中華人民共和国を建国し、のちに国家主席に就任した。

❸ 犬養毅（1855〜1932）

　1929年に立憲政友会総裁となり、1931年に内閣を組織。満州国の承認に反対する態度を取ったことから、1932年に海軍の急進派に襲撃され、暗殺された（五・一五事件）。

❹ 近衛文麿（1891〜1945）

　1937年以後、三度、内閣を組織した。この間、国家総動員法を制定し、**大政翼賛会**を創設して、挙国一致体制を作った。

point　満州事変以降の中国と日本の動きに関わった人物をおさえよう。

step 2　見て写すだけ①

1 次の説明にあてはまる人物名を書きましょう。

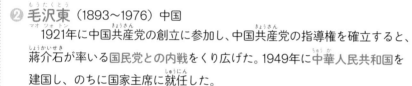

1　1937年以後、三度、内閣を組織。この間、国家総動員法を制定し、大政翼賛会を創設して、挙国一致体制を作った。

□〔①　　　　　〕

2　中国共産党の創立に参加し、蔣介石が率いる国民党との内戦をくり広げた。1949年に中華人民共和国を建国し、のちに国家主席に就任した。

□〔②　　　　　〕

3　辛亥革命により退位した清の最後の皇帝。日本が建てた満州国の元首となった。

□〔③　　　　　〕

4　満州国の承認に反対する態度を取ったことから、1932年に海軍の急進派に襲撃され、暗殺された（五・一五事件）。

□〔④　　　　　〕

2 次の人物の説明文の空欄にあてはまる語を書きましょう。

1 近衛文麿…1937年以後、三度、内閣を組織。この間、国家総動員法を制定し、　①　を創設して、挙国一致体制を作った。

☐ 〔 ① 〕

2 犬養毅…　②　事件で暗殺された内閣総理大臣。満州国の承認に反対する態度を取ったことから、海軍の急進派に襲撃された。

☐ 〔 ② 〕

3 毛沢東…中国共産党の指導者。1949年に　③　を建国し、のちに国家主席に就任した。

☐ 〔 ③ 〕

4 溥儀…辛亥革命により退位した清の最後の皇帝。日本が建てた　④　の元首となった。

☐ 〔 ④ 〕

ラストエンペラー

3 次の説明にあてはまる人物名を書きましょう。

1 満州国の承認に反対する態度を取ったことから、1932年に海軍の急進派に襲撃され、暗殺された。この五・一五事件により、戦前の政党政治は終わった。

☐ 〔 ① 〕

2 首相在任時に国家総動員法を制定し、大政翼賛会を創設、挙国一致体制を作った。また、ドイツ・イタリアと日独伊三国同盟を結んだ。

☐ 〔 ② 〕

3 日本が建てた満州国の元首。日本の侵略を助けた罪を問われて戦争犯罪人とされたが、1959年に許された。

☐ 〔 ③ 〕

4 中国共産党の指導者として、蔣介石が率いる国民党との内戦をくり広げた。1949年、中華人民共和国を建国し、政府主席を経て国家主席に就任した。

☐ 〔 ④ 〕

きおくメモ

満州国が建てられると、清の最後の皇帝だった溥儀がその元首とされた。
五・一五事件で犬養毅を軍部が襲撃。その後、近衛文麿により挙国一致体制が作られた。

第143日｜第二次世界大戦と日本の敗戦

まとめ 第二次世界大戦の終結に関わる人々

チャーチル

❶ **チャーチル**（1874〜1965）イギリス

　イギリスの首相として第二次世界大戦で指導力を発揮し、連合国を勝利に導いた。アメリカのローズベルト大統領と会談し、大西洋憲章を発表して戦後の国際社会の平和構想を示した。また、ポツダムで米ソ首脳と会談した。

❷ **東条英機**（1884〜1948）

　1941年に内閣総理大臣となり、アメリカ・イギリスとの開戦を断行して太平洋戦争を起こした。敗戦後、戦争犯罪人として極東国際軍事裁判にかけられ、死刑となった。

東条英機

❸ **昭和天皇**（1901〜1989）

　昭和時代の天皇。太平洋戦争の終結を国民にラジオで伝えた（玉音放送）。また、みずから天皇の神格を否定する「人間宣言」をし、日本国憲法により国民統合の象徴として、地方巡幸、国際親善などの公務を果たした。

昭和天皇

❹ **マッカーサー**（1880〜1964）アメリカ

　日本の降伏後、連合国軍総司令部（GHQ）最高司令官として日本に駐在し、日本を民主化するための政策を指導した。朝鮮戦争に際して強硬策を主張したため、トルーマン大統領により解任された。

マッカーサー

point 第二次世界大戦において、主要人物がどのようなことを行ったかをおさえよう。

1 次の説明にあてはまる人物名を書きましょう。

1 日本の降伏後、連合国軍総司令部（GHQ）最高司令官として日本に駐在し、日本を民主化するための政策を指導した。

□ 〔① 　　　　　　〕

2 1941年に太平洋戦争を起こした内閣総理大臣。敗戦後、戦争犯罪人として極東国際軍事裁判にかけられ、死刑となった。

□ 〔② 　　　　　　〕

3 アメリカのローズベルト大統領と会談し、大西洋憲章を発表したイギリスの首相。

□ 〔③ 　　　　　　〕

4 太平洋戦争の終結を国民にラジオで伝えた（玉音放送）。また、みずから天皇の神格を否定する「人間宣言」をした。

□ 〔④ 　　　　　　〕

2 次の人物の説明文の空欄(くうらん)にあてはまる語を書きましょう。

1 昭和天皇(しょうわてんのう)…太平洋戦争(たいへいよう)の終結を国民にラジオで伝えた（　①　放送）。また、みずから天皇の神格(てんのう)を否定する「人間宣言」をした。

□ 〔　①　〕

2 チャーチル…第二次世界大戦中、アメリカのローズベルト大統領(だいとうりょう)と会談し、　②　を発表して戦後の構想を示した。

□ 〔　②　〕

3 マッカーサー…　③　最高司令官として日本に駐在(ちゅうざい)し、日本を民主化するための政策を指導した。

□ 〔　③　〕

4 東条英機(とうじょうひでき)…1941年にアメリカ・イギリスとの開戦を断行して、　④　戦争を起こした。

□ 〔　④　〕

3 次の説明にあてはまる人物名を書きましょう。

1 アメリカ・イギリスとの開戦を断行して太平洋戦争(たいへいよう)を起こした内閣総理大臣(かくそうりだいじん)。敗戦後、戦争犯罪人として極東国際軍事裁判(きょくとうこくさいぐんじさいばん)(東京裁判(とうきょうさいばん))にかけられ、Ａ級戦犯として死刑(しけい)となった。

□ 〔　①　〕

2 太平洋戦争(たいへいよう)の終結を国民にラジオで伝えた（玉音放送(ぎょくおん)）。また、「人間宣言」をし、国民統合の象徴(しょうちょう)として、地方巡幸(じゅんこう)、国際親善(しんぜん)などの公務を果たした。

□ 〔　②　〕

3 アメリカのローズベルト大統領(だいとうりょう)と会談し、大西洋憲章(たいせいようけんしょう)を発表して戦後の国際社会の平和構想を示した。また、ポツダムで米ソ首脳(しゅのう)と会談した。

□ 〔　③　〕

4 太平洋戦争(たいへいよう)中は西南太平洋(たいへいよう)方面連合軍総司令官として指揮をとった。日本の降伏後(こうふく)は、ＧＨＱの最高司令官として、日本の民主化を指導した。

□ 〔　④　〕

> **きおくメモ**
>
> チャーチルは大西洋憲章(たいせいようけんしょう)を発表し、マッカーサーは日本の民主化を指導。
> 東条英機(とうじょうひでき)は太平洋戦争(たいへいよう)を開戦させ、昭和天皇(しょうわてんのう)は戦争の終結をラジオで国民に伝えた。

第144日｜植民地だった国の解放と日本の外交

step 1　読むだけ

まとめ 植民地の解放と独立後の日本の外交

ネルー

ケネディ

フルシチョフ

岸信介

❶ **ネルー**（1889〜1964）インド

　　ガンディーとともに独立運動に参加し、インド独立後は初代首相となった。米ソ対立の中で中立の立場で外交を進め、中国の周恩来と「平和五原則」の共同声明を発表した。

❷ **ケネディ**（1917〜1963）アメリカ

　　アメリカ合衆国第35代大統領。冷戦が続く中で、キューバ危機を乗りこえ、ソ連のフルシチョフ首相と会談するなど協調外交を展開した。

❸ **フルシチョフ**（1894〜1971）ソ連

　　ソ連の首相。国内の民主化と資本主義国との平和共存外交を進め、アメリカとの冷戦の緩和に努めた。

❹ **岸信介**（1896〜1987）

　　1957年に内閣総理大臣に就任し、1960年、安保闘争がはげしさを増す中で新しい日米安全保障条約の批准を強行した。

鳩山一郎

❺ **鳩山一郎**（1883〜1959）

　　1954年、吉田茂内閣の総辞職により内閣総理大臣に就任。翌年には自由民主党を結成した。1956年、日ソ共同宣言に調印し、ソ連との国交回復を実現させた。

point 植民地解放後、冷戦中の各国にどのような動きがあったのかをおさえよう。

step 2　見て写すだけ①

1 次の説明にあてはまる人物名を書きましょう。

1 ソ連の首相。国内の民主化と資本主義国との平和共存外交を進め、アメリカとの冷戦の緩和に努めた。　☐ 〔① 　　　　　〕

2 ガンディーとともにイギリスに対する独立運動に参加し、インド独立後は初代首相となった。　☐ 〔② 　　　　　〕

3 1957年に内閣総理大臣に就任。1960年、安保闘争がはげしさを増す中で、新しい日米安全保障条約の批准を強行した。　☐ 〔③ 　　　　　〕

4 アメリカの第35代大統領。冷戦が続く中で、キューバ危機を乗りこえ、ソ連のフルシチョフ首相と会談した。　☐ 〔④ 　　　　　〕

2 次の人物の説明文の空欄にあてはまる語を書きましょう。

1 フルシチョフ…ソ連国内の民主化と資本主義国との平和共存外交を進め、アメリカとの [**❶**] の緩和に努めた。

□（❶　　　）

2 鳩山一郎…1956年、[**❷**]宣言に調印し、ソ連との国交回復を実現させた。

□（❷　　　）

3 ケネディ…[**❸**]危機を乗りこえ、ソ連のフルシチョフ首相と会談をするなど協調外交を展開した。

□（❸　　　）

4 ネルー…インド独立後の初代首相。中国の周恩来と「[**❹**]」の共同声明を発表した。

□（❹　　　）

3 次の説明にあてはまる人物名を書きましょう。

1 冷戦が続く中で、キューバ危機を乗りこえ、協調外交を展開したアメリカ合衆国大統領。1963年、ダラスで暗殺された。

□（❶　　　）

2 インドの初代首相。周恩来と「平和五原則」の共同声明を発表し、アジア・アフリカ会議を開催した。

□（❷　　　）

3 1954年、内閣総理大臣に就任。1956年、日ソ共同宣言に調印し、ソ連との国交回復を実現させた。

□（❸　　　）

4 ソ連国内の民主化と資本主義国との平和共存外交を進め、冷戦の緩和に努めたが、中ソ対立を招き、農業政策にも失敗し、失脚した。

□（❹　　　）

5 1960年、安保闘争がはげしさを増す中で、新日米安全保障条約の批准を強行した内閣総理大臣。全国的な反対運動が起き、採決を強行した内閣は総辞職した。

□（❺　　　）

> **きおくメモ**
>
> 冷戦が続く中で、アメリカのケネディとソ連のフルシチョフの平和共存外交が見られた。
> 鳩山一郎は日ソの国交回復や国連加盟を実現させ、岸信介は新日米安全保障条約に調印した。

第145日｜経済成長から国交正常化までの歩み

まとめ ## 大戦後の成長する日本と中国で活躍した政治家

周恩来

池田勇人

佐藤栄作

田中角栄

❶ **周恩来**（1898〜1976）中国

中国共産党の指導者で、第二次世界大戦中は国共合作や抗日民族統一戦線結成で活躍。中華人民共和国成立後は26年間にわたり国務院総理（首相）を務め、内政・外交に実績を残した。

❷ **池田勇人**（1899〜1965）

1960年、岸信介内閣のあとを受けて内閣総理大臣となった。「所得倍増」をスローガンにかかげて高度経済成長政策を推進した。

❸ **佐藤栄作**（1901〜1975）

1964年に内閣総理大臣となり、7年8か月間政権を担当した。日韓基本条約を締結し、非核三原則を訴え、沖縄返還を実現させた。1974年にはノーベル平和賞を受賞した。

❹ **田中角栄**（1918〜1993）

内閣総理大臣となった1972年に日中共同声明に調印して日中国交正常化をなしとげた。日本列島改造論により物価上昇や地価高騰などを引き起こし、金権・不正金脈問題を非難されて辞任した。

point 国際化に向かう日本と中国で活躍した人物の功績をおさえよう。

1 次の説明にあてはまる人物名を書きましょう。

1 中国共産党の指導者で、中華人民共和国成立後は26年間にわたり国務院総理（首相）を務め、内政・外交に実績を残した。
□ ［①　　　　　］

2 1960年に内閣総理大臣となり、「所得倍増」をスローガンにかかげて高度経済成長政策を推進した。
□ ［②　　　　　］

3 1972年に日中共同声明に調印して日中国交正常化をなしとげたが、日本列島改造論により地価高騰などを引き起こした。
□ ［③　　　　　］

4 1964年から7年8か月間政権を担当。日韓基本条約を締結し、非核三原則を訴え、沖縄返還を実現させた。1974年にはノーベル平和賞を受賞。
□ ［④　　　　　］

2 次の人物の説明文の空欄にあてはまる語を書きましょう。

1 池田勇人…内閣総理大臣になると、「　①　」をスローガンにかかげて高度経済成長政策を推進した。

□（①　　　　　）

2 周恩来…　②　党の指導者で、中華人民共和国成立後は26年間にわたり国務院総理(首相)を務めた。

□（②　　　　　）

3 佐藤栄作…日韓基本条約を締結し、非核三原則を訴え、　③　返還を実現させた。

□（③　　　　　）

4 田中角栄…内閣総理大臣となった1972年に　④　に調印して日中国交正常化をなしとげた。

□（④　　　　　）

3 次の説明にあてはまる人物名を書きましょう。

1 1972年に日中共同声明に調印し、中国との国交正常化をなしとげたが、金権・不正金脈問題を非難されて辞任。1976年にはロッキード事件で逮捕された。

□（①　　　　　）

2 1964年に内閣総理大臣となり、7年8か月間政権を担当した。「沖縄が復帰しない限り、戦争は終わらない」と訴えて、沖縄返還を実現させた。

□（②　　　　　）

3 吉田茂内閣で大蔵大臣としてGHQが示した経済九原則を推進した。1960年、内閣総理大臣となると、「所得倍増」をかかげて高度経済成長政策を進めた。

□（③　　　　　）

4 中国共産党の指導者で、中華人民共和国成立後は26年間にわたり国務院総理(首相)を務めた。日本との国交正常化に大きな役割を果たした。

□（④　　　　　）

きおくメモ

佐藤栄作は日韓の国交正常化や沖縄返還を、田中角栄は日中国交正常化を実現させた。池田勇人は、「所得倍増」をスローガンに高度経済成長政策を推進した。

第146日｜多様化する戦後文化の作り手たち

---

step 1　読むだけ

まとめ　戦後の文化を築いた人々

湯川秀樹

黒澤明

① 湯川秀樹（1907〜1981）

　　原子核理論の研究をした**物理学者**で、1949年に**中間子理論**を発表して、

日本人として最初の**ノーベル物理学賞**を受賞した。おもな著書に、

『素粒子論』『現代科学と人間』などがある。

川端康成

手塚治虫

② 黒澤明（1910〜1998）

　　日本を代表する**映画監督**の1人で、『羅生門』でベネチア国際映画祭

グランプリを、『影武者』でカンヌ国際映画祭パルムドールを受賞。

また、映画監督初の国民栄誉賞も受賞。

③ 川端康成（1899〜1972）

　　大正・昭和時代の小説家で、雑誌「文芸時代」を創刊して、新感覚派とよばれる新しい文学運動を

おこした。1968年に**ノーベル文学賞**を受賞。代表作には『伊豆の踊子』『雪国』などがある。

④ 手塚治虫（1928〜1989）

　　漫画におけるさまざまな描写方法を確立し、制作した**アニメーション**は世界中の人々に

親しまれている。代表作には『鉄腕アトム』『火の鳥』などがある。

point 戦後の日本文化で、世界的にも評価された人物をおさえよう。

---

step 2　見て写すだけ①

1　次の説明にあてはまる人物名を書きましょう。

1 漫画におけるさまざまな描写方法を確立、制作したアニメーションは世界中の人々に親しまれている。代表作には『鉄腕アトム』などがある。　□〔①　　　　　　〕

2 大正・昭和時代の小説家で、新感覚派とよばれる新しい文学運動をおこした。1968年にノーベル文学賞を受賞した。　□〔②　　　　　　〕

3 原子核理論の研究をした物理学者で、1949年に日本人として最初のノーベル物理学賞を受賞した。おもな著書に、『素粒子論』『現代科学と人間』などがある。　□〔③　　　　　　〕

4 日本を代表する映画監督。『羅生門』でベネチア国際映画祭グランプリを、『影武者』でカンヌ国際映画祭パルムドールを受賞した。　□〔④　　　　　　〕

2 次の人物の説明文の空欄にあてはまる語を書きましょう。

1　黒澤明…日本を代表する　①　監督で、『羅生門』でベネチア国際映画祭グランプリを受賞した。

☐ (① 　　　　　　)

2　湯川秀樹…原子核理論の研究をした物理学者で、日本人として最初の　②　物理学賞を受賞した。

☐ (② 　　　　　　)

3　手塚治虫…　③　におけるさまざまな描写方法を確立し、日本初のテレビアニメーションの『鉄腕アトム』などの作品は世界中の人々に親しまれている。

☐ (③ 　　　　　　)

4　川端康成…大正・昭和時代の小説家で、雑誌「文芸時代」を創刊して、　④　派とよばれる新しい文学運動をおこした。1968年にノーベル文学賞を受賞。

☐ (④ 　　　　　　)

3 次の説明にあてはまる人物名を書きましょう。

1　大正・昭和時代の小説家で、1961年に文化勲章を、1968年にはノーベル文学賞を受賞した。代表作には、『伊豆の踊子』『雪国』などがある。

☐ (① 　　　　　　)

2　日本の漫画の第一人者。原作のテレビアニメ『鉄腕アトム』は、アメリカでも『アストロボーイ』というタイトルで放送された。

☐ (② 　　　　　　)

3　日本を代表する映画監督で、国際的な評価を受け「世界のクロサワ」とよばれた。また、映画監督として初の国民栄誉賞を受賞した。

☐ (③ 　　　　　　)

4　原子核理論の研究をした物理学者で、1943年に文化勲章を、1949年には日本人として最初のノーベル物理学賞を受賞した。

☐ (④ 　　　　　　)

> **きおくメモ**
>
> 物理学者の湯川秀樹はノーベル物理学賞を、小説家の川端康成はノーベル文学賞を受賞。
> 黒澤明は映画、手塚治虫はアニメーションにおいて、世界中の人々に親しまれる作品を残した。

第**147**日　表や図を使った問題
大事なできごとや用語は、表や図に整理してまとめよう

／100

1 第一次世界大戦のときの世界の関係をまとめた右の図を見て、次の問いに答えなさい。

（各4点／16点）

(1)　図中の❶、❷は、AやBのつながりの中心となった国です。あてはまる国名をそれぞれ書きなさい。

□ ❶ [　　　　　　　　]

□ ❷ [　　　　　　　　]

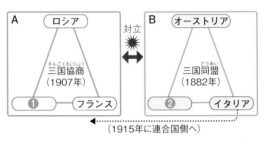

A　ロシア

三国協商（さんごくきょうしょう）（1907年）

❶ ― フランス

対立

B　オーストリア

三国同盟（どうめい）（1882年）

❷ ― イタリア

（1915年に連合国側へ）

(2)　第一次世界大戦で、日本は図中のA、Bのどちらのつながりの側についたか、記号を書きなさい。

□ ❸ [　　　　　　　　]

(3)　第一次世界大戦の終結後、Bの❷の国に対して結ばれた講和条約は何ですか。条約名を書きなさい。

□ ❹ [　　　　　　　　]

2 次の年表を見て、空欄（くうらん）にあてはまる語を下の［　　　］から選んで書きなさい。

（各5点／40点）

年	おもなできごと
1931	南満州鉄道（まんしゅう）が爆破（ばくは）された柳条湖事件（りゅうじょうこ）をきっかけに ❶ が起こる。
1932	海軍将校（しょうこう）らが犬養毅首相（いぬかいつよししゅしょう）を暗殺する ❷ が起こる。
1936	陸軍将校（しょうこう）らが大臣らを殺傷（さっしょう）し、東京中心部を占拠（せんきょ）する ❸ が起こる。
1937	盧溝橋事件（ろこうきょう）をきっかけに ❹ が始まる（～45年）。
1939	ドイツのポーランド侵攻（しんこう）をきっかけに ❺ が始まる（～45年）。
1940	日本がドイツ・イタリアと ❻ を結ぶ。
1941	日本の真珠湾攻撃（しんじゅわんこうげき）をきっかけに ❼ が始まる（～45年）。
1945	日本は ❽ を受諾（じゅだく）し、無条件降伏（こうふく）。

日独伊三国同盟（にちどくいさんごくどうめい）　五・一五事件（ご・いちご）　日中戦争（にっちゅう）　太平洋戦争（たいへいよう）
第二次世界大戦　二・二六事件（に・にろく）　ポツダム宣言　満州事変（まんしゅうじへん）

□ ❶ [　　　　　　　　]　□ ❷ [　　　　　　　　]　□ ❸ [　　　　　　　　]

□ ❹ [　　　　　　　　]　□ ❺ [　　　　　　　　]　□ ❻ [　　　　　　　　]

□ ❼ [　　　　　　　　]　□ ❽ [　　　　　　　　]

3 大日本帝国憲法と日本国憲法を比較した次の表を見て、空欄にあてはまる語を書きなさい。　　　　　　　　　　　　　　　　　（各4点／16点）

大日本帝国憲法		日本国憲法
1889（明治22）年2月11日	発布・公布	1946（昭和21）年11月3日
1890年11月29日	施行	1947年5月3日
欽定憲法（君主が定める）	形式	民定憲法（国民が定める）
天皇主権	主権	❶ 主権
神聖不可侵で統治権を持つ元首	天皇	日本国・国民統合の ❷
各大臣が天皇を補佐	内閣	国会に責任を負う
衆議院と貴族院	議会・国会	衆議院と参議院
法律の範囲内で定められる	人権	❸ の尊重
天皇の統帥権、兵役の義務	軍隊	❹ 主義（戦争放棄）

ヒント

❶❸❹は、日本国憲法の三大原理だよ。

☐ ❶〔　　　　〕　　☐ ❷〔　　　　〕

☐ ❸〔　　　　〕　　☐ ❹〔　　　　〕

4 大正時代と昭和時代の文化をまとめた次の表を見て、空欄にあてはまる人物名を下の〔　　　　〕から選んで書きなさい。　　　　　　（各4点／28点）

大正時代（〜昭和時代初期）の文化・学問			昭和時代の文化	
文学		❶ 『羅生門』	文学	❺ 『伊豆の踊子』
		❷ 『蟹工船』	（ノーベル文学賞）	大江健三郎『飼育』
美術	洋画	竹久夢二	漫画	❻ 『鉄腕アトム』
音楽	洋楽	❸ 『赤とんぼ』	映画	❼ 『七人の侍』
民俗学		❹ 『遠野物語』		小津安二郎『東京物語』

美空ひばり　山田耕筰　黒澤明　芥川龍之介　谷崎潤一郎
柳田国男　湯川秀樹　川端康成　手塚治虫　小林多喜二

☐ ❶〔　　　　〕　　☐ ❷〔　　　　〕　　☐ ❸〔　　　　〕

☐ ❹〔　　　　〕　　☐ ❺〔　　　　〕　　☐ ❻〔　　　　〕

☐ ❼〔　　　　〕

ヒント

❺の人物は1968年にノーベル文学賞を受賞したよ。

第148日

地図を使った問題
どこであったできごとなのか、必ず場所と結びつけて覚えよう

／100

1　右の地図を見て、次の問いに答えなさい。

（各5点／25点）

(1)　地図中の ◻ の地域で1917年に起きた革命と、その結果、1922年に成立した世界初の社会主義国家(しゃかいしゅぎ)(めいしょう)の名称を、それぞれ書きなさい。

◻　❶　革命　〔　　　　　　　　　〕

◻　❷　国名　〔　　　　　　　　　〕

(2)　次の❸〜❺の運動が起こった地域を、地図中の**ア〜オ**からそれぞれ1つずつ選びなさい。

◻　❸　非暴力・不服従運動 ……… 〔　　　〕

◻　❹　三(さん)・一(いち)独立運動 ……… 〔　　　〕

◻　❺　五(ご)・四(し)運動 ………………… 〔　　　〕

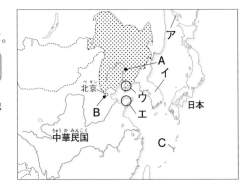

2　右の地図を見て、次の問いに答えなさい。

（各5点／25点）

◻　❶　1915年に日本が出した二十一か条の要求の中に、「ドイツが山東省(さんとう)に持っている権益を日本にゆずる」とあります。「山東省(さんとう)」の位置として正しいものを、地図中の**ア〜エ**から1つ選びなさい。〔　　　〕

◻　❷　1931年の満州事変(まんしゅうじへん)の翌年、日本が武力で建国させた地図中の ▣ の国名を何といいますか。

◻　〔　　　　　　　　　〕

◻　❸　次のA〜Cの文は、地図中のA〜Cの地域で起こったできごとです。この地域の名称(めいしょう)を、あとの**ア〜エ**からそれぞれ1つずつ選びなさい。

A　関東軍(かんとう)は、ここで南満州鉄道(まんしゅう)の線路を爆破(ばくは)。これを中国軍の行動として出兵(しゅっぺい)した。

B　1937年、ここで起きた関東軍(かんとう)と中国軍の武力衝突(しょうとつ)から、日中戦争(にっちゅう)が始まった。

C　1945年、この島にアメリカ軍が上陸し、多くの島民が犠牲(ぎせい)になった。

ア　沖縄(おきなわ)　　イ　樺太(からふと)

ウ　盧溝橋(ろこうきょう)　エ　柳条湖(りゅうじょうこ)

A〔　　　〕　B〔　　　〕　C〔　　　〕

❸ 右の図は、1941年ごろの日本の南進政策に、「ABCD包囲陣」として対応した国々を表しています。これについて、次の問いに答えなさい。

(各5点／30点)

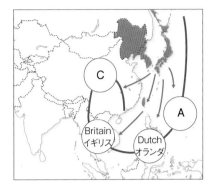

□ **❶** 図中の**A**、**C**にあてはまる国名を、それぞれ書きなさい。

ヒント
それぞれの国の英語表記の頭文字からきているよ。

[A]

[C]

□ **❷** 図中の国々のとった対応を、次の**ア〜エ**から１つ選びなさい。
- **ア** 日本への空襲
- **イ** 日本近海の封鎖
- **ウ** 国際連盟からの除名
- **エ** 石油資源などの輸出禁止

[ ]

□ **❸** 日本は、南進政策開始以前の1940年に、三国同盟を結んでいました。同盟相手の２国はどこか書きなさい。

[ ] [ ]

□ **❹** **❸**の同盟成立後の1941年に、北方の安全を確保するために日本が結んだ条約は何ですか。条約名を書きなさい。

[ ]

❹ 右の地図を見て、次の問いに答えなさい。

(各5点／20点)

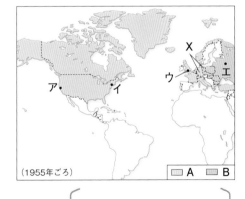
(1955年ごろ) □ A □ B

□ **❶** 地図中の**A**は、1949年にアメリカを中心とした西側陣営の同盟の加盟国で、**B**の東側陣営とはげしく対立していました。**A**を中心とする同盟を、次の**ア〜エ**から１つ選びなさい。
- **ア** EC
- **イ** NATO
- **ウ** OPEC
- **エ** ASEAN

[ ]

□ **❷** 地図中の**X**の地域は、第二次世界大戦後に東西に分断され、東側の国の首都には市民の逃亡を防ぐための壁が建設されました。この壁を何というか、書きなさい。

[ ]

□ **❸** 1950年の朝鮮戦争における支援関係として正しいものを、次の**ア〜エ**から１つ選びなさい。
- **ア** 朝鮮民主主義人民共和国—アメリカ
- **イ** 大韓民国—中華人民共和国
- **ウ** 朝鮮民主主義人民共和国—イギリス
- **エ** 大韓民国—アメリカ

[ ]

□ **❹** 1951年に、日本が独立を回復することとなった平和条約が結ばれた都市を、地図中の**ア〜エ**から１つ選びなさい。

ヒント
❷は、1989年にようやく取りこわされたよ。

[ ]

第**149**日

用語の意味を選ぶ問題
用語→意味が
答えられるようにしよう

/100

1 次の空欄にあてはまる語を、下の □ から選んで書きなさい。

(各6点／30点)

☐ ❶ 第一次世界大戦後、日本でも民主主義の風潮が高まった。この動きは当時の年号から

〔　　　　　　　　　　　〕とよばれる。

☐ ❷ 1912年の桂内閣に対し、議会中心の政治を求める人々は、立憲政治を守る運動を起こした。この

〔　　　　　　　　　　　〕により、桂内閣は総辞職した。

☐ ❸ 1918年、米商人がシベリア出兵を見こして米の買いしめを行い、米価が急上昇したため、富山県で

〔　　　　　　　　　　　〕が起こり、全国に広がった。

☐ ❹ 被差別部落の人々は、人間としての平等を求めて部落解放運動を進め、1922年に

〔　　　　　　　　　　　〕を結成した。

☐ ❺ 1925年、加藤内閣は〔　　　　　　　　　　　〕を成立させ、満25歳以上のすべての男子は選挙権を持つ

ことになった。

> 全国水平社　　　米騒動　　　普通選挙法
> 大正デモクラシー　　護憲運動　　　土一揆

2 世界恐慌について、正しいものには○、まちがっているものには×を書きなさい。

(各5点／20点)

☐ ❶ 〔　　〕… 1929年10月24日、ロンドン株式市場の株価大暴落が引きがねとなって世界恐慌が起こった。

☐ ❷ 〔　　〕… 世界恐慌に対して、アメリカはニューディール政策を行い、大規模な公共事業をおこして失業者を救済した。

☐ ❸ 〔　　〕… ドイツでは、ナチスを率いるムッソリーニが、ファシズムとよばれる全体主義の体制をとった。

☐ ❹ 〔　　〕… 社会主義国のソ連は、五か年計画という経済政策をとっていたため、世界恐慌の影響を受けなかった。

ヒント

世界恐慌はアメリカの経済危機が引きがねになったよ。

3 次の文を読んで、第一次世界大戦について書かれたものには「一」、第二次世界大戦（太平洋戦争）について書かれたものには「二」を書きなさい。

（各6点／30点）

□ ❶ 〔　　　〕…戦争の講和会議はパリで開かれ、ここで結ばれたベルサイユ条約で、ドイツは巨額の賠償金を支払うことになった。

□ ❷ 〔　　　〕…日本軍が、ハワイの真珠湾にあるアメリカ海軍の基地を奇襲攻撃した。

□ ❸ 〔　　　〕…ドイツは、ソ連と独ソ不可侵条約を結ぶとポーランドに侵攻。イギリスとフランスがドイツに宣戦し、戦争が始まった。

□ ❹ 〔　　　〕…セルビア人青年がオーストリア皇太子夫妻を暗殺するサラエボ事件をきっかけに、連合国と同盟国の間で戦争が始まった。

□ ❺ 〔　　　〕…日本はドイツ・イタリアと、日独伊三国同盟という軍事同盟を結んだ。これらの国は枢軸国とよばれた。

> **ヒント**
> 第一次世界大戦は「同盟国と連合国」、第二次世界大戦は「枢軸国と連合国」の戦争だよ。

4 戦後の日本の国際社会への復帰と外交関係の説明として正しいものを、下のア〜エから選んで書きなさい。

（各5点／20点）

□ ❶ サンフランシスコ平和条約………〔　　　〕

□ ❷ 日ソ共同宣言…………………………〔　　　〕

□ ❸ 日韓基本条約…………………………〔　　　〕

□ ❹ 日中共同声明…………………………〔　　　〕

ア　1965年に佐藤栄作首相が韓国と結び、韓国政府を朝鮮半島の唯一の政府として承認した。
イ　1972年に田中角栄首相が中国と調印して、国交を正常化した。
ウ　1951年に吉田茂首相が48か国との間に調印して、独立を回復した。
エ　1956年に鳩山一郎首相がソ連と調印して、国交を回復した。

> **ヒント**
> 「日ソ」「日韓」「日中」は、それぞれ「日本と○○（相手国）」を表しているよ。

第150日 | 用語の意味を説明する問題
「なぜ？」「どんな意味？」をいくつかのキーワードで説明しよう

/100

1 第一次世界大戦について、次の地図や文を見て、空欄(くうらん)にあてはまる語を書きなさい。

(各4点／20点)

▲第一次世界大戦のころのヨーロッパ

20世紀になるとヨーロッパの列強(れっきょう)諸国は、（　①　）を結ぶイギリス・フランス・ロシアと、（　②　）を結ぶドイツ・イタリア・オーストリアの二大陣営(じんえい)が対立。バルカン半島は「ヨーロッパの（　③　）」とよばれた。1914年、サラエボ事件をきっかけに連合国と同盟(どうめい)国の間で第一次世界大戦が始まると、日本は（　④　）を理由に連合国側で参戦。戦争は、国家をかけた（　⑤　）となり、1918年に連合国の勝利で終わった。

□ 〔　①　　　　〕　　□ 〔　②　　　　〕　　□ 〔　③　　　　〕

□ 〔　④　　　　〕　　□ 〔　⑤　　　　〕

ヒント

セルビア人青年がオーストリア皇太子夫妻を暗殺したのがサラエボ事件だよ。

2 日本の中国侵略(しんりゃく)について、次の文の空欄(くうらん)にあてはまる語を、下の［　　　　］から選んで書きなさい。

(各4点／24点)

　1931年、満州(まんしゅう)の関東軍(かんとうぐん)は奉天(ほうてん)郊外の南満州(みなみまんしゅう)鉄道を爆破(ばくは)すると、これを中国側の行動として出兵(しゅっぺい)し、満州(まんしゅう)全土を占領(せんりょう)した。これを（　①　）という。翌年、関東軍(かんとうぐん)は清朝最後の皇帝(こうてい)の（　②　）を元首(げんしゅ)とする（　③　）を建国した。1933年、中国の訴(うった)えにより占領地からの引き上げを勧告(かんこく)された日本は、これを不服として（　④　）を脱退した。

　その後も日本は中国との対立を強め、1937年に北京(ペキン)郊外の（　⑤　）で両軍(りょうぐん)が衝突(しょうとつ)すると、宣戦布告(せんせんふこく)のないままに（　⑥　）が始まった。

盧溝橋(ろこうきょう)	柳条湖(りゅうじょうこ)	満州国(まんしゅうこく)	始皇帝(しこうてい)	国際連合(こくさいれんごう)
日清戦争(にっしん)	日中戦争(にっちゅう)	国際連盟(こくさいれんめい)	満州事変(まんしゅうじへん)	溥儀(ふぎ)

□ 〔　①　　　　〕　　□ 〔　②　　　　〕　　□ 〔　③　　　　〕

□ 〔　④　　　　〕　　□ 〔　⑤　　　　〕　　□ 〔　⑥　　　　〕

❸ 日本の戦後改革について、次の文を読んで、空欄にあてはまる語を書きなさい。 (各4点／28点)

　1945年8月から、アメリカを中心とする連合国軍の日本の占領が始まり、日本全土は（　❶　）を最高司令官とする連合国軍総司令部、通称（　❷　）の統治下に置かれた。総司令部は日本の民主化の基本として憲法の改正を命じ、1946年11月3日に（　❸　）が公布された。

　教育制度では、1947年に（　❹　）が制定され、9年間の義務教育、男女共学などを定めた。また、（　❺　）が改正され、男女平等と夫婦対等の家族制度などが定められた。

　経済面では、日本の経済を支配してきた（　❻　）の解体を命じた。農村では（　❼　）が行われ、小作人に農地があたえられ、土地を持つ農民（自作農）が大幅に増えた。

☐ （❶　　　　　　） ☐ （❷　　　　　　） ☐ （❸　　　　　　）

☐ （❹　　　　　　） ☐ （❺　　　　　　） ☐ （❻　　　　　　）

☐ （❼　　　　　　）

❹ 日本の経済成長について、次の文や資料を見て、空欄にあてはまる語を書きなさい。 (各4点／28点)

　1950年代中ごろから1973年まで、日本経済は（　❶　）とよばれる急成長を続け、人々の生活水準は急速に高まった。1964年には（　❷　）が開かれ、それに合わせて高速道路や新幹線も開通した。その一方で、工場などから出る廃液や排ガスによる（　❸　）が各地で起こって深刻な問題になり、政府は1967年に（　❹　）を制定した。

　1980年代後半、株式と土地の価格が実態以上に高くなる（　❺　）経済とよばれる不健全な好景気が起こるが、1991年に崩壊し、その後の長期にわたる平成不況が続いた。また、1995年の（　❻　）大震災に続き、2011年には（　❼　）大震災が起こり、不景気に陥った。

資料 日本の経済成長率

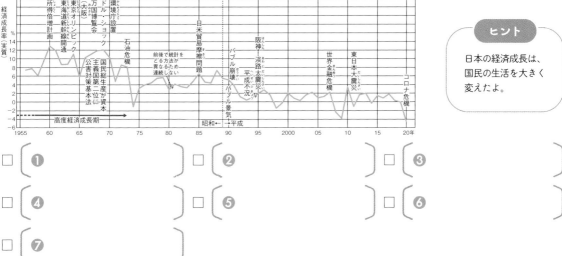

ヒント

日本の経済成長は、国民の生活を大きく変えたよ。

☐ （❶　　　　　　） ☐ （❷　　　　　　） ☐ （❸　　　　　　）

☐ （❹　　　　　　） ☐ （❺　　　　　　） ☐ （❻　　　　　　）

☐ （❼　　　　　　）

まとめノート　第5章 近現代編　二度の世界大戦から現代へ

時代	おもなできごと	キーワード
大正時代	・大正デモクラシーの高まり	護憲運動 ／ 民本主義
	・1914年 第一次世界大戦に参戦	日英同盟 ／ 二十一か条の要求 ／ 大戦景気
	・1918年 シベリア出兵	米騒動
	原敬の政党内閣成立	
	・1919年 三・一独立運動、五・四運動	
	・社会運動が広がる	労働争議・小作争議 ／ 全国水平社
	・1923年 関東大震災	ラジオ放送
	・1925年 普通選挙法（男子普通選挙）が成立	治安維持法
昭和時代	・1929年 世界恐慌	ニューディール政策 ／ ブロック経済
	・1930年 昭和恐慌	
	・1931年 満州事変が起こる	軍国主義 ／ 満州国 ／ 南満州鉄道
	・1933年 国際連盟からの脱退	
	・ファシズム勢力がさらに台頭	ファシスト党 ／ ナチス
	・1937年〜 日中戦争が起こる	盧溝橋事件 ／ 国家総動員法
	・1939年〜 第二次世界大戦が起こる	
	・1941年〜 太平洋戦争が起こる	勤労動員 ／ 学徒出陣 ／ 学童疎開
	・1945年 日本の敗戦、太平洋戦争の終結	東京大空襲 ／ 沖縄戦 ／ 原子爆弾
		ポツダム宣言 ／ 民主化政策
	・1945年 国際連合の結成	
	・東側（ソ連）と西側（アメリカ）の対立	冷たい戦争（冷戦） ／ 朝鮮戦争
	・1951年 サンフランシスコ平和条約	独立回復 ／ 日米安全保障条約
	・国交の回復	日ソ共同宣言 ／ 日韓基本条約
		日中平和友好条約
平成時代	・1989年 冷戦の終結	ベルリンの壁 ／ 東西ドイツ統一 ／ マルタ会談
	・1991年 湾岸戦争が起こる	
	バブル経済の崩壊、ソ連の解体	平和維持活動（PKO）
	・1993年 ヨーロッパ連合（EU）が発足	
	・2003年 イラク戦争	アメリカ同時多発テロ
	・2011年 東日本大震災	

255ページの答え

Q1

参戦国がそれぞれの総力を総動員してのぞむ総力戦であったところ。
連合国側と同盟国側にわかれて多くの国が参戦。国民・経済・資源・科学技術などを総動員して戦った。

Q2

議会の承認なしに、政府が国民（労働力）や物資を強制的に動員できるようになった。
日中戦争の長期化にともない、政治統制や国民生活の統制を行い、政府は戦時体制を整えていった。

Q3

冷たい戦争（冷戦）
共産主義（ソ連）の東側と資本主義（アメリカ）の西側は、直接戦争はしないものの、対立が続いた。

できたら✓チェックシート

学習記録をつけることで、自分のがんばりを大いにほめ、
学習習慣をつけることができます。
一日学習し終えたら、□に✓を書きこみましょう。

学習の習慣化のために、
学習する時間を決めてもよいでしょう。
学習する時間帯に✓

朝□　お昼□
夕方□　　夜□

第1日
□ 時代の区切り方は
わかりましたか？
　　月　　日

第2日
□ 第1章 古代編が
スタート！
　　月　　日

第3日
□
　　月　　日

第4日
□ 三日坊主の壁を
越えましたね。
　　月　　日

第5日
□
　　月　　日

第6日
□
　　月　　日

第7日
□
　　月　　日

第8日
□
　　月　　日

第9日
□
　　月　　日

第10日
□ 10日達成！
　　月　　日

第11日
□
　　月　　日

第12日
□
　　月　　日

第13日
□
　　月　　日

第14日
□
　　月　　日

第15日
□
　　月　　日

第16日
□ 「重要人物」で
古代をもう一度！
　　月　　日

第17日
□
　　月　　日

第18日
□
　　月　　日

第19日
□
　　月　　日

第20日
□ 20日達成！
　　月　　日

第21日
□
　　月　　日

第22日
□
　　月　　日

第23日
□
　　月　　日

第24日
□
　　月　　日

第25日
□
　　月　　日

第26日
□ 「しあげ問題」に
チャレンジ！
　　月　　日

第27日
□
　　月　　日

第28日
□
　　月　　日

第29日
□
　　月　　日

第30日
□ 30日達成！
　　月　　日

第31日
□ 第2章 中世編に
入ります。
　　月　　日

第32日
□
　　月　　日

第33日
□
　　月　　日

第34日
□
　　月　　日

第35日
□
　　月　　日

第36日
□
　　月　　日

第37日
□
　　月　　日

第38日
□
　　月　　日

第39日
□
　　月　　日

第40日
□ 40日達成！
　　月　　日

第41日
□
　　月　　日

第42日
□
　　月　　日

第43日
□
　　月　　日

第44日
□ 誰が何をしたか、
おさえましょう。
　　月　　日

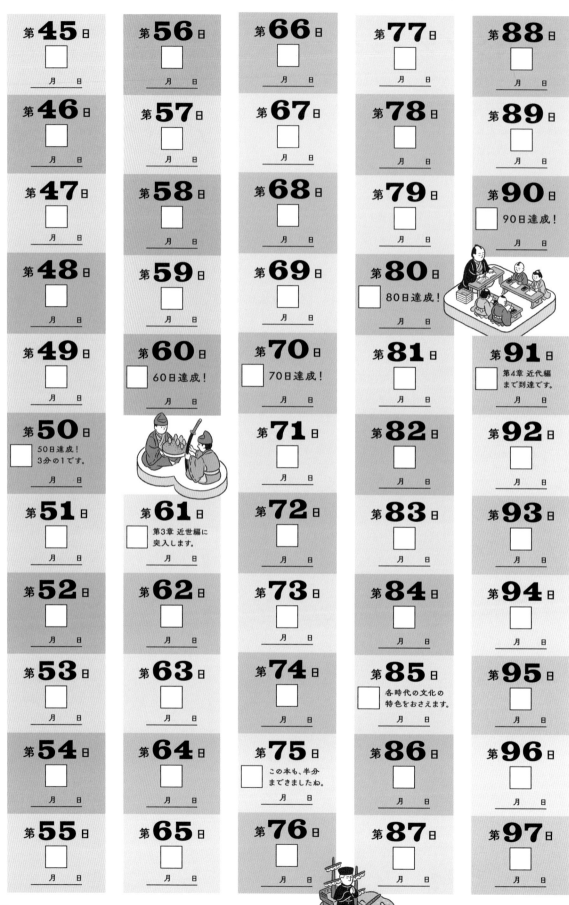

第**45**日 ☐ 月　日

第**46**日 ☐ 月　日

第**47**日 ☐ 月　日

第**48**日 ☐ 月　日

第**49**日 ☐ 月　日

第**50**日 ☐ 50日達成！3分の1です。 月　日

第**51**日 ☐ 月　日

第**52**日 ☐ 月　日

第**53**日 ☐ 月　日

第**54**日 ☐ 月　日

第**55**日 ☐ 月　日

第**56**日 ☐ 月　日

第**57**日 ☐ 月　日

第**58**日 ☐ 月　日

第**59**日 ☐ 月　日

第**60**日 ☐ 60日達成！ 月　日

第**61**日 ☐ 第3章 近世編に突入します。

第**62**日 ☐ 月　日

第**63**日 ☐ 月　日

第**64**日 ☐ 月　日

第**65**日 ☐ 月　日

第**66**日 ☐ 月　日

第**67**日 ☐ 月　日

第**68**日 ☐ 月　日

第**69**日 ☐ 月　日

第**70**日 ☐ 70日達成！ 月　日

第**71**日 ☐ 月　日

第**72**日 ☐ 月　日

第**73**日 ☐ 月　日

第**74**日 ☐ 月　日

第**75**日 ☐ この本も、半分まできましたね。 月　日

第**76**日 ☐ 月　日

第**77**日 ☐ 月　日

第**78**日 ☐ 月　日

第**79**日 ☐ 月　日

第**80**日 ☐ 80日達成！ 月　日

第**81**日 ☐ 月　日

第**82**日 ☐ 月　日

第**83**日 ☐ 月　日

第**84**日 ☐ 月　日

第**85**日 ☐ 各時代の文化の特色をおさえます。 月　日

第**86**日 ☐ 月　日

第**87**日 ☐ 月　日

第**88**日 ☐ 月　日

第**89**日 ☐ 月　日

第**90**日 ☐ 90日達成！ 月　日

第**91**日 ☐ 第4章 近代編まで到達です。 月　日

第**92**日 ☐ 月　日

第**93**日 ☐ 月　日

第**94**日 ☐ 月　日

第**95**日 ☐ 月　日

第**96**日 ☐ 月　日

第**97**日 ☐ 月　日

第**98**日 □
月　日

第**99**日 □
月　日

第**100**日 □ とうとう100日！
月　日

第**101**日 □
月　日

第**102**日 □
月　日

第**103**日 □
月　日

第**104**日 □
月　日

第**105**日 □
月　日

第**106**日 □
月　日

第**107**日 □
月　日

第**108**日 □
月　日

第**109**日 □
月　日

第**110**日 □ 110日達成！
月　日

第**111**日 □
月　日

第**112**日 □
月　日

第**113**日 □
月　日

第**114**日 □
月　日

第**115**日 □
月　日

第**116**日 □
月　日

第**117**日 □
月　日

第**118**日 □
月　日

第**119**日 □
月　日

第**120**日 □ 120日達成！
月　日

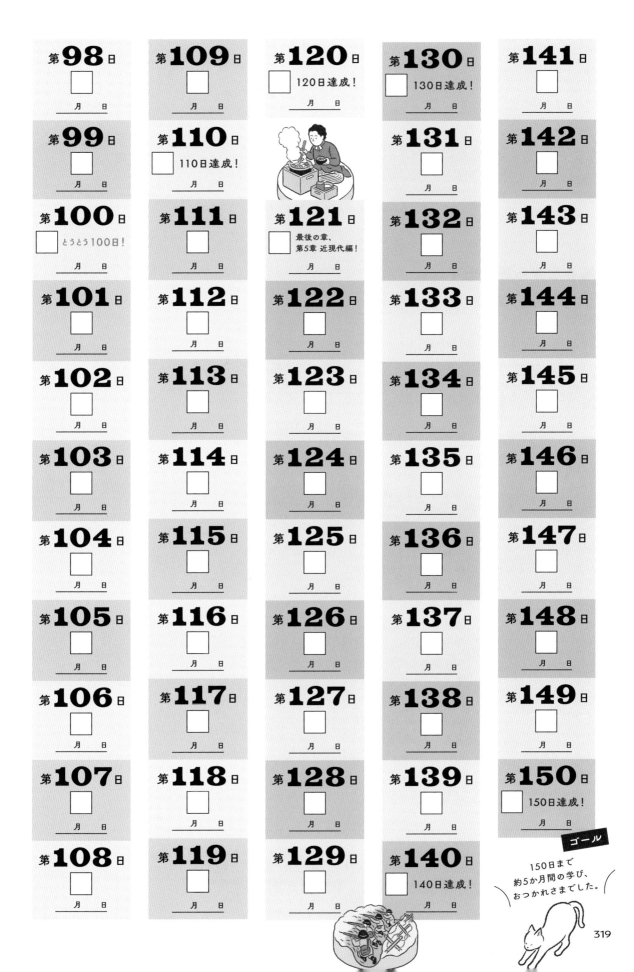

第**121**日 □ 最後の章、第5章 近現代編！
月　日

第**122**日 □
月　日

第**123**日 □
月　日

第**124**日 □
月　日

第**125**日 □
月　日

第**126**日 □
月　日

第**127**日 □
月　日

第**128**日 □
月　日

第**129**日 □
月　日

第**130**日 □ 130日達成！
月　日

第**131**日 □
月　日

第**132**日 □
月　日

第**133**日 □
月　日

第**134**日 □
月　日

第**135**日 □
月　日

第**136**日 □
月　日

第**137**日 □
月　日

第**138**日 □
月　日

第**139**日 □
月　日

第**140**日 □ 140日達成！
月　日

第**141**日 □
月　日

第**142**日 □
月　日

第**143**日 □
月　日

第**144**日 □
月　日

第**145**日 □
月　日

第**146**日 □
月　日

第**147**日 □
月　日

第**148**日 □
月　日

第**149**日 □
月　日

第**150**日 □ 150日達成！
月　日

ゴール

150日まで
約5か月間の学び、
おつかれさまでした。

解きながら思い出す

大人の日本の歴史

2024年7月23日　初版第1刷発行
2024年8月26日　初版第2刷発行

カバー・本文デザイン	南 彩乃（細山田デザイン事務所）
カバー・本文イラスト	白井 匠
本文キャラクターイラスト	アリムラ モハ
本文図版イラスト	今田 貴之進・株式会社リブロ

編集協力	株式会社アポロ企画
組版	株式会社明友社

発行人	泉田 義則
発行所	株式会社くもん出版
	〒141-8488
	東京都品川区東五反田2-10-2
	東五反田スクエア11F
電話	代表 03-6836-0301
	編集 03-6836-0317
	営業 03-6836-0305
ホームページ	https://www.kumonshuppan.com/
印刷・製本	三美印刷株式会社

本書は『くもんの2時間でニャンとかできる中学歴史』（全5冊）を1冊にまとめて改題し、一部新しい内容を加えて編集した改訂版です。

©2024 KUMON PUBLISHING CO.,Ltd
Printed in Japan
ISBN:978-4-7743-3824-8
CD:34246

乱丁・落丁はおとりかえいたします。本書を無断で複写・複製・転載・翻訳することは、法律で認められた場合を除き禁じられています。購入者以外の第三者による本書のいかなる電子複製も一切認められていませんのでご注意ください。

KUMON

解きながら
思い出す

大人の
日本の歴史

別冊解答

第 **1** 章　古代編　　　… 3ページ

第 **2** 章　中世編　　　… 18ページ

第 **3** 章　近世編　　　… 33ページ

第 **4** 章　近代編　　　… 48ページ

第 **5** 章　近現代編　… 63ページ

人類は猿人→原人→新人と進化した

1 □ ❶ 猿人
□ ❷ 原人
□ ❸ 新人〈ホモ・サピエンス〉

2 □ ❶ 打製
□ ❷ 土器
□ ❸ 磨製

3 □ ❶ 猿人
□ ❷ 新人〈ホモ・サピエンス〉
□ ❸ 原人

4 □ （ ア → ウ → イ ）

古代文明は場所と名前を一緒に覚えよう

1 □ ❶ メソポタミア
□ ❷ エジプト
□ ❸ インダス
□ ❹ 中国

2 □ ❶ ユーフラテス
□ ❷ ナイル
□ ❸ インダス
□ ❹ 黄河

3 □ ❶ インダス
□ ❷ ユーフラテス
□ ❸ 長江
□ ❹ エジプト

4 □ （ イ → エ → ア → ウ ）

解説

3 ❶現在知られている最も古い人類は、約700～600万年前にアフリカに現れた猿人で、直立二足歩行という新しい移動のしかたを身につけた。猿人は、自由になった手を使って打製石器を作った。
❸原人は、アフリカで現在の人類の直接の祖先である新人に進化し、5万年前ごろには世界中に広まった。この時代は旧石器時代とよばれ、木の実などを採集して暮らしていた。

解説

3 四大文明には次のような共通点がある。
1. 大河の流域に発生
2. 農耕や牧畜が発達
3. 文字の発明
4. 青銅器の使用

中国の国家統一と文明の広がり

1
- ❶ 殷〈商〉
- ❷ 周
- ❸ 秦
- ❹ 漢〈前漢〉

2
- ❶ 甲骨
- ❷ 儒教〈儒学〉
- ❸ 仏教
- ❹ シルクロード

3
- ❶ 秦
- ❷ 儒教〈儒学〉
- ❸ 甲骨
- ❹ 漢〈前漢〉

4 （ ウ → イ → ア → エ ）

解説

3 ❶秦の始皇帝は、前3世紀ごろに中国を初めて統一し、万里の長城を築いた。
❷孔子は、春秋・戦国時代の中国で儒教を説いた。
❹前3世紀末、漢が中国を統一し、シルクロードを通って西方との交易を行った。

ヨーロッパの文明と宗教の深いつながり

1
- ❶ ギリシャ
- ❷ ローマ
- ❸ イエス
- ❹ ムハンマド

2
- ❶ ギリシャ
- ❷ ヘレニズム
- ❸ ローマ
- ❹ キリスト
- ❺ イスラム

3
- ❶ イスラム
- ❷ ギリシャ
- ❸ ローマ
- ❹ イエス

4 （ イ → ウ → エ → ア ）

解説

3 キリスト教とイスラム教、仏教の3つの宗教を世界の「三大宗教」といい、現在も多くの人々に信仰されている。

縄文時代と弥生時代の違いは「稲作」

1
- ☐ ❶ たて穴
- ☐ ❷ 縄文
- ☐ ❸ 稲作
- ☐ ❹ 弥生
- ☐ ❺ 稲

2
- ☐ ❶ 貝塚
- ☐ ❷ 土偶
- ☐ ❸ 金属器
- ☐ ❹ ムラ〈むら〉
- ☐ ❺ 高床倉庫

3
- ☐ ❶ ムラ〈むら〉
- ☐ ❷ 弥生
- ☐ ❸ 縄文
- ☐ ❹ 稲作

解説

3 縄文時代の人々はたて穴住居に住み、縄目の文様がついた縄文土器を使用した。
弥生時代に稲作が広まり、人々は定住してムラを作る。薄手でかたい弥生土器を使用した。

クニの発展と強大な権力を物語る巨大古墳

1
- ☐ ❶ クニ〈国〉
- ☐ ❷ 金印
- ☐ ❸ 邪馬台国
- ☐ ❹ 豪族
- ☐ ❺ 前方後円墳

2
- ☐ ❶ 奴国
- ☐ ❷ 漢〈後漢〉
- ☐ ❸ 魏
- ☐ ❹ はにわ〈埴輪〉

3
- ☐ ❶ 邪馬台国
- ☐ ❷ クニ〈国〉
- ☐ ❸ 古墳
- ☐ ❹ 金印

4 ☐ （ イ → エ → ア → ウ ）

解説

3 ❶邪馬台国の場所は、大和(奈良県)とする説と、北九州とする説など、いろいろな学説がある。
❹当時の日本は、中国から「倭」(従順を表す漢字)とよばれていた。

倭国と朝鮮半島をつないだ渡来人

1
- ☐ ❶ 大和政権〈ヤマト王権〉
- ☐ ❷ 渡来人
- ☐ ❸ 大王
- ☐ ❹ 百済

2
- ☐ ❶ 高句麗
- ☐ ❷ 須恵器
- ☐ ❸ 漢字
- ☐ ❹ ワカタケル

3
- ☐ ❶ 百済
- ☐ ❷ 仏
- ☐ ❸ 大王
- ☐ ❹ 渡来人

解説

3 ❹渡来人は日本各地に住み、土木や建築、金属加工や、高温で焼いた質の高い土器である須恵器の製造技術などを伝えた。また、漢字や儒教、仏教も伝えるとともに、大和政権での記録や財政、政治にもたずさわり、その後の日本の技術や文化に大きな影響をあたえた。

仏教伝来と大王を中心にする政治制度作り

1
- ☐ ❶ 仏教
- ☐ ❷ 隋
- ☐ ❸ 大王〈天皇〉
- ☐ ❹ 十七条の憲法
- ☐ ❺ 遣隋使

2
- ☐ ❶ 摂政
- ☐ ❷ 冠位十二階
- ☐ ❸ 小野妹子
- ☐ ❹ 飛鳥
- ☐ ❺ 法隆寺

3
- ☐ ❶ 飛鳥
- ☐ ❷ 隋
- ☐ ❸ 小野妹子
- ☐ ❹ 十七条の憲法

解説

3 ❸大和政権は遣隋使を派遣し、隋と国交を結ぼうとした。さらに、多くの留学生や留学僧を同行させ、制度や仏教を学ばせた。
❹十七条の憲法には仏教や儒教の考え方が取り入れられていて、天皇の命令に従うべきことなどが説かれている。

唐を参考にして律令国家は造られた

法律・貨幣から見る
奈良時代の人々の暮らし

1 ☐ ❶ 律令

☐ ❷ 大化の改新

☐ ❸ 壬申の乱

☐ ❹ 大宝律令

2 ☐ ❶ 唐

☐ ❷ 中大兄皇子

☐ ❸ 律令

☐ ❹ 朝廷

3 ☐ ❶ 大宝律令

☐ ❷ 壬申の乱

☐ ❸ 大化の改新

☐ ❹ 唐

4 ☐ （ エ → ウ → イ → ア ）

1 ☐ ❶ 平城京

☐ ❷ 班田収授法

☐ ❸ 租

☐ ❹ 墾田永年私財法

2 ☐ ❶ 奈良

☐ ❷ 和同開珎

☐ ❸ 口分田

☐ ❹ 調

☐ ❺ 私有

3 ☐ ❶ 稲

☐ ❷ 荘園

☐ ❸ 口分田

☐ ❹ 和同開珎

解説

3 ❸大化の改新で行われた公地・公民は、それまで豪族が私有していた土地・人民を国家のものとする改革である。
❹大和政権は、隋にかわった唐に対しても新たに遣唐使を送り、国交を結んだ。

解説

3 ❷荘園は、皇族・貴族や寺院の大規模な農地で、全国各地にできた。地方の豪族や有力農民が自ら開発した墾田も増え、こうして公地・公民の原則がくずれていった。
❹和同開珎は708年に発行が始まった貨幣で、おもに都の周辺で使用された。

仏教による国家整備と歴史書作り

藤原氏が権力を独占した摂関政治

1
- ☐ ❶ 天平
- ☐ ❷ 東大寺
- ☐ ❸ 古事記
- ☐ ❹ 万葉集

2
- ☐ ❶ 聖武
- ☐ ❷ 国分寺
- ☐ ❸ 正倉院
- ☐ ❹ 日本書紀
- ☐ ❺ 風土記

3
- ☐ ❶ 東大寺
- ☐ ❷ 古事記
- ☐ ❸ 万葉集
- ☐ ❹ 正倉院

1
- ☐ ❶ 平安京
- ☐ ❷ 摂関
- ☐ ❸ 遣唐使
- ☐ ❹ 宋〈北宋〉
- ☐ ❺ 高麗

2
- ☐ ❶ 平安
- ☐ ❷ 蝦夷
- ☐ ❸ 藤原
- ☐ ❹ 摂政
- ☐ ❺ 藤原道長

3
- ☐ ❶ 藤原道長
- ☐ ❷ 平安京
- ☐ ❸ 東北
- ☐ ❹ 宋〈北宋〉

解説

3 ❸奈良時代には、まだかな文字がなかったため、『万葉集』は漢字の音や訓で日本語を表しており、これを万葉がなという。
❹「正倉」とは寺の倉庫のこと。どの大寺院にも正倉はあったが、正倉院という場合は東大寺の正倉院をさす。

解説

3 ❶道長は、藤原氏の栄華を、
「この世をば　わが世とぞ思う　望月の
かけたることも　なしと思えば」とよんだ。
❸東北地方に住む、律令国家に従わなかった人々のことを蝦夷とよんだ。

唐風から国風への変化と貴族文化

新しい仏教と浄土信仰の広がり

1 ☐ ❶ 国風

☐ ❷ 寝殿造

☐ ❸ かな

☐ ❹ 源氏物語

☐ ❺ 枕草子

2 ☐ ❶ 摂関

☐ ❷ 大和絵〈やまと絵〉

☐ ❸ 紫式部

☐ ❹ 古今和歌集

☐ ❺ 清少納言

3 ☐ ❶ 寝殿造

☐ ❷ かな文字

☐ ❸ 古今和歌集

☐ ❹ 国風

1 ☐ ❶ 天台

☐ ❷ 真言

☐ ❸ 浄土信仰

☐ ❹ 平等院鳳凰堂

2 ☐ ❶ 最澄

☐ ❷ 空海

☐ ❸ 極楽浄土

☐ ❹ 藤原頼通

3 ☐ ❶ 平等院鳳凰堂

☐ ❷ 浄土信仰

☐ ❸ 延暦寺

☐ ❹ 高野山

解説

3 ❶「寝殿」とは中心となる建物のこと。寝殿造は、寝殿のまわりにいくつもの建物が廊下などでつながって造られた。

❷かな文字の普及で、日本語を音声通りに表すことが容易になって、感情を自由に表現できるようになった。

解説

3 ❶平等院鳳凰堂は、藤原頼通がこの世に極楽浄土のようすを作ろうとして、1052年に建てられた。

❷平安時代の中ごろ、シャカが亡くなって2000年目から末法に入り、世の中が乱れるという考え（末法思想）が広まり、貴族たちはいっそう浄土信仰を深めた。鎌倉時代の浄土宗や浄土真宗と混同しないようにする。

孔子やシャカらは、○○教とひもづけて覚えよう

1
- ☐ ❶ ムハンマド
- ☐ ❷ シャカ〈釈迦〉
- ☐ ❸ 孔子
- ☐ ❹ イエス

2
- ☐ ❶ キリスト
- ☐ ❷ イスラム
- ☐ ❸ 仏
- ☐ ❹ 儒

3
- ☐ ❶ シャカ〈釈迦〉
- ☐ ❷ 孔子
- ☐ ❸ イエス
- ☐ ❹ ムハンマド

解説

3 仏教・キリスト教・イスラム教は「三大宗教」とよばれる。
　　仏教と異なり、ユダヤ教やキリスト教、イスラム教はただ一つの神を信じる宗教であり、これらを一神教という。

古代国家の王と、国家統一の戦略とは？

1
- ☐ ❶ アレクサンドロス大王
- ☐ ❷ 始皇帝
- ☐ ❸ 卑弥呼

2
- ☐ ❶ 邪馬台国
- ☐ ❷ ヘレニズム
- ☐ ❸ 万里の長城

3
- ☐ ❶ アレクサンドロス大王
- ☐ ❷ 卑弥呼
- ☐ ❸ 始皇帝

解説

3 ❷中国の魏の歴史書には、「倭国は争いが絶えなかったが、邪馬台国の女王卑弥呼を王にしてようやくおさまった。卑弥呼は魏に使いを送り、金印と銅鏡100枚などをあたえられた」とある。
　　❸中国を初めて統一した始皇帝は、支配のもととなる、ものさし・ます・はかりや、文字・貨幣などを統一した。

日本にやってきた仏教と聖徳太子の政治

1
- ☐ ❶ 推古天皇〈額田部王女〉
- ☐ ❷ 蘇我馬子
- ☐ ❸ 小野妹子
- ☐ ❹ 聖徳太子〈厩戸皇子・厩戸王〉

2
- ☐ ❶ 摂政
- ☐ ❷ 遣隋使
- ☐ ❸ 仏
- ☐ ❹ 聖徳太子〈厩戸皇子・厩戸王〉

3
- ☐ ❶ 蘇我馬子
- ☐ ❷ 聖徳太子〈厩戸皇子・厩戸王〉
- ☐ ❸ 小野妹子
- ☐ ❹ 推古天皇〈額田部王女〉

解説

3 ❷聖徳太子がついた摂政は、天皇が幼かったり女帝だったりしたとき、天皇に代わって政治を行う役職である。

❹女性の天皇を女帝という。推古天皇のあと、飛鳥時代から奈良時代にかけて、多くの女帝が誕生した。

「大化の改新」の立役者2人を覚えよう

1
- ☐ ❶ 中臣鎌足〈藤原鎌足〉
- ☐ ❷ 中大兄皇子〈天智天皇〉
- ☐ ❸ 蘇我蝦夷

2
- ☐ ❶ 大化の改新
- ☐ ❷ 中大兄皇子〈天智天皇〉
- ☐ ❸ 中臣鎌足〈藤原鎌足〉
- ☐ ❹ 大化の改新

3
- ☐ ❶ 中臣鎌足〈藤原鎌足〉
- ☐ ❷ 中大兄皇子〈天智天皇〉
- ☐ ❸ 蘇我蝦夷
- ☐ ❹ 蘇我入鹿

解説

3 ❸❹蘇我氏は、仏教の受け入れをめぐって物部氏をたおしてから力を増し、蘇我馬子・蝦夷・入鹿の3代にわたって権勢をふるった。しかし、蝦夷・入鹿の親子は大化の改新で中大兄皇子らにほろぼされた。

「壬申の乱」の対立関係を
おさえよう

1
- ☐ ❶ 天智天皇〈中大兄皇子〉
- ☐ ❷ 天武天皇〈大海人皇子〉
- ☐ ❸ 持統天皇
- ☐ ❹ 大友皇子

2
- ☐ ❶ 壬申の乱
- ☐ ❷ 藤原
- ☐ ❸ 壬申の乱
- ☐ ❹ 戸籍

3
- ☐ ❶ 天武天皇〈大海人皇子〉
- ☐ ❷ 大友皇子
- ☐ ❸ 天智天皇
- ☐ ❹ 持統天皇

解説

3 ❶❷❸壬申の乱に勝利した天武天皇は天智天皇の弟であり、敗れた大友皇子は天智天皇の子である。
「天智天皇」「天武天皇」と、奈良時代の「聖武天皇」を混同しないようにする。
❹藤原京は近年の発掘調査によって、東西約5.3kmで、南北もそれとほぼ同様と推定できる京の区域をもつことが判明している。これは、平城京や平安京を上回る規模である。

大陸との交流と
天平文化を支えた人々

1
- ☐ ❶ 大伴家持
- ☐ ❷ 阿倍仲麻呂
- ☐ ❸ 聖武天皇

2
- ☐ ❶ 天平
- ☐ ❷ 万葉集
- ☐ ❸ 遣唐使

3
- ☐ ❶ 阿倍仲麻呂
- ☐ ❷ 聖武天皇
- ☐ ❸ 大伴家持

解説

3 奈良時代には遣唐使が何度も派遣され、次々に唐の文化をもたらした。唐は最盛期をむかえており、シルクロードなどを通じてアジア各地から人々が集まっていた。そのため、唐の文化には西アジアや南アジアなどの影響が見られ、日本の天平文化も国際色豊かではなやかなものになった。

日本での仏教布教に尽くした僧

1　□ 〔 ❶ 行基 〕

　　□ 〔 ❷ 鑑真 〕

2　□ 〔 ❶ 唐 〕

　　□ 〔 ❷ 唐招提 〕

　　□ 〔 ❸ 仏教 〕

　　□ 〔 ❹ 東大寺 〕

3　□ 〔 ❶ 行基 〕

　　□ 〔 ❷ 鑑真 〕

解説

3　❶行基も協力した東大寺の大仏造りは、の
　　べ200万人もの労力をつぎこんで完成した
　　といわれている。
　　❷当時、日本に仏教は伝わっていたが、僧
　　が守るべき正しい規則(戒律)を授けられる
　　僧がいなかったため、鑑真は、日本の僧か
　　ら来日を強く求められた。

権力をにぎった貴族、藤原氏の政治

1　□ 〔 ❶ 藤原道長 〕

　　□ 〔 ❷ 菅原道真 〕

　　□ 〔 ❸ 坂上田村麻呂 〕

　　□ 〔 ❹ 桓武天皇 〕

2　□ 〔 ❶ 平安 〕

　　□ 〔 ❷ 摂関 〕

　　□ 〔 ❸ 遣唐使 〕

　　□ 〔 ❹ 征夷大将軍 〕

3　□ 〔 ❶ 坂上田村麻呂 〕

　　□ 〔 ❷ 桓武天皇 〕

　　□ 〔 ❸ 菅原道真 〕

　　□ 〔 ❹ 藤原道長 〕

解説

3　❶朝廷は724年に多賀城(宮城県)を築き、
　　東北支配の拠点とした。坂上田村麻呂は
　　802年に胆沢城(岩手県)を築いて、蝦夷支
　　配の最前線とした。
　　❹藤原道長は、4人の娘を天皇のきさきに
　　することで権力をにぎった。

より日本的に！ 国風文化とかな文字

山寺と一緒に覚える
平安時代の新仏教

1
- [ ] ❶ 紀貫之
- [ ] ❷ 清少納言
- [ ] ❸ 紫式部

2
- [ ] ❶ 枕草子
- [ ] ❷ 古今和歌集
- [ ] ❸ 源氏物語

3
- [ ] ❶ 紫式部
- [ ] ❷ 清少納言
- [ ] ❸ 紀貫之

1
- [ ] ❶ 空海
- [ ] ❷ 最澄

2
- [ ] ❶ 延暦
- [ ] ❷ 天台
- [ ] ❸ 金剛峯
- [ ] ❹ 真言

3
- [ ] ❶ 最澄
- [ ] ❷ 空海

解説

3 紫式部や清少納言が活躍した平安時代は、遣唐使の停止によって唐の影響が薄れ、日本の風土や生活にあった国風文化が栄えた。また、この時代に普及したかな文字は、日本の言葉や日本人の気持ちを表すのに適していたため、多くの優れた文学作品が生まれた。

解説

3 平安時代の初め、最澄と空海は遣唐使とともに唐にわたって仏教を学び、帰国後に新しい仏教の宗派をたてた。最澄は比叡山に延暦寺を建て天台宗を、空海は高野山に金剛峯寺を建て真言宗を広めた。どちらの宗派も、都からはなれた山中に寺院を建設し、きびしい修行や学問を行うものだったが、彼らの教えは皇族や貴族の心をとらえた。

大事なできごとや用語は、表や図に整理してまとめよう

1
- ☐ ❶ 猿人
- ☐ ❷ 原人
- ☐ ❸ 新人
- ☐ ❹ 打製
- ☐ ❺ 磨製

2
- ☐ ❶ 租
- ☐ ❷ 特産物
- ☐ ❸ 庸

3
- ☐ ❶ 聖徳太子〈厩戸皇子・厩戸王〉
- ☐ ❷ 十七条の憲法
- ☐ ❸ 遣隋使
- ☐ ❹ 大化の改新
- ☐ ❺ 天武
- ☐ ❻ 大宝律令
- ☐ ❼ 平城京
- ☐ ❽ 平安京

4
- ☐ ❶ 紫式部
- ☐ ❷ 古今和歌集
- ☐ ❸ 最澄
- ☐ ❹ 真言宗

解説

1 人類は、猿人→原人→新人と進化した。
2 奈良時代の日本の人口のほとんどが農民だった。律令制度のもとで、人々に土地をあたえ、税を納めるしくみができあがっていった。
4 国風文化は、藤原氏による摂関政治の時代に最も栄えた。

どこであったできごとなのか、必ず場所と結びつけて覚えよう

1
- ☐ A エジプト（文明）
- ☐ B メソポタミア（文明）
- ☐ C インダス（文明）
- ☐ D 中国（文明）

2
- ☐ ア （キリスト教）イエス
- ☐ イ （イスラム教）ムハンマド
- ☐ ウ （仏教）シャカ〈釈迦〉
- ☐ エ （儒教）孔子

3
- ☐ ❶ ウ
- ☐ ❷ キ ｜ ケ

4
- ☐ ① 平城京
- ☐ ② 平安京

解説

1 大河の名前と文明をセットにして覚える。
2 アはエルサレム、イはアラビア半島のメッカ、ウはインド半島北部のマガダ、エは中国の魯という場所を示している。
3 ❶アは筑紫地方、イは吉備、ウは奈良、エは稲荷山古墳のあった毛野を示している。大和政権は現在の奈良県にあったので、ウが正解。
❷カは高句麗、キは百済、クは新羅、ケは伽耶（任那）を示している。
4 都は藤原京→平城京→長岡京→平安京と移っている。

資料の中にあるキーワードに気をつけよう

用語→意味が答えられるようにしよう

1 □ ❶ 邪馬台国
　 □ ❷ 卑弥呼

2 □ ❶ 十七条の憲法
　 □ ❷ 聖徳太子〈厩戸皇子・厩戸王〉
　 □ ❸ 推古天皇

3 □ ❶ 万葉集
　 □ ❷ 防人

4 □ ❶ 藤原道長
　 □ ❷ 摂関（政治）

1 □ ❶ ⑦
　 □ ❷ ⑦
　 □ ❸ ⑦

2 □ ❶ じ
　 □ ❷ や
　 □ ❸ や
　 □ ❹ や
　 □ ❺ じ

3 □ ❶ 役人 ／ 色
　 □ ❷ 天皇
　 □ ❸ 隋 ／ 小野妹子

4 □ ❶ ○
　 □ ❷ ×
　 □ ❸ ○
　 □ ❹ ×
　 □ ❺ ○

解説

1 卑弥呼は神に仕えてまじないを行い、それにより諸国を治めたといわれている。
2 聖徳太子は十七条の憲法で、役人の心構えを説くとともに、天皇を敬い、その命令に従うべきであることを定めた。
3『万葉集』では、柿本人麻呂、山上憶良、山部赤人などのすぐれた歌人たちが自然や恋愛を題材にしてよんだ歌に、当時の人々の感情がよく表されている。
4 この歌は、藤原道長の2人の娘に続き、3人目の娘が天皇のきさきになったときによまれた。

解説

1 人類は長い年月をかけて脳を発達させた。その結果、言葉を使うようになり、情報を伝えあうことで、集団生活を作り上げた。
3 3つとも聖徳太子が行った政策。聖徳太子の活躍した時代は、政治の中心が飛鳥地方（奈良県）にあった。
4 710年、奈良の平城京に都が移された。奈良に都があった約70年間を奈良時代という。
❷口分田は、6歳以上の男女にあたえられた。
❹調・庸を、成人男子は負担した。

「なぜ?」「どんな意味?」を
いくつかのキーワードで説明しよう

1 □〔❶ 漢〈前漢〉 〕
　 □〔❷ 絹 〕

2 □〔❶ 王 〕
　 □〔❷ 墓 〕
　 □〔❸ 前方後円墳 〕

3 □〔❶ 中大兄皇子 〕
　 □〔❷ 公地・公民 〕

4 □〔❶ 私有 〕
　 □〔❷ 荘園 〕

5 □〔❶ 天皇 〕
　 □〔❷ 関白 〕
　 □〔❸ 摂関 〕

解説

1 秦にかわって中国を統一した漢は、朝鮮半島から中央アジアまで領土を広げた。

2 全国各地にある前方後円墳は、大和政権の勢力に従った豪族たちが、そのあかしとして、共通の様式を取り入れて造ったものと考えられている。

3 中大兄皇子は聖徳太子の理想を受けつぎ、天皇を中心とした国造りをめざして政治改革に着手した。

4 人口が増加するとしだいに口分田が不足するようになったことなどから、墾田永年私財法が出された。

5 摂関政治によって大きな権力を持った藤原氏は、11世紀前半の藤原道長、その子頼通の時代に最も栄えた。

武士は武力と年貢の取り立てで力をのばした

1 ☐ [❶ 武士団]
   ☐ [❷ 源氏]
   ☐ [❸ 荘園]
   ☐ [❹ 奥州藤原氏]

2 ☐ [❶ 武士]
   ☐ [❷ 平氏]
   ☐ [❸ 年貢]
   ☐ [❹ 源氏]

3 ☐ [❶ 武士団]
   ☐ [❷ 奥州藤原氏]
   ☐ [❸ 年貢]
   ☐ [❹ 平氏]

> **解説**

3 ❶武士たちは、多くの部下を従えて武士団を組織するようになり、軍事力を強めた。武士の集団による反乱も、朝廷にそれをしずめるだけの十分な軍事力がなかったため、武士団の力を借りておさえた。
❷奥州藤原氏は平泉(岩手県)を都市として整え、京都の文化を取り入れながら、多くの屋敷や寺院を建設した。
❹のちに大きな力を持つ平清盛や源頼朝も、棟梁とよばれる統率者であった。

政権をめぐっての平氏と源氏の協力と対立をおさえよう

1 ☐ [❶ 院政]
   ☐ [❷ 保元]
   ☐ [❸ 太政大臣]
   ☐ [❹ 壇ノ浦]

2 ☐ [❶ 上皇]
   ☐ [❷ 平治]
   ☐ [❸ 日宋]
   ☐ [❹ 源平]

3 ☐ [❶ 保元の乱]
   ☐ [❷ 太政大臣]
   ☐ [❸ 院政]
   ☐ [❹ 壇ノ浦]

4 ☐ (ウ → ア → イ → エ)

> **解説**

3 ❷平治の乱に勝った平清盛は、後白河上皇による院政を助け、太政大臣となって一族を朝廷の高い役職や国司につけた。
❸上皇やその住まいである御所のことを「院」とよんだので、上皇の行う政治を院政という。

御恩・奉公が鎌倉幕府を支えた

「御成敗式目」は武士による
武士のための法律

1 □ ❶ 鎌倉

□ ❷ 守護

□ ❸ 征夷大将軍

□ ❹ 御家人

□ ❺ 御恩

2 □ ❶ 源頼朝

□ ❷ 地頭

□ ❸ 武士

□ ❹ 御家人

□ ❺ 奉公

3 □ ❶ 守護

□ ❷ 征夷大将軍

□ ❸ 御家人

□ ❹ 奉公

1 □ ❶ 執権

□ ❷ 承久

□ ❸ 六波羅探題

□ ❹ 御成敗式目

2 □ ❶ 北条

□ ❷ 後鳥羽上皇

□ ❸ 朝廷

□ ❹ 北条泰時

3 □ ❶ 御成敗式目〈貞永式目〉

□ ❷ 執権

□ ❸ 承久の乱

□ ❹ 六波羅探題

4 □ （ イ → ウ → エ → ア ）

解説

3 ❶頼朝は、派遣した源義経が平氏をほろぼ
したあと、対立した義経をとらえるため、守
護・地頭の設置を朝廷に認めさせた。
❸将軍は、御家人の領地を公認・保護した
（御恩）。御家人は、戦いが起こると、将軍
のために命がけで合戦に参加した（奉公）。

解説

3 ❶「成敗」は裁判。「式目」はきまり（法規）と
いう意味である。
❸後鳥羽上皇は、北条氏に率いられた幕府
の大軍に敗れ、隠岐（島根県）に流された。
❹承久の乱後、幕府は六波羅探題を置いた
ほか、上皇方についた貴族や武士の荘園を
取り上げ、そこに新たに地頭を置いた。

地頭が開発した土地は、農業や商業の発達につながった

貴族の伝統文化の見直しと、武士らしい力強い芸術の誕生

1
- □ ❶ 地頭
- □ ❷ 年貢
- □ ❸ 弓馬
- □ ❹ 二毛作

2
- □ ❶ 荘園
- □ ❷ 武芸
- □ ❸ 米
- □ ❹ 定期市

3
- □ ❶ 地頭
- □ ❷ 定期市
- □ ❸ 二毛作
- □ ❹ 弓馬

1
- □ ❶ 鎌倉
- □ ❷ 平家物語
- □ ❸ 新古今和歌集
- □ ❹ 徒然草
- □ ❺ 金剛力士像

2
- □ ❶ 武士
- □ ❷ 琵琶法師
- □ ❸ 兼好法師〈吉田兼好〉
- □ ❹ 方丈記
- □ ❺ 運慶〈快慶〉

3
- □ ❶ 金剛力士像
- □ ❷ 新古今和歌集
- □ ❸ 平家物語
- □ ❹ 徒然草

解説

3 ❶農民は、荘園領主に年貢を納めていたが、地頭が置かれた荘園では地頭が農民を支配しようとすることも多く、農民は荘園領主と地頭の二重支配を受けた。
❷農民は、市が開かれると農作物を売ったり、農具や衣料品などの日常生活用品を買ったりするようになった。

解説

3 ❶東大寺南大門の高さは約26mで、左右に高さ約8.4mの木造の金剛力士像が置かれている。
❸「祇園精舎の鐘の声、諸行無常の響きあり」で始まる『平家物語』は、琵琶法師が各地をまわり、語り聞かせた。

元との戦いが、御家人の反発と幕府滅亡を招いた

1 □
- ❶ モンゴル
- ❷ 元
- ❸ 元寇
- ❹ 弘安
- ❺ 徳政令

2 □
- ❶ チンギス・ハン
- ❷ フビライ・ハン
- ❸ 北条時宗
- ❹ 文永
- ❺ 御家人

3 □
- ❶ 元寇〈蒙古襲来〉
- ❷ フビライ・ハン
- ❸ 徳政令〈永仁の徳政令〉
- ❹ モンゴル帝国

4 □（ エ → イ → ア → ウ ）

解説

3 ❶元は、このあとも日本侵攻を計画したが、フビライの死によって中止された。
❸徳政令はかえって混乱を招き、幕府と御家人の関係はゆらぎ始めた。

南北朝の動乱の中、尊氏が室町幕府を開く

1 □
- ❶ 建武
- ❷ 南北朝
- ❸ 征夷大将軍
- ❹ 室町

2 □
- ❶ 後醍醐
- ❷ 南朝
- ❸ 足利尊氏
- ❹ 室町
- ❺ 南北朝

3 □
- ❶ 後醍醐天皇
- ❷ 室町
- ❸ 南北朝
- ❹ 朝廷

4 □（ ア → エ → イ → ウ ）

解説

3 ❶公家だけを重んじ、天皇中心の政治を行い、人々の不満を生んだ。
❷❸義満が京都の室町に建てた邸宅で政治を行ったので、足利氏の幕府を室町幕府という。幕府の制度が整い、義満のころが室町幕府の勢力の最も強い時代となった。

管領が京都を支配し、守護大名が地方を支配した

1
- [ ] ❶ 管領
- [ ] ❷ 鎌倉府
- [ ] ❸ 地頭
- [ ] ❹ 守護

2
- [ ] ❶ 将軍
- [ ] ❷ 守護大名
- [ ] ❸ 鎌倉
- [ ] ❹ 守護

3
- [ ] ❶ 管領
- [ ] ❷ 守護大名
- [ ] ❸ 鎌倉府
- [ ] ❹ 守護大名

解説

3　❶将軍の補佐役である管領には、細川氏や山名氏などの有力な守護大名が交代でついた。
❷南北朝の動乱の中で、守護は荘園の年貢の半分を取り立て、軍事費にあてるなどの権限が認められるようになった。守護は、領国の武士を家来として従えるようになり、守護大名へと成長していった。

東アジアなどとの交易は、輸出品・輸入品をおさえよう

1
- [ ] ❶ 明
- [ ] ❷ 勘合
- [ ] ❸ 朝鮮国〈李氏朝鮮・朝鮮〉
- [ ] ❹ 琉球王国
- [ ] ❺ アイヌ

2
- [ ] ❶ 倭寇
- [ ] ❷ ハングル
- [ ] ❸ 中継
- [ ] ❹ 和人〈本州の人々〉

3
- [ ] ❶ アイヌ〈アイヌ民族〉
- [ ] ❷ 尚
- [ ] ❸ 朝鮮国〈李氏朝鮮・朝鮮〉
- [ ] ❹ 勘合

解説

3　❶蝦夷地では、先住民族が狩りや漁、オホーツク海沿岸地域との交易で生活していた。
❷琉球では、14世紀半ばに北山・中山・南山の3王国が成立し、15世紀に中山の王である尚氏によって統一された。
❹勘合は明から日本に送られた通行証明書。左半分を日本船、右半分を明が持った。

農業や商業の発達により、民衆に座や惣などの組織が生まれた

1
- ☐ ❶ 二毛作
- ☐ ❷ 宋銭
- ☐ ❸ 馬借
- ☐ ❹ 座
- ☐ ❺ 惣

2
- ☐ ❶ 絹織物
- ☐ ❷ 定期市
- ☐ ❸ 問
- ☐ ❹ 土倉
- ☐ ❺ 土一揆

3
- ☐ ❶ 宋銭
- ☐ ❷ 問〈問丸〉
- ☐ ❸ 土一揆〈正長の土一揆〉
- ☐ ❹ 座

解説

3 ❷こうした交通の発達に目をつけた幕府や寺社は、交通の要所に関所を作って通行税を取り立てた。
❸正長の土一揆では、土倉や酒屋を襲って、土地売買や貸借の証文をやぶり捨て、質に入れた品物をうばった。これをきっかけに、土一揆が近畿地方を中心に広がった。

応仁の乱のあと、下剋上の風潮が広がった

1
- ☐ ❶ 応仁
- ☐ ❷ 下剋上
- ☐ ❸ 戦国
- ☐ ❹ 分国

2
- ☐ ❶ 戦国
- ☐ ❷ 守護
- ☐ ❸ 戦国
- ☐ ❹ 城下町

3
- ☐ ❶ 下剋上
- ☐ ❷ 応仁の乱
- ☐ ❸ 戦国
- ☐ ❹ 分国法

4 ☐（ イ → ア → ウ ）

解説

3 ❶実力のある者が上の身分の者をたおして権力をにぎることを、下剋上という。
❷1467年に京都で始まった応仁の乱は、多くの守護大名をまきこみ11年間続いた。
❸❹戦国大名は、農民の一揆をおさえながら、領国の武士を家臣に組み入れて強力な軍隊をつくった。

北山文化と東山文化の
特色をおさえよう

1 ☐
- ❶ 金閣
- ❷ 銀閣
- ❸ 水墨画
- ❹ 能〈能楽〉
- ❺ 御伽草子

2 ☐
- ❶ 足利義満
- ❷ 書院
- ❸ 狂言
- ❹ 茶の湯
- ❺ 連歌

3 ☐
- ❶ 能〈能楽〉
- ❷ 狂言
- ❸ 銀閣
- ❹ 書院造
- ❺ 金閣

解説

3 ❶平安時代から、神社や祭りなどで行われてきた田楽や猿楽などから能が生まれた。
❸足利義政が建てた銀閣は、1層が書院造、2層が禅宗様の仏堂になっている。
❺金閣は、2、3層が金箔でおおわれている。

台頭する武士と、
強い力を示した上皇の政治

1 ☐
- ❶ 平将門
- ❷ 白河天皇〈白河上皇〉
- ❸ 藤原純友
- ❹ 鳥羽上皇

2 ☐
- ❶ 藤原純友の乱
- ❷ 平将門の乱
- ❸ 院政
- ❹ 白河

3 ☐
- ❶ 平将門
- ❷ 白河天皇〈白河上皇〉
- ❸ 鳥羽上皇
- ❹ 藤原純友

解説

3 ❶平将門のもとには、関東で中央政府に不満をいだく武士が多く集まった。関東地方の国司を追い出し、「新皇（新しい王）」を名のった。
❷摂関政治は天皇の母方が力を持っていたのに対して、院政では父方である上皇が実権をにぎった。

保元の乱・平治の乱の勝者と敗者をおさえよう

平氏滅亡と、源氏による鎌倉幕府の誕生

1
- ☐ ❶ 平清盛
- ☐ ❷ 後白河天皇〈後白河上皇〉
- ☐ ❸ 源義朝

2
- ☐ ❶ 保元の乱
- ☐ ❷ 平治の乱
- ☐ ❸ 太政大臣

3
- ☐ ❶ 後白河天皇〈後白河上皇〉
- ☐ ❷ 平清盛
- ☐ ❸ 源義朝

1
- ☐ ❶ 北条政子
- ☐ ❷ 源義経
- ☐ ❸ 北条時政
- ☐ ❹ 源頼朝

2
- ☐ ❶ 征夷大将軍
- ☐ ❷ 承久の乱
- ☐ ❸ 壇ノ浦
- ☐ ❹ 執権

3
- ☐ ❶ 源義経
- ☐ ❷ 北条政子
- ☐ ❸ 源頼朝
- ☐ ❹ 北条時政

解説

3 ❶院政をめぐる天皇家や藤原氏の争いである保元の乱が起こると、院の警護をする源氏や平氏の武士たちは、これを武力で解決して急速に地位を高めた。

❷平清盛は瀬戸内海の航路を整備し、兵庫の港、大輪田泊(神戸市)を整えるなど、積極的な政治を行った。

解説

3 ❶源義経は、幼少期を京都や平泉で過ごした。一ノ谷の戦いなど、その強さを物語る数々の伝説がある。

❸鎌倉幕府成立の時期については、東日本の支配権を朝廷に認められた1183年、守護・地頭の設置が認められた1185年、征夷大将軍に任じられた1192年とするなど諸説がある。

将軍の力を弱め、実権をにぎる執権

1
- ☐ ❶ 後鳥羽上皇
- ☐ ❷ 北条泰時
- ☐ ❸ 源実朝

2
- ☐ ❶ 源氏
- ☐ ❷ 承久の乱
- ☐ ❸ 御成敗式目〈貞永式目〉

3
- ☐ ❶ 北条泰時
- ☐ ❷ 源実朝
- ☐ ❸ 後鳥羽上皇

解説

3　❶御成敗式目は51か条からなり、その内容は、公家とは異なる武家社会の慣習や、頼朝以来の判例などに基づく現実的なものであった。
❷幕府政治は、すぐれた指導者であった頼朝のころは将軍独裁の体制であったが、頼朝の死後の若い実朝らの時代には、御家人中心の政治を求める動きが強まった。
❸後鳥羽上皇は文武にすぐれ、時代を代表する歌人でもあった。

武士と民衆の力が作った鎌倉文化

1
- ☐ ❶ 兼好法師〈吉田兼好〉
- ☐ ❷ 運慶
- ☐ ❸ 藤原定家
- ☐ ❹ 快慶

2
- ☐ ❶ 徒然草
- ☐ ❷ 金剛力士像
- ☐ ❸ 新古今和歌集
- ☐ ❹ 東大寺

3
- ☐ ❶ 運慶
- ☐ ❷ 藤原定家
- ☐ ❸ 快慶
- ☐ ❹ 兼好法師〈吉田兼好〉

解説

3　❶❸金剛力士像は、運慶や快慶らによってわずか70日あまりで作られたといわれている。
❷平安時代の国風文化を代表する、紀貫之らによってまとめられた『古今和歌集』と、『新古今和歌集』とを区別すること。

鎌倉時代の新仏教を開いた人物をおさえよう

1
- ☐ ❶ 親鸞
- ☐ ❷ 栄西
- ☐ ❸ 日蓮
- ☐ ❹ 法然

2
- ☐ ❶ 題目
- ☐ ❷ 踊念仏
- ☐ ❸ 念仏
- ☐ ❹ 曹洞宗

3
- ☐ ❶ 親鸞
- ☐ ❷ 一遍
- ☐ ❸ 日蓮
- ☐ ❹ 道元
- ☐ ❺ 栄西
- ☐ ❻ 法然

解説

3 鎌倉仏教は、念仏・題目・座禅という特徴
でも分類できる。
念仏…浄土宗(法然)・浄土真宗(親鸞)・
　　　時宗(一遍)
題目…日蓮宗(日蓮)
座禅…臨済宗(栄西)・曹洞宗(道元)

元の襲来と幕府との戦い

1
- ☐ ❶ 北条時宗
- ☐ ❷ フビライ・ハン
- ☐ ❸ チンギス・ハン

2
- ☐ ❶ 元
- ☐ ❷ モンゴル帝国
- ☐ ❸ 元寇〈蒙古襲来〉

3
- ☐ ❶ チンギス・ハン
- ☐ ❷ 北条時宗
- ☐ ❸ フビライ・ハン

解説

3 ❶モンゴル帝国の出現によって、ユーラシ
ア大陸全体が、一つの世界を形づくること
になった。
❸フビライ・ハンはチンギス・ハンの孫で、
帝位をめぐる争いに勝利して皇帝となった。
宋をほろぼすなど、積極的に領土を拡大した。

足利尊氏が北朝、
後醍醐天皇が南朝を率いた

1 ☐ ❶ 足利尊氏

　　☐ ❷ 後醍醐天皇

　　☐ ❸ 新田義貞

　　☐ ❹ 楠木正成

2 ☐ ❶ 建武の新政

　　☐ ❷ 足利尊氏

　　☐ ❸ 室町幕府

　　☐ ❹ 南北朝の動乱
　　　　〈南北朝の内乱〉

3 ☐ ❶ 新田義貞

　　☐ ❷ 楠木正成

　　☐ ❸ 後醍醐天皇

　　☐ ❹ 足利尊氏

解説

3 ❷楠木正成は河内(大阪府)の豪族。戦いにすぐれ、後醍醐天皇のために戦い続けたことから、のちに「忠臣」とたたえられた。
❸後醍醐天皇は、宋の朱子学から強い影響を受け、天皇が直接政治を行う体制をめざした。
❹足利尊氏は恩賞を惜しまなかったので、武士たちの間に人望があった。

東アジアなどとの交易と争いを
おさえよう

1 ☐ ❶ 李成桂

　　☐ ❷ 足利義満

　　☐ ❸ コシャマイン

2 ☐ ❶ 勘合〈日明〉

　　☐ ❷ アイヌ民族

　　☐ ❸ 朝鮮国〈李氏朝鮮・朝鮮〉

3 ☐ ❶ 李成桂

　　☐ ❷ コシャマイン

　　☐ ❸ 足利義満

解説

3 ❶朝鮮独自の文字であるハングルは「大いなる文字」という意味。第4代の王のときに作られ、1446年に公布された。
❸足利義満は「花の御所」とよばれる屋敷を作り、出家したのちは金閣をはじめとする北山の隠居所を造らせた。それらの財源となったのが、明との貿易だった。

応仁の乱の対立関係をおさえよう

下剋上で力を持った戦国大名の登場

1
- [ ] ❶ 足利義政
- [ ] ❷ 山名持豊〈山名宗全〉
- [ ] ❸ 細川勝元

2
- [ ] ❶ 管領
- [ ] ❷ 守護
- [ ] ❸ 応仁の乱

3
- [ ] ❶ 足利義政
- [ ] ❷ 山名持豊〈山名宗全〉
- [ ] ❸ 細川勝元

1
- [ ] ❶ 毛利元就
- [ ] ❷ 北条早雲
- [ ] ❸ 今川義元
- [ ] ❹ 武田信玄

2
- [ ] ❶ 分国法
- [ ] ❷ 城下町
- [ ] ❸ 中国
- [ ] ❹ 桶狭間

3
- [ ] ❶ 北条早雲
- [ ] ❷ 武田信玄
- [ ] ❸ 今川義元
- [ ] ❹ 毛利元就

解説

3 応仁の乱は、将軍家の相続争いに、守護大名の山名氏と細川氏の争いが結びつき、1467年に始まり、11年続いた。身軽な姿で集団戦法に適した「足軽」という雇い兵が活躍する一方で、足軽による略奪や放火もあり、京都は荒れ果てた。

解説

3 戦国大名は、まわりの大名との戦いに常に備えるため、領国の武士たちを組織して、強力な軍団を作った。また、大規模な治水やかんがいの工事を行って農業をさかんにし、鉱山の開発にも力を注ぎ、領国を豊かにした。領国支配のために、分国法という独自の法律を定める大名もいた。

華やかさと素朴さを持つ室町文化

大事なできごとや用語は、表や図に整理してまとめよう

1
- ❶ 宗祇
- ❷ 雪舟
- ❸ 善阿弥
- ❹ 観阿弥

2
- ❶ 能〈能楽〉
- ❷ 連歌
- ❸ 水墨画
- ❹ 銀閣

3
- ❶ 雪舟
- ❷ 世阿弥
- ❸ 善阿弥
- ❹ 宗祇

1
- ❶ 御恩
- ❷ 奉公

2
- ❶ 執権
- ❷ 六波羅探題
- ❸ 地頭
- ❹ 管領
- ❺ 鎌倉府

3
- ❶ 源頼朝
- ❷ 承久の乱
- ❸ 御成敗式目〈貞永式目〉
- ❹ 元寇〈蒙古襲来〉
- ❺ 徳政令〈永仁の徳政令〉
- ❻ 建武の新政
- ❼ 足利尊氏
- ❽ 足利義満
- ❾ 応仁の乱

4
- ❶ 平家物語
- ❷ 新古今和歌集
- ❸ 浄土宗
- ❹ 親鸞
- ❺ 日蓮

解説

3 ❶水墨画は墨の濃淡で自然や人物を象徴的に表現するもので、北山文化のころにその基礎が築かれ、東山文化のころ雪舟によって大成した。
❹連歌は公家や武家だけでなく、町衆のあいだでも行われ、さらに地方にも広まっていった。

解説

1 鎌倉幕府の将軍と御家人は、御恩と奉公の関係をもとに成り立っていた。
2 鎌倉幕府と室町幕府のしくみは、補佐役の違いがポイント。
4 鎌倉仏教は、その特徴から区別しよう。

どこであったできごとなのか、必ず場所と結びつけて覚えよう

1
- ☐ ❶ 平将門の乱
- ☐ ❷ 藤原純友の乱
- ☐ ❸ 奥州藤原氏

2
- ☐ ❶ ウ
- ☐ ❷ 宋〈南宋〉
- ☐ ❸ イ

3
- ☐ ❶ 元の皇帝…ア
  - 幕府の人物…エ
- ☐ ❷ イ
- ☐ ❸ エ

4
- ☐ ❶ 後醍醐天皇
- ☐ ❷ エ
- ☐ ❸ イ
- ☐ ❹ 足利義満

解説

1 10世紀に、関東で平将門、瀬戸内で藤原純友を中心とする大規模な武士の反乱が起きた。
2 ❶❷平清盛は大輪田泊(現在の神戸港)を整備して、中国の宋と日宋貿易を行った。
❸壇ノ浦は山口県にある。
3 ❶イのチンギス・ハンはモンゴル帝国の創設者。ウの北条時政は時宗の先祖で、執権政治を始めた人物。
❷元軍は北九州を襲った。
4 ❶❷後醍醐天皇は、奈良県の吉野で南朝を建てた。
❸足利尊氏は、京都で室町幕府を開いた。

資料の中にあるキーワードに気をつけよう

1
- ☐ ❶ 御成敗式目〈貞永式目〉
- ☐ ❷ 北条泰時

2
- ☐ ❶ 平家物語
- ☐ ❷ 琵琶法師

3
- ☐ ❶ 徳政令〈永仁の徳政令〉
- ☐ ❷ 元寇〈蒙古襲来〉

4
- ☐ ❶ 分国法
- ☐ ❷ (例) 実力のある者が、実力で上の身分の者に打ち勝つ風潮。

解説

1 御成敗式目は慣習に基づいた現実的でわかりやすい法律だったため、広く武士の間に定着した。
2 平氏の繁栄と没落をえがいた『平家物語』は軍記物の名作とされ、琵琶法師の弾き語りによって各地に広まった。
3 幕府からの恩賞はほとんどなく、御家人たちの生活は苦しくなり不満をつのらせた。
4 分国法は、戦国大名による領国を治めるためのおきてで、家臣への支配力を強めるためのものだった。

用語→意味が答えられるようにしよう

「なぜ?」「どんな意味?」をいくつかのキーワードで説明しよう

1
- ❶ 上皇
- ❷ 後白河 ｜ 源義朝
- ❸ 源頼朝
- ❹ 太政 ｜ 宋

2
- ❶ イ
- ❷ ウ
- ❸ ア

3
- ❶ ×
- ❷ ○
- ❸ ○
- ❹ ×

4
- ❶ む
- ❷ か
- ❸ か
- ❹ む
- ❺ か

1
- ❶ 建武
- ❷ 京都
- ❸ 吉野
- ❹ 朝廷

2
- ❶ 二毛作
- ❷ 惣
- ❸ 寄合
- ❹ 土一揆
- ❺ 馬借
- ❻ 座

3
- ❶ 応仁の乱
- ❷ 下剋上
- ❸ 戦国
- ❹ 分国法

4
- ❶ 公家
- ❷ 北山
- ❸ 書院
- ❹ 東山
- ❺ 能〈能楽〉
- ❻ 雪舟

解説

1 ❶天皇の位をゆずった元天皇のことを上皇という。

2 源頼朝のころの鎌倉幕府には、執権や六波羅探題はまだ置かれていなかった。

3 ❶応仁の乱のきっかけとなった将軍は、足利義政である。
❹戦国大名は、独自の分国法で領国を統治した。

4 それぞれの文化の特徴と、それを代表する人物・作品などを整理しておこう。

解説

1 鎌倉幕府がほろんだあとのようすを整理して覚えよう。

2 室町時代は農業技術がいっそう進歩し、民衆の暮らしも変化したことをおさえる。

4 室町時代は、幕府が京都に置かれたこともあり、公家と武家の文化が融合した、簡素で深みのある文化が生まれた。

イスラム教との接触が
ヨーロッパにルネサンスを生んだ

キリスト教布教が後押しした、
大航海時代の幕開け

1 □ ❶ カトリック

□ ❷ 正

□ ❸ 十字軍

□ ❹ イスラム

□ ❺ ルネサンス

2 □ ❶ イスラム

□ ❷ ローマ教皇〈ローマ法王〉

□ ❸ 火薬

□ ❹ イタリア

3 □ ❶ ローマ教皇〈ローマ法王〉

□ ❷ 十字軍

□ ❸ ルネサンス〈文芸復興〉

□ ❹ カトリック

4 □（ ウ → ア → イ ）

1 □ ❶ 大航海

□ ❷ カトリック

□ ❸ プロテスタント

□ ❹ マゼラン

□ ❺ スペイン

2 □ ❶ 西インド

□ ❷ 宗教改革

□ ❸ イエズス

□ ❹ ポルトガル

□ ❺ 植民地

3 □ ❶ ローマ教皇

□ ❷ 宗教改革

□ ❸ 大航海

□ ❹ プロテスタント

□ ❺ イエズス

解説

3 ❶❷十字軍にはイスラム教徒も強く抵抗し、何度もの遠征にもかかわらず、聖地を占領し続けることはできなかった。
❸ルネサンスは絵画や彫刻のほか、天文学や地理学の発達にも影響をあたえ、アジアやアメリカへの航海に役立った。

解説

3 ❶ローマ教皇は、罪のつぐないができて天国へ行けると信じられた免罪符を販売した。
❸ヨーロッパの国々は、アジアの特産物の貿易を行っていたイスラム商人に対抗して、香辛料などを直接手に入れようとした。
❹プロテスタントは「抗議する者」の意味。

ヨーロッパ人がもたらしたものは、鉄砲とキリスト教

1
- [ ] ❶ 鉄砲
- [ ] ❷ キリスト教
- [ ] ❸ キリスト教徒〈キリシタン〉
- [ ] ❹ 南蛮〈中継〉

2
- [ ] ❶ 種子島
- [ ] ❷ フランシスコ・ザビエル
- [ ] ❸ 南蛮人
- [ ] ❹ キリシタン

3
- [ ] ❶ 南蛮〈中継〉
- [ ] ❷ キリスト教
- [ ] ❸ 鉄砲
- [ ] ❹ キリシタン

> 解説

3
❶南方から来たポルトガル人・スペイン人は、当時、南蛮人とよばれていた。
❸鉄砲の伝来は、騎馬や弓、やりによる戦術を大きく変え、天下統一を加速させた。
❹キリシタンとよばれた信者の数は、1603年当時およそ30万人といわれている。

商工業を発展させ、武力で統一をはかった信長

1
- [ ] ❶ 桶狭間
- [ ] ❷ 室町
- [ ] ❸ 城下町
- [ ] ❹ キリスト
- [ ] ❺ 本能寺

2
- [ ] ❶ 今川
- [ ] ❷ 長篠
- [ ] ❸ 楽市・楽座
- [ ] ❹ 仏教

3
- [ ] ❶ 仏教
- [ ] ❷ 桶狭間の戦い
- [ ] ❸ 楽市・楽座
- [ ] ❹ 室町

4
- [ ] （ イ → ア → エ → ウ ）

> 解説

3
❶織田信長は、ほかにも各地の一向一揆をおさえ、大阪の石山本願寺を降伏させた。また、仏教勢力をおさえるため、キリスト教を保護した。
❷桶狭間の戦いで勢力を広げた信長は、1575年の長篠の戦いでは、鉄砲隊を使った集団戦法で甲斐の武田氏をやぶった。

大阪を本拠地に
全国統一を成し遂げた秀吉

1
- ☐ ❶ 安土桃山
- ☐ ❷ 石高
- ☐ ❸ キリスト
- ☐ ❹ 兵農分離
- ☐ ❺ 朝鮮

2
- ☐ ❶ 大阪城
- ☐ ❷ 太閤検地
- ☐ ❸ 刀狩
- ☐ ❹ 武士
- ☐ ❺ 明

3
- ☐ ❶ 刀狩
- ☐ ❷ 朝鮮
- ☐ ❸ 太閤検地
- ☐ ❹ キリスト

4 ☐ （ ウ → エ → ア → イ ）

解説

3 ❷豊臣秀吉の朝鮮侵略の失敗は、豊臣政権の没落を早めることになった。
❸刀狩と太閤検地によって、一揆などの百姓の抵抗を防ぎ、兵農分離を進めた。

大名・商人の権力・富が
文化を生み出した

1
- ☐ ❶ 桃山文化
- ☐ ❷ 天守〈天守閣〉
- ☐ ❸ 茶の湯
- ☐ ❹ 三味線
- ☐ ❺ 南蛮文化 ・

2
- ☐ ❶ 戦国
- ☐ ❷ 城
- ☐ ❸ 浄瑠璃
- ☐ ❹ ヨーロッパ
- ☐ ❺ 活版印刷

3
- ☐ ❶ 三味線
- ☐ ❷ 浄瑠璃
- ☐ ❸ 活版印刷術
- ☐ ❹ 桃山
- ☐ ❺ 天守〈天守閣〉

解説

3 ❸活版印刷術がもたらされたころは、キリスト教の書物や、日本語の辞書、『平家物語』などの古典がローマ字で印刷された。
❹戦国時代末期は商業が活発になり、京都、堺、博多を中心に豪商が台頭した。

江戸幕府の支配のしくみを
おさえよう

1
- ☐ ❶ 関ヶ原
- ☐ ❷ 江戸
- ☐ ❸ 武家諸法度
- ☐ ❹ 参勤交代
- ☐ ❺ 武士

2
- ☐ ❶ 徳川家康
- ☐ ❷ 江戸
- ☐ ❸ 幕藩
- ☐ ❹ 徳川家光
- ☐ ❺ 百姓

3
- ☐ ❶ 武家諸法度
- ☐ ❷ 関ヶ原の戦い
- ☐ ❸ 参勤交代
- ☐ ❹ 征夷大将軍

解説

3 ❶江戸幕府は、大名の反抗を警戒して武家諸法度を定め、大名の築城や結婚などに規制を設けて統制した。
❹徳川家康は江戸幕府を開くと、まもなく将軍職を子の秀忠にゆずり、徳川氏が代々将軍になることを示した。

朱印船貿易から鎖国までの
幕府の変化

1
- ☐ ❶ 朱印船
- ☐ ❷ 日本町
- ☐ ❸ 出島
- ☐ ❹ 島原・天草
- ☐ ❺ 鎖国

2
- ☐ ❶ 朱印状
- ☐ ❷ 朝鮮通信使
- ☐ ❸ 禁教令
- ☐ ❹ キリスト教徒〈キリシタン〉
- ☐ ❺ 中国

3
- ☐ ❶ 島原・天草一揆〈島原の乱〉
- ☐ ❷ 出島
- ☐ ❸ キリスト教
- ☐ ❹ 鎖国

解説

3 ❶約3万7千人の人々が起こした一揆。およそ4か月の間、幕府や藩の大軍と戦った。
❹鎖国とは、日本人の海外への行き来が禁止され、外国との貿易が制限された状態のこと。

江戸時代の農業・商業の発達と交通路の整備

綱吉の時代の文化をおさえよう

1 □ ❶ 寛永通宝

□ ❷ 五街道

□ ❸ 菱垣廻船

□ ❹ 三都

□ ❺ 蔵屋敷

2 □ ❶ 新田

□ ❷ 関所

□ ❸ 西廻り

□ ❹ 天下の台所

□ ❺ 株仲間

3 □ ❶ 五街道

□ ❷ 新田

□ ❸ 天下の台所

□ ❹ 株仲間

1 □ ❶ 上方

□ ❷ 朱子

□ ❸ 人形浄瑠璃

□ ❹ 俳諧〈俳句〉

□ ❺ 大和絵

2 □ ❶ 元禄文化

□ ❷ 徳川綱吉

□ ❸ 歌舞伎

□ ❹ 浮世絵

□ ❺ 年中行事

3 □ ❶ 俳諧〈俳句〉

□ ❷ 朱子学

□ ❸ 人形浄瑠璃

□ ❹ 歌舞伎

□ ❺ 元禄文化

| 解説 |

3 ❶街道には宿場が置かれ、参勤交代の大名や商人のほか、手紙や小荷物を運ぶ飛脚がゆきかった。
❷田畑の面積は、豊臣秀吉のころから100年ほどの間に、およそ2倍に増えた。
❹幕府に営業税を納めるかわりに、営業の独占を許され、大きな利益をあげた。

| 解説 |

3 ❶松尾芭蕉は、東北地方などへの旅をもとに『奥の細道』を書き、俳諧(俳句)を和歌と対等の芸術に高めた。
❸現代まで続く文楽は、人形浄瑠璃の一つである。

享保の改革と農村や工業の変化

わいろが横行した田沼の政治、きびしい統制を行った寛政の改革

1
- ❶ 享保の改革
- ❷ 公事方御定書
- ❸ 目安
- ❹ 小作人
- ❺ 問屋制家内

2
- ❶ 上米の制〈上米〉
- ❷ 地主
- ❸ 百姓一揆
- ❹ 工場制手

3
- ❶ 問屋制家内工業
- ❷ 百姓一揆
- ❸ 公事方御定書
- ❹ 享保の改革
- ❺ 地主

1
- ❶ 株仲間
- ❷ 打ちこわし
- ❸ 松平定信
- ❹ 藩札

2
- ❶ 田沼意次
- ❷ 天明
- ❸ 寛政の改革
- ❹ 朱子学

3
- ❶ 寛政の改革
- ❷ 田沼意次
- ❸ 株仲間
- ❹ 打ちこわし

4 （ イ → ウ → ア ）

解説

3 ❷生活が苦しくなった百姓たちは、不正をはたらく役人の解任や年貢の引き下げなどを、百姓一揆を起こして訴えた。
❸公事方御定書は、裁判の件数が増えたことからそれまでの法律を整理し、裁判や刑の基準を定めたものである。

解説

3 ❶寛政の改革のきびしさには批判もあったが、松平定信が老中を辞任したあとも、19世紀初めまで幕府の基本政策となり、ききんへの備えは幕末まで効力があった。
❹百姓一揆や打ちこわしが多発する動きや、貨幣経済の発達で社会の基本である身分制度が動揺すると、幕府はそれを引きしめる法令を出した。

学問・教育の広がりと化政文化

1
- ☐ ❶ 国学
- ☐ ❷ 蘭学
- ☐ ❸ 寺子屋
- ☐ ❹ 錦絵
- ☐ ❺ 川柳

2
- ☐ ❶ 化政文化
- ☐ ❷ オランダ
- ☐ ❸ 藩校
- ☐ ❹ 版画
- ☐ ❺ 狂歌

3
- ☐ ❶ 寺子屋
- ☐ ❷ 藩校
- ☐ ❸ 錦絵
- ☐ ❹ 国学
- ☐ ❺ 蘭学
- ☐ ❻ 化政文化

解説

3 ❷藩校での教育がさかんになると、地方文化が活発になった。
❹国学は、天皇を尊ぶ思想と結びつき、幕末の尊王攘夷運動に影響をあたえた。

外国船出現と
天保の改革の失敗

1
- ☐ ❶ 異国船打払令
- ☐ ❷ ききん
- ☐ ❸ 天保の改革
- ☐ ❹ 雄藩
- ☐ ❺ 薩摩

2
- ☐ ❶ 大塩〈大塩平八郎〉
- ☐ ❷ アヘン
- ☐ ❸ 株仲間
- ☐ ❹ 肥前
- ☐ ❺ 長州

3
- ☐ ❶ 大塩の乱〈大塩平八郎の乱〉
- ☐ ❷ 異国船打払令
- ☐ ❸ 株仲間
- ☐ ❹ 天保の改革

4 ☐（ イ → ア → ウ ）

解説

3 ❶ききんで苦しむ人々を救おうとしない役所や豪商にいきどおり、「救民」をかかげて門人とともに挙兵した。

アジア貿易と布教をめざした大航海時代

1
- ☐ ❶ コロンブス
- ☐ ❷ ルター
- ☐ ❸ マゼラン
- ☐ ❹ バスコ・ダ・ガマ

2
- ☐ ❶ プロテスタント
- ☐ ❷ スイス
- ☐ ❸ インド
- ☐ ❹ キリスト

3
- ☐ ❶ フランシスコ・ザビエル
- ☐ ❷ カルバン
- ☐ ❸ コロンブス
- ☐ ❹ マゼラン
- ☐ ❺ ルター
- ☐ ❻ バスコ・ダ・ガマ

解説

3 ❶宣教師は次々に来日し、学校や病院を建てるなどして人々を救ったので、キリスト教は民衆の間にも広まった。
❸ポルトガルが東に向かったのに対して、スペインは大西洋を西に向かいインドへ行くという、コロンブスの計画を支援した。

信長が登場し、室町幕府は滅亡した

1
- ☐ ❶ 足利義昭
- ☐ ❷ 今川義元
- ☐ ❸ 武田勝頼
- ☐ ❹ 織田信長

2
- ☐ ❶ 長篠
- ☐ ❷ 室町
- ☐ ❸ 楽市・楽座
- ☐ ❹ 桶狭間

3
- ☐ ❶ 今川義元
- ☐ ❷ 織田信長
- ☐ ❸ 武田勝頼
- ☐ ❹ 足利義昭

解説

3 ❷織田信長は、桶狭間の戦いのあと美濃（岐阜県）の斎藤氏を破る。その後、武力による天下統一の意思を示す「天下布武」の印を使い始めた。
❸信長は武田勝頼との長篠の戦いのとき、武田軍の突進を防ぐ柵を設置し、大量の鉄砲を効果的に使って勝利した。

全国統一を成し遂げた秀吉と、戦国大名たち

1 □ [❶ 浅井長政]
□ [❷ 豊臣秀吉]
□ [❸ 上杉謙信]
□ [❹ 明智光秀]

2 □ [❶ 本能寺]
□ [❷ 姉川]
□ [❸ 織田信長]
□ [❹ 太閤検地]

3 □ [❶ 上杉謙信]
□ [❷ 浅井長政]
□ [❸ 豊臣秀吉]
□ [❹ 明智光秀]

| 解説 |

3 ❸豊臣秀吉は、信長の家臣だったころは木下藤吉郎、羽柴秀吉という名前だった。また、関白を退いた人を太閤とよび、秀吉は、全国統一を果たしたのちは、太閤の立場で実権をにぎった。

富と戦乱の中で栄えた桃山文化

1 □ [❶ 千利休]
□ [❷ 出雲の阿国]
□ [❸ 狩野永徳]
□ [❹ 李参平]

2 □ [❶ 有田焼]
□ [❷ 茶の湯]
□ [❸ かぶき踊り]
□ [❹ 障壁画]

3 □ [❶ 出雲の阿国]
□ [❷ 狩野永徳]
□ [❸ 李参平]
□ [❹ 千利休]

| 解説 |

3 ❶戦国時代は、いつ戦乱にまきこまれるかわからない状況の中で、百姓や町人の間で今を楽しもうという風潮が強まった。阿国の踊りは、そのような風潮を受けて広く人気を集めた。
❹千利休が大成した茶の湯は、その後、茶道といわれるようになり、日本人の精神性や美意識を代表する文化として、現代に受け継がれている。

家康の勝利と、江戸時代の幕開け

幕府による弾圧と天下泰平へ

1 ☐ 〔 ❶ 石田三成 〕

☐ 〔 ❷ 徳川家康 〕

☐ 〔 ❸ 山田長政 〕

☐ 〔 ❹ 徳川家光 〕

2 ☐ 〔 ❶ 参勤交代 〕

☐ 〔 ❷ 江戸幕府 〕

☐ 〔 ❸ 日本町 〕

☐ 〔 ❹ 関ヶ原の戦い 〕

3 ☐ 〔 ❶ 徳川家光 〕

☐ 〔 ❷ 石田三成 〕

☐ 〔 ❸ 山田長政 〕

☐ 〔 ❹ 徳川家康 〕

1 ☐ 〔 ❶ 天草四郎〈益田時貞〉 〕

☐ 〔 ❷ 徳川綱吉 〕

☐ 〔 ❸ シャクシャイン 〕

2 ☐ 〔 ❶ 松前 〕

☐ 〔 ❷ 島原・天草 〕

☐ 〔 ❸ 文治 〕

3 ☐ 〔 ❶ 徳川綱吉 〕

☐ 〔 ❷ 天草四郎〈益田時貞〉 〕

☐ 〔 ❸ シャクシャイン 〕

解説

3 ❶徳川綱吉は寺院や神社の修復や造営に力を入れるなど、学問や文化を重んじる文治政治をめざした。
❷天草四郎は当時15歳であった。実際には、大将というよりも、一揆軍の象徴や心のよりどころであったとされる。
❸アイヌの人々は、大量の鮭とわずかな米を交換させられるなど、和人との不平等な取り引きを強いられていた。

解説

3 ❶江戸幕府のしくみは、3代将軍徳川家光のころに整い、将軍のもとで各種の奉行などが、職務を分担して政治を進めた。
❹徳川家康は織田信長と同盟を結び勢力を拡大。豊臣秀吉と争ったが、のちに秀吉に従った。将軍を引退後も、大御所として実権をにぎった。

元禄文化は上方町人が担い手となった

1
- ☐ ❶ 松尾芭蕉
- ☐ ❷ 近松門左衛門
- ☐ ❸ 菱川師宣
- ☐ ❹ 井原西鶴

2
- ☐ ❶ 浮世草子
- ☐ ❷ 浮世絵
- ☐ ❸ 奥の細道
- ☐ ❹ 人形浄瑠璃

3
- ☐ ❶ 近松門左衛門
- ☐ ❷ 井原西鶴
- ☐ ❸ 菱川師宣
- ☐ ❹ 松尾芭蕉

解説

3 ❶近松門左衛門は、義理と人情の板ばさみの中で懸命に生きる男女をえがき、人々に感動をあたえた。
❹『奥の細道』は、1689年3月に、松尾芭蕉が弟子を連れて江戸を出発し、東北や北陸をまわって大垣(岐阜県)に到着するまでの旅と、各地でよんだ句を記した紀行文学の傑作である。

美術・芸術・学問と花開いた元禄文化

1
- ☐ ❶ 尾形光琳
- ☐ ❷ 俵屋宗達
- ☐ ❸ 坂田藤十郎
- ☐ ❹ 徳川光圀

2
- ☐ ❶ 大日本史
- ☐ ❷ 和算
- ☐ ❸ 江戸
- ☐ ❹ 風神雷神図屏風

3
- ☐ ❶ 俵屋宗達
- ☐ ❷ 尾形光琳
- ☐ ❸ 徳川光圀
- ☐ ❹ 坂田藤十郎
- ☐ ❺ 市川団十郎
- ☐ ❻ 関孝和

解説

3 ❶❷政治の中心が江戸に移ったため、京都ではより文化に力を入れ、俵屋宗達や尾形光琳らが華麗な装飾画をえがいた。
❸徳川光圀は学芸の振興にも熱心で、水戸藩内の規律強化にもつとめた。
❻和算の発達は、商業の発達により取り引きが活発になったことも背景にあった。

財政難やききんに立ち向かう 幕府の改革者たち

外国船出現と追いつめられる幕府

1 ☐ ❶ 松平定信

☐ ❷ 徳川吉宗

☐ ❸ 田沼意次

☐ ❹ 間宮林蔵

2 ☐ ❶ 株仲間

☐ ❷ 寛政

☐ ❸ 樺太

☐ ❹ 享保

3 ☐ ❶ 間宮林蔵

☐ ❷ 徳川吉宗

☐ ❸ 松平定信

☐ ❹ 田沼意次

1 ☐ ❶ 水野忠邦

☐ ❷ 大塩平八郎

☐ ❸ 渡辺崋山

☐ ❹ 高野長英

2 ☐ ❶ 天保

☐ ❷ 蛮社の獄

☐ ❸ 大塩〈大塩平八郎〉

☐ ❹ モリソン号

3 ☐ ❶ 高野長英

☐ ❷ 大塩平八郎

☐ ❸ 水野忠邦

☐ ❹ 渡辺崋山

解説

3 ❶間宮林蔵は、伊能忠敬に測量術を学んだ。樺太と大陸をへだてる海は、間宮海峡とよばれる。

❷8代将軍徳川吉宗は、元禄期以後の幕府財政悪化に対処するため、質素倹約と文武の奨励を基本とする改革に取り組んだ。

❸松平定信は徳川吉宗の孫で白河藩主。ききんに苦しむ藩政を立て直した。

❹田沼意次の父親は、徳川吉宗の家臣として出世。意次も9代・10代の将軍の側近として出世し、老中となった。

解説

3 ❶❹高野長英は長崎でシーボルトに蘭学・医学を学んだ。渡辺崋山は三河（愛知県）の田原藩の家老。「蛮社」は、2人が所属した蘭学者グループの名称。鎖国政策を批判したため処罰を受け、2人とも自殺した。

❷大塩平八郎は儒学の一派である陽明学の学者として知られ、高潔な役人として数々の不正事件を取りしまった。

❸水野忠邦は、12代将軍の徳川家慶（いえよし）の信任を受け、改革に着手した。

江戸の庶民が担い手となった化政文化

1
- ☐ ❶ 十返舎一九
- ☐ ❷ 葛飾北斎
- ☐ ❸ 喜多川歌麿
- ☐ ❹ 東洲斎写楽

2
- ☐ ❶ 俳諧〈俳句〉
- ☐ ❷ 東海道中膝栗毛
- ☐ ❸ 俳諧〈俳句〉
- ☐ ❹ 風景画

3
- ☐ ❶ 葛飾北斎
- ☐ ❷ 喜多川歌麿
- ☐ ❸ 与謝蕪村
- ☐ ❹ 小林一茶
- ☐ ❺ 十返舎一九
- ☐ ❻ 東洲斎写楽

解説

3 ❶葛飾北斎は『富嶽三十六景』で、大胆な構図のさまざまな富士山をえがいた。
❸与謝蕪村は画家でもあり、その句には絵画的な美しさがある。
❺『東海道中膝栗毛』は、主人公の弥次郎兵衛と喜多八が、江戸から東海道を西へ旅する中での珍道中をえがいている。

日本人の精神を明らかにする国学、西洋の学問文化を学ぶ蘭学

1
- ☐ ❶ 杉田玄白
- ☐ ❷ 本居宣長
- ☐ ❸ 平賀源内
- ☐ ❹ 伊能忠敬

2
- ☐ ❶ 日本地図
- ☐ ❷ 古事記伝
- ☐ ❸ 発電機
- ☐ ❹ 解体新書

3
- ☐ ❶ 平賀源内
- ☐ ❷ 本居宣長
- ☐ ❸ 伊能忠敬
- ☐ ❹ 杉田玄白

解説

3 ❷本居宣長は、古典を研究し、日本古来の「もののあわれ」こそが文学の本質であると主張した。
❸伊能忠敬は、56歳のときから約17年かけて、北は蝦夷地から南は九州の屋久島までを自分の足で歩き、測量して日本地図を作成した。
❹杉田玄白・前野良沢らは、江戸で人体の解剖のようすを見学。解剖は、えたの身分として差別された人々が、優れた技術や知識を生かして行った。

大事なできごとや用語は、表や図に整理してまとめよう

どこであったできごとなのか、必ず場所と結びつけて覚えよう

1
- ❶ 老中
- ❷ 大目付
- ❸ 勘定奉行
- ❹ 京都所司代

2
- ❶ 元禄
- ❷ 松尾芭蕉
- ❸ 近松門左衛門
- ❹ 尾形光琳
- ❺ 与謝蕪村
- ❻ 十返舎一九
- ❼ 曲亭(滝沢)馬琴
- ❽ 葛飾北斎

3
- ❶ 鉄砲
- ❷ キリスト教
- ❸ 織田信長
- ❹ 豊臣秀吉
- ❺ 関ヶ原
- ❻ 島原・天草
- ❼ 享保
- ❽ 松平定信
- ❾ 天保

4
- ❶ 朱子学
- ❷ 公事方御定書
- ❸ 目安
- ❹ 株仲間
- ❺ 借金
- ❻ 株仲間

1
- ❶
  - A コロンブス
  - B バスコ・ダ・ガマ
  - C マゼラン
- ❷ ア
- ❸ イ

2
- ❶ エ
- ❷ フランシスコ・ザビエル

3
- ❶ 幕藩体制
- ❷
  - A イ
  - B エ
  - C ア

4
- ❶ 記号…カ
  都市名…江戸
- ❷ 記号…エ
  都市名…大阪
- ❸ 記号…ア
  都市名…長崎
- ❹ 東海道

解 説

1 大航海時代の到来は、ヨーロッパ諸国による植民地獲得の始まりでもあった。
2 ❶アは五島列島、イは甑島列島、ウは屋久島、エは種子島である。
3 親藩のうち、とくに尾張、紀伊、水戸は重んじられ、「御三家」とよばれた。
4 ❹五街道は、江戸の日本橋を起点に定められた。Aは江戸と京都を結んでいる。

用語→意味が
答えられるようにしよう

「なぜ?」「どんな意味?」を
いくつかのキーワードで説明しよう

1 □ ❶ 十字軍
　　□ ❷ ミケランジェロ
　　□ ❸ コロンブス
　　□ ❹ ルター｜プロテスタント

2 □ ❶ ウ
　　□ ❷ ア
　　□ ❸ イ

3 □ ❶ ×
　　□ ❷ ○
　　□ ❸ ×
　　□ ❹ ○

4 □ ❶ 化
　　□ ❷ 元
　　□ ❸ 元
　　□ ❹ 化
　　□ ❺ 化
　　□ ❻ 元

1 □ ❶ 十字軍
　　□ ❷ 大航海
　　□ ❸ 宗教改革
　　□ ❹ プロテスタント
　　□ ❺ フランシスコ・ザビエル

2 □ ❶ 豊臣秀吉
　　□ ❷ 刀狩
　　□ ❸ 太閤検地
　　□ ❹ 兵農分離
　　□ ❺ 武士
　　□ ❻ 町人
　　□ ❼ 百姓

3 □ ❶ 徳川家康
　　□ ❷ キリシタン
　　□ ❸ ポルトガル
　　□ ❹ 貿易
　　□ ❺ 異国船打払令

4 □ ❶ 新田開発
　　□ ❷ 年中行事
　　□ ❸ 寺子屋
　　□ ❹ 打ちこわし

解説

1 ❷火薬、羅針盤、活版印刷術は、ルネサンス期の３大技術とよばれる。
❸コロンブスの航海は、インドや「黄金の国ジパング」とよばれた日本への到達が目的だった。
2 ❷ヨーロッパ諸国が各地に植民地を広げる中、鎖国は独立を守り、平和を維持するための政策でもあった。
3 ❶水野忠邦は、株仲間の解散を命じた。
❸生類憐みの令は、徳川綱吉が出した。
4 元禄文化は上方で綱吉のころ、化政文化は江戸で19世紀初めに最盛期をむかえた。

解説

2 江戸時代に身分が明確に区別されると、身分に応じた職業で生計を立てる、安定した近世社会のしくみが整った。

第**91**日 第4章 近代編 重要事項①

ヨーロッパ・アメリカでの
近代革命の広がり

1
- ❶ 絶対王政
- ❷ ピューリタン〈清教徒〉
- ❸ 名誉
- ❹ 独立
- ❺ フランス

2
- ❶ 国王
- ❷ クロムウェル
- ❸ 権利章典〈権利の章典〉
- ❹ 独立宣言
- ❺ 人権宣言

3
- ❶ 人権宣言
- ❷ 独立戦争
- ❸ 独立宣言
- ❹ 権利章典〈権利の章典〉

4 (ウ → イ → ア)

解説

3 ❶襲撃のあった7月14日は、フランス革命の記念日になっている。
❷❸独立宣言の自由と平等の原則は、先住民族や黒人奴隷には適用されず、南部を中心に奴隷制度が残った。
❹権利章典が出されたころの日本は、徳川綱吉が政治を行っていた。

第**92**日 第4章 近代編 重要事項②

イギリスの産業革命から
資本主義が生まれた

1
- ❶ 産業
- ❷ 資本
- ❸ 社会

2
- ❶ 蒸気
- ❷ 世界の工場
- ❸ 資本家
- ❹ 労働組合

3
- ❶ 資本主義
- ❷ 社会主義
- ❸ 産業革命

解説

3 ❶市場経済に基づく資本主義のしくみができあがると、生産と市場の規模は一気に拡大した。
❷1848年に出版されたマルクスらの著書『共産党宣言』以後、社会主義の運動は世界に広がった。
❸イギリスで始まった産業革命は、19世紀にはフランスやアメリカ、ドイツ、さらに日本にも広がった。
ワットが蒸気機関の改良をしていたころの日本は江戸時代で、田沼意次の改革が始まる前にあたる。

ロシアの拡大とアメリカの発展、各国の近代化の動きをおさえよう

1 □ [❶ 南下]
　□ [❷ 南北]
　□ [❸ 近代]
　□ [❹ 列強]

2 □ [❶ 地中海]
　□ [❷ 奴隷解放]
　□ [❸ 欧米]

3 □ [❶ 列強]
　□ [❷ 近代化]
　□ [❸ 南北戦争]
　□ [❹ 南下政策]

解説

3　❸独立後のアメリカには、ヨーロッパから多くの移民が入り、農業と工業が発達した。南北戦争後は西部の開拓を進め、大国へと発展していった。
　❹ロシアとアメリカはどちらも急速に領土を拡大し、19世紀には太平洋沿岸に達していた。ロシアは日本の近海にも、通商を求めて船隊を派遣した。

イギリスの清進出の秘策は、アヘンと綿織物だった

1 □ [❶ 三角]
　□ [❷ アヘン]
　□ [❸ 南京]
　□ [❹ 太平天国]
　□ [❺ インド大反乱]

2 □ [❶ イギリス]
　□ [❷ アヘン]
　□ [❸ 清]
　□ [❹ 洪秀全]
　□ [❺ インド人]

3 □ [❶ 太平天国の乱]
　□ [❷ アヘン戦争]
　□ [❸ 南京条約]
　□ [❹ 三角貿易]
　□ [❺ インド大反乱]

4 □ （ ウ → イ → ア → エ ）

解説

3　❶太平天国の乱は鎮圧されたが、のちの中国の革命運動に大きな影響をあたえた。
　❷❸南京条約でイギリスは、上海などの5港を開かせ、香港と賠償金を手に入れた。

日本に不利な
不平等条約の内容をおさえよう

尊王攘夷運動が高まり、
倒幕へつながっていった

1
- ❶ 開国
- ❷ 日米和親
- ❸ 日米修好通商
- ❹ 領事裁判権〈治外法権〉
- ❺ 関税自主権

2
- ❶ アメリカ
- ❷ 下田
- ❸ 井伊直弼
- ❹ 神奈川

3
- ❶ 日米修好通商条約
- ❷ 関税自主権
- ❸ 領事裁判権〈治外法権〉
- ❹ 開国
- ❺ 日米和親条約

4 （　イ　→　ウ　→　ア　）

1
- ❶ 尊王
- ❷ 攘夷
- ❸ 桜田門外の変
- ❹ 薩長

2
- ❶ 尊王攘夷
- ❷ 安政の大獄
- ❸ 水戸
- ❹ 長州

3
- ❶ 桜田門外の変
- ❷ 尊王攘夷
- ❸ 長州藩
- ❹ 薩長同盟
- ❺ 安政の大獄

4 （　イ　→　エ　→　ア　→　ウ　）

解説

3 ❶❷自由貿易が開始されると、機械生産による安い綿製品が大量に輸入され、国内の生産地は大打撃をうけた。日本からは生糸や茶が大量に輸出され、国内で品不足が起きた。

解説

3 ❶この事件によって幕府の強硬な方針が挫折すると、幕府は朝廷の権威を利用して主導権を確保しようとして、公武合体の動きを進めた。
❸❹欧米の軍事力を実感した薩摩藩と長州藩は、倒幕にむけて態勢を整えていった。

民衆の世直し一揆と幕府の滅亡

日本の近代国家への変革を 明治維新という

1 □ 〔 ❶ 世直し 〕

□ 〔 ❷ 朝廷〈天皇〉 〕

□ 〔 ❸ 王政復古の大号令 〕

□ 〔 ❹ 戊辰 〕

2 □ 〔 ❶ ええじゃないか 〕

□ 〔 ❷ 大政奉還 〕

□ 〔 ❸ 江戸 〕

□ 〔 ❹ 天皇 〕

3 □ 〔 ❶ 王政復古の大号令 〕

□ 〔 ❷ 大政奉還 〕

□ 〔 ❸ 戊辰戦争 〕

□ 〔 ❹ 世直し 〕

□ 〔 ❺ ええじゃないか 〕

4 □ （ エ → イ → ア → ウ ）

1 □ 〔 ❶ 明治維新 〕

□ 〔 ❷ 版籍奉還 〕

□ 〔 ❸ 廃藩置県 〕

□ 〔 ❹ 解放令 〕

2 □ 〔 ❶ 五箇条の御誓文 〕

□ 〔 ❷ 土地 〕

□ 〔 ❸ 人民 〕

□ 〔 ❹ 藩閥 〕

□ 〔 ❺ 四民平等 〕

3 □ 〔 ❶ 廃藩置県 〕

□ 〔 ❷ 版籍奉還 〕

□ 〔 ❸ 五箇条の御誓文 〕

4 □ （ ウ → イ → ア ）

| 解説 |

3 ❶❷大政奉還は、1867年10月に徳川慶喜が発表。慶喜は天皇のもとに大名が集まる議会を作り、自らはその議長となって実権を持ち続けようと考えたが、同年12月に朝廷が王政復古の大号令を出し、天皇中心の新政府を作ることが示された。

| 解説 |

3 ❶❷版籍奉還によって、全国の土地と人民は国家に属することになり、廃藩置県で旧藩主を行政から切りはなした。これらの大改革で、日本は中央集権国家になった。
❸天皇は五箇条の御誓文の中で、会議を開き、世論に基づいた政治をめざすことなどを明らかにした。

明治政府の改革と
文明開化をおさえよう

1 ☐
- ☐ ❶ 殖産興業
- ☐ ❷ 学制
- ☐ ❸ 徴兵令
- ☐ ❹ 地租改正

2 ☐
- ☐ ❶ 富国強兵
- ☐ ❷ 官営模範
- ☐ ❸ 地価
- ☐ ❹ 文明開化
- ☐ ❺ 太陽暦

3 ☐
- ☐ ❶ 学制
- ☐ ❷ 地価
- ☐ ❸ 地租改正
- ☐ ❹ 徴兵令

解説

3 ❶各地では江戸時代の寺子屋を引きつぐ形
で、わずか数年で2万4000もの小学校が造ら
れた。
❷❸1873年のときの地租は3％だったが、
農民の税負担は軽くならず、地租改正反対
の一揆が相次ぎ、1877年に地租は地価の
2.5％に引き下げられた。

条約によって、
国境・領土が確定した

1 ☐
- ☐ ❶ 岩倉使節団
- ☐ ❷ 征韓
- ☐ ❸ 樺太・千島交換
- ☐ ❹ 日朝修好

2 ☐
- ☐ ❶ 日清修好
- ☐ ❷ ロシア
- ☐ ❸ 日本
- ☐ ❹ 江華島
- ☐ ❺ 琉球処分

3 ☐
- ☐ ❶ 樺太・千島交換条約
- ☐ ❷ 岩倉使節団
- ☐ ❸ 日清修好条規
- ☐ ❹ 琉球処分
- ☐ ❺ 日朝修好条規

4 ☐（　イ　→　ア　→　エ　→　ウ　）

解説

3 ❶1855年に結ばれた日露和親条約では、樺
太について境界が定められていなかった。
❺明治政府は朝鮮に開国を求める交渉を進
めたが、朝鮮側はこれを拒否したため、武
力を背景に朝鮮に開国を迫った。

国会開設を求める自由民権運動と憲法の成立

1
- ☐ ❶ 自由民権
- ☐ ❷ 自由
- ☐ ❸ 立憲改進
- ☐ ❹ 内閣
- ☐ ❺ 大日本帝国

2
- ☐ ❶ 民撰議院設立
- ☐ ❷ 西南
- ☐ ❸ 天皇
- ☐ ❹ 教育勅語
- ☐ ❺ 帝国議会

3
- ☐ ❶ 内閣
- ☐ ❷ 民撰議院設立の建白書
- ☐ ❸ 自由民権運動
- ☐ ❹ 大日本帝国憲法
- ☐ ❺ 帝国議会

解説

3 ❷❸自由民権運動の背景には、西南戦争が政府軍に鎮圧され、言論による政治改革の動きが強まっていったことがあげられる。
❺帝国議会には、選挙で議員を選ぶ衆議院と、華族や多額納税者らの中から議員を任命する貴族院の二院が置かれた。

軍事力を強め植民地支配を行う、日本の帝国主義の台頭

1
- ☐ ❶ 帝国
- ☐ ❷ 領事裁判権〈治外法権〉
- ☐ ❸ 条約改正
- ☐ ❹ 欧化

2
- ☐ ❶ 列強
- ☐ ❷ 甲午農民
- ☐ ❸ 日清
- ☐ ❹ 下関

3
- ☐ ❶ 甲午農民戦争
- ☐ ❷ 日清戦争
- ☐ ❸ 下関条約
- ☐ ❹ 領事裁判権〈治外法権〉

解説

3 ❶❷日清戦争は朝鮮のほか満州南部などが戦場になり、日本軍は各地で清軍を破り、勝利した。
❸下関条約で台湾を獲得した日本は、台湾総督府を置き、植民地として支配した。

清に進出する列強と日本
やがて日露戦争へ

日本の帝国主義化と産業革命

1 □ □ ❶ 三国干渉
　　□ ❷ 義和団
　　□ ❸ 日露
　　□ ❹ ポーツマス

2 □ □ ❶ ロシア
　　□ ❷ 清
　　□ ❸ 日英
　　□ ❹ 日本

3 □ □ ❶ 日英同盟
　　□ ❷ 義和団事件
　　□ ❸ ポーツマス条約
　　□ ❹ 日露戦争

4 □ (イ → ア → エ → ウ)

1 □ □ ❶ 保護国
　　□ ❷ 韓国併合
　　□ ❸ 辛亥
　　□ ❹ 清

2 □ □ ❶ 八幡
　　□ ❷ 財閥
　　□ ❸ 南満州鉄道
　　□ ❹ 中華民国
　　□ ❺ 三民

3 □ □ ❶ 韓国併合
　　□ ❷ 三民主義
　　□ ❸ 辛亥革命
　　□ ❹ 中華民国
　　□ ❺ 南満州鉄道株式会社〈満鉄〉

4 □ (ウ → ア → イ)

> **解説**

3　❶❷義和団事件以後、ロシアは満州に軍隊をとどめたため、韓国へ勢力をのばそうとした日本は、ロシアとの対立を深めた。日本は、ロシアとの衝突に備え、日英同盟を結んだ。
❸ポーツマス条約では、韓国での日本の優越権が認められるなどしたが、賠償金を得られなかった不満などから、日比谷焼き打ち事件などの暴動が起きた。

> **解説**

3　❶日本は武力を背景に韓国併合を行った。併合後、日本語教育などの同化政策が行われ、朝鮮の人々の日本への反感は強まった。
❷三民主義とは、「民族・民権・民生」の三つの主義で、孫文の中国革命理念。

人民の政治参加をめざした啓蒙思想家たち

社会主義の登場とドイツ・アメリカの発展

1
- ☐ ❶ ロック
- ☐ ❷ クロムウェル
- ☐ ❸ ナポレオン
- ☐ ❹ モンテスキュー

2
- ☐ ❶ 人民主権
- ☐ ❷ ピューリタン〈清教徒〉
- ☐ ❸ 社会契約
- ☐ ❹ 三権分立

3
- ☐ ❶ モンテスキュー
- ☐ ❷ クロムウェル
- ☐ ❸ ナポレオン
- ☐ ❹ ロック
- ☐ ❺ ルソー

1
- ☐ ❶ マルクス
- ☐ ❷ リンカン
- ☐ ❸ ビスマルク
- ☐ ❹ ワシントン

2
- ☐ ❶ 独立
- ☐ ❷ 社会
- ☐ ❸ 鉄血
- ☐ ❹ 南北

3
- ☐ ❶ ビスマルク
- ☐ ❷ マルクス
- ☐ ❸ ワシントン
- ☐ ❹ リンカン

解説

3 ❶三権分立の考え方は、アメリカの独立戦争でできた合衆国憲法に取り入れられた。
❷ピューリタン（清教徒）革命によって樹立した共和制とは、王や皇帝といった君主による統治を否定し、主権が国民にある政治体制のことである。
❸ナポレオンは、法のもとの平等や経済活動の自由などを定めたナポレオン法典を制定した。

解説

3 ❶ビスマルクによって統一されたドイツは、産業も発展し、イギリスに次ぐ強国になった。
❷マルクスは労働者のために生涯をささげ、その思想は世界中に影響をあたえた。
❸ワシントンはアメリカ建国の父として、現在でも人々から尊敬されており、アメリカの1ドル紙幣に肖像がえがかれている。
❹南北戦争後のアメリカは、アジアからも移民を受け入れ、工業も発展。19世紀末には世界最大の資本主義国になった。

欧米列強のアジア進出と日本の開国

1
- ☐ ❶ ペリー
- ☐ ❷ 洪秀全
- ☐ ❸ 吉田松陰
- ☐ ❹ 徳川家茂

2
- ☐ ❶ 太平天国の乱
- ☐ ❷ 日米和親
- ☐ ❸ 日米修好通商
- ☐ ❹ 安政の大獄

3
- ☐ ❶ 井伊直弼
- ☐ ❷ 洪秀全
- ☐ ❸ ペリー
- ☐ ❹ 吉田松陰
- ☐ ❺ 徳川家茂

解説

3　❶井伊直弼の暗殺で、江戸幕府の権威は落ち、その滅亡が早まった。
❸ペリーはアメリカ初の蒸気を使った軍艦の建造に成功し、アメリカ海軍の発展に貢献した。
❹吉田松陰は尊王の考えを持ち、明治維新で活躍する人物を教育し、大きな影響をあたえた。アメリカへの密航をくわだてるなど、外国に強い関心を持っていた。

倒幕運動に関わった人々

1
- ☐ ❶ 西郷隆盛
- ☐ ❷ 木戸孝允
- ☐ ❸ 高杉晋作
- ☐ ❹ 坂本龍馬

2
- ☐ ❶ 廃藩置県
- ☐ ❷ 西南
- ☐ ❸ 征韓
- ☐ ❹ 薩長

3
- ☐ ❶ 木戸孝允
- ☐ ❷ 西郷隆盛
- ☐ ❸ 大久保利通
- ☐ ❹ 坂本龍馬
- ☐ ❺ 高杉晋作

解説

3　❶❺木戸孝允と高杉晋作は長州藩の藩士。薩摩藩と協力して、幕府をたおそうと考えていた。
❷❸西郷隆盛と大久保利通は薩摩藩の藩士。倒幕を進めたが、新政府で征韓論をめぐり対立し、西郷は政府を去った。
❹坂本龍馬は、幕府は政権を朝廷に返すことなどの考え方を「船中八策(せんちゅうはっさく)」という政策で示した。

江戸幕府の滅亡に関わった人々

1 □ ❶ 岩倉具視

□ ❷ 徳川慶喜

□ ❸ 後藤象二郎

□ ❹ 勝 海舟

2 □ ❶ 戊辰

□ ❷ 江戸

□ ❸ 大政奉還

□ ❹ 王政復古

3 □ ❶ 後藤象二郎

□ ❷ 徳川慶喜

□ ❸ 岩倉具視

□ ❹ 勝 海舟

解説

3 ❶後藤象二郎は亀山社中という坂本龍馬が作った商社を、海援隊という土佐藩の組織にして龍馬を支援した。

❷徳川慶喜は、鳥羽・伏見の戦いののち謹慎していたが、晩年には貴族院議員にもなった。

❹勝海舟は、幕府のアメリカへの使節を乗せた咸臨丸の艦長として太平洋を横断。幕府海軍の育成に努めた。

明治維新と文明開化を支える人々

1 □ ❶ 福沢諭吉

□ ❷ 明治天皇

□ ❸ 伊藤博文

2 □ ❶ 学問のすゝめ

□ ❷ 内閣制度

□ ❸ 五箇条の御誓文

3 □ ❶ 明治天皇

□ ❷ 福沢諭吉

□ ❸ 伊藤博文

解説

3 ❶明治天皇は、自ら率先して近代化を進め、近代立憲君主としての務めを果たし、明治時代の象徴的存在となった。

❷福沢諭吉は欧米のようすを伝える一方、封建制を強く批判し、日本を西洋的な文明国にしようと教育に力を注いだ。「天は人の上に人をつくらず」で始まる『学問のすゝめ』は、多くの若者に読まれた。

❸伊藤博文は長州藩の出身で、幕末には倒幕運動で活躍。日露戦争後、韓国の保護国化をはかったが、韓国の青年に暗殺された。

自由民権運動の高まりと国会開設

1
- ☐ ❶ 植木枝盛
- ☐ ❷ 中江兆民
- ☐ ❸ 板垣退助
- ☐ ❹ 大隈重信

2
- ☐ ❶ 民撰議院設立の建白書
- ☐ ❷ 自由民権
- ☐ ❸ ルソー
- ☐ ❹ 立憲改進

3
- ☐ ❶ 中江兆民
- ☐ ❷ 植木枝盛
- ☐ ❸ 大隈重信
- ☐ ❹ 板垣退助

解説

3 ❶❷中江兆民と植木枝盛は、板垣退助と同じ土佐（高知県）の出身。「自由は土佐の山間より発し」たといわれるように、土佐は自由民権運動の中心となった。
❸❹板垣退助と大隈重信は、1898年に合同で憲政党を結成し、短い期間であったが、日本で初めて政党内閣を組織した。

不平等条約の改正と日清・日露戦争

1
- ☐ ❶ 小村寿太郎
- ☐ ❷ 陸奥宗光
- ☐ ❸ 東郷平八郎

2
- ☐ ❶ 日本海海戦
- ☐ ❷ 関税自主権
- ☐ ❸ 領事裁判権〈治外法権〉

3
- ☐ ❶ 東郷平八郎
- ☐ ❷ 小村寿太郎
- ☐ ❸ 陸奥宗光

解説

3 ❶日清・日露戦争で活躍した東郷平八郎は、1926年にアメリカの雑誌の表紙に掲載されるなど、外国からも注目された。
❷日露戦争の前、政府の中にはロシアを敵に回すのは危険だという意見と、イギリスと組んでロシアに対抗すべきだという意見が対立。小村寿太郎は外務大臣として、イギリスとの同盟の利点を説いた。
❸陸奥宗光は、日清戦争を外交面から指導し、勝利に導いた。

戦争反対を訴えた人々と中国の革命家

お雇い外国人たちと日本の産業発展と課題

1
- ☐ ❶ 孫文
- ☐ ❷ 与謝野晶子
- ☐ ❸ 内村鑑三
- ☐ ❹ 幸徳秋水

2
- ☐ ❶ 大逆
- ☐ ❷ 日露
- ☐ ❸ 辛亥
- ☐ ❹ みだれ髪

3
- ☐ ❶ 内村鑑三
- ☐ ❷ 幸徳秋水
- ☐ ❸ 与謝野晶子
- ☐ ❹ 孫文

1
- ☐ ❶ 渋沢栄一
- ☐ ❷ クラーク
- ☐ ❸ フェノロサ
- ☐ ❹ 田中正造

2
- ☐ ❶ 札幌農
- ☐ ❷ 足尾鉱毒
- ☐ ❸ 富岡製糸
- ☐ ❹ 東京美術

3
- ☐ ❶ 田中正造
- ☐ ❷ クラーク
- ☐ ❸ フェノロサ
- ☐ ❹ 渋沢栄一

解説

3 ❶〜❸日露戦争前、日本国内では多くの有力新聞がロシアと戦うことを主張し、開戦の世論が強まった。一方、経済界は開戦に慎重論を唱え、内村鑑三や幸徳秋水、与謝野晶子らは非戦論を唱えて戦争に反対したが、世論を動かすことはできなかった。
❹孫文は、中国革命を計画して失敗し、日本に亡命。亡命中、東京で結成された清をたおすための組織の代表に選ばれ、熱心な日本の支持者も得た。

解説

3 ❶田中正造は、農民と共に鉱山の操業停止と被害者救済を政府に訴えたが、十分な解決をみないまま、運動はおさえられていった。❷❸明治政府は欧米諸国に追いつくため、海外から多くの専門家を招き、彼らの力で近代化への道筋をつけようとした。こうして来日した、クラークやフェノロサのような人々のことを「お雇い外国人」という。

欧米文化を取り入れた日本の新しい美

話し言葉のままで文章を書く「言文一致」の文学が広がる

1
- □ ❶ 滝廉太郎
- □ ❷ 高村光雲
- □ ❸ 黒田清輝
- □ ❹ 横山大観

2
- □ ❶ ロダン
- □ ❷ 東京美術
- □ ❸ 洋楽
- □ ❹ 日本美術

3
- □ ❶ 高村光雲
- □ ❷ 滝廉太郎
- □ ❸ 黒田清輝
- □ ❹ 岡倉天心
- □ ❺ 横山大観
- □ ❻ 荻原守衛

1
- □ ❶ 石川啄木
- □ ❷ 夏目漱石
- □ ❸ 樋口一葉
- □ ❹ 森 鷗外

2
- □ ❶ 自然主義
- □ ❷ 言文一致
- □ ❸ 吾輩は猫である
- □ ❹ ロマン

3
- □ ❶ 樋口一葉
- □ ❷ 石川啄木
- □ ❸ 二葉亭四迷
- □ ❹ 森 鷗外
- □ ❺ 島崎藤村
- □ ❻ 夏目漱石

解説

3 明治時代は、日本の芸術家たちが西洋の近代美術を積極的に取り入れると同時に、日本の伝統文化とは何かを深く追求した時代でもあった。

解説

3 明治時代には、古い価値観にとらわれずに、人間のありのままの姿に迫ろうとする近代的な文学観がおこった。これを提唱したのが坪内逍遙で、次いで二葉亭四迷が、話し言葉で表現する言文一致体を確立させた。

学制が女子教育を広げ、自然科学を発展させた

1
- ☐ ❶ 北里柴三郎
- ☐ ❷ 長岡半太郎
- ☐ ❸ 津田梅子
- ☐ ❹ 野口英世

2
- ☐ ❶ 女子英学
- ☐ ❷ 破傷風
- ☐ ❸ 黄熱
- ☐ ❹ 原子

3
- ☐ ❶ 北里柴三郎
- ☐ ❷ 野口英世
- ☐ ❸ 長岡半太郎
- ☐ ❹ 津田梅子

解説

3 ❶〜❸明治時代は、学問ではドイツの影響を強く受けた医学や哲学が発達。物理学や化学をはじめとする自然科学の研究も進み、世界で最先端の研究や発見が生まれた。
❹明治初期に学制が制定され、国民への教育の基礎が固まった。また、小学校だけでなく中等、高等教育も拡充され、女子の教育も重視されるようになった。

重要用語は表や図で整理できごとと場所は一緒に覚えよう

1
- ☐ ❶ A 清〈中国〉
-   　　 B インド
- ☐ ❷ 産業革命
- ☐ ❸ アヘン戦争
- ☐ ❹ 南京条約
- ☐ ❺ ウ
- ☐ ❻ インド大反乱

2
- ☐ ❶ イ
- ☐ ❷ エ
- ☐ ❸ 井伊直弼

3
- ☐ ❶ 大政奉還
- ☐ ❷ 戊辰戦争
- ☐ ❸ 五箇条の御誓文
- ☐ ❹ 大日本帝国憲法
- ☐ ❺ 日清戦争
- ☐ ❻ 日露戦争

4
- ☐ ❶ 黒田清輝
- ☐ ❷ 森鷗外
- ☐ ❸ 夏目漱石
- ☐ ❹ 北里柴三郎
- ☐ ❺ 野口英世

解説

1 ❺享保の改革は1716年、寛政の改革は1787年、天保の改革は1841年から、それぞれ行われた。
2 地図中の、アは横浜、イは浦賀、ウは下田、エは函館、オは新潟、カは神戸、キは長崎を示す。

用語→意味が答えられるようにしよう

「なぜ?」「どんな意味?」をいくつかのキーワードで説明しよう

1
- □ ❶ ナポレオン
- □ ❷ リンカン
- □ ❸ 南京条約
- □ ❹ インド大反乱

2
- □ ❶ イ
- □ ❷ ア
- □ ❸ イ
- □ ❹ イ
- □ ❺ ア

3
- □ ❶ ウ
- □ ❷ イ
- □ ❸ エ
- □ ❹ ア

4
- □ ❶ ○
- □ ❷ ×
- □ ❸ ×
- □ ❹ ○
- □ ❺ ×
- □ ❻ ○

1
- □ ❶ 蒸気
- □ ❷ 産業
- □ ❸ 工場
- □ ❹ 資本
- □ ❺ 社会

2
- □ ❶ 日清修好
- □ ❷ 日朝修好
- □ ❸ 樺太・千島交換

3
- □ ❶ 民撰議院設立
- □ ❷ 西南
- □ ❸ 自由
- □ ❹ 立憲改進

4
- □ ❶ 義和団事件
- □ ❷ 日露戦争
- □ ❸ アメリカ
- □ ❹ ポーツマス条約

解説

1 ❷ワシントンは、アメリカの初代大統領。
2 二つの条約の内容を、整理しておこう。
3 漢字の意味からも、改革の内容を理解することができる。
4 ❷生麦事件ではなく江華島事件。❸樺太をロシア領、千島列島を日本領とした。
❺三国干渉はイギリスではなくフランスが行った。

解説

1 イギリスの工業生産ののびは国家の経済力、軍事力を増大させ、ヨーロッパの力を全世界に広げた。
2 その後、政府は国際的な決まりに従い、尖閣諸島を1895年に沖縄県、竹島を1905年に島根県に編入して日本の領土とした。
3 国会開設の動きとともに、政府は伊藤博文が中心となって、憲法制定の準備に取りかかった。
4 日露戦争は日清戦争と比べて非常に大規模な戦争となり、満州を中心にはげしい戦いが行われた。

「ヨーロッパの火薬庫」に火がついて起こった第一次世界大戦

1 □ [❶ 三国同盟]

　 □ [❷ 三国協商]

　 □ [❸ 火薬庫]

　 □ [❹ 第一次世界大戦]

　 □ [❺ 総力戦]

2 □ [❶ ドイツ]

　 □ [❷ イギリス]

　 □ [❸ バルカン]

　 □ [❹ オーストリア]

　 □ [❺ 連合国]

3 □ [❶ 第一次世界大戦]

　 □ [❷ 三国同盟]

　 □ [❸ 三国協商]

4 □ （ イ → ウ → ア ）

解説

3 ❶第一次世界大戦に日本は連合国側で参戦。1917年にはアメリカが連合国側に加わり、戦争は世界中を巻きこんだ。
❷イタリアは領土問題をめぐりオーストリアと対立し、第一次世界大戦には1915年に連合国側で参戦した。

ロシア革命と、権益拡大をめざす日本の参戦

1 □ [❶ ロシア]

　 □ [❷ ソビエト]

　 □ [❸ 五か年]

　 □ [❹ 二十一か条]

　 □ [❺ 大戦]

2 □ [❶ 社会主義]

　 □ [❷ ソ連]

　 □ [❸ 日英]

　 □ [❹ 中国〈中華民国〉]

　 □ [❺ シベリア]

3 □ [❶ 日英同盟]

　 □ [❷ ロシア革命]

　 □ [❸ シベリア出兵]

　 □ [❹ 二十一か条の要求]

4 □ （ ア → エ → イ → ウ ）

解説

3 ❷社会主義政府は、1922年に国名をソビエト社会主義共和国連邦（ソ連）とした。
❸日本は他国の撤退後も軍隊をとどめていたが、批判が高まり1922年に撤退した。

戦争が終結し、平和をめざす国際連盟が設立

1
- ❶ ベルサイユ
- ❷ 民族自決
- ❸ 国際
- ❹ ワイマール
- ❺ ワシントン

2
- ❶ パリ講和
- ❷ ウィルソン
- ❸ ドイツ
- ❹ 国際協調

3
- ❶ ベルサイユ条約
- ❷ 民族自決
- ❸ ワシントン会議
- ❹ 国際連盟
- ❺ ワイマール憲法

解説

3 ❷民族自決とは、「それぞれの民族には、自らのことを自らで決める権利がある」という考え方である。
❸ワシントン会議では、日英同盟の廃止などを決めた日・米・英・仏の四か国条約や、海軍軍縮条約などが結ばれた。
❺第一次世界大戦後の欧米では、デモクラシーの風潮から、民衆の政治参加が進んだ。

列強の力が弱まって、活発になったアジアの民族運動

1
- ❶ 二十一か条
- ❷ 三・一
- ❸ 五・四
- ❹ ガンディー

2
- ❶ 山東
- ❷ 民族自決
- ❸ 北京
- ❹ 抵抗〈独立〉

3
- ❶ 三・一独立運動
- ❷ ガンディー
- ❸ 山東省
- ❹ 五・四運動

解説

3 ❶この運動で政策転換を迫られた日本は、朝鮮で言論や集会の自由を限られた範囲で認めるなど、統治のしかたを一部改めた。
❷インドは、戦後の自治を認めるというイギリスの約束を信じて多くの兵士を戦場に送ったが、この約束は守られなかった。
❹朝鮮の三・一独立運動と同様に、中国の五・四運動も、反対運動が起きた月日がその名称になっている。

民衆の意向によって政策を決める 民主主義を「デモクラシー」という

デモクラシーが生んだ社会運動と、大衆文化をおさえよう

1 □
- ❶ デモクラシー
- ❷ 護憲〈第一次護憲〉
- ❸ 民本
- ❹ 米騒動
- ❺ 政党

2 □
- ❶ 民主
- ❷ 議会
- ❸ 吉野作造
- ❹ 原敬

3 □
- ❶ 民本主義
- ❷ 護憲運動〈第一次護憲運動〉
- ❸ 米騒動
- ❹ 政党内閣

4 □（ **イ** → **ア** → **ウ** ）

解説

3 ❶吉野作造は民本主義で、政治の目的を民衆の利益と幸福に置き、政策決定における民意の尊重を主張した。国民全体の総意で行われる民主主義とのちがいに注意する。
❷護憲運動の「護憲」には、立憲政治を守るという意味がある。

1 □
- ❶ 労働
- ❷ 小作
- ❸ 普通選挙
- ❹ 治安維持
- ❺ ラジオ

2 □
- ❶ 労働組合
- ❷ 日本農民
- ❸ 全国水平
- ❹ 文化

3 □
- ❶ 普通選挙法
- ❷ 小作争議
- ❸ ラジオ放送
- ❹ 治安維持法

解説

3 ❶普通選挙法成立の背景には社会運動の発展があったが、女性や植民地の人々の選挙権は認められなかった。
❹日本がソ連と国交を結んだこともあり、政府は共産主義運動が国内に広がることをおそれた。

世界恐慌が
ファシズムの台頭を招いた

1 □
- ❶ ファシズム
- ❷ 世界
- ❸ ニューディール〈新規まき直し〉
- ❹ ブロック
- ❺ 昭和

2 □
- ❶ ファシスト
- ❷ ニューヨーク
- ❸ ローズベルト〈ルーズベルト〉
- ❹ ナチス〈ナチ党〉
- ❺ 憲政

3 □
- ❶ ナチス〈ナチ党〉
- ❷ 昭和恐慌
- ❸ 世界恐慌
- ❹ ブロック経済
- ❺ ニューディール政策〈新規まき直し政策〉

4 □（ ウ → イ → ア ）

解説

3 ❶ヒトラーはドイツ民族の優秀さと栄光の回復を主張し、自由主義を弾圧した。
❸世界恐慌により世界各国が自由貿易をやめ、利害が対立。日本やドイツ、イタリアという新興工業国が最も影響を受けた。

満州事変は日本が
権益を広げようとして起こった

1 □
- ❶ 満州事変
- ❷ 満州国
- ❸ 五・一五
- ❹ 二・二六
- ❺ 日中

2 □
- ❶ 南満州
- ❷ 溥儀
- ❸ 犬養毅
- ❹ 東京
- ❺ 抗日民族統一

3 □
- ❶ 日中戦争
- ❷ 満州事変
- ❸ 満州国
- ❹ 五・一五事件

4 □（ イ → ウ → エ → ア ）

解説

3 ❶当時の日本政府は「支那事変」とよんだ。
❷宣戦布告のない国家間の戦闘を「事変」という。
❸満州国の建国に際し、「五族協和」などの理想がかかげられた。
❹犬養毅首相は「話せばわかる」と言って最後まで将校たちを説得しようとした。

ヨーロッパで始まった
第二次世界大戦と、戦争を続ける日本

日米交渉が決裂し、
太平洋戦争が始まった

1 ☐ ❶ 国家総動員
　☐ ❷ 大政翼賛会
　☐ ❸ 皇民化

2 ☐ ❶ 第二次世界大戦
　☐ ❷ レジスタンス
　☐ ❸ 日独伊三国

3 ☐ ❶ 日独伊三国同盟
　☐ ❷ 大政翼賛会
　☐ ❸ 第二次世界大戦
　☐ ❹ 国家総動員法

4 ☐ （　**ウ → イ → ア**　）

1 ☐ ❶ 日ソ中立
　☐ ❷ 太平洋
　☐ ❸ ポツダム
　☐ ❹ 原子爆弾〈原爆〉

2 ☐ ❶ 勤労動員
　☐ ❷ 学徒出陣
　☐ ❸ 学童疎開
　☐ ❹ 東京大空襲
　☐ ❺ 沖縄戦

3 ☐ ❶ 原子爆弾〈原爆〉
　☐ ❷ ポツダム宣言
　☐ ❸ 真珠湾
　☐ ❹ 日ソ中立条約

解説

3 ❶この同盟の目的は、ドイツとイタリアがヨーロッパで、日本がアジアで指導的地位につくために協力し合うことであった。
❷同時期に労働組合も解散させられ、治安維持法による取りしまりがきびしくなり、自由な言論活動は難しくなっていった。
❸第二次世界大戦の背景には、ドイツなどのファシズム諸国と、イギリスなどの反ファシズム諸国の対立があった。
❹この法律によって、国民を強制的に軍需工場で働かせることができるようになった。

解説

3 ❶1945年末までに広島では約14万人、長崎では7万人を超える人々が犠牲になり、生き残った人々も放射能の後遺症などで苦しんだ。
❷1945年7月のアメリカ・イギリス・ソ連のポツダム会談で発表された。
❸アメリカへの交渉打ち切りの通告が真珠湾攻撃よりもわずかに遅れることになったため、アメリカは日本を強く非難した。

非軍事化と民主化が行われた日本の戦後改革

1 ☐ ❶ 連合国軍総司令部

☐ ❷ 北方領土

☐ ❸ 極東国際軍事

☐ ❹ 日本国憲法

2 ☐ ❶ マッカーサー

☐ ❷ 労働基準

☐ ❸ 財閥

☐ ❹ 農地

☐ ❺ 教育基本

3 ☐ ❶ 極東国際軍事裁判

☐ ❷ 農地改革

☐ ❸ 国民主権

☐ ❹ 連合国軍総司令部〈GHQ〉

解説

3 ❶この裁判では、戦争において指導的役割をはたしたA級戦犯が裁かれた。
❷地主の持つ一定面積を超える小作地を国が強制的に買い上げ、小作人に安く売りわたした。
❸日本国憲法には、新しい時代に対する当時の国民の期待がもりこまれていた。
❹総司令部は日本政府に、経済の民主化や教育の自由化など五大改革の指令を出した。

資本主義と共産主義の対立が生んだ冷戦

1 ☐ ❶ 国際連合〈国連〉

☐ ❷ 冷たい

☐ ❸ 中華人民共和国

☐ ❹ 朝鮮

2 ☐ ❶ 特需

☐ ❷ アジア・アフリカ〈バンドン〉

☐ ❸ 南北

☐ ❹ ベトナム

3 ☐ ❶ アジア・アフリカ会議

☐ ❷ 朝鮮戦争

☐ ❸ 特需景気〈朝鮮特需〉

☐ ❹ 国際連合〈国連〉

4 ☐ （ ウ → イ → ア ）

解説

3 ❶第二次世界大戦後、アジアやアフリカでは多くの独立国が生まれ、インドネシアのように戦争で独立を勝ち取った国もあった。
❷国連の安全保障理事会はソ連が欠席するなか軍の派遣を決め、アメリカ軍を中心とする国連軍が韓国を支援した。
❹国連の安全保障理事会の常任理事国（米・ソ・英・仏・中）は拒否権を持っており、5か国すべてが合意しなければ理事会は決議できない。

日本の独立と平和を求める動き

1 □ ❶ サンフランシスコ平和

□ ❷ 日米安全保障
〈日米安保・安保〉

□ ❸ 日ソ共同

□ ❹ 安保闘争

2 □ ❶ 日韓基本

□ ❷ 沖縄

□ ❸ 非核三原則

□ ❹ 日中平和友好

3 □ ❶ 日韓基本条約

□ ❷ 日ソ共同宣言

□ ❸ 日中平和友好条約

□ ❹ サンフランシスコ
平和条約

□ ❺ 日米安全保障条約
〈日米安保条約・安保条約〉

4 □ （ エ → イ → ア → ウ ）

解説

3 ❶日本は韓国とは国交を正常化したが、北朝鮮とは、まだ国交がない状態である。
❷日ソ共同宣言では、北方領土問題は未解決のまま、戦争状態の終了を宣言した。
❸日本は中国と国交を正常化して、中華民国(台湾)とは国交を断絶したが、貿易など民間レベルでの関係は続けられている。

戦後、経済大国へと成長する
日本の暮らしをおさえよう

1 □ ❶ 高度経済成長

□ ❷ 公害

□ ❸ 環境

2 □ ❶ テレビ

□ ❷ マスメディア

□ ❸ 東京オリンピック・
パラリンピック

□ ❹ 石油危機
〈オイル・ショック〉

3 □ ❶ 高度経済成長

□ ❷ 公害

□ ❸ 石油危機
〈オイル・ショック〉

□ ❹ テレビ

解説

3 ❶高度経済成長期の1964年にアジア初のオリンピック・パラリンピックが東京で開かれ、これに合わせて東海道新幹線や高速道路も開通した。
❷公害は、水俣病、新潟水俣病、四日市ぜんそく、イタイイタイ病など深刻な被害を生んだ。
❸石油危機は、物価の上昇やトイレットペーパーなどの品不足などをもたらし、産業界は大打撃を受けた。
❹テレビ放送が開始された当時、テレビの値段は高額だったため、街角に設置された街頭テレビが人気を集めた。

冷戦後の世界はグローバル化をめざす

1
- [ ] ❶ 冷戦
- [ ] ❷ 湾岸
- [ ] ❸ ソ連 〈ソビエト社会主義共和国連邦〉
- [ ] ❹ PKO
- [ ] ❺ EU

2
- [ ] ❶ サミット
- [ ] ❷ ベルリン
- [ ] ❸ APEC
- [ ] ❹ 東西ドイツ
- [ ] ❺ バブル

3
- [ ] ❶ イラク戦争
- [ ] ❷ 冷戦の終結
- [ ] ❸ バブル経済
- [ ] ❹ ヨーロッパ連合

解説

3　❷冷戦の終結後ソ連が解体し、その結果アメリカが世界規模で軍事行動を行える唯一の超大国になった。
❹EUは、冷戦の終結にともない民主化した東ヨーロッパに拡大するとともに、経済・政治の統合を進めている。

ロシア革命と国際協調の動き

1
- [ ] ❶ ウィルソン
- [ ] ❷ 新渡戸稲造
- [ ] ❸ ニコライ2世
- [ ] ❹ レーニン

2
- [ ] ❶ ロシア
- [ ] ❷ ロシア
- [ ] ❸ 国際連盟
- [ ] ❹ 民族自決

3
- [ ] ❶ ウィルソン
- [ ] ❷ 新渡戸稲造
- [ ] ❸ レーニン
- [ ] ❹ ニコライ2世

解説

3　❶ウィルソン大統領は「十四か条の平和原則」の中で、軍備縮小、民族自決の原則、国際平和機関の設立などを示した。
❷国際連盟事務局次長を務めた新渡戸稲造は、国際平和のために尽くした。
❸❹レーニンは、ニコライ2世が皇帝を退位したあと、亡命先からロシアにもどり、ソビエトによる政府を作り上げた。

アジアの民族運動と指導者たち

1
- ☐ ❶ 袁世凱
- ☐ ❷ ガンディー
- ☐ ❸ 蔣介石
- ☐ ❹ 孫文

2
- ☐ ❶ 抗日民族統一戦線
- ☐ ❷ 非暴力
- ☐ ❸ 三民
- ☐ ❹ 二十一か条の要求

3
- ☐ ❶ ガンディー
- ☐ ❷ 孫文
- ☐ ❸ 袁世凱
- ☐ ❹ 蔣介石

解説

3 ❶ガンディーは、塩税に抗議して行った「塩の行進」などで庶民から広い支持を受け、独立運動を発展させた。
❷孫文は中国革命の父とよばれる。
❸袁世凱は孫文らとの約束をやぶり、議会を無視して独裁政治を行ったため、中国では混乱が続いた。
❹蔣介石は軍人として孫文の信頼を得て、孫文の死後にその後継者になった。

大正デモクラシーと
社会運動の立役者たち

1
- ☐ ❶ 美濃部達吉
- ☐ ❷ 平塚らいてう〈ちょう〉
- ☐ ❸ 原敬
- ☐ ❹ 吉野作造

2
- ☐ ❶ 天皇機関
- ☐ ❷ 新婦人協会
- ☐ ❸ 民本
- ☐ ❹ 政党

3
- ☐ ❶ 美濃部達吉
- ☐ ❷ 原敬
- ☐ ❸ 吉野作造
- ☐ ❹ 市川房枝
- ☐ ❺ 平塚らいてう〈ちょう〉

解説

3 ❶美濃部達吉の天皇機関説は学会で支持されたが、国会などで攻撃され、著書は発売禁止になった。
❷原敬は、華族でも藩閥出身でもないことから「平民宰相」とよばれた。
❸吉野作造の唱えた民本主義は、護憲運動を理論面で支えた。

大正の美術・文学の
新しい動きをおさえよう

大正の新しい学問と音楽を
おさえよう

1　□
- ❶ 小林多喜二
- ❷ 谷崎潤一郎
- ❸ 志賀直哉
- ❹ 芥川龍之介

2　□
- ❶ 白樺
- ❷ 夢二
- ❸ 夏目漱石
- ❹ プロレタリア

3　□
- ❶ 小林多喜二
- ❷ 竹久夢二
- ❸ 谷崎潤一郎
- ❹ 志賀直哉
- ❺ 芥川龍之介

1　□
- ❶ 柳田国男
- ❷ 西田幾多郎
- ❸ 山田耕筰
- ❹ 柳宗悦

2　□
- ❶ 民芸
- ❷ 善の研究
- ❸ 童謡
- ❹ 民俗

3　□
- ❶ 山田耕筰
- ❷ 柳田国男
- ❸ 西田幾多郎
- ❹ 柳宗悦

解説

3　❶『蟹工船』には、北洋漁業での過酷な労働や、労働者が団結して戦う姿がえがかれている。
❷竹久夢二のえがいた雑誌のさし絵は、女学生から熱狂的な支持を得た。
❺芥川龍之介の『蜘蛛の糸』は、児童文学に大きな足跡を残した童話雑誌「赤い鳥」に掲載された。

解説

3　❷柳田国男は庶民生活の歴史について、現地調査による研究手法を確立した。
❸西田幾多郎は、西洋と東洋の哲学の融合を試みて『善の研究』を著した。
❹柳宗悦は民芸運動の提唱のほか、沖縄や朝鮮の伝統的な美術文化も研究した。

世界恐慌と欧米諸国それぞれの政策

1
- □ ❶ スターリン
- □ ❷ ヒトラー
- □ ❸ ローズベルト〈ルーズベルト〉
- □ ❹ ムッソリーニ

2
- □ ❶ ナチス〈ナチ党〉
- □ ❷ ニューディール
- □ ❸ 五か年計画
- □ ❹ ファシスト

3
- □ ❶ ムッソリーニ
- □ ❷ ヒトラー
- □ ❸ スターリン
- □ ❹ ローズベルト〈ルーズベルト〉

解説

3 ❶❷ムッソリーニやヒトラーが進めたファシズムとは、民族と国家の利益を最優先する軍国主義的な独裁政治の体制のこと。暴力や他国への侵略により国民をまとめようとした。
❸スターリンは、自分に敵対する可能性のある人々を次々に処刑した。
❹ローズベルトはラジオを通じて、直接国民に新しい政策を訴えかけた。

満州をめぐって絡み合う中国・日本

1
- □ ❶ 近衛文麿
- □ ❷ 毛沢東
- □ ❸ 溥儀
- □ ❹ 犬養毅

2
- □ ❶ 大政翼賛会
- □ ❷ 五・一五
- □ ❸ 中華人民共和国
- □ ❹ 満州国

3
- □ ❶ 犬養毅
- □ ❷ 近衛文麿
- □ ❸ 溥儀
- □ ❹ 毛沢東

解説

3 ❶犬養毅首相は満州国の承認に反対していたが、後継の斎藤実内閣は満州国を承認した。
❸溥儀は、清朝最後の皇帝で、1911年の辛亥革命のため退位。1932年に満州国執政となり、1934年皇帝に即位した。
❹毛沢東は蒋介石と抗日民族統一戦線を作るが、日中戦争が終わると中国のあり方をめぐって再び対立した。

第二次世界大戦と日本の敗戦

植民地だった国の解放と日本の外交

1
- ❶ マッカーサー
- ❷ 東条英機
- ❸ チャーチル
- ❹ 昭和天皇

2
- ❶ 玉音
- ❷ 大西洋憲章
- ❸ 連合国軍総司令部〈GHQ〉
- ❹ 太平洋

3
- ❶ 東条英機
- ❷ 昭和天皇
- ❸ チャーチル
- ❹ マッカーサー

1
- ❶ フルシチョフ
- ❷ ネルー
- ❸ 岸信介
- ❹ ケネディ

2
- ❶ 冷戦
- ❷ 日ソ共同
- ❸ キューバ
- ❹ 平和五原則

3
- ❶ ケネディ
- ❷ ネルー
- ❸ 鳩山一郎
- ❹ フルシチョフ
- ❺ 岸信介

解説

3 ❶1941年10月、陸軍大臣東条英機が首相になると、政府は戦争の準備を進め、昭和天皇が臨席する御前会議で開戦を決定した。
❸チャーチルとローズベルトが大西洋憲章で発表した平和構想は、国際連合の基礎となった。
❹マッカーサーを最高司令官とするGHQは、日本政府にポツダム宣言に基づく指令を出し、民主化を進めた。

解説

3 ❶❹ケネディとフルシチョフはベルリンのあつかいをめぐって対立し、ソ連側によるベルリンの壁建設につながった。
❷1954年にネルーと周恩来が発表した平和五原則は、領土・主権の相互尊重、相互不可侵、平和共存などから成っていた。
❺岸信介は東条英機内閣の商工大臣を務め、戦後に戦争犯罪容疑者になったが不起訴。公職追放解除後に、政界に復帰した。

経済成長から国交正常化までの歩み

1
- [ ] ❶ 周恩来
- [ ] ❷ 池田勇人
- [ ] ❸ 田中角栄
- [ ] ❹ 佐藤栄作

2
- [ ] ❶ 所得倍増
- [ ] ❷ 中国共産
- [ ] ❸ 沖縄
- [ ] ❹ 日中共同声明

3
- [ ] ❶ 田中角栄
- [ ] ❷ 佐藤栄作
- [ ] ❸ 池田勇人
- [ ] ❹ 周恩来

解説

3 ❶日中共同声明の中で、日本は戦争で損害をあたえた責任を認め、深く反省したうえで、中国側は日本への賠償責任を放棄することが決められた。
❷1972年に沖縄返還が実現したが、軍事基地にともなう問題や住民の不安は、現在もまだ解決していない。
❹1949年、毛沢東を主席、周恩来を首相として中華人民共和国が建国された。

多様化する戦後文化の作り手たち

1
- [ ] ❶ 手塚治虫
- [ ] ❷ 川端康成
- [ ] ❸ 湯川秀樹
- [ ] ❹ 黒澤明

2
- [ ] ❶ 映画
- [ ] ❷ ノーベル
- [ ] ❸ 漫画
- [ ] ❹ 新感覚

3
- [ ] ❶ 川端康成
- [ ] ❷ 手塚治虫
- [ ] ❸ 黒澤明
- [ ] ❹ 湯川秀樹

解説

3 ❶川端康成のノーベル賞の受賞記念講演は「美しい日本の私」と題され、同時通訳で行われた。
❷手塚治虫は学生のころからストーリー漫画をえがき、その後、第一人者となった。
❸黒澤明の『羅生門』は、日本映画を海外に認めさせるきっかけとなった。
❹1949年の湯川秀樹のノーベル賞受賞は、戦後の国民に大きな勇気をあたえた。その後、多くの日本人がノーベル賞を受賞するようになった。

大事なできごとや用語は、表や図に整理してまとめよう

1
- □ ❶ イギリス
- □ ❷ ドイツ
- □ ❸ A
- □ ❹ ベルサイユ条約

2
- □ ❶ 満州事変
- □ ❷ 五・一五事件
- □ ❸ 二・二六事件
- □ ❹ 日中戦争
- □ ❺ 第二次世界大戦
- □ ❻ 日独伊三国同盟
- □ ❼ 太平洋戦争
- □ ❽ ポツダム宣言

3
- □ ❶ 国民
- □ ❷ 象徴
- □ ❸ 基本的人権
- □ ❹ 平和

4
- □ ❶ 芥川龍之介
- □ ❷ 小林多喜二
- □ ❸ 山田耕筰
- □ ❹ 柳田国男
- □ ❺ 川端康成
- □ ❻ 手塚治虫
- □ ❼ 黒澤明

どこであったできごとなのか、必ず場所と結びつけて覚えよう

1
- □ ❶ ロシア革命
- □ ❷ ソビエト社会主義共和国連邦〈ソ連〉
- □ ❸ イ
- □ ❹ エ
- □ ❺ ウ

2
- □ ❶ エ
- □ ❷ 満州国
- □ ❸ A エ
  - B ウ
  - C ア

3
- □ ❶ A アメリカ
  - C 中国
- □ ❷ エ
- □ ❸ ドイツ ／ イタリア
- □ ❹ 日ソ中立条約

4
- □ ❶ イ
- □ ❷ ベルリンの壁
- □ ❸ エ
- □ ❹ ア

解説

1 地図中の**イ**はインド、**ウ**は中華民国、**エ**は朝鮮である。

2 地図中の**ア**は樺太、**イ**は朝鮮、**ウ**は遼東半島である。

3 ❷日本は石油の大部分を、アメリカからの輸入に依存していた。❸答えは順不同。

4 ❹アメリカ西海岸のサンフランシスコで条約が結ばれた。

用語→意味が答えられるようにしよう

1
- □ ❶ 大正デモクラシー
- □ ❷ 護憲運動
- □ ❸ 米騒動
- □ ❹ 全国水平社
- □ ❺ 普通選挙法

2
- □ ❶ ×
- □ ❷ ○
- □ ❸ ×
- □ ❹ ○

3
- □ ❶ 一
- □ ❷ 二
- □ ❸ 二
- □ ❹ 一
- □ ❺ 二

4
- □ ❶ ウ
- □ ❷ エ
- □ ❸ ア
- □ ❹ イ

解説

1 ❷護憲運動は都市部から全国に広がり、さまざまな層の人が参加した。
2 ❶世界恐慌は、ニューヨーク株式市場の暴落から始まった。
❸ナチスを率いたのはヒトラーである。
3 人類はわずか30年の間に、二度も世界大戦を引き起こした。
4 条約や声明などの、日本との相手国を確認しておこう。

「なぜ?」「どんな意味?」をいくつかのキーワードで説明しよう

1
- □ ❶ 三国協商
- □ ❷ 三国同盟
- □ ❸ 火薬庫
- □ ❹ 日英同盟
- □ ❺ 総力戦

2
- □ ❶ 満州事変
- □ ❷ 溥儀
- □ ❸ 満州国
- □ ❹ 国際連盟
- □ ❺ 盧溝橋
- □ ❻ 日中戦争

3
- □ ❶ マッカーサー
- □ ❷ GHQ
- □ ❸ 日本国憲法
- □ ❹ 教育基本法
- □ ❺ 民法
- □ ❻ 財閥
- □ ❼ 農地改革

4
- □ ❶ 高度経済成長
- □ ❷ 東京オリンピック・パラリンピック
- □ ❸ 公害
- □ ❹ 公害対策基本法
- □ ❺ バブル
- □ ❻ 阪神・淡路
- □ ❼ 東日本